本体与工夫：
刘蕺山理学思想研究

Noumenon and Cultivation:
A Research on Liu Jishan's Neo Confucianism Thought

刘 龙 著

中国社会科学出版社

图书在版编目（CIP）数据

本体与工夫：刘蕺山理学思想研究 / 刘龙著 . —北京：中国社会科学出版社，2023.3

ISBN 978-7-5227-1709-8

Ⅰ.①本… Ⅱ.①刘… Ⅲ.①刘宗周(1578~1645)—哲学思想—研究 Ⅳ.①B248.995

中国国家版本馆 CIP 数据核字(2023)第 068133 号

出 版 人	赵剑英
责任编辑	孙　萍　单　钊
责任校对	赵雪姣
责任印制	王　超

出　　版	中国社会科学出版社
社　　址	北京鼓楼西大街甲 158 号
邮　　编	100720
网　　址	http://www.csspw.cn
发 行 部	010-84083685
门 市 部	010-84029450
经　　销	新华书店及其他书店
印　　刷	北京君升印刷有限公司
装　　订	廊坊市广阳区广增装订厂
版　　次	2023 年 3 月第 1 版
印　　次	2023 年 3 月第 1 次印刷
开　　本	710×1000　1/16
印　　张	22.75
字　　数	316 千字
定　　价	128.00 元

凡购买中国社会科学出版社图书，如有质量问题请与本社营销中心联系调换
电话：010-84083683
版权所有　侵权必究

出 版 说 明

为进一步加大对哲学社会科学领域青年人才扶持力度，促进优秀青年学者更快更好成长，国家社科基金2019年起设立博士论文出版项目，重点资助学术基础扎实、具有创新意识和发展潜力的青年学者。每年评选一次。2021年经组织申报、专家评审、社会公示，评选出第三批博士论文项目。按照"统一标识、统一封面、统一版式、统一标准"的总体要求，现予出版，以飨读者。

全国哲学社会科学工作办公室
2022年

序　　言

　　任何一个伟大文明总是会有若干标志性的转折时代，在这些时代，往往出现一批承上启下的思想巨人，他们或者对数百年来的思想文化加以系统地反思总结，或者从规模与格局上开启生面，从而影响未来数百年的思想与实践。明清之际无疑就是这样的转折时代，而刘宗周则是这样的思想巨人。像刘宗周这样的哲人及其思想，引起了海内外学术界长期的关注，数十年来已经出现了一批重要的学术成果；但伟大哲人总是说不尽的，值得反复深研。当刘龙以"本体与工夫"为切入点，以刘宗周哲学作为博士学位论文的选题时，我觉得这是值得鼓励的。对博士学位论文的选题而言，风险最小的就是选择一个大多数人几乎连名字都不知道的人物，去探讨他的哲学，无论如何研究，都具有开拓性的意义；但对于一个以学术为志业的博士研究生来说，这固然能够顺利完成博士学位论文的写作，甚至也能在搜寻资料、整理文献等多个方面得到一定的学术训练，但毕竟这样的选题难以为继，对于以后的学术生涯或个人的学术成长而言，就如同日历那样翻过去也就过去了，不会留下太多的印迹。相反，如果选择大人物、大文本、大问题，即便面临重重艰难险阻，即便面对着海量的文本与研究文献，但一旦深入，则会对自己的学术生涯产生奠基性的作用。那些伟大的人物、文本及问题，并不会随着博士学位论文的完成而终结，而是具有永不封闭的开放性、具有难以穿透的思想深度以及永远的精神魅力。那些伟大哲人往往经受时代的暴风骤雨，在极端性或临界性的生存处境下，以极度精神敏感体验到了在俗常状态下所无法企及的生存真理，对自身以及世界的探索达到了前所未有的高度；并且，这些生存真理本身就具有内在的征召性的精神能量，具有让人着魔的思想魅力，往往正是因为他们被这种生存真理所捕获，在某个生存瞬间其心灵被真理之光击穿，正是这些真理之光赋予了他们以难以企及的精神魅力。故而对于渴望上达的同学而言，我总是希望他们选择那些经由跨世代心智不断阐释的大人物与大文本。当然，这样做也有相当的风险，尤其是在前人已有大量成果的前提下，要做出创新的研究并不容易。刘龙从硕士到博士阶段的七年时间，都在集中精力反复研习刘宗周的作品，他对刘宗周的文本相当熟悉，进入也颇深。《本体与工夫：刘蕺山理学思想研究》一书是在其博士学位论文的基础上修改而来的，在博士学位论文的盲审、评阅与答辩环节，都获得了专家学者的好评，本书还获得了国家社科基金优秀博士学位论文的出版资助。这些都是对刘龙及其成果的充分肯定。在学术界已经对刘宗周哲学有相当可观的学术成果的情境下，刘龙能够提交这样的一本著作，还是让人颇感欣慰的，也是让人振奋的。

　　本书在宋明理学的整体脉络，尤其是朱子学与阳明学所界定的宋明理学的脉络及其衍化语境，来考察与定位刘宗周的哲学。在充分尊重前人与时贤已有成果的基础上，对刘宗周研究进行深入的研讨，并实现了对已有研究范式的突破和创新，推进了刘宗周哲学的研究工作。从本体与工夫的视角切入刘宗周哲学，颇合蕺山哲学自身的理路与特质，毕竟本体与工夫是刘宗周哲学的基本哲学架构，没有本体的工夫与没有工夫的本体，或者造成工夫的无据无归，或者导致本体的虚悬而不实。刘宗周的本体包含心体与性体两个层面，因而心体、性体、工夫就构成了刘宗周哲学的整体结构，这也是刘龙此书的理路所系。本书对于刘宗周本体与工夫的理论，既注意到刘宗周本人思想的前后变化，又考虑到其所明义理之自身的逻辑展开。而对道体、性体与心体的分殊，对于意念之辩、思念之别、蕺山知论的三层次（第一义的本体之知、第二义的反身之知、第三义的对象之知）的分析，等等，极大地丰富并充实了已有的研究；对以往研究中一些未被关注或未被留意但对蕺山哲学又比较重要的论域或论题，给予了充分的阐释。对于刘宗周工夫论中的勘验问题，如未发之时的勘验与已发之时勘验的区分、对于勘验的三要素的辨析（勘验情境、勘验指标、勘验准则）等，做出了系统的阐述。作者能够言人所未言、发人所未发，显示了作者所具有的创造性研究的学术能力。此外，对于刘宗周哲学中颇受关注的慎独、诚意、四情与七情、理气论等，本书也给出了较为融贯的处理，既展现了作者综摄已有研究成果的消化和涵纳能力，又体现了作者直面蕺山问题意识的学术魄力与勇气。当然，尽管本书在诸多方面都有可圈可点之处，但也还有进一步深化的余地，学无止境。对于身处与刘宗周乃至与理学家们的智识背景、社会结构与生存环境都变得颇为不同的现代的我们而言，刘宗周哲学在什么意义上才是我们时代仍然富有生意的思想形式，答案并不在理学自身，而在于我们是否能够立足于当代甚至未来的语境重新激活理学，惟其如此，理学才能成为我们的同时代意识，作为精神性的营养融化到我们的生活中来。

总体而言，本书结构清晰，内容丰富，文字通畅，对于刘宗周哲学的阐释已经有助于其义理之精微深彻的显现。作者能够提出自己的心得与创见，且给出融贯性的解释与论证，在探赜索隐、辨名析理等方面，均能深造自得。从本书中可以看到作者扎实的学术功底、良好的学术训练与认真朴实的学风。紧密围绕着本体与工夫这一主轴，本书对刘宗周的哲学的阐释，在能够入乎其中的同时，又能在一定程度上出乎其外，从而将刘宗周哲学的研究推进到一个新层次。这是难能可贵的！这也正是我非常乐意向读者推荐此书的理由。

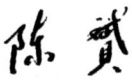

2023 年 1 月 10 日于沪上一之间

摘　　要

　　刘蕺山之学是在坚持阳明学"心即理"的心学立场的基础上，进一步融摄明代以来所兴起的气一元论思想，而形成的新的理学形态。以"慎独"宗旨在本体论与工夫论含义上的双重演变为标准，可将蕺山之学的发展分为三个阶段。"本体与工夫"或"性体—心体—工夫"是蕺山之学的基本架构。

　　蕺山的性体论主要涉及理气、性情、喜怒哀乐等内容。在蕺山之学中，气是一个可以表征物质、活动、信息等多重面向的范畴，而理乃是气之运化过程之中所表现的本然秩序，并不具备实体化的地位。通过天人一理的本体论设定，蕺山得以将人的道德超越性的源头奠基在形上之天理上，"尽人而天"便成为蕺山工夫论的旨归。在蕺山之学中，理气合一的理气论设定落实在性情论上便导出性情合一的结论。以"生而有之之理"论性，是蕺山言性的第一义。蕺山之学的一个重要特点是将喜怒哀乐之气引入对性体的论说之中，为人的工夫操持设立了坚实的存在论基础。

　　蕺山的心体论主要涉及其诚意新论以及与之相关的意念之辨、思念之辨、知论等内容。在蕺山晚年思想之中，性体是从存在论方面言说的独体，心体是从意识论方面言说的独体。蕺山的诚意新论改变了以"心之所发"论"意"的说法，转而以"心之所存"论"意"；意成为深藏于人的心体之中的好善恶恶的道德机能。蕺山致力于"意念之辨"，他将念区分为两种，即正念与妄念；对于妄念，要进行"无念"的工夫。蕺山论知有三义，即第一义的本体之知，第二义的"知好知恶"的反身之知以及第三义的"知善知恶"的对象之知。在蕺山看来,阳明良知说只具备第一义与第三义的知,而欠缺第二义的知;阳明侧重第三义之知的发挥,而缺乏了对第一义之知的涵养工夫,于是就不能阻断恶念的生发机制,而陷入"落后一着"的地步。蕺山通过"知藏于意"的设定,实现了对阳明之学的改造和融摄。

《人谱》是蕺山工夫论的集中展示,体现出两大特点:"立定未发作工夫"和"重视勘验"。通过发展出未发的内自讼工夫和"勘验"的工夫方法,蕺山对阳明学存在的"落后一着"与"缺乏勘验"这两个"法病"进行了补救。蕺山之学是阳明心学一系发展的极致形态。蕺山之学仍存在着三个理论困境:第一,存在着严重的道德紧张;第二,通过《人谱》所建立的勘验准则其实并不具备完全的客观性和普遍性;第三,勘验工夫解决不了"文过""自欺"的问题。蕺山之学亦有一个理论限度,即缺乏对政治制度建构方面的关注。

关键词:刘蕺山;本体;工夫

Abstract

According to the development and evolution process of Neo-Confucianism in the Ming Dynasty, based on the theory of "Mind is Principle" (心即理) of Yangming School, Jishan's theory further integrated the monism of Qi introduced in the Ming Dynasty and established a new form of Neo-Confucianism. Based on the standard of the dual evolution of Jishan's "shendu" (慎独) principle in the connotation of the theory of noumenon and the theory of cultivation, the development of Jishan's theory can be divided into three stages. During the development of Jishan's ideas, "Noumenon and Cultivation" or "nature noumenon, mind noumenon and cultivation" had always been the basic architecture of Jishan's theory.

Jishan's theory of nature noumenon involves the contents of "Li and Qi" (理气), "emotion and nature", "pleasure, anger, sorrow & joy" etc. In Jishan's theory, Qi is a category that can represent multiple aspects such as material, activity and information; while Li refers to the natural order presented during the operation process of Qi, which does not have a substantial status; Through the noumenon setting that man and heaven are under the same Li, Jishan realized the connection between Dao and nature and based the human moral transcendence on the metaphysical heavenly principles. As a result, the objective of human cultivation is to present such heavenly principles in human mind, and the theory that "Man who fulfill his morality absolutely have achieved the status of the heaven" became the objective of Liu Jishan's theory of cultivation. Jishan's theory of emotion and nature is the implementation of his theory of Li-Qi, and when the theory of Li-Qi that integrates Qi and Li implemented in the theory of disposition and nature, it will naturally obtain the conclusion of integration between emotion and nature. In Jishan's opinion, the " being born with" is the primary connotation of Jishan's ideas talking nature. One important characteristic of Jishan's theory is that he introduced the four passions of pleasure, anger, sorrow & joy to the theory of nature, which laid down a solid basis for ontology of cultivation development.

Jishan's theory of mind noumenon mainly involves the "chengyi" (诚意) new theory proposed by him and related contents such as the debate of idea and will, the debate of idea and thinking and Jishan's theory of knowledge. In Jishan's late ideas, the nature noumenon is the system from the perspective of ontology, and the mind noumenon is the system from the perspective of consciousness theory. In Jishan's new theory of "chegyi", Jishan changed the discussion of "will" based on "the appearance of mind" in the traditional Neo-Confucianism, and discussed "will" based on "the inclusion of mind"; will has become the moral function of likes and dislikes deep in people's mind. In Jishan's mature ideas, different from the consciousness phenomenon in which will is non-germinative and idea is germinative, these two concepts are distinct; therefore, in Jishan's theory, there is the "debate of idea and will"; Jishan divided idea into two types, i. e. , good idea and bad idea; for the bad idea, the cultivation of "no idea" should be conducted. Jishan's theory of knowledge has three meanings: the first meaning is the knowledge of noumenon; the second meaning is the reverse knowledge of "love and respect"; the third meaning is the objective knowledge of "good and evil". In comparison, Jishan believed that Wang Yangming's Conscience Theory only has the first and third meanings, while lacking the second meaning. To Jishan, the core of cultivation is to nourish the knowledge of first meaning of non-germinative stage while for Yangming, the core of cultivation is still to carry out the knowledge of third meaning. In Jishan's opinion, because Yangming lacked the cultivation to nourish the knowledge of first meaning, he could not interrupt the generation mechanism of evil idea in cultivation, while could only follow the germination of idea, thus "lagging behind". Finally, through the theoretical setting of "knowledge hidden in will", Jishan realized the improvement and integration of Yangming's extension of intuitive knowledge.

Ren Pu presents Jishan's theory of cultivation in a concentrated way. According to the cultivation system of *Ren Pu*, we can see that Jishan's theory of cultivation has two major characteristics: the first characteristic is "cultivation of non-germination is fundamental cultivation"; the second characteristic is "emphasis on inspection". Jishan remedied the two "methodological problems" of "lagging behind" and "lacking inspection" in Yangming's theory through the cultivation of self-accusation(内自讼) on the non-germinative level and the cultivation methods of inspection(勘验). According to the theoretical form, Jishan's theory is an extreme form developed from the school of Yangming's mind theory; on the three levels of nature, mind and cultivation, Jishan had promoted the philosophy of the mind officially started by Yangming in the Ming Dynasty to the extreme. Although Jishan's theory has achieved outstanding results in both theory and practice, there is still the theoretical dilemma: first of all, Jishan's theory still has serious moral tension; secondly, the case-based inspection criteria that Jishan tried to build through *Ren Pu* do not possess complete objectivity and generality; thirdly, Jishan's inspection cultivation cannot solve the problems of "conceal faults" and "self-deception". In addition to the above three theoretical dilemmas, Jishan's theory also has a theoretical limit, i. e. , it lacks discussion on the aspect of the construction of political system. These theoretical dilemmas and theoretical limit are the important reason why Jishan's theory could not be continued after the demise of Ming Dynasty.

Key Words: Liu Jishan; Ontology; Cultivation

目　　录

引　言 …………………………………………………………… (1)

第一章　刘蕺山理学的思想史背景、学术分期与理论架构 …… (5)
　第一节　气一元论的流行与心学的勃兴：明季理学
　　　　　发展的两种趋向 ……………………………………… (5)
　　一　朱子学：明代理学发展的起点 ……………………… (6)
　　二　理气二元与心理为二——朱子理学的两个基本
　　　　设定 ……………………………………………………… (8)
　　三　明代理学气一元论思潮的兴起及对朱子理气
　　　　二元论的修正 …………………………………………… (13)
　　四　阳明"心即理"的提出与心学的勃兴 ………………… (16)
　第二节　蕺山之学的发展历程、学术分期与理论架构……… (18)
　　一　刘伯绳对蕺山思想之分期 …………………………… (20)
　　二　蕺山慎独宗旨的三个发展阶段 ……………………… (25)
　　三　本体与工夫：蕺山之学的理论架构 ………………… (35)

第二章　刘蕺山的性体论 ……………………………………… (39)
　第一节　蕺山论理气 ……………………………………………… (39)
　　一　气是什么？ …………………………………………… (40)
　　二　蕺山的气一元论及对朱子理气二元论的批判 ……… (44)
　　三　两种理（性）与形上、形下 ………………………… (47)

四　关于"形上之气"的诠释问题 …………………… (53)
　第二节　由道而性——天人之贯通 …………………………… (58)
　　一　性体与道体的贯通 ………………………………… (59)
　　二　道德超越性的确立 ………………………………… (62)
　　三　尽人而天：蕺山工夫论的旨归 …………………… (69)
　　四　蕺山论万物一体 …………………………………… (71)
　第三节　蕺山论性情以及对朱子性情论的批判 ……………… (77)
　　一　蕺山论性及对朱子性论的批判 …………………… (77)
　　二　蕺山性情合一论以及对朱子性情二分说的批判 … (87)
　第四节　喜怒哀乐与独体 ……………………………………… (93)
　　一　喜怒哀乐之各种相配 ……………………………… (95)
　　二　喜怒哀乐与未发已发 ……………………………… (102)
　　三　"四情"与"七情" ……………………………… (105)
　　四　独体与慎独 ………………………………………… (110)

第三章　刘蕺山的心体论 ……………………………………… (117)
　第一节　从性宗到心宗的转换以及蕺山诚意新论的
　　　　　缘起 …………………………………………………… (117)
　　一　刘蕺山论性体与心体 ……………………………… (118)
　　二　性体与心体：独体的两种不同面相 ……………… (128)
　　三　蕺山诚意新论提出的缘起 ………………………… (130)
　　四　慎独与诚意的关系 ………………………………… (137)
　第二节　刘蕺山论"意"之基本内涵 ………………………… (138)
　　一　蕺山论意含义之转变 ……………………………… (139)
　　二　诚意与好恶 ………………………………………… (144)
　　三　意与定盘针 ………………………………………… (153)
　第三节　刘蕺山论意（思）念之辨 …………………………… (154)
　　一　蕺山早年、中年论"思念之辨" ………………… (155)
　　二　蕺山晚年论"意（思）念之辨" ………………… (157)

三　"正念"与"妄念"：蕺山论念的两个维度……………（159）
　第四节　刘蕺山的知论以及对阳明良知说的批判…………（165）
　　一　刘蕺山论知的三个层次及对阳明良知说的批判……（166）
　　二　刘蕺山对《大学》诚意章的诠释以及对阳明《大学》
　　　　诠释的批判……………………………………………（177）
　　三　收知归意：蕺山对阳明良知说的融摄………………（186）

第四章　刘蕺山的工夫论：以《人谱》为中心的考察………（189）
　第一节　《人谱》改过工夫解析……………………………（190）
　　一　未发工夫："凛闲居以体独"………………………（193）
　　二　已发工夫：从"卜动念以知几"到"备百行以
　　　　考旋"…………………………………………………（203）
　　三　迁善改过以作圣：《人谱》改过工夫之总结………（215）
　第二节　"立定未发作工夫"：蕺山工夫论之主旨及
　　　　　对朱子、阳明工夫论的批判……………………（218）
　　一　"立定未发作工夫"：蕺山工夫论的主旨…………（218）
　　二　蕺山对朱子工夫论的批判…………………………（220）
　　三　蕺山对阳明工夫论的批判…………………………（234）
　第三节　勘验：蕺山工夫论的重要方法……………………（239）
　　一　蕺山工夫论中的勘验………………………………（240）
　　二　未发之时的勘验与已发之时的勘验………………（244）
　　三　勘验活动的诸要素：勘验情境、勘验指标与
　　　　勘验准则………………………………………………（249）

第五章　刘蕺山理学思想的衡定……………………………（257）
　第一节　补阳明学以淑世：蕺山理学的归旨………………（257）
　　一　明学术以正人心：蕺山解决时代危机的最终
　　　　归旨……………………………………………………（258）
　　二　蕺山对阳明之学的补救……………………………（264）

第二节 蕺山理学的思想史定位 …………………… (274)
    一 从蕺山对朱子、阳明的评价看蕺山理学的心学
       底色 ……………………………………………… (275)
    二 心学发展的极致形态：蕺山理学的思想史定位 …… (284)
    三 对关于蕺山思想史定位若干观点的检视 …………… (293)
第三节 蕺山理学的成就、理论困境与理论限度 ………… (302)
    一 蕺山理学的成就 ……………………………………… (303)
    二 蕺山理学的理论困境和理论限度 …………………… (307)

参考文献 ………………………………………………………… (318)

索　引 …………………………………………………………… (325)

后　记 …………………………………………………………… (339)

Contents

Introduction ·· (1)

Chapter 1 The historical backgrounds, academic periods, theoretical architecture of Liu Jishan's Neo-Confucianism thought ·· (5)

  Section 1 The popularity of Qi-monism and the rise of School of Mind as the two tendencies in the development of Neo-Confucianism in Ming dynasty ···················· (5)

    1 Zhu Xi's theory: the starting point of the development of Neo-Confucianism in Ming dynasty ························ (6)

    2 The dualism of Li and Qi, Li and Mind in Zhu Xi's theory ··· (8)

    3 The rise of Qi-monism in Neo-Confucianism in Ming dynasty and the amendment to Zhu Xi's dualism of Li and Qi ··· (13)

    4 The proposal of Wang Yangming's "Mind is theory" and the rise of School of Mind. ·································· (16)

  Section 2 The development process, academic periods, theoretical architecture of Liu Jishan's Neo-Confucianism thought ·· (18)

    1 The academic periods of Liu Jishan's Neo-Confucianism thought based on Liu Bosheng's analysis ····················· (20)

  2 The three stages of development of Jishan's "shendu" principle ………………………………………………………… (25)
  3 Noumenon and cultivation as the theoretical architecture of Liu Jishan's Neo-Confucianism thought ……………… (35)

Chapter 2 Liu Jishan's theory of nature noumenon ………… (39)

 Section 1 Jishan's discussion on Li and Qi …………………… (39)
  1 What is Qi? ………………………………………………… (40)
  2 Jishan's Qi-monism and his criticism to Zhu Xi's dualism of Li and Qi …………………………………… (44)
  3 Two kinds of Li (nature) and metaphysics & physics ………………………………………………………… (47)
  4 The interpretation of "metaphysical Qi" ……………… (53)
 Section 2 From Dao to nature: the integration of nature and man ………………………………………………… (58)
  1 The integration of nature noumenon and Dao noumenon ………………………………………………… (59)
  2 The establishment of moral transcendence ……………… (62)
  3 "Man who fulfill his morality absolutely have achieved the status of the heaven": the objective of Liu Jishan's theory of cultivation ……………………………………… (69)
  4 Jishan's discussion on "all things are integrated" ……… (71)
 Section 3 Jishan's theory of nature and emotion and his criticism to Zhu Xi's theory of nature and emotion ………… (77)
  1 Jishan's theory of nature and his criticism to Zhu Xi's theory of nature ……………………………………………… (77)
  2 Jishan's theory of integration between nature and emotion and his criticism to Zhu Xi's theory of separation between nature and emotion ……………………………………… (87)

Section 4　Pleasure, anger, sorrow & joy and du
　　　　　　noumenon ·· (93)
　1　The matches of pleasure, anger, sorrow & joy ············ (95)
　2　Pleasure, anger, sorrow & joy and non-germination &
　　　germination ·· (102)
　3　"Four passions" & "seven passions" ························· (105)
　4　Du noumenon and "shendu" ······································ (110)

Chapter 3　Liu Jishan's theory of mind noumenon ············ (117)
　Section 1　The transition from nature to mind and the origin
　　　　　　of Jishan's "chengyi" new theory ···················· (117)
　1　Liu Jishan's discussion on nature noumenon and mind
　　　noumenon ·· (118)
　2　Nature noumenon and mind noumenon as two different
　　　dimensions of du noumenon ·· (128)
　3　The origin of Jishan's "chengyi" new theory ·············· (130)
　4　The relation between "chengyi" and "shendu" ········· (137)
　Section 2　Liu Jishan's analysis on the basic connotation
　　　　　　of "yi" ·· (138)
　1　Liu Jishan's discussion on "yi" from his early years
　　　to his later years ·· (139)
　2　"Chengyi" and likes & dislikes ································ (144)
　3　"Yi" as the compass of one's mind ····················· (153)
　Section 3　Liu Jishan's analysis on the debate of will
　　　　　　(thinking) and idea ·· (154)
　1　Liu Jishan's analysis on the debate of thinking and idea in
　　　his early and middle years ································· (155)
　2　Liu Jishan's analysis on the debate of will (thinking)
　　　and idea in his later years ······································ (157)

3　Moral ideas and immoral ideas as the two dimensions
　　　　of Liu Jishan's analysis on ideas ················· (159)
　Section 4　Jishan's theory of knowledge and his criticism
　　　　　　to Wang Yangming's theory of conscience ············ (165)
　　1　Three levels of Jishan's theory of knowledge and his
　　　　criticism to Wang Yangming's theory of conscience ······ (166)
　　2　Jishan's interpretation of the chapter of "chengyi" in
　　　　The Great Learning and his criticism to Wang Yangming's
　　　　interpretation of *The Great Learning*. ······················· (177)
　　3　"Knowledge hidden in will": the improvement and
　　　　integration of Yangming's theory of conscience ············ (186)

Chapter 4　Liu Jishan's theory of cultivation ················· (189)
　Section 1　The analysis on the cultivation of correcting faults
　　　　　　in *Ren Pu* ······································· (190)
　　1　Experiencing du noumenon when staying alone as
　　　　the cultivation of non-germination ······················· (193)
　　2　From examining ideas to keeping prudent in moral
　　　　practices as the cultivation of germination ················· (203)
　　3　Correcting faults and doing good deeds to be a sage:
　　　　a summary of the cultivation of correcting faults in
　　　　Ren Pu ·· (215)
　Section 2　"Cultivation of non-germination is fundamental
　　　　　　cultivation" as the fundamental principle of
　　　　　　Jishan's theory of cultivation and Jishan's
　　　　　　criticism to Zhu Xi's and Wang Yangming's
　　　　　　theory of cultivation ······························ (218)
　　1　"Cultivation of non-germination is fundamental culti-
　　　　vation" as the fundamental principle of Jishan's theory
　　　　of cultivation ·· (218)

2　Jishan's criticism to Zhu Xi's theory of cultivation ········· (220)
　　3　Jishan's criticism to Wang Yangming's theory
　　　　of cultivation ·· (234)
　Section 3　The inspection as the important method in Jishan's
　　　　　　theory of cultivation ·· (239)
　　1　The inspection in Jishan's theory of cultivation ············ (240)
　　2　The inspection of non-germination & the inspection
　　　　of germination ·· (244)
　　3　Three elements in the activity of Jishan's inspection:
　　　　the situation of inspection, the target of inspection, the
　　　　standard of inspection ·· (249)

Chapter 5　The historical localization of Liu Jishan's Neo-Confucianism thought ······················ (257)

　Section 1　The amendment to Yangming's doctrine for improving
　　　　　　public morals: the theoretical objective of Liu Jishan's
　　　　　　Neo-Confucianism thought ································ (257)
　　1　Exploring learning for encouraging kindness: the ultimate
　　　　purpose for Jishan to try to solve the crisis of faith in later
　　　　Ming dynasty ·· (258)
　　2　Jishan's amendment to Yangming's doctrine ············· (264)
　Section 2　The localization of Liu Jishan's Neo-Confucianism
　　　　　　thought in Chinese intellectual history ················ (274)
　　1　The bottom colour of the philosophy of the mind in Liu
　　　　Jishan's Neo-Confucianism thought ························ (275)
　　2　The extreme form developed from the school of
　　　　Yangming's mind theory: the localization of Liu
　　　　Jishan's Neo-Confucianism thought ························ (284)
　　3　The discussion on some views about the historical
　　　　localization of Liu Jishan's Neo-Confucianism
　　　　thought ··· (293)

Section 3　The theoretical achievement, theoretical dilemma, theoretical limit of Liu Jishan's Neo-Confucianism thought ………………………………………… (302)
　　1　The theoretical achievement of Liu Jishan's Neo-Confucianism thought ……………………………… (303)
　　2　The theoretical dilemma, theoretical limit of Liu Jishan's Neo-Confucianism thought ……………………………… (307)

References ……………………………………………… (318)

Index ……………………………………………………… (325)

Postscript ………………………………………………… (339)

引　言

　　理学①的崛起是中国思想史上的一大事因缘,② 它成功应对了佛老之学对儒学的持续冲击,重建了儒家的"天人"之学。理学得以贯通天人,建立一套精微的道德形上学体系,其奥秘端在体用论模式的引入。体用论是理学的核心思维方式和理学体系建立的基本架构,构成了理学区别其他儒学形态的本质性特征。体用论在宋明理学传衍的不同阶段中,往往具有差异化的表现形式。北宋理学的体用论模式主要表现为本体宇宙论模式,到朱子,发展出"然—所以然"模式,这一模式在朱子之后的理学发展中取得了笼罩性的地位。明代之后,随着阳明心学的崛起,其体用论模式也逐渐转向为"本体—工夫"模式。③ 本体与工夫是明代心学家构建理论的基本架构,"即本体即工夫,即工夫即本体"是这一类理学家的基本认知图式。同时心学家对本体与工夫的探讨构成了其理学体系的主要内容。自

---

　　①　本书对"理学"含义的界定,遵循当前学术界通行的看法,即理学是指宋明(包括元及清)时代占主导地位的学术体系,其中不仅包括程朱一系的道学,亦包括陆王一系的心学。关于"理学"的定名,可参见陈来《宋明理学》,生活·读书·新知三联书店2011年版,第8—16页;张立文《中国哲学史新编》,中国人民大学出版社2007年版,第247—250页。

　　②　陈寅恪先生说:"中国自秦以后,迄于今日,其思想之演变历程,至繁至久。要之,只为一大事因缘,即新儒学之产生,及其传衍而已。"(陈寅恪:《〈中国哲学史〉审查报告三》,载冯友兰《中国哲学史》下册,商务印书馆2011年版,第612页)

　　③　杨儒宾:《异议的意义:近世东亚的反理学思潮》,上海古籍出版社2019年版,第46—65页。

阳明之后，本体与工夫之辨，也构成了阳明学在中晚明展开和衍化的重要骨架。①

刘蕺山是明代阳明学发展中的最后一位大师，他将心学的本体—工夫之学发展到了一个重要的乃至极致的阶段。

本书的题目是"本体与工夫：刘蕺山理学思想研究"。在笔者看来，蕺山理学的实质即是本体—工夫之学，本书旨在对明末大儒刘蕺山的理学思想②进行一系统的研究。蕺山之学大致可以分为关于本体的理论和关于工夫的理论两个部分，前者即蕺山之学的本体论，后者即蕺山之学的工夫论。其中，蕺山的本体论又可进一步细分为道体论、性体论、心体论三个部分。"道体—性体—心体—工夫"是一个本体不断下贯、透显到人之中的"由天到人"的历程。而"工夫—心体—性体—道体"则是一个"尽人达天"或孟子所示的"尽心、知性、知天"的通过工夫回溯本体的历程。本书便根据本体—工夫"由天而人"所次第落实的逻辑次序来展开对蕺山理学之论述，即从刘蕺山的道体论、性体论、心体论、工夫论四部分来次第开显蕺山本体—工夫之学的面貌。在进入对蕺山理学的本体论进行分析之前，笔者首先对蕺山之学的思想史背景进行一简要的介绍，其次

---

① 参见彭国翔《良知学的展开：王龙溪与中晚明的阳明学》（增订版），生活·读书·新知三联书店2015年版，第14页。

② 笔者在行文之中，论及蕺山思想时，有"蕺山之学""蕺山思想""蕺山理学思想""蕺山本体—工夫之学"等不同的说法。"蕺山之学"主要是指蕺山通过各种学术著述所建构起来的学术体系以及与之相应的工夫实践体系；"蕺山思想"盖指蕺山在各种著述以及工夫实践之中所体现出来的思想体系。而"蕺山理学思想"指蕺山思想体系中，反映理学观点、体现理学色彩的部分。蕺山一生中除撰写了大量关于理学方面的著述之外，还撰写了一些涉及史学、文学、时政、宗法之类主题的著述，体现了史学、文学、政治、宗法、社会治理等方面的思想，故"蕺山理学思想"只是"蕺山思想"的一部分。但是，由于刘蕺山是一个典型的理学家，理学是其思想之骨干，"蕺山思想"或者"蕺山之学"的主要呈现方式便是其理学思想，蕺山关于政治、宗法、史学等方面的思想亦可以收摄在其理学思想之中，或者本身可看作其理学思想的一部分。本体与工夫是蕺山理学的核心框架和主要内容，蕺山理学的主干内容便是"本体—工夫"之学。宽泛来说，"蕺山思想""蕺山之学""蕺山理学思想""蕺山本体—工夫之学"这几种说法内涵相近，在本书的大多数场合，可以互换。

探讨蕺山学术的分期状况，并指明蕺山之学尤其是其晚年之学的基本架构和主要内容便是本体与工夫。对以上论题的处理旨在为后续聚焦蕺山的本体论与工夫论分析做一点必要的铺垫工作，这一部分即构成了本书的第一章。在蕺山理学中，道体与性体皆指向存在本体，出于行文方便，本书用"性体"总该二者，将二者归并到一章来讲述，对蕺山之道体论和性体论的分析构成了本书第二章的主要内容。本书第三章聚焦于蕺山的心体论，本书第四章以《人谱》为中心来考察蕺山的工夫论。本书第五章则在前文讨论的基础上对蕺山之学做一总体的衡定。

学术界对刘蕺山研究的成果甚多，且近十年以来，研究热度有日增之势。本书的研究当然也是以目前众多的研究成果为背景的。相比当前的这些研究成果，本书有以下的几个特点。

第一，以本体与工夫的架构来分析刘蕺山的理学思想，此是本书最大的特点。

笔者认为，本体与工夫是蕺山理学的基本架构、核心思维方式，并且蕺山关于本体的论说与关于工夫的论说构成了其理学的主要内容。笔者对刘蕺山理学思想的分析也依据蕺山理学固有的本体—工夫的结构展开，以呈现其理学的整体面貌。作为一项中国哲学史视域下的个案研究，本书旨在尽量还原、展示蕺山之学自身的问题意识、义理结构、工夫进路、思想特质，并在此基础上结合宋明理学自身的衍化脉络，为蕺山理学寻求一个比较恰当的思想史或学术史定位。

第二，本书注重从刘蕺山与朱子、阳明的对话与辨难的视角来展示蕺山思想的义理脉络。蕺山理学思想的基本品格正是在与朱子、阳明不断对话与辨难的基础上得以挺立的，笔者试图站在一个中立、客观的立场上，注重从蕺山与朱子、阳明论辨的文本细节出发，剖析论辨所涉及的深层次的义理分歧，厘清蕺山理学与朱子学、阳明学各自的关系，以凸显蕺山理学不同于朱子、阳明而又能够融摄朱子、阳明的理论特质。并且在此基础上，探讨蕺山理学的学派归属。

第三，本书注重对蕺山工夫论及其相关问题的研究。这一点又可以体现在三个方面：一是注重对蕺山理学作为"精神哲学"（spiritual philosophy）① 面向的分析。本书对蕺山关于人的道德意识结构的设定、道德意识现象的要素组成及其运作机制、蕺山知论的三个维度、正念妄念之辨等当前学界未予充分关注的一些涉及蕺山精神哲学建构的论题进行了探讨，并且揭示出"未发已发"是蕺山分析意识现象与精神要素的基本的架构，诸如意、思、知、念、虑、情等意识现象都可以在"未发已发"这一架构下得以贞定。二是重视蕺山心性本体中意识结构的设定情况与工夫具体操持方式之间的对应关系，指出"未发已发"不仅是蕺山分析人的意识现象的基本架构，而且落实在工夫中，也成为工夫实施的基本架构。三是注重对蕺山工夫论中的"勘验"思想的研究。在笔者看来，"勘验"是蕺山工夫理论的重要方法，贯穿了蕺山《人谱》"六事功课"的每一个阶段，具有重要的实践意义。但是目前学界对蕺山工夫论中的"勘验"思想的研究并不充分，本书旨在做更进一步的推进。

---

① 徐梵澄先生指出，宋明理学尤其是陆王一系的心学是一种"精神哲学"。见徐梵澄《陆王学述》，崇文书局2017年版，第16、24页。

第 一 章

刘蕺山理学的思想史背景、学术分期与理论架构

刘宗周（蕺山，1578—1645），初名宪章，字起东，号念台，生于明代万历六年（1578），卒于南明弘光元年（清朝顺治二年，1645），浙江山阴（今绍兴）人。他因讲学山阴县城北蕺山，人们遂称他为蕺山先生。现代学者大都承认刘宗周（蕺山）之学深邃博大，在理学发展史上具有重要地位。

本章首先分析蕺山理学的思想史背景，其次探讨蕺山之学的学术分期与理论架构；为后文正式进入对蕺山的本体论与工夫论的专题讨论之前，预先做一些必要的理论说明和铺垫。

第一节　气一元论的流行与心学的勃兴：明季理学发展的两种趋向

在理学史上，朱子（熹，晦庵，1130—1200）以一人之力，消化、整合、融摄了北宋五子之学，是北宋以来理学的集大成者，朱子之后的理学发展一直处在朱子学的笼罩之下，明代理学的发展起点便是朱子学。然而明代理学并没有完全株守朱子之

学，从明初开始，其发展历程便是一个不断修正朱子学或冲破朱子学藩篱的历程，正是在这一历程之中，凸显了明代理学的独特品格。

朱子学在理论上有两个基本设定：在理气论上，坚持"理气二元"；在心性论上，坚持"心性为二"。明代理学对朱子学的反动集中体现在对这两个理论设定的修正上面。在理气论上，罗钦顺（整庵，1465—1547）、王廷相（浚川，1474—1544）等人开始倡导气一元论，对朱子的理气二元论进行了修正；在心性论上，王阳明开启了心学思潮，倡导心理合一之论，对朱子的心性为二论进行了修正。气一元论的流行和心学的勃兴这两大思潮共同构成了明代理学的发展的两种趋向，亦成为蕺山之学创发的思想背景。刘蕺山在建构其理学体系之时，对明代以来的气一元论与阳明心学这两大思潮均有所吸收，并且在吸收的基础上对二者进行了消化、整合，从而最终熔铸出其自己的理学体系。

一 朱子学：明代理学发展的起点

按照《宋史·道学传》对两宋理学发展脉络的叙述，理学滥觞于周敦颐（濂溪，1017—1093），发挥于张载（横渠，1020—1077）、邵雍（康节、尧夫，1011—1077），奠基于二程，即程颢（明道，1032—1085）、程颐（伊川，1033—1107）兄弟，至朱子始集北宋以来理学发展之大成。[①]《宋史·道学传》评价朱子云：

> 迄宋南渡，新安朱熹得程氏正传，其学加亲切焉。大抵以格物致知为先，明善诚身为要，凡《诗》《书》六艺之文，与夫孔、孟之遗言，颠错于秦火，支离于汉儒，幽沉于魏、晋、

[①] 参见脱脱等撰《宋史》，卷四百二十七，《道学一》，中华书局1977年版，第12709—12710页。

六朝者，至是皆焕然而大明，秩然而各得其所。此宋儒之学所以度越诸子，而上接孟氏者欤。①

《道学传》认为，北宋以来理学的发展，至朱子处达到了高峰，集其大成；朱子在承继北宋五子之事业的基础上又将理学做了进一步推进；通过朱子的努力，孟子（轲，前312—前289）之后所不传的道，终于"焕然而大明"。《道学传》是由朱子一系的传人欧阳玄（圭斋，1289—1374）等人参与编撰，上述评价有强烈的道统论的意识；关于道统论，笔者将在后文论述，此处暂且不论。就北宋以来理学发展的实际脉络来讲，《道学传》对朱子是理学集大成者的定位还是非常准确的。②

所谓朱子集北宋理学之大成，是说朱子以一人之力，消化、整合、融摄了周、张、邵、二程之学，集北宋五子之诸流，而汇通为一。③ 北宋五子的理学谱系本身便是在朱子实现了对五子之学的汇通之后才正式予以树立的。在理学史上，朱子是截断众流式的人物，他在消化、整合、融摄五子之学的基础上，又做了进一步的理论发挥，最终建构起一套庞大、精密的理学体系，在截断重流之后，又重开新流，开启了后世理学发展的新脉络。

朱子将诸如理、气，心、性，性、情，未发、已发，气质之性、义理（天命）之性，人欲、天理，涵养、省察等一系列两

---

① 脱脱等撰：《宋史》，卷四百二十七，《道学一》，第12710页。
② 现代学者亦公认朱子是北宋以来理学的集大成者。比如钱穆先生言朱子"集理学之大成"（钱穆：《朱子学提纲》，生活·读书·新知三联书店2002年版，第21页）。冯友兰先生说："道学家中，集周邵张程之大成，作理学一派之完成者为朱子。"（冯友兰：《中国哲学史》下册，第361页）吕思勉先生亦谓"朱子非宋学之创造家，而宋学之集成者也。"（吕思勉：《理学纲要》，江苏文艺出版社2008年版，第89页）张立文先生也说："朱熹是'道学'的集大成者。宋明理学发展到朱熹，便已趋成就阶段。"（张立文：《宋明理学研究》，中国人民大学出版社2016年版，第347页）陈来先生亦谓"朱熹是宋代理学的集大成者"（陈来：《宋明理学》，第175页）。
③ 关于朱子对北宋五子的汇通，可参见钱穆《朱子学提纲》，第21—23页。

相对待的概念确定为理学的核心话题,并借此构建了一套完整的理学话语体系、概念系统与义理结构,由此奠定了朱子之后的理学发展的基本格局。后世理学家或许其学术形态可能不尽同于朱子,但是其所讨论的内容,所使用的话语体系与概念系统实不能逸出朱子所确定的范围,其学的义理结构亦无法脱离开朱子学的影响。可以说,朱子之后的理学发展一直处在朱子之学的笼罩之下。

明代理学的发展起点便是朱子学,但是明代理学并没有完全株守朱子之学,从明初开始,其发展历程便是一个不断修正朱子学或冲破朱子学藩篱的过程,正是在这一过程之中,凸显了明代理学的独特品格。

明代理学对朱子学的修正集中体现在以下两点,与之相对便形成了明代理学发展的两种趋向。第一个趋向是对朱子理气二元论的反动也即是理气一元论思潮的兴起。这股思潮在明代初期的朱子学者那里便已经初现端倪,曹端(月川,1376—1434)、薛瑄(敬轩,1389—1465)等人已经对朱子的"理气二元论"颇有微词而有所修正。后来罗钦顺、王廷相等人开始明确提出气一元论的主张。[①] 第二个趋向是心学思潮的勃兴。通过对朱子"心理为二"的批判,王守仁(阳明,1472—1529)提出了"心即理""心外无理"的思想,正式开启了明代心学的浪潮。

二 理气二元与心理为二——朱子理学的两个基本设定

从本体论[②]的角度来说,朱子之学有两个基本的设定,在理气论

[①] 陈来先生将这一思潮定位为"去实体化转向"。参见陈来《元明理学的"去实体化"转向及其理论后果——重回"哲学史"诠释的一个例子》,《中国文化研究》2003 年夏之卷。

[②] 这里的"本体论"不是西方哲学中"ontology"意义上的本体论,而是理学的本体论。关于"理学本体论"的内涵,可参见本章第二节论述。

方面为"理气二元"①，在心性论方面，为"心性（理）为二"。对于前者，朱子有云：

> 天地之间，有理有气。理也者，形而上之道也，生物之本也；气也者，形而下之器也，生物之具也。是以人物之生，必禀此理然后有性，必禀此气然后有形。其性其形虽不外乎一身，然其道器之间分际甚明，不可乱也。②

在朱子看来，理是生物之本，而气是生物之具，理与气乃是天地之间万物生成的两个本原。朱子又明确指出理气"决是二物"，他说："所谓理与气，此决是二物。但在物上看，则二物浑沦，不可分开各在一处，然不害二物之各为一物也；若在理上看，则虽未有物而已有物之理，然亦但有其理而已，未尝实有是物也。"③ 在朱子看来，理与气虽然是浑沦、不能截然隔绝的，但是这并不影响理与气仍旧是二物。朱子又以人骑马作比喻，来形容理气二者之关系。他说："太极理也，动静气也。气行则理亦行，二者常相依而未尝相离也。太极犹人，动静犹马；马所以载人，人所以乘马。马之一出一入，人亦与之一出一入。盖一动一静，而太极之妙未尝不在焉。此所谓

---

① 需要指出，近现代学术界对朱子理学的研究之中，关于朱子的理气论中，"理"与"气"究竟是一种什么样的关系，一直存在争论。在20世纪前期，王国维、谢无量、王治心、赵兰坪、江恒源、贾丰臻、吴博民、谭丕模、范寿康、赵纪彬等诸位先生皆认为朱子是理气二元论者，但是陈钟凡、孙远、李兆民等先生却明确认为朱子是一元论者（参见乐爱国《民国时期对朱熹理气论的不同解读》，《人文杂志》2013年第3期）。1950年之后，学者们对此问题的看法仍有争论。诸如牟宗三先生坚持朱子是理气二元论者的立场，而蒙培元先生则认为朱子是气一元论者［参见牟宗三《心体与性体》（三），《牟宗三先生全集》第七册，台北：联经出版事业股份有限公司2003年版，第535页；蒙培元《朱熹哲学十论》，中国人民大学出版社2010年版，第26页］。本书同意王国维、谢无量、牟宗三等先生的观点，认为朱子是理气二元论者。

② 朱熹：《答黄道夫》，朱杰人、严佐之、刘永翔主编《朱子全书》第二十三册，上海古籍出版社、安徽教育出版社2002年版，第2755页。

③ 朱熹：《答刘叔文》，《朱子全书》第二十二册，第2146页。

'所乘之机'，无极、二五所以'妙合而凝'也。"① 此处朱子所说的"太极"便是理；人在骑马的时候，虽然并没有离开马，但是不并碍人与马是两物；与之类似，理与气虽然存在"相依而未尝相离"的关系，但是理与气毕竟仍是两物。朱子又用"不离不杂"来形容理气关系，在《太极图解》中，朱子解释周子太极图最上面的圆圈（即无极）的含义时说："此所谓无极而太极也，所以动而阳、静而阴之本体也。然非有以离乎阴阳也，即阴阳而指其本体，不杂乎阴阳而为言尔。"② 这里朱子所说"所以动而阳、静而阴"的本体就是理，阴阳就是气，只能在气中觅得理，此谓"理气不离"，然理与气终非可混同，乃是二物，此谓"理气不杂"。

另外，朱子又经常讨论理气孰先孰后的问题，既然理气有先后次序之别，那么理气则自然不能是一物，而是两物了。需要指出，朱子说理气为二物，是说理气不能混同，理在气之外的意思，并不是说理也是像气一样是具有一定形迹的，处于具体时空之中的物品。与气有形有象不同，理毕竟是无形无象的，是一个"净洁空阔底世界"③。朱子说："且如万一山河大地都陷了，毕竟理却只在这里。"④即使万一哪一天天地毁弃，时空陆沉了，但是此理还在，说明理可以不依赖时、空这些经验条件而存在。由于理超越于经验，它"无情意，无计度，无造作"⑤，它不具有经验之物所具有的在时空中的方所与定向，不具有生灭、成毁、动静这些经验之相。净洁空阔的"理世界"是一个超越于经验的世界。

朱子又将"理气二元"思想贯彻至其心性论之中。在朱子的理学体系之中，理、气与性、心（情）存在严格的对应关系，理气为二一定会导致心性为二或者性情为二。《朱子语类》有以下两段语录：

---

① 黎靖德编：《朱子语类》，《朱子全书》第十七册，第3128—3129页。
② 朱熹：《太极图解》，《朱子全书》第十三册，第70页。
③ 黎靖德编：《朱子语类》，《朱子全书》第十四册，第116页。
④ 黎靖德编：《朱子语类》，《朱子全书》第十四册，第116页。
⑤ 黎靖德编：《朱子语类》，《朱子全书》第十四册，第116页。

第一章 刘蕺山理学的思想史背景、学术分期与理论架构 11

> 问："灵处是心，抑是性？"曰："灵处只是心，不是性。性只是理。"①

> 所觉者，心之理也；能觉者，气之灵也。②

在朱子看来，心是气之灵处，具有能觉的功能，而性乃是理，是可供心觉知的外在对象。可见，朱子是以理来言性，以气来言心。③ 朱子又说：

> 性犹太极也，心犹阴阳也。太极只在阴阳之中，非能离阴阳也。然至论太极，自是太极；阴阳自是阴阳。惟性与心亦然。所谓一而二，二而一也。④

性在心之中，不离于心，但同时"太极自是太极，阴阳自是阴阳"，即二者又是不可混同的，即又是"不杂"的。所以，心性关系与气理关系一样，乃是"不离不杂"的。

由于"性只是理"，"心性为二"就是"心理为二"。在朱子这里，作为能觉的心去认识所觉的理的过程便是一个格物穷理的

---

① 黎靖德编：《朱子语类》，《朱子全书》第十四册，第218页。
② 黎靖德编：《朱子语类》，《朱子全书》第十四册，第219页。
③ 在朱子之学中心与气存在何种关系这一问题上，学者们各有主张，如牟宗三、劳思光两位先生，皆主张在朱子之学中，心是属于气的。[牟宗三：《心体与性体》（一），《牟宗三先生全集》第五册，第53页；劳思光：《新编中国哲学史》（三上），生活·读书·新知三联书店2015年版，第223页] 但如唐君毅、金春峰、陈振崑等先生，则认为在朱子之学中，心兼有理气二者。（唐君毅：《中国哲学原论·原性篇》，中国社会科学出版社2005年版，第246—250页；金春峰：《朱熹哲学思想》，台北：东大图书公司1998年版，第70—72页；陈振崑：《朱子成德之学的理论与实践》，台北：文津出版社2018年版，第113页）笔者同意牟宗三、劳思光两位先生的观点，即认为在朱子之学中，心是属于气的。
④ 黎靖德编：《朱子语类》，《朱子全书》第十四册，第222页。

过程。朱子《大学补传》解释"致知格物"云:"所谓致知在格物者,言欲致吾之知,在即物而穷其理也。盖人心之灵莫不有知,而天下之物莫不有理,惟其理有未穷,故其知有不尽也。是以《大学》始教,必使学者即凡天下之物,莫不因其已知之理而益穷之,以求至乎其极。"① 在朱子看来,人心的功能是知觉,而理在天下万物之中,格物致知的过程便是一个即物穷理的过程。我们看到,朱子有时候会有"心具众理"②"心包众理"③这样的说法,但这种说法并不意味着在朱子看来,理就在心中;"心具众理""心包万理"之"具"、之"包"并不是一种分析的、内在的"具"与"包",而是一种外在的、贯通的"具"与"包"。在朱子看来,"格物穷理"乃是作为形下之物的心去认识、执持、唤醒、运用心之外的形上之理的过程。在穷理过程中,心乃是认识活动的主体,而义理乃是外在于心的认识对象,二者有主客、能所之别。正如当我们说手能持物的时候,手与物终非一物。朱子虽然有时也说"心与理一"④,但是此所谓的"心理为一"乃是用心(气)去凑泊理,使二者达到一种贴合的状态。日常说此人要凑上去跟彼人说话,船要泊在岸边,盖此人与彼人,船与岸仍旧分明为两物,心与理虽凑泊为一仍不碍两者各为一物。总之,在心性论上,朱子主张的是一种"心理为二"的论说。

---

① 朱熹:《四书章句集注》,《朱子全书》第六册,第20页。
② 朱子说:"心者,人之神明,所以具众理而应万事者也。"(朱熹:《四书章句集注》,《朱子全书》第六册,第425页)又云:"一心具万理。能存心,而后可以穷理。"(黎靖德编:《朱子语类》,《朱子全书》第十四册,第306页)
③ 朱子云:"心包万理,万理具于一心。"(黎靖德编:《朱子语类》,《朱子全书》第十四册,第306页)又云:"人心虚灵,包得许多道理过,无有不通。"(黎靖德编:《朱子语类》,《朱子全书》第十五册,第1838页)
④ 朱子云:"此圣人大而化之,心与理一,浑然无私欲之间而然也。"(朱熹:《论语或问》,《朱子全书》第六册,第643页)又有云:"谓之乐取者,又以见其心与理一,安而行之,非有利勉之意也。"(朱熹:《孟子或问》,《朱子全书》第六册,第939页)

三 明代理学气一元论思潮的兴起及对朱子理气二元论的修正

明代初期的理学基本上处在朱子学的笼罩之下，正如黄宗羲（梨洲，1610—1695）所说："有明学术，从前习熟先儒之成说，未尝反身理会，推见至隐。所谓'此亦一述朱，彼亦一述朱'耳。"①明初的大儒如曹月川、薛敬轩、胡居仁（敬斋，1434—1484）等，在大部分的论题上，皆恪守朱子学之矩矱。尽管仍然恪守朱子的理气二元论，但是曹月川与薛敬轩对朱子关于理气动静问题的论述进行了批评，这在一定程度上暴露了朱子理气二元论的内在矛盾。②后来到16世纪之初，思想界一股批判朱子理气二元论的思潮开始出现，其中罗整庵、王廷相、吴廷翰（苏原，1491—1559）等一时并起。这些思想家对朱子理气二元论进行批判的思路比较相似，其中以罗整庵最具代表性，因此我们这里只以罗整庵为例进行讨论。③

罗整庵有谓：

> 盖通天地，亘古今，无非一气而已。气本一也，而一动一静，一往一来，一阖一辟，一升一降，循环无已。积微而著，由著复微，为四时之温凉寒暑，为万物之生长收藏，为斯民之日用彝伦，为人事之成败得失。千条万绪，纷纭胶轕，而卒不

---

① 黄宗羲：《明儒学案》，吴光主编《黄宗羲全集》第十三册，浙江古籍出版社2012年版，第185页。

② 关于曹月川和薛敬轩对朱子关于理气动静问题论述的批评，可参见陈来《宋明理学》，第239—241、245—250页。

③ 其实在理学史上，早在元代就有理学家开始对理气二元论进行质疑，而主张气一元论了。其代表人物为吴澄（草庐，1249—1333）。草庐说："气之所以能如此者何也？以理为之主宰也。理者非别有一物在气中，只是为气之主宰者即是。无理外之气，亦无气外之理。"（黄宗羲等编：《宋元学案》，《黄宗羲全集》第十二册，第3427页，标点有改动）但是这一思想在明初理学家那里好像没有继续发扬。关于王廷相、吴廷翰的气一元论思想，可参见张学智《明代哲学史》，北京大学出版社2000年版，第342—348、366—373页。

可乱，有莫知其所以然而然，是即所谓理也。初非别有一物依于气而立，附于气以行也。①

在罗整庵看来，充塞天地古今的只是一气，也就是说天地万物只有一个本原，那就是气。并不需要如朱子所说的由气来做"生物之具"的同时，再要找寻一个理来做"生物之本"。气不断变化，动静屈伸，时聚时散，循环不已。不管是大自然的四时代谢，以及万物的生长收藏，还是人世间的伦理生活和事功成败，都是一气运化的结果。气之运化中所显现出的条理，便是理。在罗整庵看来，理就在气中，而并非是如朱子所云的不杂于气的外在于气的一种存在。罗整庵又谓：

> 理只是气之理，当于气之转折处观之。往而来，来而往，便是转折处也。夫往而不能不来，来而不能不往，有莫知其所以然而然，若有一物主宰乎其间而使之然者，此理之所以名也。②

"若有一物主宰"，所谓"若有"，乃是好像是有，是一种比拟化的主观称谓，而并不是客观化的事实。"若有"就是并不是真的有，或者说只是看起来有。在罗整庵看来，并不是真有一个外在于气的实体，即理去主宰气。真正主宰气的只是气之自身。气自作主宰，自作运化，自作屈伸；而理只是在气之运化过程之中所显示出来的运行的条理，是内蕴于、附着于气化之中的，而并非气之外的存在。

此外，罗整庵对伊川、朱子以理为气之"所以然"的说法表示了不满。罗整庵说："所谓叔子小有未合者，刘元承记其语有云：'所以阴阳者道。'又云：'所以阖辟者道。'窃详'所以'二字，固指言形

---

① 罗钦顺：《困知记》，中华书局2013年版，第5—6页，原标点有改动。
② 罗钦顺：《困知记》，第89页。

而上者,然未免微有二物之嫌。以伯子'元来只是道'之语观之,自见浑然之妙,似不须更着'所以'字也。"①"叔子"即程伊川。伊川这里所说的"道"便是理,"阴阳"便是气;在伊川看来,理是气的"所以然",气与理是"然"与"所以然"的关系,朱子亦如是认为。②但是罗整庵并不认同伊川、朱子的讲法,他认为用"所以"二字来形容理与气的关系会使得理、气有成为二物的嫌弃。

总之,在理气论上,罗整庵反复强调的便是理气为一,理气绝非二物,理是内在于气的条理的观点,这是典型的气一元论观点,与朱子的理气二元论针锋相对。在明代理学的发展之中,除了罗整庵与以上提及的王廷相、吴廷翰之外,在他们同时或者稍后的还有湛若水(甘泉,1466—1560)、王道(纯甫,1490—1550)、汪俊(石潭,?—1529)、崔铣(后渠,1478—1541)、侯一元(二谷,1512—1586)等人,也提出了类似的气一元论的观点,这些主张共同形成了主张气一元论的潮流。③

---

① 罗钦顺:《困知记》,第6—7页,原标点有改动。
② 朱子说:"至于天下之物,则必各有所以然之故,与其所当然之则,所谓理也。"(朱熹:《大学或问》,《朱子全书》第六册,第512页)
③ 湛甘泉有言:"古之言性者,未有以理气对言之者也。以理气对言之者,自宋儒始也,是犹二端。夫天地之生物也,犹父母之生子也,一气而已也,何别理附之有?"(湛若水:《新论》,宁新昌整理,黄明同主编《湛若水全集》第十二册,上海古籍出版社2020年版,第48页),又云:"宇宙间一气而已,自其一阴一阳之中者谓之道。"(湛若水:《新论》,《湛若水全集》第十二册,第49页)王道云:"盈天地间,本一气而已矣。方其混沦而未判也,名之曰太极。迨夫酝酿既久,升降始分,动而发用者,谓之阳,静而收敛者,谓之阴,流行往来而不已,即谓之道。因道之脉络分明而不紊也,则谓之理。数者名虽不同,本一气而已矣。"(黄宗羲:《明儒学案》,沈芝盈点校,中华书局2008年版,第1036页。另笔者按:本书所引《明儒学案》,除了这一处之外,俱用浙江古籍出版社2012年"浙江文丛"版《黄宗羲全集》。《黄宗羲全集》本《明儒学案》没有王道的学案,个中原因乃是《全集》本与沈芝盈先生点校本即中华本所据底本不同,具体可参见吴光《〈明儒学案〉考》,载王维和、张宏敏编校《〈明儒学案〉与〈宋元学案〉之黄宗羲案语汇辑》,杭州出版社2012年版,第221—225页)汪俊云:"朱子分理气两言之,曰'得气以成形,得理以为性',恐非程、张本旨。"(黄宗羲:《明儒学案》,《黄宗羲全集》第十六册,第1244页)　　(转下页)

四　阳明"心即理"的提出与心学的勃兴

明代理学对朱子学的修正，除了气一元论思潮的出现之外，还有另外一种潮流则更为显豁，这便是王阳明所正式开启的心学思潮，这一思潮直接构成了明代理学的底色和基本性格。黄梨洲有谓："有明之学，至白沙始入精微……至阳明而后大。"① 有明心学，盖自陈献章（白沙，1428—1500）始滥其觞，至王阳明而始其大，至姚江后学而遍行于天下。阳明心学的兴起所针对的乃是朱子学的"心理为二"这一基本的心性论设定。在《答顾东桥书》中，阳明批评朱子云："朱子所谓'格物'云者，在即物而穷其理也。即物穷理，是就事事物物上求其所谓定理者也，是以吾心而求理于事事物物之中，析'心'与'理'而为二矣。夫求理于事事物物者，如求孝之理于其亲之谓也。求孝之理于其亲，则孝之理其果在于吾之心邪？……是可以知析心与理为二之非矣。夫析心与理而为二，此告子'义外'之说，孟子之所深辟也。"② 阳明认为朱子"即物穷理"的说法便是在心外去求理，是"析心与理为二"。在阳明看来，这种说法陷入了告子的"义外"之说，恰恰是孟子所反对的，因此阳明不同意朱子"心理为二"的设定。与之相对，阳明提出了"心即理"

（接上页）崔铣说："朱子谓气有聚散，理无聚散，窃所未详。盖造化之原，理常聚而气亦聚；人物之生，气若散而理亦散。气既散矣，理安所附？"（黄宗羲：《明儒学案》，《黄宗羲全集》第十六册，第1258页）侯一元说："夫阴阳，气也。一阴一阳，气之自然，所谓理也。犹木之有文理，丝之有条理也。而文理岂离木哉？去丝又安得条理哉？今曰：'先有理而后有气。'又曰：'气成形而理亦赋焉。'则若二物然者，此后学之所以疑也。"（《侯一元集》，陈瑞赞编校，黄山书社2011年版，第1161页）除了以上所列的这些理学家之外，明代中叶以来，还有韩邦奇（苑洛，1479—1555）、杨慎（升庵，1488—1559）、吕坤（新吾，1536—1618）、高拱（中玄，1512—1578）、唐鹤征（凝庵，1538—1619）、杨东明（晋庵，1548—1624）等人亦持气一元论思想，可参见衷尔钜《蕺山学派哲学思想》，山东教育出版社1993年版，第23—29页。

① 黄宗羲：《明儒学案》，《黄宗羲全集》第十三册，第71页。
② 王守仁：《答顾东桥书》，《传习录》，吴光、钱明、董平、姚延福编校《王阳明全集》，上海古籍出版社2012年版，第50—51页。

"心外无理"的主张。阳明说:"心即理也。天下又有心外之事,心外之理乎?"① 又云:"心即理也。此心无私欲之蔽,即是天理,不须外面添一分。以此纯乎天理之心,发之事父便是孝,发之事君便是忠,发之交友治民便是信与仁。只在此心去人欲、存天理上用功便是。"②

那么,阳明提出的"心即理"是什么意思呢?这里首先考察一下阳明对"即"的用法。在汉语之中,"即"有"接近"的意思,但是阳明所说的"心即理"的"即"并不是接近的意思,"心即理"不是作为认知感官的心去接近、去执取心之外的理,这样的理解便又成了朱子式的理解,此时心、理便为二了。复次,阳明所云"心即理"之"即"字亦不是"等同"的意思。譬如我们说番茄即西红柿,这是一个分析命题,即番茄与西红柿指涉的是同一个物品。而在阳明学之中,心与理毕竟不是同一个东西。再次,"心即理"的"即"亦不是佛教所云"一即一切,一切即一"那种诡谲的"即"。"一即一切,一切即一"乃谓万有之法,在真如法界中,虽现种种之殊别相,而其本体中则无有丝毫之差别;知其一,即知一切。此中之"即"是一种圆融的、诡谲的"即"。而阳明"心即理"之"即"亦非此义。总之,阳明所谓"心即理"之"即"非以上三种之"即"。

既然"即"不是以上三种意思,那么在阳明那里,"心即理"到底是什么意思呢?在笔者看来,对于阳明来说,"心即理"是说理是心运化之中所体现的本然秩序。即在本然状态下,心之发动皆是如理呈现的,理就内蕴于心之中,被心包含。在此意义上,亦可以说阳明"心即理"即是"心具众理"。但是与朱子不同,阳明"心具众理"之"具"是一种内在的"具",而不是一种外在的"具"。另外需要指出,阳明说"此心无私欲之蔽,即是天理",可见对阳明来说,只有当人的心体没有被遮蔽的时候,心体运化之中体现的秩

---

① 王守仁:《传习录》,《王阳明全集》,第2页。
② 王守仁:《传习录》,《王阳明全集》,第3页。

序才是天理，此时，心才为本心。然而在现实生活中，人之本心往往被物欲牵绊、遮蔽，而流为习心，习心发动、运化所表现的秩序便不是天理。所以阳明"心即理"之"即"是一种本然的"即"，先天的"即"，同时也是一种应然的"即"，而不一定是一种实然的"即"。

在明代理学的发展历程中，阳明"心即理"的提出具有革命性的意义，标志着一种不同于朱子学体系的、新的理学体系的诞生。虽然阳明使用的话语体系和概念系统仍然深受朱子学的影响，但是当阳明用"心理为一"置换了朱子"心理为二"的心性论设定之后，心学其实已经开始从朱子学的藩篱中超脱出来，成为一种不同于朱子学的理学类型，走上了另外一条发展道路。当阳明改变了朱子"心理为二"的心性论的设定之后，与之相应的工夫论也相比朱子发生了巨大的转向。对心学一系的理学家来说，对天理的获取不再是一种认知形态的向外求取的过程，而是涵养本心，使得自己心体由内而外自然朗现天理之过程；这样，从工夫论的类型上，心学亦开始与朱子学分道扬镳。在阳明之后，心学流衍为不同的派系，但是其通过涵养本心以朗现天理的工夫原则则始终如一，未有变化。

明代理学发展的如上两种思潮，即气一元论的流行和心学的勃兴，构成了刘蕺山思想发生的理论背景。实际上刘蕺山在建构其理学体系之时，对这两种思潮都有所吸收，并且在吸收的基础上进行了消化、整合，从而实现了汇通。至于蕺山是如何汇通这两种思潮，而创建自己的理学体系的，正是本书所要讨论的主要内容。

第二节　蕺山之学的发展历程、学术分期与理论架构

根据《年谱》的记载，蕺山在24岁之前，主要致力于准备科举

考试。他在24岁中进士之后，尤其是在26岁这一年拜许孚远（敬庵，1535—1604）为师之后，① 开始致力于理学。从26岁始，至68岁逝世为止，蕺山致力于理学长达四十余年。在这漫长的时间之中，蕺山的理学思想经历了一个发展的历程，存在着若干阶段性的变化。弄清这一变化的基本脉络，实现对蕺山不同思想发展阶段的明确分期，是对蕺山思想进行整体把握的基本前提，所以历来的研究者对这一问题皆有措意。蕺山的儿子刘汋（伯绳，1613—1664）与蕺山的弟子黄梨洲以蕺山一生工夫论形态的变化为标准，将蕺山一生的思想发展划分为早年、中年、晚年三个时期。笔者以蕺山"慎独"宗旨的本体论与工夫论含义的双重演变为标准，将蕺山思想分为三个时期，即"慎独宗旨的酝酿时期"（蕺山48岁之前）、"慎独宗旨的确立时期"（蕺山48—57岁）以及"慎独宗旨的深化时期"（蕺山57岁之后）。这三个时期对应于蕺山之学的早期、中期、晚期，或前期、中期、后期。

在"慎独宗旨的酝酿时期"，"慎独"在蕺山的理论体系之中，只是具有工夫的意涵，"独"尚未上升至本体的层面。在"慎独宗旨的确立时期"，此时在蕺山的理论体系之中，"独"不仅有工夫的意涵，而且同时具有了本体的维度，此时无论是在本体论，还是在工夫论中，"慎独"都成为蕺山之学的主旨。在"慎独宗旨的深化时期"，蕺山将中期确立的慎独宗旨进一步予以深化。这种深化主要体现在两个方面，第一，蕺山开始将气的维度引入到了对"独体"的论述之中，开始用"喜怒哀乐"四气流行来讲独体之运化。第二，蕺山提出了诚意新论，主张"意为心之所存"，开始用"意体"来讲"独体"。

---

① 《年谱》在"万历三十一年癸卯"条下有云："秋八月，如德清，师事许敬庵先生。"（刘汋：《蕺山刘子年谱》，吴光主编《刘宗周全集》第六册，浙江古籍出版社2007年版，第61页）许敬庵是甘泉弟子唐枢（一庵，1497—1574）的弟子，黄梨洲《明儒学案》将许敬庵归之于《甘泉学案》，见黄宗羲《明儒学案》，《黄宗羲全集》第十六册，第1065页。

"本体与工夫"是宋明理学尤其是心学一系理论体系的基本架构，对于蕺山来说，亦不能例外。具体而言，蕺山理学体系便由其性体论、心体论、工夫论这三部分构成，本文对蕺山理学思想的论述，也依照蕺山理学的自身构成脉络，即"性体""心体""工夫"这三个主题次第展开。

一 刘伯绳对蕺山思想之分期

刘伯绳是蕺山唯一的儿子，他在蕺山逝世之后，撰有《蕺山刘子年谱》。对于我们了解蕺山一生之行履以及学术思想的发展，《年谱》有重要的参考价值。刘伯绳在《年谱》中已经注意到了蕺山一生思想发展的阶段性变化。

在《蕺山刘子年谱》中，刘伯绳有云：

> 先生从主敬入门，敬无内外，无动静，故自静存以至动察皆有事而不敢忽，即其中觅个主宰曰独，谓于此敬则无所不敬，于此肆则无所不肆，而省察于念虑皆其后者耳。故中年专用慎独工夫，谨凛于一念未起之先，自无夹杂，既无夹杂，自无虚假。慎则敬，敬则诚，工夫一步推一步，得手一层进一层。晚年愈精微，愈平实，绝无儱侗虚无之弊，洵乎为伊洛正脉也。[①]

黄梨洲在《子刘子行状》中也说：

> 先生宗旨为"慎独"。始从主敬入门，中年专用慎独功夫。慎则敬，敬而诚。晚年愈精微，愈平实，本体只是些子，工夫只是些子，仍不分此为本体，彼为工夫，亦并无这些子可指，合于无声无臭之本然。从严毅清苦之中，发为光风霁月，消息

[①] 刘汋：《蕺山刘子年谱》，《刘宗周全集》第六册，第83页。以上引文笔者据清乾隆四十二年山阴刘毓德刻本《先君子蕺山先生年谱》有所校改。

动静，步步实历而见。①

刘伯绳与黄梨洲二人论述比较相似，都是将蕺山一生之为学分了三个阶段，即早年、中年与晚年或者前期、中期和后期。二人划分蕺山为学阶段的线索是蕺山为学过程中工夫形态的变化。在刘伯绳看来，以工夫形态的变化而论，蕺山思想可以分为三期，即早年为主敬阶段，中年为慎独阶段，晚年为慎独之深化阶段。至于三个阶段的具体分界点，刘伯绳在《年谱》中也已经做了隐约的说明。

根据《年谱》的记载，蕺山思想早年阶段到中年阶段的分界点在天启五年（1625），蕺山时年48岁。此时魏忠贤集团开始屡兴大狱，打击东林党人。蕺山此时正居家讲学。《年谱》"天启五年"条目下有云：

> 先生痛言：世道之祸酿于人心，而人心之恶以不学而进。今日理会此事，正欲明人心本然之善，他日不至凶于尔国，害于尔家。座中皆有省。每会，令学者收敛身心，使根柢凝定，为入道之基。尝曰："此心绝无凑泊处，从前是过去，向后是未来，逐外是人分，搜里是鬼窟，四路把截，就其中间不容发处，恰是此心真凑泊处。此处理会得分明，则大本达道皆从此出。"于是有慎独之说焉。②

天启五年，蕺山正式提出了"慎独之说"，随后便进入了"中年专用慎独功夫"的时期。故在刘伯绳看来，蕺山之学的前期阶段在48岁之前，中期阶段便自48岁开始。那么中期截止到何时呢？刘伯绳在《年谱》"崇祯五年"条目下有云：

---

① 黄宗羲：《子刘子行状》，《刘宗周全集》第六册，第39页。又见黄宗羲《子刘子行状》，《黄宗羲全集》第一册，第229页。
② 刘汋：《蕺山刘子年谱》，《刘宗周全集》第六册，第80—81页。

> 是时先生用慎独工夫。独体只是个微字,慎独之功,只于微处下一著子,故专从静中讨消息。久之,始悟独说不得个静字,曰:"一独耳,指其体谓之中,指其用谓之和。"又曰:"中,阳之动也,和,阴之静也。不得以未发为静,已发为动。又不得以未发属性,已发属情。盖谓喜怒哀乐以四德言,不以七情言,亦一时事,不分前后际。"遂有丙子以后语录,及《圣学宗要》《人谱》《原旨》《读易图说》《证学杂解》诸书,大抵于先儒成说掀翻无遗,即延平看未发气象,亦谓落边际,独信濂溪、伯淳为无弊,俱卓然明道之书也。[①]

到崇祯五年（1632），即蕺山55岁的时候,由于"先生用慎独工夫",可见此时蕺山之学还是处于"专用慎独工夫"的中期阶段。但是过了一段时间之后（久之）,蕺山对"慎独"工夫的理解发生了一定的变化,并且这一变化很快反映在了理论层面上,于是便有了"丙子以后语录"、《圣学宗要》、《人谱》、《原旨》、《读易图说》、《证学杂解》等著作的诞生。其中,刘伯绳所说的"丙子以后语录"指的便是便是蕺山在丙子年（崇祯九年,1636,蕺山59岁）之后所作的《学言》。在这几部著作之中,写作时间最早的乃是《圣学宗要》；《圣学宗要》创作于崇祯七年（1634）,即蕺山57岁的时候。由此我们可以推定蕺山之学由中期到晚期的转向不晚于57岁,即蕺山之学的后期阶段应始于57岁,而48岁到57岁乃是蕺山之学的中期阶段。

以上是我们主要根据刘伯绳在《年谱》中的记载对蕺山之学所做的分期。前文已经指出,刘伯绳与黄梨洲对蕺山之学作出以上分期,是基于蕺山一生工夫形态的阶段性变化,即分期标准在于蕺山的工夫形态的变化。然而,对于一个理学家来说,虽然工夫论的兴趣往往构成了其为学的出发点,但是工夫论并不能算作其理学体系的最为核心

[①] 刘汋：《蕺山刘子年谱》,《刘宗周全集》第六册,第104—105页。

的内容，决定一个理学家理学体系核心特质的是本体论的形态。

笔者这里所说的理学的"本体论"不同于西方哲学中被称为"ontology"的"本体论"，① 而是与宋明理学的核心思考方式"体用论"直接相关的"本体论"。

对于朱子学一系的理学家来说，"本体"有两个层面，第一个层面为宇宙本体，此宇宙本体又可以称为"道体"。另外，宇宙本体下贯、落实到人身上，又成为本体的第二个层面，即"性体"；而对于心学一系的理学家来说，本体除了有"道体""性体"这两个层面之外，还有第三个层面，即"心体"。关于对理学本体论的进一步论述，将在后文陆续展开，此处先暂且不论。②

对于理学家来说，工夫的目的在于求复本体；具体到心学一系的理学家，也即心学家来说，他们通过工夫所求复的本体即是心体或者性体。采取何种工夫方式去求复本体，是由心学家对本体有如何的设定直接决定的；或者说心学家对于心性本体（心体或性体）有如何的认定和述说，就决定了相应的工夫论的大体的实践形态。对于心学家来说，工夫论乃是建基在本体论，尤其是心性本体论基础上的；其对本体，包括心体和性体的述说构成了他们心学体系的最为核心的部分。

既然相比于工夫论，本体论的样态才是决定一个理学家思想特

---

① 对于传统西方哲学来说，本体论（ontology）乃是与人生活于其中的经验世界相隔绝或者乃是先于经验世界的纯粹理性、绝对精神的领域。比如对于柏拉图（Plato，前427—前347）来说，它是一种理念的世界，是在我们的表象世界之外的另一个分离的世界。传统西方哲学将本体论建立在概念的逻辑规定性上，是以"是"为核心范畴的全部范畴的逻辑演绎构成的原理体系，是从概念到概念构造出来的体系。本体论的逻辑的领域是与经验领域完全不同的异质性的领域。参见俞宣孟《本体论研究》，上海人民出版社2012年版，第19页。

② 需要指出，这里所说的本体论之本体主要指形上之体，或者具有形上内容之体；在宋明理学，乃至中国哲学之中，还有一种本体，即形下之本体。关于"形上""形下"含义的进一步申述，请参见本书第二章第一节的内容，关于形上本体与形下本体的区分以及相关更为具体的论述，请参见本书第三章第一节的内容。

质的根本要素，所以在讨论刘蕺山理学思想的分期的时候，笔者认为以蕺山本体论形态的变迁为分期标准，相较于刘伯绳、黄梨洲以蕺山工夫形态之变迁为分期标准，具有更加本源性的意义。接下来我们便以蕺山本体论形态的变迁为线索，同时又兼顾蕺山工夫论形态的变迁状况，来对蕺山思想做一分期。

在理学史上，相比宋儒，明儒有一个突出的现象，便是"喜立宗旨"。比如陈白沙之"静中养出端倪"、湛甘泉之"随处体认天理"、王阳明之"致良知"以及"知行合一"等。对于"立宗旨"，黄梨洲有云："大凡学有宗旨，是其人之得力处，亦是学者之入门处。天下之义理无穷，苟非定以一二字，如何约之使其在我！故讲学而无宗旨，即有嘉言，是无头绪之乱丝也。"① 宗旨是理学家为学之主脑，起到了统摄其整个理学体系的作用。那么，刘蕺山之学的宗旨是什么呢？黄梨洲在《明儒学案·蕺山学案》中云："先师之学，以慎独为宗。"② 梨洲明确指出，蕺山之学的宗旨在于"慎独"③。在笔者看来，黄梨洲对蕺山为学宗旨的概括非常准确，"慎独"确实是蕺山一生为学的宗旨，在蕺山这里，慎独不仅是工夫论的纲领，并且具有本体论的意涵，"慎独"之"独"直接与本体相关。所以我们可以通过蕺山"慎独"宗旨内涵的演变来考察蕺山本体论论述的演变，进而在本体论层面实现对蕺山为学阶段的分期。

---

① 黄宗羲：《明儒学案》，《黄宗羲全集》第十三册，第5页。
② 黄宗羲：《明儒学案》，《黄宗羲全集》第十七册，第1649页。
③ 除黄梨洲之外，与梨洲同时或者稍后的很多学者亦指出蕺山之学的宗旨在于"慎独"。蕺山弟子张履祥（考夫，1611—1674）说："夫先生所示为学之方，居敬穷理之目也，所示用力之切，慎独之旨也。"（张履祥：《寄赠叶静远序》，《杨园先生全集》，陈祖武点校，中华书局2002年版，第484页）另外一个弟子吴蕃昌（仲木，1622—1656）也说："呜呼大哉！先生之学慎独而已矣。先生之教慎独而已矣。先生之道，所以续千圣之绝学而不愧，开来哲于万世而无弊者，慎独而已矣。"（吴蕃昌：《告山阴先师文》，《祗欠庵集》，华东师范大学图书馆藏清刻本，卷六，第9页）稍后的清儒汤斌（潜庵，1627—1687）说蕺山"其学以慎独为宗"（汤斌：《蕺山刘先生文录序》，《刘宗周全集》第六册，第717页），邵廷采（念鲁，1648—1711）亦云蕺山"专用慎独"（邵廷采：《明儒刘子蕺山先生传》，《刘宗周全集》第六册，第539页）。

二 蕺山慎独宗旨的三个发展阶段

从本体论的角度来考察蕺山慎独宗旨内涵的演变，我们将蕺山之学也分为三个时期，即"慎独宗旨的酝酿时期""慎独宗旨的确立时期"以及"慎独宗旨的深化时期"。这三个时期对应于蕺山之学的早期、中期、晚期，或前期、中期、后期。从本体论的角度来看，在"慎独宗旨的酝酿时期"，即蕺山之学的早期阶段，此时在蕺山的理论体系之中，"慎独"只是具有工夫论的意涵，蕺山此时对"独"的论述并未上升至本体的层面。在"慎独宗旨的确立时期"，即蕺山之学的中期阶段，此时在蕺山的理论体系之中，"独"不仅有工夫的意涵，而且同时具有了本体的维度，并且此时无论是在本体论，还是在工夫论中，"慎独"都成为主旨。此时"慎独"作为蕺山之学的宗旨地位，正式确立。在"慎独宗旨的深化时期"，即蕺山之学的晚期阶段，蕺山将中期确立的慎独宗旨进一步予以深化。这种深化主要体现在两个方面，第一，蕺山开始将气的维度引入了对"独体"的论述之中，开始用"喜怒哀乐"四气流行来讲独体之运化。第二，蕺山提出了诚意新论，主张"意为心之所存"，开始用"意体"来讲"独体"。下面对蕺山之学的这三个时期逐次进行论述。

（一）慎独宗旨的酝酿时期

这个时期是在蕺山 48 岁之前，即天启五年之前。

由于蕺山四十岁之前的著述少有传世，故对于了解蕺山在四十岁之前的思想发展情况，刘伯绳撰写的《蕺山刘子年谱》无疑成为最重要的线索。《年谱》记载蕺山在拜许孚远为师之后，"自此励志圣贤之学，谓入道莫如敬，从整齐严肃入，自貌言之细，以至事为之著，念虑之微，随处谨凛，以致存理遏欲之教"[①]。蕺山自 26 岁始，在工夫论上便开始秉持"持敬"或者"主敬"的主张。这一主张贯穿了蕺山之学的早年阶段。在《论语学案》中，蕺山有云：

---

① 刘汋：《蕺山刘子年谱》，《刘宗周全集》第六册，第 62 页。

> 古来无偷惰放逸的学问，故下一"敬"字，摄入诸义。就中大题目，只是克己复礼、忠恕、一贯、择善固执、慎独、求放心便是。后儒将敬死看，转入注脚去，便是矜持把捉，反为道病。①

> "己所不欲，勿施于人"，体仁之要，莫切于此，而主敬其本也。②

上面所引的两段话，蕺山写于四十岁。③ 此时，蕺山继续秉持"主敬"之论。并且他将"主敬"视作其工夫论的宗旨，蕺山将诸如"克己复礼""忠恕""一贯""择善固执""慎独""求放心"等出现在"四书"之中，被后人拈出作为工夫的诸种条目都归结于"敬"之中。可见，在此时的蕺山看来，"主敬"乃是统摄其他工夫条目之枢纽。蕺山在 47 岁所作《重刻尹和靖先生文集序》中说："后千余年，河南程氏两夫子继濂溪氏作，直溯孔门心法，以一敬为入德之方，廓除蓁莽，使圣道复明于世。……（尹和靖）合之，凡以发挥一'敬'字止耳。"④ 蕺山此时认定"敬"为周濂溪、二程、尹焞（和靖，1071—1142）之代代传承之孔门心法，表明他此时仍

---

① 刘宗周：《论语学案》，《刘宗周全集》第一册，第 481 页。
② 刘宗周：《论语学案》，《刘宗周全集》第一册，第 434 页。
③ 需要说明的是，《论语学案》的第一卷与其他三卷在写作时间上是不同的。《年谱》在"万历四十五年"条目下云："《论语学案》成。"（刘汋：《蕺山刘子年谱》，《刘宗周全集》第六册，第 72 页）可见，《论语学案》作于是年，时年蕺山 40 岁。但是在《年谱》"天启六年"条目下有云："是时祸在不测，先生悉以平生著述寄友人。其后党禁解，先生不索而友人亦不来归，故丙寅以前笔札无一存者。其间行事之始末，学力之浅深不可尽考。《论语学案》《曾子注》，所存皆草本，而《学案》第一卷并草本遗失。戊辰续成之。"（刘汋：《蕺山刘子年谱》，《刘宗周全集》第六册，第 83—84 页）可见，《论语学案》的第一卷的稿本后来丢失了，蕺山在崇祯元年即 51 岁的时候又重新撰写了第一卷。笔者所引这两段引文出自《论语学案》第三卷，应当为蕺山 40 岁时所作。
④ 刘宗周：《重刻尹和靖先生文集序》，《刘宗周全集》第四册，第 6—7 页。

然认定"主敬"或者"持敬"乃是其工夫论的总纲和宗旨。

在48岁之前，蕺山在文本中也提到了几次"慎独"，但都是在一般理学家常用的意义上讲的，并没有对之做进一步发挥。比如在上引《论语学案》的这段话之中，蕺山便已经提及了"慎独"，但此时"慎独"乃与"克己复礼""忠恕""一贯""择善固执""求放心"等并列作为一种工夫修养的条目而被收摄在"主敬"之中来讲的，此时"慎独"并未成为工夫论的宗旨。①

从本体论的层面来看，万历四十二年（1614），即蕺山37岁的这一年，是蕺山思想发展的重要节点。《年谱》在"万历四十二年"条目下记载："久之，悟天下无心外之理，无心外之学。"② 蕺山在

---

① 除了上引的"古来无偷惰放逸的学问……"那段话，蕺山在《论语学案》中还有几处提到了"慎独"。比如蕺山有云："慈湖说无意，正是硬捉住，安得毋？只是欲善恶双泯，绝去好意见，正要与他自起灭，只莫起拣择心，正阳明子所谓'又落无声无臭见解'是也。学者只从'慎独'入，斯得。"（刘宗周：《论语学案》，《刘宗周全集》第一册，第398页）又言："为仁者不讳言克复也，惟慎独而早图之，其庶几矣。"（刘宗周：《论语学案》，《刘宗周全集》第一册，第460页）又言："学者深察乎此而致力焉，于以存天理之本然，遏人欲于将萌，则学问之功思过半矣。故君子必慎其独也。"（刘宗周：《论语学案》，《刘宗周全集》第一册，第507页）又言："洒扫、应对、进退，须是诚心中流出方是道，慎独工夫便做在此处。"（刘宗周：《论语学案》，《刘宗周全集》第一册，第543页）另外，在更早的时候，蕺山在36岁写给友人的一封信之中也提到了"慎独"。他说："圣学要旨摄入在克己，即《大》《中》之旨摄入在慎独，更不说知、说行。"（刘宗周：《与陆以建年友》，《刘宗周全集》第三册，第298页）总体说来，蕺山这几处"慎独"的用法与大多数理学家并无不同，"慎独"在此时的蕺山这里只是一种工夫的条目，并未上升到工夫宗旨的地位。而黄敏浩先生认为自蕺山在36岁之时在《答陆以建年友》中提出"克己慎独"之后，"慎独"就成为蕺山之学的核心概念，甚至是其整个学术的概括的观点，笔者并不能同意。黄先生相关论述可参见黄敏浩《刘宗周及其慎独哲学》，台北：学生书局2001年版，第29页。

② 刘汋：《蕺山刘子年谱》，《刘宗周全集》第六册，第69页。《心论》云："只此一心，自然能方能员，能平能直。员者中规，方者中矩，平者中衡，直者中绳，五法立而天下之道冒是矣。……只此一心，散为万化，万化复归一心。元运无纪，六经无文，五礼六乐八征九伐无法，三统无时，五常无迹，万类无情，两仪一物，方游于漠，气合于虚，无方无员，无平无直，其要归于自然而不知其所以然。大哉心乎！原始要终，是故知死生之说。"（刘宗周：《心论》，《刘宗周全集》第四册，第333页）

是年，乃著《心论》。在 37 岁的时候，蕺山开始对心学"心即理""心外无理"的基本心性论设定表示了明确的认同，这标志着从本体论上，蕺山正式确立了心学的为学路向。我们再来反观蕺山在 47 岁之前对慎独的论说，发现他并未将"独"与任何本体论问题关联，即性体或者心体关联在一起，可见，此时"独"与"慎独"并不具备本体论意涵。

总之，蕺山在 48 岁之前这个时期，虽然屡言"慎独"，但是都是在其作为一种工夫条目的意义上而言的，并且"慎独"也没有与本体建立关联。此时，对于蕺山来说，慎独既不是工夫论的宗旨，更遑论本体论的宗旨了。因此这一时期是蕺山慎独宗旨的酝酿时期。

（二）慎独宗旨的确立时期

这一阶段从蕺山 48 岁开始，到 57 岁为止。在这一阶段之中，"慎独"开始真正成为蕺山之学的宗旨；"慎独"不仅成为蕺山工夫论的宗旨，也成为本体论的宗旨。

关于蕺山 48 岁之后，"慎独"开始成为蕺山工夫论的宗旨，前文已经指出，刘伯绳与黄梨洲对此均已经注意到了。我们再来回顾前文所引的《年谱》"天启六年"条目下的一段文字："先生从主敬入门，敬无内外，无动静，故自静存以至动察皆有事而不敢忽。即其中觅个主宰曰独，谓于此敬则无所不敬，于此肆则无所不肆，而省察于念虑皆其后者耳；故中年专用慎独工夫，谨凛于一念未起之先，自无夹杂，既无夹杂，自无虚假。"[①] 刘伯绳在这一段话中不仅指出了蕺山早年与中年工夫论的不同宗旨，即蕺山早年致力于"主敬"，而中年"专用慎独工夫"；而且指明了蕺山早年与中年两种不同工夫论宗旨之间的内在关联。即在蕺山思想的中期，蕺山将"独"确立为"敬"的主宰，于是"慎独"成

---

① 刘汋：《蕺山刘子年谱》，《刘宗周全集》第六册，第 83 页，引文据刘毓德刻本《先君子蕺山先生年谱》有所校改。

为"主敬"的进一步发展和深化。不同于蕺山的早年思想,在蕺山的中年思想之中,"慎独"从作为各种工夫条目之一的、被主敬所统摄的地位开始跃升至主敬之上,并且反而也将主敬统摄于其下,遂成为蕺山中期工夫论的宗旨。另外,在49岁所作《圣学吃紧三关》之中,蕺山在二程讲敬的一段话下有注云:"知此则知吾儒专言'敬'字亦有弊。"① 蕺山说"专言'敬'字亦有弊",表明他此时认为"敬"已经不足以总括所有工夫条目,而作为工夫论的宗旨了。当然,取而代之成为工夫论宗旨的便是"慎独"。② 在稍后对《大学》的诠释之中,蕺山亦将"慎独"看作工夫之宗旨或纲领。比如在52岁所作的《大学古记约义》中,蕺山便将《大学》之八目的修养工夫全部归为"慎独",他说:"《大学》之道,一言以蔽之,曰慎独而已矣。"③ 总之,从工夫论的层面来看,在蕺山48岁之后的论述中,"慎独"取代了"主敬",成为蕺山工夫论的宗旨。

从本体论的视域来考察,在蕺山48岁之后的论述中,"慎独"之"独"已经开始走向了一条本体化的道路,而成为"独体",于是"慎独"亦上升为本体论层面,成为蕺山本体论之宗旨。④

查考蕺山在48—50岁所作的《学言》,我们发现,蕺山此时已经将"独"与"未发之中"直接关联起来。蕺山有云:

---

① 刘宗周:《圣学吃紧三关》,《刘宗周全集》第二册,第218页。

② 需要指出的是,此时蕺山认为"专言'敬'字有弊",并不表明他就放弃了主敬的主张,而只是认为主敬不足以总括所有工夫条目。当蕺山中年在工夫论层面提出了慎独宗旨之后,主敬便融摄在了这一新的宗旨之中。从蕺山为学的历程来看,自始至终,蕺山对主敬都十分重视。在其晚年的时候,蕺山还说:"为学之要,一诚尽之矣,而主敬其功也。敬则诚,诚则天。若良知之说,鲜有不流于禅者,吾今免夫!"(刘宗周:《会录》,《刘宗周全集》第二册,第545页)

③ 刘宗周:《大学古记约记》,《刘宗周全集》第一册,第650页。

④ 劳思光先生认为在蕺山之学中,"慎独"只是工夫论的主旨,并非具有本体论的意涵。[劳思光:《新编中国哲学史》(三下),第436页]笔者认为,劳先生的这种说法是值得商榷的,从蕺山思想的中期开始,"慎独"就开始具备了本体论的意涵,成为蕺山本体论宗旨。

> 喜怒哀乐之未发谓之中，先儒教人看此气象，正要人在慎独上做工夫，非想象恍惚而已。①

> 隐微者，未发之中；显见者，已发之和。莫见乎隐，莫显乎微，故中为天下之大本。慎独之功，全用之以立大本，而天下之达道行焉，此亦理之易明者也。乃朱子以戒惧属致中，慎独属致和，两者分配动静，岂不睹不闻与独有二体乎？戒惧与慎独有二功乎？致中之外复有致和之功乎？②

> 问："慎独专属之静存，则动时工夫果全无用否？"曰："如树木有根，方有枝叶，栽培灌溉工夫都在根上用，枝叶上如何着得一毫？如静存不得力，才喜才怒时便会走作，此时如何用工夫？苟能一如其未发之体而发，此时一毫私意着不得，又如何用工夫？"③

在蕺山看来，在慎独上做工夫便是在"未发之中"上做工夫，即是在"未发之体"上做工夫。"不睹不闻与独有二体乎？"即在蕺山看来，不睹不闻之未发之体，就是独体，乃是人心之中最深微的本体。可见，在蕺山中期思想之中，"独体"已经本体化，成为人之心性之本体。在稍后52岁所作的《大学古记》之中，蕺山借助对《大学》的诠释又盛阐此意。蕺山云：

> 至善，性体也，物之本也。其所从出者皆末也。止至善，事之始也，明明德以亲民，其终也。知止之要，知所先后

---

① 刘宗周：《学言》，《刘宗周全集》第二册，第372页。
② 刘宗周：《学言》，《刘宗周全集》第二册，第372页。
③ 刘宗周：《学言》，《刘宗周全集》第二册，第372页。

而已。①

  独者，藏身之地，物之本也，于此慎之，则物格而知至矣。②

在蕺山看来，至善的性体是"物之本"，而"独"也是"物之本"，可见，"独"便是性体，是人心之中的最内在深微的本体。

另外，刘蕺山55岁所作的《中庸首章说》提道："独之外，别无本体；慎独之外，别无工夫。"③ 在蕺山看来，独就是本体，离开独体再无本体，"慎独"就成了本体论的宗旨。另外，慎独也是工夫，除却慎独，亦无其他工夫，"慎独"也是工夫论的宗旨。可见，"慎独"既被确立为工夫论的宗旨，又被确立为本体论的宗旨。总之，在这一阶段，"慎独"正式开始成为蕺山之学的宗旨。

蕺山思想的中期阶段截止到蕺山57岁之时，在此之后，蕺山的"慎独"宗旨的内涵又发生了新的变化。

（三）慎独宗旨的深化时期

这一时期从蕺山57岁开始，一直延续至蕺山68岁去世为止。

前文已经指出，蕺山晚年对慎独宗旨的深化表现为两个方面的内容：第一个方面是气论被引入对独体的论述之中，第二个方面是诚意新论的提出。需要指出，这两个方面内容的出现并非始于同一时期，前者开始出现得早一些，发生在崇祯七年，即蕺山57岁的时候；后者开始出现得晚一些，发生在崇祯九年，即蕺山59岁的时候。

从现有的文本情况来看，蕺山在57岁之时所作的《圣学宗要》之中，首次将喜怒哀乐之一气流行引入了对独体的论述之中，

---

① 刘宗周：《大学古记》，《刘宗周全集》第一册，第625页。
② 刘宗周：《大学古记》，《刘宗周全集》第一册，第629页。
③ 刘宗周：《中庸首章说》，《刘宗周全集》第二册，第300页。

为独体的诠释增加了全新的内容。蕺山在《圣学宗要》中有云：

> 愚按孔门之学，其精者见于《中庸》一书，而"慎独"二字最为居要，即《太极图说》之张本也。乃知圣贤千言万语，说本体，说工夫，总不离"慎独"二字。"独"即天命之性所藏精处，而"慎独"即尽性之学。独中具有喜怒哀乐四者，即仁义礼智之别名。在天为春夏秋冬，在人为喜怒哀乐，分明一气之通复，无少差别。天无无春夏秋冬之时，故人无无喜怒哀乐之时，而终不得以寂然不动者为未发，以感而遂通者为已发，可知也。①

这里，蕺山"说本体，说工夫，总离不开'慎独'二字"的说法与上引蕺山55岁之时所作的《中庸首章说》中"独之外，别无本体。慎独之外，别无工夫"的说法极为相似，是对蕺山从48岁以来，即逐渐将"慎独"认定为本体论与工夫论的宗旨的再次确认，与蕺山中期思想相比，并无新意。但是接下来"独中具有喜怒哀乐四者，即仁义礼智之别名。在天为春夏秋冬，在人为喜怒哀乐，分明一气之通复，无少差别"这段文字，相比蕺山中期之思想，却是一种崭新的说法。蕺山在其思想的中期阶段虽然已经将"独"做了本体化处理，"独"已经成为"独体"或者"性体"，但是并未有将独与气关联起来。而在上引的这段文字之中，蕺山将喜怒哀乐一气流行引入独体之中，认为独体之中本具喜怒哀乐之气，这种对独体的叙述是蕺山中期思想所并不具备的，这种说法增加了独体的内涵，使独体增加了气的维度，是对"慎独"宗旨的深化，标志着蕺山对慎独宗旨的论述进入了一个新的阶段。

自57岁开始，蕺山在《圣学宗要》之中首次将喜怒哀乐一气流行引入对独体的论述之后，这种用气来讲独体的情形在57岁以

---

① 刘宗周：《圣学宗要》，《刘宗周全集》第二册，第258—259页。

后的著作之中得以大量的出现。关于这种讲法所带来的理论意义，后文中会有集中的讨论，此处暂且不论。

在蕺山晚年，其慎独主旨深化的另外一个表现便是诚意新论的提出。不过从时间上，与蕺山开始将气引入独体的论述相比，诚意新论的提出要晚了两年，在崇祯九年，蕺山59岁的时候，正式提出了诚意新论。他一反朱子"意为心之所发"之论，而主张"意"为"心之所存"；① 同时，亦将"意"做了本体化的处理，"意"成为"意体"。

在丙子年之前，蕺山对"慎独"宗旨的论说侧重于从存在论层面即性体层面进行，即使是57岁之后，蕺山将喜怒哀乐一气流行引入独体的论述之中后，此时"独体"的含义仍旧是偏向性体或存在论这一层面。而当丙子年蕺山提出诚意新论，"意"变成了"意体"之后，"意体"就成为从心体方面或者意识论层面述说的独体。这样在蕺山晚年，对独体的论述又增添了另外的一种维度，即心体的维度，由此独体的内涵变得更加充实和丰盈，"慎独"宗旨也得以进一步深化。

蕺山关于对"诚意"的新的诠释，在其59岁之后所撰的各种著作之中都随处可见，对"诚意"与"意根"的讨论，成为蕺山晚年反复言说的核心话题之一。关于诚意新论的具体内容与其理论意义，本文将在第三章中进行集中分析，此处暂不展开。

以上便是笔者通过考察"慎独"宗旨在本体论与工夫论含义的双重演变而对蕺山思想所做的分期。当然，不同研究者根据不同的标准对蕺山思想做了不同的分期。比如胡元玲先生以"已发""未发""动""静"这四个概念为线索，考察蕺山慎独工夫内容的转变，并以此为根据将蕺山的慎独之学划分为48岁到54岁的早

---

① 在崇祯九年，蕺山59岁所作《学言》中，蕺山有云："意者，心之所存，非所发也。朱子以所发训意，非是。"（刘宗周：《学言》，《刘宗周全集》第二册，第390页）

年阶段、55 岁到 59 岁的中年阶段、60 岁到 68 岁的晚年阶段这三个阶段。① 黄敏浩先生同意刘伯绳以蕺山工夫形态由"主敬"到"慎独"到"诚意"的变化为根据而对蕺山思想所做的分期，只不过在早、中、晚期的具体起止时间上，与刘伯绳有所不同；黄先生将蕺山思想中期开始的时间定在蕺山 36 岁之时，将蕺山晚年思想开始的时间定在蕺山 59 岁之时。② 李振纲先生以蕺山之学在演变过程之中与朱子学、阳明学关系的变化为线索，将蕺山思想划分为早年的"宗朱疑王"时期（37 岁之前），中年的"依傍王学期"（37 岁到 57 岁）以及晚年的"超越宗朱宗王期"（57 岁以后）。③ 笔者认为，相比于以上几位先生，笔者以蕺山慎独宗旨内涵的演变为标准对蕺山之学的分期，可以在本体论、工夫论这两个层面上都照管到蕺山思想的演变，更能切中蕺山思想发展的实质性问题。④

另外，我们发现，在加进从本体论视角来考察蕺山之学的分期之后，笔者所得出的蕺山思想分期的各个时间节点仍与刘伯绳单纯以蕺山工夫形态的变迁这样的工夫论视角下所得到的蕺山思想分期的各个时间节点相同，这说明在蕺山之学之中，本体论主张与工夫实践的发展相互发明印证，二者的演变具有同步性。

---

① 胡元玲：《刘宗周慎独之学阐微》，台北：学生书局 2009 年版，第 43—45 页。
② 黄敏浩：《刘宗周及其慎独哲学》，第 23—27 页。
③ 李振纲：《证人之境：刘宗周哲学的宗旨》，人民出版社 2000 年版，第 21—30 页。
④ 陈畅先生也根据蕺山慎独内涵的变化将蕺山思想分为 48 岁之前的"早年期"，48 岁到 57 岁的"中年期"，以及 57 岁到 68 岁的"晚年期"（陈畅：《自然与政教：刘宗周慎独哲学研究》，上海人民出版社 2016 年版，第 130 页）。从分期阶段上，笔者与陈先生一致；在所据标准上，与陈先生一样，笔者也以蕺山慎独内涵变化为依据。但是在对蕺山慎独内涵变化的分析上，笔者与陈先生有不同之处，具体体现为两点，第一，在对蕺山慎独内涵进行考察时，陈先生主要侧重从慎独的本体论方面进行分析，笔者则从本体与工夫两个角度来分析蕺山慎独内涵的变化；第二，陈先生对蕺山思想 48 岁之后的分期，以蕺山对喜怒哀乐说的诠释为主线，也就是侧重从性体方面对慎独内涵的转变做出分析；笔者除了从性体方面进行分析之外，还增加了对心体方面的分析面向，即将诚意新论的提出这一线索也纳入了对蕺山思想分期的考察之中。

通过以上对蕺山"慎独"宗旨内涵的演变历程的考察，我们发现，蕺山之学的发展，主要并不是体现出一种突变和转折，而是更多体现出一种连续性。① 无论是从工夫论的层面，还是从本体论的层面来看，蕺山之学中期与后期思想的变化，大多并不是对前一时期观点的摒弃，而是逐步用后来提出的若干观点将前期思想收摄进去，以之成为后来思想发展的一个环节。围绕"慎独"宗旨为中心，蕺山之学的发展历程，是一个理论体系不断增殖、工夫实践不断深化，学术品格逐渐走向成熟的过程。直到崇祯九年，即丙子年，蕺山学术之发展才基本上完成定型，或者说蕺山之学才开始正式走向成熟。本书对蕺山之学的论述和分析也着重于其丙子年之后的晚年思想。

三　本体与工夫：蕺山之学的理论架构

前文已经指出，对于心学一系的理学家来说，其理论体系由本体论与工夫论这两部分构成，蕺山之学亦不例外。若对本体论作进一步更为细致的分析，则根据不同的述说角度，本体论又可以细分为"道体""性体""心体"这三个不同的维度。对于"道体""性体""心体"这三个本体论不同维度的区分，其实蕺山自己已经有了明确的意识。在《圣学宗要》之中，蕺山有云：

> 此朱子特参《中庸》奥旨以明道也。第一书先见得天地间一段发育流行之机，无一息之停待，乃天命之本然，而实有所为未发者存乎其间，是即已发处窥未发，绝无彼此先后之可言者也。第二书则以前日所见为倚侗，浩浩大化之中，一家自有一个安宅，为立大本行达道之枢要，是则所谓性也。第三书又以前日所见为未尽，而反求之于心，以性情为一心之蕴，心有

---

① 黄敏浩先生认为蕺山为学之三变"只是渐趋成熟的转变，并不是改头换面，而有所谓前后的不同"，实为有见（黄敏浩：《刘宗周及其慎独哲学》，第23页）。

动静,而中和之理见焉,故中和只是一理,一处便是仁,疑即向所谓立大本行达道之枢要,然求仁工夫只是一敬,心无动静、敬无动静也。最后一书又以工夫多用在已发者为未是,而专求之涵养一路,归之未发之中云。合而观之,第一书言道体也,第二书言性体也,第三书合性于心,言工夫也,第四书言工夫之究竟处也。见解一层进一层,工夫一节换一节。孔、孟而后,几曾见小心穷理如朱子者![1]

这段文字是在《圣学宗要》之中,蕺山用以评论所节选自朱子四封书信中的四段文字的话。蕺山将这四篇节选自朱子书信之中的文字命名为"中和说一""中和说二""中和说三"与"中和说四",认为这四段文字分别指涉了"道体""性体""心体"与"工夫"这四个主题。

需要指出,《圣学宗要》中对朱子文字的处理与编排方式,类似于王阳明在《朱子晚年定论》之中对朱子文本的处理方式,是蕺山以己意去裁剪、取舍、附会朱子思想的结果。《圣学宗传》是一部借他人酒杯,浇自己块垒的著作,上述所引文字中,蕺山对朱子相关文本大义的概述,与其说是如实反映了朱子的思想,还不如说是蕺山本人思想的表达。蕺山对朱子的如上诠释实际上表达了其对理学的自我理解。[2] 同样,蕺山认为自己所节选的朱子书信的四段文字所分别对应的"道体""性体""心体""工夫"等四个主题,其实是

---

[1] 刘宗周:《圣学宗要》,《刘宗周全集》第二册,第243页。

[2] 王阳明在《朱子晚年定论》中通过有意编排所选朱子书信文字的顺序,附会己说,造成朱子"闻道在晚年"的印象(参见王守仁《朱子晚年定论》,《王阳明全集》,第144—159页)。蕺山根据《圣学宗要》按照由己意所依次选取的朱子四段文字,总结朱子之学云:"朱子初从延平游,固尝服膺其说;已而又参以程子主敬之说,觉静字为稍偏,不复理会。迨其晚年,深悔平日用功未免疏于本领,致有'辜负此翁'之语,固已深信延平立教之无弊,而学人向上一机,必于此而取则矣。"(刘宗周:《圣学宗要》,《刘宗周全集》第二册,第244页)蕺山亦得出朱子"闻道在晚年"的结论。蕺山对朱子文本的处理方式与得出的结论与阳明如出一辙。

蕺山自身理论体系，尤其是晚年理论体系的基本主题和架构。蕺山之学的本体论，尤其是晚年阶段的本体论论述，便是由"道体""性体""心体"三个层面构成。

在蕺山的理学体系或者本体论体系之中，"道体"之"道"是《易传》"一阴一阳之谓道"层面上的"道"，而不是《中庸》"天命之谓性，率性之谓道"层面上的"道"。"道"或"道体"所指涉的是作为宇宙本原的阴阳二气的氤氲流行的状况。在蕺山关于本体论的论述之中，"道体"一般对应着从阴阳二气运化的天道层面而论的"理气论"。关于"性体"之"性"，是从《中庸》"天命之谓性"的层面上来说的"性"；性体就是道体在人身上的落实。比如前文指出的，蕺山在57岁之后，用喜怒哀乐之一气流行来描述独体的运化，便是关于性体的论述，对应于从人道层面而论的"理气论"。蕺山本体论的最后一个层面是"心体"，是从人心的意识功能层面论说的本体，涉及对人的意识构造、道德心理机制的讨论，以及诸如思、虑、知、意、念等一系列意识元素或现象的运作机制方面的论述。

对于"道体"与"性体"来说，皆是从理气论层面述说的本体，由于理气乃是标识事物存在的范畴，所以我们可将"道体"与"性体"称为"存在本体"；而由于"心体"是从人心的意识功能的角度来述说的本体，所以我们可将其称为"意识本体"。

总之，本体与工夫，或者道体、性体、心体与工夫便是蕺山思想的基本架构；刘蕺山的本体论（道体论、性体论、心体论）和工夫论也构成了蕺山理学的主要内容。本论文便是依循本体—工夫这一蕺山之学的固有架构为基本线索，来展开对刘蕺山的理学思想的考察。

需要指出的是，在蕺山之学中，由于道体与性体同为存在本体，只是言说范围有差别，但其内容均涉及理气论，故可以归并在一起进行论述。笔者在下文进行论述之时，特将"道体"归并到"性体"部分展开论述。故接下来的三章分别对蕺山的性体论、心体论、工夫论次第展开论述。最后一章"刘蕺山理学思想的衡定"则在前四章论述的基础上,力求实现对蕺山理学思想做一总体的衡定。①

---

① 目前学界研究蕺山的专著,在对蕺山理学思想进行论述时,对章节内容的安排大都也是以"本体"与"工夫"的架构展开,比如李振纲先生的《证人之境:刘宗周哲学的宗旨》一书便分别以"道德理性本体的重建"与"'证人'工夫论"为章节题目展开对蕺山理学思想的论述。又因为在蕺山之学中,本体与工夫又与蕺山为学的宗旨"慎独"或"诚意"密切关联——独体或意体便是本体,慎独或诚意即是工夫,所以有些研究者便以"慎独"或"诚意"为枢纽,通过次第分析"慎独"或"诚意"的本体面向与工夫面向来对蕺山之学进行讨论,胡元玲、黄敏浩两位先生便是如此。另外一种论述方式是将蕺山理学的本体论拆分出"理气论""心性论"部分,与"慎独论""诚意论"作为并列章节进行论述,东方朔、高海波两位先生便是如此。在笔者看来,以上三种叙述方式都有一定的问题。李振纲、胡元玲、黄敏浩先生在论述蕺山的本体论时,对蕺山明确将本体论区分为"性宗"与"心宗"这两个面向的事实有所忽略,忽视了这一点,就无法说明蕺山晚年本体论转向的内在缘由和蕺山晚年诚意新论提出的重要理论意义。东方朔、高海波两位先生将"理气论""心性论""慎独论""诚意论"并列论述,则对四者之间的理论对应与关联有所忽略。本书在李振纲先生对"本体""工夫"叙述安排的基础上,又将"本体"细化为性体与心体两个方面,以不同的两个章节进行次第论述,这样既有利于考察蕺山晚年本体论转向的内在机缘,又可以集中凸显蕺山诚意新论的理论与实践意义。

第 二 章

刘蕺山的性体论

如前所论,蕺山之学的基本架构是"本体与工夫",其中本体又分为性体与心体。蕺山的性体论构成了其本体论的基石和内核,为其心体论的建构提供了存在论上的支撑。蕺山对性体的论述涉及其理气论、性情论以及喜怒哀乐四气流行说等内容。在本章中,笔者将对这些内容进行逐次分析,以展现蕺山性体论的基本结构和整体面貌。

第一节 蕺山论理气[①]

对于理学家来说,理气论是其理论体系最为核心的部分。气是中国传统思想中一个非常重要的概念。在宋明理学之中,气是一个可以表征物质、活动、信息等多重面向的范畴,不仅物质性的存在物,而且人的知觉、情感、欲望等均可由气来表征。蕺山对气含义的界定亦不出此藩篱。

[①] 本节内容经修改后曾以"'形上之气'是否存在?——关于蕺山学研究的一点讨论"为题发表在《朱子学研究》第36辑,江西教育出版社2021年版,第146—160页。

在理气关系上，蕺山坚持气一元论的立场，认为理是气之运行的本然秩序，并无一个外在于气的实体化的理存在。站在气一元论的立场上，蕺山对朱子的理气二元论进行了批判。

以往学者在探讨蕺山对理的言说时，往往只看到了理之作为天理的面向，而对蕺山言说理的另一个面向，即事物之理的面向则有所忽略。其实蕺山之论理，除了有形上之天理的面向之外，还有形下之事物之理的面向。对于蕺山来说，形上之天理是对气之流行的本然秩序的描述，是总持的、超越的；而形下之事物之理是对经验世界之中实然的万物之形式相状的描述，是殊别的、经验的。

另外，当前学界在诠释蕺山之学时有一个重要观点，那就是认为蕺山之论气有"形上之气"与"形下之气"的区分，笔者并不同意这种观点。"形上之气"这种说法的出现与牟宗三等将"形上""形下"的含义界定为"超越"与"经验"，并以之置换了蕺山论"形上""形下"的原初含义有关。在蕺山以"有形"论"形下"，"无形"论"形上"的自身语境下，并不会存在"形上之气"这样的说法。

一　气是什么？

二程在论《周易》乾坤两卦时说："乾坤古无此二字，作《易》者特立此二字以明难明之道，以此形容天地间事。"① 在论横渠对"气"的言说时，说："张兄言气，自是张兄作用，立标以明道。"② 在二程看来，"乾坤""气"这些名词都只不过是作《易》者、张横

---

① 程颢、程颐：《二程集》，王孝鱼点校，中华书局 2004 年版，第 78 页。该条语录在"作《易》者特立此二字以明难明之道"句后有小注云"'乾坤毁则无以见《易》'，须以意明之"。据庞万里先生考证，此条语录出自明道（参见庞万里《二程哲学体系》，北京航空航天大学出版社 1992 年版，第 385 页）。

② 《二程集》第 79 页。据庞万里先生考证，此条语录出自明道（参见庞万里《二程哲学体系》，第 386 页。此处"张兄"谓张横渠）。

渠用以明道所立之名相。用现在的话说，就是理学家引入一系列概念或者范畴，并借此建构起一套精密的理论体系的目的是彰明大道。这些概念和范畴有诸如"道""命""理""气""心""性""情""已发""未发""动""静""寂""感"等。其中最为基本而核心的便是"理""气"这一对范畴。就理气这一对理学的核心范畴来说，在理学史上，不同的理学家对理或者气具体含义的理解并未有太大的不同，但是在对理气二者关系的理解方面却往往大相径庭。

气可以说是中国古代哲学之中最重要的概念之一，自先秦开始，气便成为中国思想之中的核心概念。气是一个含义非常宽泛的概念，其不仅可以表征物质，还可以表征功能和信息，气乃是物质、功能和信息的统一。[1] 在从先秦到清末的漫长的中国思想的概念演化历程之中，气的如上基本内涵一直没有发生改变。宋明时代的理学家，包括刘蕺山在内，对气的言说，也没有能够逸出如上基本内涵。

对于气，刘蕺山说：

> 盈天地间，一气而已矣。有气斯有数，有数斯有象，有象斯有名，有名斯有物，有物斯有性，有性斯有道，故道其后起也。[2]

在蕺山看来，盈满天地，充周世界的，只有一气而已。所谓的数、象、名、物、性、道这一系列的东西，都是后起的，都是根植于、随附于气的。从存在论上来说，万事万物之存在只有唯一的本原，那便是气。

不仅从空间的维度上说，气是盈满无间的，从时间的维度上说，

---

[1] 参见刘长林《说气》，载杨儒宾主编《中国古代思想中的气论及身体观》，台北：巨流图书公司1993年版，第119—121页。
[2] 刘宗周：《学言》，《刘宗周全集》第二册，第407页。

气亦是亘古恒存的。蕺山有云:"或曰:'虚生气。'夫虚即气也,何生之有?吾溯之未始有气之先,亦无往而非气也。"① 在蕺山看来,"虚"是用来表示气的一种运化无滞的状态,并不是说在气之前,先有一个称作"虚"的实体来生成气。"溯之未始有气之先,亦无往而非气也",如果从时间上往前追溯的话,也不存在一个没有气的世界。

关于气化生万物的方式,蕺山有云:

> 阳主施,阴主化,天施而地生也,二气为主,五行变合,一施一化,是生万物。万物生生,变化无穷,此天地之所以为道也。②

上述引文是蕺山解释《曾子·天圆》里面的话。在先秦思想之中,阴与阳最初并不是指谓气的。③ 但是在后来的思想演化过程之中,人们开始用阴、阳来表征气的两种不同状态,宋明时代的理学家大多做如是理解。比如朱子有谓:"盖天地之间,一气而已,分阴分阳,便是两物,故阳为仁而阴为义。"④ 又云:"阴阳气也,不能无不善,惟所以阴阳者,则是所谓道而无不善也。"⑤ 刘蕺山亦认为阴、阳是气之存在的两种不同状态,⑥ 在蕺山看来,天地万物,皆是由阴、阳二气氤氲、生化而成。在《曾子章句》之中,蕺山有云:

---

① 刘宗周:《学言》,《刘宗周全集》第二册,第407页。
② 刘宗周:《曾子章句》,《刘宗周全集》第一册,第595页。
③ 业师陈赟先生指出,阴阳的原始含义,是不能通过气来加以说明的;阴阳最初是用来标识明暗、隐显有关的词语(参见陈赟《儒家思想与中国之道》,浙江大学出版社2016年版,第109—110页)。
④ 朱熹:《答袁机仲别幅》,《朱子全书》第二十一册,第1674页。
⑤ 朱熹:《孟子或问》,《朱子全书》第六册,第980页。
⑥ 蕺山又云:"人物之生,莫不本乎阴阳之气。"即认为阴、阳皆是气(见刘宗周《曾子章句》,《刘宗周全集》第一册,第595页)。

> 阴阳化而万物生，所谓神为品物之本者也。毛羽介鳞之族，莫不共禀阴阳之气，而就其中有阳多于阴者，有阴多于阳者，则各从其类也。本乎天者亲上，本乎地者亲下也。倮匈而生，谓不毛羽、不鳞介也。阴多于阳、阳多于阴者，则合围于阴阳之气矣。惟人禀阴阳之精而生，故为万物灵。物得其偏，人得其全也。①

虽然万物都禀得阴阳之气，但是由于万物所禀的阴、阳二气的比例并不一致且各有偏重，有些所禀阳气多于阴气，有些所禀阴气多于阳气。所禀阴、阳二气比例的不同，造成了万物形态的多样性。在蕺山看来，只有在人禀得的气中，阴气与阳气的比例才最为均衡，人禀得的气乃是天地之精气，所以人最为天下贵。②

蕺山以上所论的气，乃是天地之气，这种气既有作为物质的维度，又本身体现为一种功能。从物质维度来看，阴阳二气氤氲化生，生成有形质的世间万物；从功能维度来看，气之生化本身便是自己在运化，说明气自身便是一种功能，具有功能、动力的内涵。需要指出，我们说在蕺山这里，气具有功能、动力的内涵，如刘长林先生所说，"并不是说，客观上，气物质具有运动的能力，功能寓蕴于物质之中，而是说，'气'本身同时就是标示功能动力的概念"③。如果用日本学者山井涌先生的话来说，蕺山此处之论气，"作为物质根源的同时，也是生命力和活动力或它们的根源"④。

天地之气下贯、落实到人身上，便成了人身上的气。不仅人身，人心亦可用气来表征。前文已经指出，蕺山在57岁之后，开始将气

---

① 刘宗周：《曾子章句》，《刘宗周全集》第一册，第597页。
② 蕺山又云："夫人者，天地之秀也，万物之灵也。"（刘宗周：《做人说三》，《刘宗周全集》第二册，第293页）
③ 刘长林：《说气》，载杨儒宾主编《中国古代思想中的气论及身体观》，第119页。
④ ［日］山井涌：《朱熹思想中的气——理气哲学的完成》，载［日］小野泽精一、福光永司、山井涌编《气的思想——中国自然观与人的观念的发展》，李庆译，上海人民出版社2014年版，第412页。

引入了对心体的论述之中。比如蕺山说:"人心一气而已矣,而枢纽至微,才入粗一二,则枢纽之地霍然散矣。"① 又云:"圣人之心,如空中楼阁,中通外辟,八面玲珑,一气往来,周极世界。"② 盖在蕺山看来,心就是气;人心之运作就是一气之流行。那么在蕺山这里,人心之气的内容是什么呢?便是"喜怒哀乐"。蕺山云:"人有四气,喜怒哀乐,中和出焉。"③ 又言:"喜怒哀乐,一气流行,而四者实与时为禅代。如春过了夏,秋过了冬,冬又春,却时时保个中气,与时偕行,故谓之时中。"④ 喜怒哀乐并不是四种性质不同的气,而只是一气在心中流行之时表现出次第的四种韵律,就像大自然春夏秋冬之四时代谢一样。喜怒哀乐这四者乃是人之内心深处的情感状态或心智状态,蕺山又将它们称作为"四情"或者"四德"。⑤ 此处,作为喜怒哀乐流行之气便没有了质料层面的含义,此时气更多的是表征一种功能或者信息。

总之,刘蕺山对气的用法非常的宽泛。举凡天地万物的运化和形质构成,还是人心的各种心理、情感的状态,都用气来表征。⑥

二 蕺山的气一元论及对朱子理气二元论的批判

蕺山为学之早期,在本体论方面,便主张"理气合一"的立场。

---

① 刘宗周:《学言》,《刘宗周全集》第二册,第435页。
② 刘宗周:《学言》,《刘宗周全集》第二册,第461页。
③ 刘宗周:《读易图说》,《刘宗周全集》第二册,第132页。
④ 刘宗周:《学言》,《刘宗周全集》第二册,第457页。
⑤ 刘宗周:《学言》,《刘宗周全集》第二册,第414页。
⑥ 对气的解释不宜在物质与精神二元对立的解释框架之下进行,因为气既可以有物质属性,又可以有精神属性,还可以同时具备。笔者同意任文利先生的说法:"理学家'理气'论中的'气'与常识中的'气'不异,只是不涉及其中的'内容的曲折'。举凡天地间成象成形、有变化云为、有朕迹影响渴求的都是'气',其中既包括具体的存在物,也包括人的知觉、情感、欲望与气质。"(任文利:《心学的形上学问题探本》,中州古籍出版社2005年版,第28页)高海波先生亦谓:"'气'概念本身就是中国古代哲学家为了说明各种物理、心理现象的统一基础。"(高海波:《慎独与诚意:刘蕺山哲学思想研究》,生活·读书·新知三联书店2016年版,第79页)

并且对这一立场的坚持,终生未变。早在 40 岁时候所作的《论语学案》之中,刘蕺山便说:"一气流行,而理在其中。只是一个,更无气数、义理之别。"① 蕺山强调,理就在气之流行运化之中,所谓"只是一个",是说天地间只有气这一个实体,而理乃是附着在气之中的,并非在气化流行之外还有一个实体化的理存在。

站在气一元论的立场上,蕺山对朱子理气二分的立场进行了批评:

> 宋儒之言曰:"道不离阴阳,亦不倚阴阳。"则必立于不离不倚之中,而又超于不离不倚之外。所谓离四句,绝百非也。几何而不堕于佛氏之见乎?②

这里宋儒指的便是朱子,蕺山批评朱子以"不离不倚"来论理气关系的说法,认为这种说法与佛教"离四句,绝百非"的思维方式不能划清明确的界限,而陷入佛教的观点之中。

蕺山又对朱子"理生气"的观点进行了批评:

> 或问:"理为气之理,乃先儒谓'理生气',何居?"曰:"有是气方有是理,无是气则理于何丽?但既有是理,则此理尊而无上,遂足以为气之主宰。气若其所从出者,非理能生气也。"③

关于"理生气",朱子说:"有是理后生是气。"④ 又言:"气虽是理之所生,然既生出,则理管他不得。"⑤ 可见,朱子明确主张"理生气"。需要指出,朱子这里所说的"理生气"之"生"并不

---

① 刘宗周:《论语学案》,《刘宗周全集》第一册,第 555 页。
② 刘宗周:《学言》,《刘宗周全集》第二册,第 407 页。
③ 刘宗周:《学言》,《刘宗周全集》第二册,第 410 页。
④ 黎靖德编:《朱子语类》,《朱子全书》第十四册,第 114 页。
⑤ 黎靖德编:《朱子语类》,《朱子全书》第十四册,第 200 页。

是生成论意味上的一物生成了另一物这样的"生",比如像鸡生蛋这样的"生"。朱子"理生气"的"生"更多的是一种"使之生"的意味,"生"更多的体现为一种范导、召唤的功能,"理生气"是气在理的召唤和范导之下,气的自我生成。① 但是即便如此说,在朱子学中,理还是在气之外的从外部影响气的一个实体化的存在;并且"理生气"蕴含了在时间序列上,理要先于气的可能性。刘蕺山否定了"理生气"的说法。在蕺山看来,气在逻辑上要比理有更高的优先性,因为理就在气之中,先有了气,才会有了理的存在。如果没有气的话,那么理便无法附丽,理只是气在运行之中所展现的条理或秩序。当人们发现气之运行表现为一定的条理和秩序的时候,好像是觉得气被一个实体化的理所主宰,但是

---

① 陈来先生在谈到朱子的"理生气"说时,有以下的说法:"朱熹所谓生气以及《易》与《太极图说》所谓'生'的观念都可有两种解释。一种是理可产生气,另一种是把'生'解释为'使之生',这两种意思在朱熹可能都有。不过,一般说来朱熹在理学家中对概念的使用是比较清楚的。而且对于语录的口语性质来说,第二种解释似无必要。实际上这两种解释对于讨论宇宙的究极本原来说差别不大。"(陈来:《朱子哲学研究》,生活·读书·新知三联书店 2010 年版,第 107 页)笔者认为陈先生所提到的对朱子"理生气"的"第二种解释"还是很有必要的;在笔者看来,朱子"理生气"的"生"主要便是在"使之生"的意义上言说的。"生"的这层意思在朱子论四端之情的萌起时体现的比较明显。在朱子看来,人在乍见孺子将入于井中时,人心会有恻隐之情因感而生;当然人在未见孺子将入于井中时,心中并未有恻隐之情。由于在朱子理学中,情是属气的,恻隐之情便是一种气。人在见到孺子将入于井中之时,此气有一个从无到有的生发的过程。之所以会生发出恻隐之情,是因为未感之先(尚未见到孺子将入于井之时),人心中已经预先有了仁之理。正是因为有了仁之理的存在,人在感物之时(人在见到孺子将入于井之时),人心才会生发出恻隐之情(气);仁之理的存在是恻隐之情(气)生起的一个先决条件。在这一角度上,可以说"理生气",这种"生"是一种"促成"的意思,即是一种"使之生"的意思。"理生气"并不是生成论意味上的一物生成了另一物,而是在理的召唤、范导下,气的自我生成。李明辉先生亦指出,朱子之学中"理生气"或者"性生情"的说法之中的"生"字"不可理解为宇宙发生学(cosmogony)中的'生发'之义,而当理解为存有论中的'依据'之义,意谓在存有的次序上理为气之依据,性为情之依据"(李明辉:《四端与七情:关于道德情感的比较哲学探讨》,华东师范大学出版社 2008 年版,第 135 页)。

这只是将理"看作"一种主宰，是人的一种主观的"谓之"的结果，① 其实归根到底所谓"主宰"只是气之自作主宰而已。"气若其所从出者"，"若"是指"好像"，理主宰气或能生气都是一种似是而非的假象而已，并不是理真能主宰气或生气。

三　两种理（性）与形上、形下

在蕺山思想之中，对理的言说往往与性相关。蕺山说："性者，生而有之之理，无处无之。"② 又云："性即理也，理无定理，理亦无理。"③ 宽泛言之，"性"就是"理"，二者之内涵基本一致；若具体言之，二者之侧重点还是略有不同。在蕺山之学中，"理"往往侧重于从道体层面进行言说，而"性"往往侧重于从性体方面进行言说。

对于"性"，蕺山有云：

> 知性者莫过夫子。其曰："性相近也。"亦指其生而可见者言之，非正言性也。当时惟子贡智足以知之，故曰："夫子之言性与天道，不可得而闻也。"④

在这里，蕺山区分了孔子（仲尼，前551—前479）言性的两种方式。第一是指"其生而可见者言之"，比如当孔子说"性相近"⑤ 时，就是在这一层意义上对性的言说。这种言说是在描述一种处于经验世界之中的实然的万物之形式相状，是对可见的外在现象的一种经验性的描述。每个人都有自己的人格特质，不能完全一致，但是又有共同作

---

① 关于中国古典思想中，与"谓之"相对应的是"之谓"。关于"谓之"与"之谓"各自的内涵与二者的区别，可参阅业师陈赟先生的相关论述。参见陈赟《回归真实的存在——王船山哲学的阐释》，广西师范大学出版社2015年版，第60—66页。
② 刘宗周：《学言》，《刘宗周全集》第二册，第418页。
③ 刘宗周：《学言》，《刘宗周全集》第二册，第418页。
④ 刘宗周：《学言》，《刘宗周全集》第二册，第424页。
⑤ 《论语·阳货第十七》云："性相近也，习相远也。"

为人，而区别于动物的一致性，所以又是相互接近的，所以可以说"性相近"。比如蕺山又说："如心能思，心之性也；耳能听，耳之性也；目能视，目之性也；未发谓之中，未发之性也；已发谓之和，已发之性也。搏而跃之，可使过颡；激而行之，可使在山，势之性也。"① 心能思，耳能听，目能视，都是心、耳、目的性能，同样，未发表现出未发的性能，已发表现出已发的性能，水能过颡、在山，这都是水的性能。这些都是对一种既成的经验现象的客观描述，这些现象可以被我们的感觉或理智所了解和把握，是"生而可见"的。然而对于这种言性方式，蕺山却认为并不是"正言性"，在蕺山看来，孔子还有一种言性的方式才是"正言"的"性"，这种"性"乃是《论语》中所谓"夫子之言性与天道，不可得而闻也"② 的"性与天道"之"性"。其实在上文之中，我们反复讨论的蕺山理（性）气合一的理（性）其实并不是在"性相近"之"性"的意义上言说的，而恰是在"性与天道"之"性"的层面上进行言说的。

从"性与天道"的层面上谈论的性或理乃是关乎气之流行的本然的秩序，是对气的本然运行历程之中所显现的次序、节奏、韵律等的描述。这种秩序的具体表现便是"无过与不及"，反映在宇宙运化上便是"元亨利贞"，反映在心性活动上便是"仁义礼智"。这第二种性或理是与前面所说的第一种"性相近"意义上的性与理是不同的。具体差异可以体现为如下三点：

第一，对于第一种理来说，是多，不是一；是分别的，而不是总持的。盖万物各有万物之相状与功能，此物不同于彼物，故理显现为多。而对于第二种理来说，是一，而不是多；是总持的，而不是分别的。这种理是对一气流行的整体历程之描述。天下只有一气，并且此一气运行的无过与不及的状态只有一种，这是一种整全的秩

---

① 刘宗周：《学言》，《刘宗周全集》第二册，第418页。
② 《论语·公冶长第五》云："子贡曰：'夫子之文章，可得而闻也；夫子之言性与天道，不可得而闻也。'"

序性，虽然在人在物其体现场域不同，但是其实质却是一。

第二，第一种理只能附着在具体的事物之上，而并不能超越于具体的事物。第二种理虽附着在具体事物但是可超越于具体事物之上，这便是唐君毅先生所说的"超于万物之外，而只为物之所依以通过者"①之理。

第三，第一种理所表征的乃是一种实然之状态，在某种程度上也是事物之本然，这种理没有实然、本然与应然的区分。而第二种理却不同，它表征一种本然、应然或者当然之状态，而不必是一种实然。在宇宙气化层面，由于气在流行之中往往会发生过与不及，气化活动并不一定时时刻刻显现为一种本然的秩序。在人事之中，更是如此；仁义礼智之理只有在经过人的工夫修为之后才能得以显现。第二种理是一种本然的存有，不一定表现为实然的存有。所以这种理对于经验之生活具有一种超越性，此一点关系甚要，下文将对之详细论述，此处暂且不论。

在理学史上，包括刘蕺山在内的理学家们对理的言说往往又与"形上""形下"这一对范畴关联起来。形上、形下的说法来自《易传》，《系辞上》云："形而上者谓之道，形而下者谓之器。"后来理学家往往以气易器，将形上、形下用来指谓理、气。如前引朱子在《答黄道夫》中有言："天地之间，有理有气。理也者，形而上之道也，生物之本也；气也者，形而下之器也，生物之具也。"此处，朱

---

① 唐君毅先生在谈及庄子所言的"天地之理"或"万物之理"时说："物之文或物之形式相状如方圆、白黑，可由吾人之感觉与理智，加以了解而把握之，故可说其属于物，而在物中。至于物之变化往来存亡死生，虽亦可说是物之道物之理。但此道此理，恒由物之改易转移超化其自身，由如此而不如此，由生而死，由存而亡，由出而入，然后见。则此道此理同时超于万物之外，而只为物之所依以通过者。"（见唐君毅《中国哲学原论·导论篇》，中国社会科学出版社2005年版，第12页）在宋明理学之中，万物之生灭成毁乃是出于气之聚散，所以气运过程之中之本然条理乃是超越具体之一事一物之外，而为万事万物所通过者。需要指出，笔者这里所说的第二种理只在"超于万物之外，为物之所以通过者"与唐先生所论庄子之"天地之理"与"万物之理"同，但是在其他含义上，又不完全等同于唐先生说谈及的庄子的"天地之理"。

子明确以形上指谓理,以形下指谓气。同朱子一样,蕺山亦以形上、形下分别对应理、气。蕺山说:

> 形而下者谓之气,形而上者谓之性。故曰:"性即气,气即性。"人性上不可添一物,学者姑就形下处讨个主宰,则形上之理即此而在。①

可见,蕺山亦认定性(理)是形上的,而气是形下的。所谓"姑就形下处讨个主宰","姑就"就是"看起来像",前文已经指出,在蕺山看来,其实形下之气自作主宰,并没有一个外在于气的一个实体化的形上之理去作为气之主宰,形上之理就在形下之气之中。但是,需要指出,此处说形上为性(理),并不是说前面讲到的两种性(理)都是形上的,只有第二种性(理),即"性与天道"层面的性或者理才是形上的,这种理虽然就内在于气之中,但是又可以超越于气,是气运行之本然秩序。而对于第一种性或理来说,它是一种现象界之实然的秩序或条理,是完全附着在实然的气上讲的,是对气之实然运行状态所表现出的相状的描摹,它不能够超越于实然之气,并没有本然或者超越的维度,所以这种理乃是形下之理,而并非属于形上之理。②

形上之理与形下之理这两种理的区分便是"天理"与"事物之理"的区分。③ 蕺山在讲到性时说:"性本虚位,情有定理。"④ 蕺山为什么说性是虚位呢?所谓虚位,是说性之具体含义是由性之前的主

---

① 刘宗周:《证学杂解》,《刘宗周全集》第二册,第269页。
② 本书对于理的讨论,若不加说明,一般都是指谓的形上之理。
③ 熊十力先生在《答徐见心》中区分了"天理"与"事物之理",并且讨论了两者之关系[见熊十力《答徐见心(复观)》,熊十力《十力语要初续》,上海书店出版社2007年版,第25—28页],笔者此处只是借用这一对概念,笔者对"天理"与"事物之理"的诠释则与熊先生有不同之处。笔者之诠释详见下文。
④ 刘宗周:《学言》,《刘宗周全集》第二册,第472页。

词来加以贞定的。① 对于形下之理或者事物之理来说，某物有某物之理，此理之内容由这一物来贞定；对于形上之理，亦是如此。蕺山一般谈到形上之理，直接称之为理，但是并不意味着形上之理是没有主词的。其实形上之理也是有主词的，只不过往往略去不言，这个主词便是"天"，形上之理也就是天之理，即是天理。蕺山说："天者，万物之总名，非与物为君也。"② 天是万物的总名，是一个至大无外的概念，代表宇宙运化。而作为天之理的形上之理，是宇宙气化表现之本然秩序，是超越万物而被万物所通过者。天理无所不包，浸润于万物之中，是贞定宇宙万物之存在秩序者。形上之天理必须由形下之气以及附着在此气之上的形下之理来透显之、实现之。③ 故在蕺

---

① 所谓"虚位"的说法可以追溯自韩愈（退之，768—824），韩愈《原道》有云："博爱之谓仁，行而宜之之谓义；由是而之焉之谓道，足乎己，无待于外之谓德。仁与义，为定名；道与德，为虚位。故道有君子小人，而德有凶有吉。"［韩愈：《原道》，载高步瀛选注：《唐宋文举要》（上），上海古籍出版社1983年版，第144页］所谓"仁与义，为定名；道与德，为虚位"，是说"仁"与"义"具有特定的内容和含义，即"博爱之谓仁"，"行而宜之之谓义"；而"道"与"德"的内涵在不同的学派那里是不尽相同的。"道有君子小人，而德有凶有吉"，道既可以有君子之道，也可以有小人之道；同样，德可以有吉德，也可以有凶德。可见，在韩愈看来，"道""德"只是表征形式的概念，它不直接指涉具体的内容，"道""德"无定指，其含义端赖"道""德"之前的主语来贞定，所以"道"与"德"为虚位。

② 刘宗周：《学言》，《刘宗周全集》第二册，第408页。

③ 此种形下之理或"事物之理"之含义接近于牟宗三先生所谓的"形构之理"。牟先生说："自然生命之氤氲所生发（蒸发）之自然征象，如生理器官之自然感应、生理欲望之自然欲求，乃至生物之自然本能、心理之自然情绪等皆是，总之即叫作性，此即等于以自然生命之自然征象说'生之所以然'。此种'所以然'是现象学的、描述的所以然，物理的、形而下的所以然，内在于自然自身之同质同层之所以然，而非形而上的、超越的、本体论的、推证的、异质异层的'所以然'。"又云："此种自然义、描述义、形下义的'所以然之理'，吾人名之曰'形构原则'（Principle of Formation），即作为形构原则的理，简之亦即曰'形构之理'也。言依此理可以形成或构成一自然生命之特征也。亦可以说依此原则可以抒表出一自然生命之自然征象，此即其所以然之理，亦即当作自然生命看的个体之性也。"［参见牟宗三《心体与性体》（一），《牟宗三先生全集》第五册，第93、94页］需要指出，牟先生将与形构之理相对的形上之理名之曰"实现之理"或"存在之理"，其含义与本书所论的形上之天理之含义并非完全相同。

山这里，万事万物便有两层存在结构。第一层是事物具备的表征自身条理和结构的形下之理，第二层是内蕴在形下事物之中，贞定自己在宇宙秩序之中的存在坐标的形上之天理；这两种理又表现为一种体用的关系。

因为在蕺山这里，形上、形下分别对应理、气。"理气合一"的基本设定贯彻到形上与形下的关系上便是"即形上即形下"。在蕺山之学中，形上是指点语，形上就在形下之中看出，脱离开形下的形上是没有意义的。蕺山有云：

> 因思盈天地间，凡道理皆从形器而立，绝不是理生气也，于人身何独不然？《大易》"形上""形下"之说，截得理气最分明，而解者往往失之。后儒专喜言"形而上"者，作推高一层之见，而于其所谓"形而下者"，忽即忽离，两无依据，转为释氏所借口，真所谓开门而揖盗也。至玄门则又徒得其"形而下"者，而竟遗其"形而上"者，所以蔽于长生之说，此道之所以尝（常）不明也。[1]

"凡道理皆从形器而立"，形器便是形下之物，属于气的层面。形上之道或形上之理只能在形下之气（器）之中得以实现，这便是"形上即形下"的基本含义。蕺山认为后儒将形上"推高一层"，而与形下隔绝，结果形而上者成了一个超脱于经验世界之上的玄虚、恍惚的本体，这样便会流于释氏虚空之说；同时一些道家学者又忽视了形上的层面，而只想通过完养作为形下之气的身体，来单纯追求一种人的长生久视的目标。在蕺山看来，这两种思想倾向皆是对"形上即形下"这一原则的背离。

---

[1] 刘宗周：《答刘乾所学宪》，《刘宗周全集》第三册，第367页。刘蕺山在行文中为避明光宗（朱常洛）名讳，往往将"常"改作"尝"。后来《刘子全书》与整理本《刘宗周全集》亦沿袭了这种用法。下引文若出现蕺山的类似用法，笔者径将"尝"字改为"常"字，不另再说明。

与朱子将形上视作拟物化或实体化的理不同，在蕺山这里，形上只是一种指点语，描述语，其并非指涉任何实体。本来天地之间一气流行，生生不已。气之自作主宰，并没有一个外在的理去来主宰它。理之得名，只不过是人看出了气化运行的条理，从而站在人的角度上进行"谓之""指点"，用语言去开显的结果，理并不具备在存在论上与气一样的实体属性。在蕺山之学中，与"形上"只是作为一种指点语不同，"形下"既可以视作一种指点语，又可以视作一种"实落语"①。作为实落语的"形下"，即是在具体的时间和空间之中的有形迹之物。

四 关于"形上之气"的诠释问题

在理学史上，形上、形下一般与无形、有形相对应。这里的"形"不完全指人的感官所能够感知到的有具体形状的事物，它还包括任何其他不能被人的感官所感受到的气的运作活动。毋宁说，形便是气的代名词。这种以气来界定形的方式，在二程处便已经开始。② 无论是后来的朱子，还是蕺山，对形上、形下之"形"的理解都是如此。在蕺山这里，形下就是有形，就是气；形上就是无形，就是理；所以不可能出现"形上之气"这样的用法。但是在当前学界对蕺山气论的诠释之中，却出现了"形上之气"的说法，比如有学者在讨论蕺山对气的论说时，曾指出："更具体地说，气有形上之气（生生之本体）与形下之气（生物之材具），心亦有感性之心与理性之心。形下之气聚而成形质，构成主体之心的感性的物质血肉之质；形上之气（或生生之气），诚通诚复，构成心之为心的先验理性本质（性体或意根）。形上之气乘形下之气机而流行，性体通过主

---

① 关于"实落语"，蕺山有谓："无极、太极，又是夫子以后破荒语。此'无'字是实落语，非玄妙语也。"（刘宗周：《周易古文钞》，《刘宗周全集》第一册，第235页）

② 关于二程对形上、形下之"形"的论述，可参见拙文《理学体用论视域下天的重新发现：基于二程的考察》，武汉大学哲学学院编《哲学评论》第21辑，中国社会科学出版社2018年版，第172—173页。

体之心呈现和落实。"① 笔者认为，这种将气分为形上之气和形下之气的做法是有问题的，或者说形上之气的说法本身便是对蕺山之学中"形上"含义的误读。

当然，之所以会出现如此误读，其实在某种程度上也与蕺山自己对形上、形下论述中出现的某些具有误导性的说法有关。在《曾子章句》解释《曾子·天圆》篇之中，蕺山有云：

> 阴阳之气一也，而其精者则曰神与灵，其粗者则物而已。精气者，纯粹以精之气，道之形而上者是也。神者气之吐也，灵者气之含也，精含吐而神灵分，灵亦神也。②

这里蕺山将气之精者视作"道之形而上者"，似乎便暗含着气之粗者为"道之形而下者"这样的意思；如是，俨然有将气分为形上之气与形下之气的意思。

但是这样的意思与蕺山对形上、形下含义的基本界定是有冲突、相矛盾的。根据蕺山对形上、形下的一贯界定，不管是精气还是粗气，都是有形之物，就一定是属于形下之范畴，所以按理说，不可能出现"形上之气"的说法。对于以上《曾子章句》中的说法，笔者倾向于认定这是蕺山语义偶有未莹，③ 易遭误解，区分气为形上、

---

① 李振纲：《证人之境：刘宗周哲学的宗旨》，第 153 页。另外，还有王瑞昌、黄敏浩、李明辉等诸位先生亦有类似主张。见王瑞昌《刘蕺山理学思想研究》，博士学位论文，北京大学，1997 年，第 22 页；黄敏浩《刘宗周及其慎独哲学》，第 78—79 页；李明辉《四端与七情：关于道德情感的比较哲学探讨》，第 150—151 页。

② 刘宗周：《曾子章句》，《刘宗周全集》第一册，第 595 页。

③ 有一个证据可以为笔者的推断做一佐证。在《年谱》"万历四十七年己未"这一条目之下，刘伯绳记录云："《曾子章句》成。先生读《大戴礼》，至《曾子》十篇，谓其言悫而深，微而粹，为学者守身之要，洵非曾子不能作，不宜与赝本同弃，乃取而注释之。晚年欲修改，不果。"（刘汋《蕺山刘子年谱》，《刘宗周全集》第六册，第 73 页）即是说关于《曾子章句》，蕺山晚年曾经想要去做修改，但是最终却没有能够实现。可见，蕺山在晚年似乎已经意识到他在《曾子章句》中的有些说法是有问题的，笔者推测，蕺山此处对气的论说就有可能在他晚年欲修改之列。

行下两个层面盖非蕺山之本意。或者"道之形而上者"的"道"可以理解为"导",即精气可以引导为形上之理的发用。总之,要结合蕺山思想之整体,而不能据此条材料便认为蕺山论气,有形上之气与形下之气两种。

另外,还有两则材料亦容易遭致人们之误读:

> 陆子所言阴阳已是形而上者,此语至当不易。《易》曰:"立天之道曰阴与阳,立地之道曰柔与刚,立人之道曰仁与义。"阴阳不可谓道,将仁义亦不可谓道乎?①

> 愚按:无极、太极,又是夫子以后破荒语。此"无"字是实落语,非玄妙语也。朱、陆之辨,在朱子以为太极之上必有无极,既不足以得《大易》之旨,而陆子以为太极之上决不当有无极,亦岂足以得濂溪之旨。然象山曰"阴阳已是形而上者,况太极乎",近之矣。②

这两段话都对陆九渊(象山,1139—1193)所认为的"阴阳已是形而上者"的观点表示非常推崇。但是这是不是可以推出,蕺山就用形上指代阴阳,即有形上之气的说法呢?笔者认为其实不然。这里有必要来看一下象山这一观点提出的具体语境。

在《与朱元晦》一书中,象山说:"《易》之《大传》曰'形而上者谓之道',又曰'一阴一阳之谓道';一阴一阳,已是形而上者,况太极乎?"③ 此处,象山认为"一阴一阳"就已经是形而上者了。对照以上引文,我们发现蕺山对象山的引述是不精确的。其实象山自己并未说"阴阳已是形而上者",而是说"一阴一阳,已是

---

① 刘宗周:《会录》,《刘宗周全集》第二册,第536页。
② 刘宗周:《周易古文钞》,《刘宗周全集》第一册,第235页。
③ 陆九渊:《与朱元晦》,《陆九渊集》,钟哲点校,中华书局1980年版,第23页。

形而上者",这两种说法的涵义其实差别很大。在《荆州日录》中,象山又说:"自形而上者言之谓之道,自形而下者言之谓之器。天地亦是器,其生覆形载必有理。"① 象山认为"天地亦是器",而天地正是由阴阳二气运化形成的,如果认定天地是形下之器的话,那么阴阳二气也不能是形上者,而只能是形下者。可见,其实象山自己似乎也并不认可"阴阳是形而上者"这样的说法。象山所云的"一阴一阳,已是形而上者",是指气之阴阳运化所表现出的条理才是形而上者,并非阴阳本身是形而上者。

再看蕺山自己的说法。蕺山说"'无'字是实落语,非玄妙语也",是说"无极"之"无"乃是实指,是说太极并非朱子所认为的"在阴阳之外,而未尝不行乎阴阳之中"② 的如有一物般的存在物,而只是一种非实体化的阴阳运化的本然条理;蕺山认为在如此意义上,是可以说"无极"的,所以蕺山也不同意象山"太极之上决不当有无极"的说法。总之结合象山文义,我们可见蕺山所认可的"阴阳已是形而上者"其实乃是象山"一阴一阳已是形而上者"的省语,并不能由此推断出蕺山认为阴阳之气本身便有形上者。③

从理学的衍变历史来看,在二程这里,形上已经与气分离,开始专指理,而形下成了气的代名词。程子说:"有形总是气,无形只是道。"④ 关于以理、气分别言说形上、形下,朱子沿袭了二程,而

---

① 陆九渊:《荆州日录》,《陆九渊集》,第 476 页。
② 朱熹:《答陆子静五》,《朱子全书》第二十一册,第 1568 页。
③ 其实从不同的角度述说,蕺山其实既可以说"阴阳是形而上",也可以说"阴阳是形而下"。当说"阴阳是形而上"时,此处"形上"是"指点语",是说人可以在形下之气之阴阳运化之中指点出形上之理来,并不意味着阴阳之气本身便是形而上者;当说"阴阳是形而下"时,此处"形下"是"实落语",即是说具备阴阳运化功能的气是形下之物,并且气之阴阳运化的过程是在形下世界之中进行的。所以,从不同的角度,蕺山既可以说"阴阳是形上",也可以说"阴阳是形下"。当蕺山说"阴阳是形而上"时,这其实只是"一阴一阳是形而上"的省语,并不意味着蕺山认为阴阳之气自身就是形上的。
④ 程颢、程颐:《二程集》,第 83 页。

刘蕺山又沿袭了朱子,尽管朱子与蕺山对理气关系的界定不同,但是在关于以形上指谓理,以形下指谓气这一点上,二人是一致的。所以,在蕺山思想之中,不可能有"形上之气"这样的说法。① 之所以在有些诠释者那里,会出现"形上之气"的说法,其中原因乃在于这些学者所使用的"形上""形下"的概念已经不是原初的包括刘蕺山在内的理学家以"有形""无形"来界定的"形上""形下",而是另有其义了。这些学者实际上已经对原初理学语境下"形上""形下"的含义进行了重新置换。比如牟宗三先生是以"超越"(或"先验")来界定"形上",以"经验"来界定"形下"的。② 但是这种对形上、形下的意涵的界定与理学以"有形""无形"来区分形上、形下的语境相差甚远。当诠释者在对理学的诠释中引入具有这种涵义的形上、形下之时,不免会与理学本有的形上、形下含义相混淆,从而造成诠释上的混乱。③ "形下之气"

---

① 高海波先生亦认为在蕺山之学中,并不存在"形上之气"。他说:"'心'尽管比较精微,但在蕺山看来,仍有迹象可循,所以仍须归于形而下者。即使是喜怒哀乐四气,尽管是流行的先天心气,不属于后天经验的情气,但从中国古代哲学以及蕺山自己对于形而上下的定义来说,它仍然属于形而下者,只有作为喜怒哀乐四气流行之理的仁义礼智才属于形而上之道。"(高海波:《慎独与诚意:刘蕺山哲学思想研究》,第58页)这一解释是十分准确的。

② 牟宗三:《心体与性体》(一),《牟宗三先生全集》第五册,第93—94页。

③ 高海波先生提醒我们:"我们不可混淆形上、形下与先天、后天,乃至先验、经验等概念的区别。先验的东西是先天存在的,并不是后天经验所得,从这点上说,蕺山的喜怒哀乐四气可以被认为是先验的或先天的,却不能因此称其为形而上者。很多学者都使用形上、形下的概念来描述蕺山对四气(喜怒哀乐)、七情(喜怒哀惧爱恶欲)以及意、念的区分。这种用法在潜意识中混淆了形上、形下与先验、经验的区别,无视中国哲学概念固有内涵,容易导致混乱。另外,形上与形下也不就是一个价值判断,并不表示形而下者就是负面、否定的东西,形而上者就是正面、肯定的东西。按照儒家体用一原的观念,形而上与形而下二者不可分离,高明的道理必须寓于具体的事物中,所谓'极高明而道中庸',故孟子说'形色,天性也'。而目前学界有些学者不自觉地将形而上、形而下看成善与恶的价值判断。如良知是形而上者,意念是形而下者;本心是形而上者,习心是形而下者;等等。这些用法是否符合中国哲学本身对于形而上下意义的理解,这个问题值得进一步探讨。"(高海波:《慎独与诚意:刘蕺山哲学思想研究》,第59页)高先生提到的有些诠释者对"形上""形下"这对范畴使用的不当在当前学界对蕺山文本的诠释中比较常见。

这种说法的出现正反映出这些学者的诠释框架与宋明理学的自身义理脉络的暌隔。

第二节 由道而性——天人之贯通

在蕺山之学中，天地与人同为一气所贯通，又同为一理所朗照，圣人之道与天地之道皆统一于形上之天理；通过"天人一理"的本体论设定，蕺山实现了道体与性体的贯通。

由于"天人一理"，那么人的道德行为超越性的源头便奠基在形上之天理上；对于人来说，天理之落实的场域就在人心。天理落实在人心之中，便表现出仁义礼智之理。仁义礼智之形上之理乃是人心之中喜怒哀乐四气流行之本然秩序，然而往往并不是实然秩序。在人的日用常行之中，当人心被欲望所遮蔽，不能自作主宰的时候，仁义礼智之德便不能在现实生活之中得以彻底、完全的朗现，即对于人来说，仁义礼智之形上天理有一个实现程度的问题，这也是天理不同于自然科学中的物理规律的地方。

对于蕺山来说，人的工夫的目标是在人心中朗现此仁义礼智之天理，让天理彻底无蔽的实现出来，"尽人而天"便构成了蕺山工夫论的旨归。"万物一体"思想在蕺山之学中占有重要的地位，刘蕺山继承了理学前辈们以"一体之仁"论万物一体的思路，对万物一体进行了大量的阐发。

在蕺山对人的道德行为的论述之中，有天理的实现程度的问题，即人的道德行为有本然、应然与实然的区分。同样，蕺山在论及自然界的气化运行时，亦有本然、应然与实然的区分，亦有一个天理的实现程度问题。另外，在蕺山之学中，过与妄、恶是有区分的。过是有天道根源的，无可避免的；过自身并不是妄或恶，它只是为妄或恶的产生提供了契机，过而不能改才会流于妄或者恶。与过不同，妄、恶则是脱离天的机制，而出自人的自我造作的。

一　性体与道体的贯通

在第一章中，笔者已经指出，蕺山对本体的论述，有三个维度，分别为道体、性体、心体，其中性体是作为宇宙本体的道体在人身上的落实。由道体落实到性体的过程，便是一个由天而人、天人贯通的过程。

在宋明理学之中，天道与性命的贯通，是通过天理来实现的。关于"天理"，上一节已经指出，"天理"就是"天之理"，此时"天"是指整个至大无外、包含万物之宇宙总体，而"天之理"就是宇宙运行之本然秩序。另外，"天理"亦可理解为天就是理，理是天的一个言说面向，理学家实现了天的理化，用理来贯通天人。[1] 对此，刘蕺山亦不例外。关于"理"，刘蕺山有云：

> 理，一也。得于心为德，本于生为性，蕴于性为情，达于情为才，亶于初为命，体于自然谓之天。故曰："诚者，天之道也。"惟天无外，人得之以为人，物得之以为物，天得之以为天，地得之以为地。尽则俱尽，亏则俱亏，不由乎我，更由乎谁？是为性宗，是为人造。[2]

盈天地间一气，此一气之运化之本然秩序便是天理。上一节已经指出，在蕺山看来，形上之天理，是遍润宇宙万物的一种整体性秩序和贞定万物在宇宙秩序中之坐标者。"惟天无外"，这个"天"不是"天地"之"天"，而是包括人在内的整个宇宙的本然秩序，即是天理。天理是无所不包的，人、物、天、地得此理而成为其人、物、天、地。天理贯通了天人，蕺山有云："一心耳，而气机流行之际，自其

---

[1] 通过对"天理"的阐发，二程实现了"一天人"的目标。后世理学家也是借天理来实现天道与性命的贯通的。可参见拙文《理学体用论下天的重新发现：基于二程的考察》，《哲学评论》第21辑，第180—181页。

[2] 刘宗周：《学言》，《刘宗周全集》第二册，第463—464页。

盎然而起也谓之喜，于所性为仁，于心为恻隐之心，于天道则元者善之长也，而于时为春。自其油然而畅也谓之乐，于所性为礼，于心为辞让之心，于天道则亨者嘉之会也，而于时为夏。自其肃然而敛也谓之怒，于所性为义，于心为羞恶之心，于天道则利者义之和也，而于时为秋。自其寂然而止也谓之哀，于所性为智，于心为是非之心，于天道则贞者事之干也，而于时为冬。"① 天地与人之间同为一气所贯通，又同为一理所朗照。此天理显现在宇宙运作之中便是宇宙秩序，具体表现为"元亨利贞"，显现在人心及人的道德行为上便是道德秩序，具体表现为"喜怒哀乐""仁义礼智"。由于天地与人共禀一理，仁义礼智这些人在经验生活之中表现出来的德性便不仅仅局限在人类世界之中，其本身便可以上通于天道，成为内在于人之中的天道和天的机制在人心中的朗现；同时元亨利贞这些自然之秩序本身同时便是道德秩序，被涂抹上了道德的光彩。蕺山说：

> 圣人之道，即天地之道也，而莫非时之所为也，凡益之道然也。夫子治损益而皆言时，以见人事之得失即天运之消长也。②

> 欲观君子之道，先观天地之道。有时自元而亨，以鼓万物之出机，见仁之显处；有时自利而贞，以鼓万物之入机，见用之藏处。此两者总一气之变化，实无所容心其间，而万物已受其生成之赐。此之谓以盛德显大业，而天地之道所以为至也。不与圣人同忧，转见圣人能法天地处。③

盖圣人之道便是天地之道，两者皆统一于形上之天理，乃此天

---

① 刘宗周：《学言》，《刘宗周全集》第二册，第415页。
② 刘宗周：《周易古文钞》，《刘宗周全集》第一册，第154页。
③ 刘宗周：《周易古文钞》，《刘宗周全集》第一册，第220页。

理之不同面向。人之效法天地之道，让天的机制在人身上流行，同时便是燮理天地的伟大事业。

对于人来说，天道之落实的场域便在人心。蕺山说："人心，一天体也。"① 又云："盈天地间，皆物也。人其生而最灵者也。生气宅于虚，故灵，而心其统也，生生之主也。"② 上一节指出，由于人禀得"阴阳之精而生"，所以人乃是万物之中最灵者，在人身上最能体现出宇宙的精神。而人心又是人身上之最灵处，③ 宇宙精神在人身上的发窍之处便是人心。人心便是天之具体而微，是天地之理在人身上的集中体现之处。蕺山说："君子之学合一，从造化取则，盖尝仰观俯察，见得盈天地间只此阴阳之理，即是吾心之撰。"④ 蕺山"吾心之撰"之"撰"的说法来自《易传》。《易传·系辞下》有"以体天地之撰"的说法，对于"撰"的含义，李鼎祚（生卒年不详）《周易集解》引用《九家易》的说法云："撰，数也。万物形体，皆受天地之数也。"⑤ 朱子《周易本义》则解释为"撰，犹事也"，即"撰述营为"之意思。⑥ 根据蕺山的文意，蕺山对"撰"的理解显然是采取了朱子的解释。即在蕺山看来，撰即撰述营为，阴阳之理乃同于吾心运作之理，人心之机制乃通于天地之运作，是天道在人中的显现。⑦

---

① 刘宗周：《周易古文钞》，《刘宗周全集》第一册，第 33 页。蕺山又言："《诗》云：'维天之命，於穆不已。'盖曰'心之所以为心也'，惟心本天，是曰'独体'。"（刘宗周：《学言》，《刘宗周全集》第二册，第 422 页）

② 刘宗周：《原旨》，《刘宗周全集》第二册，第 279 页。

③ 蕺山云："近取诸身如此。合而观之，聚众体之灵得心焉。心无体，以众体为体。"（刘宗周：《周易古文钞》，《刘宗周全集》第一册，第 257 页）众体乃是人的诸种感觉器官，心能"聚众体之灵"，说明心乃是人身上之最灵之处。

④ 刘宗周：《论语学案》，《刘宗周全集》第一册，第 352 页。

⑤ 李道平：《周易集解纂疏》，潘雨廷点校，中华书局1994年版，第 656 页。

⑥ 转引自黄寿祺、张善文《周易译注》，上海古籍出版社2007年版，第 413 页。

⑦ 《学言》中还有类似的说法。比如蕺山说："盈天地间，皆道也，而归管于人心为最真，故慈湖有'心易'之说。太极、阴阳、四象、八卦而六十四卦，皆人心之撰也。圣人近取诸身如此，既而远取诸物如此，大取诸天地亦如此，方见得此理平分，物我无间，无大无小，直是活泼泼地，令人不可思议。"（刘宗周：《学言》，《刘宗周全集》第二册，第 407 页）

二　道德超越性的确立

上一节讲到，在蕺山这里，理其实可以分为两种，即"事物之理"和"天理"。前者是描述实然之经验现象的形下之理，这种理就内在于种种实然的感性经验之中。而后者乃是形上之理，这种理虽然不离开感性经验，但是又超越于感性经验。蕺山有云：

> 周天三百六十五度四分度之一，日一岁一周天，而天以一气进退平分四时，温凉寒燠，不爽其则。一岁如此，万古如此。即其间亦有愆阳伏阴，酿为灾祥之数，而终不易造化之大常。此所谓"大哉乾乎，刚健中正，纯粹精也"。①

所谓"大常"便是形上之理所表现出来的本然秩序。对于刘蕺山来说，宇宙之中一气之运行不是一种毫无偶然性的机械运动，其运行之中必会有过与不及。但是虽然如此，气之运行必会归于中正，所谓"其间亦有愆阳伏阴，酿为灾祥之数"是说，可能某一年天地间的一气运化偶尔会偏离中正，而导致一些反常的天气状况的出现，比如有时夏天的某一时段特别冷，冬天的某些时段反而特别热，或者有时候气候持续干旱，有时候却一直在降雨不断。但是由于气运之流行并没有失却主宰，所以一气运行在偶有偏离正常轨道之后便会自行调校，自我归正，而重新回归到为一种本来具备的正常的节律之中。"温凉寒燠，不爽其则"，对于天地之间的一气运行来说，短暂的气化异常只是一种偶发的现象，其终究改变不了天道运化的"大常"，这个大常便是形上之天理。所以就此来说，天理并不一定是宇宙之气的实然表现，它更多的表现为一种本然和应然状态；即对天道之运行来说，形上之天理表现为一种超越性，是一种超越于具体时空的存在，即使在宇宙之气的运化之中偶有过与不及，我们

---

① 刘宗周：《学言》，《刘宗周全集》第二册，第419页。

亦不可说此时天理就不存在了。

因为天人共禀一气，与天道之运行有过与不及一样，人心中之气之运行也同样有过与不及。刘蕺山说："惟是气机乘除之际，有不能无过不及之差者。有过而后有不及，虽不及，亦过也。过也而妄乘之，为厥心病矣。"① 对于天道来说，气机在运化过程之中，难免有偏离常轨，出现过与不及的时候；同样，心中喜怒哀乐之气的运化也不例外，喜怒哀乐之气偏离常轨，便导致了人之过。对于人之过，蕺山又云：

> 君子心事光明磊落，绝无一毫掩蔽之情，偶值情理之穷，不能无过，如天道阴阳有沴戾而日月薄蚀者然。日月食而后明，限刻可期。君子随过随改，不远之复似之。其"见"与"仰"，总以见君子改过之意，无不在人眉睫间，若昭昭乎揭日月而行者。②

人在值"情理之穷"的时候，亦难免会犯下一些过错，虽然这些过错对于天理来说有所偏离，但是毕竟也是有天道层面的存在根据的，就像天之运行有时候会出现阴阳不调，或者出现日食、月食等异常天象一样。所以，人之过是不可避免的，即使圣人也不会一直不犯过错。蕺山在《论语学案》之中指出："夫圣人生而学《易》矣，必云'五十'者，真见迁善改过之学无穷，而姑宽之以岁月，庶几于老而后得之，犹不敢以无过自期也，仅焉无大过而已，则学亦何时而已乎？"③ 蕺山并不讳言过，在蕺山看来，君子与小人的区别不在于有没有过，而在于能不能及时改过。对于人来说，只要心能自作主宰，那么过只要一经出现，心体便可觉知，而可随觉随改，不

---

① 刘宗周：《改过说一》，《人谱》，《刘宗周全集》第二册，第17页。
② 刘宗周：《论语学案》，《刘宗周全集》第一册，第546页。
③ 刘宗周：《论语学案》，《刘宗周全集》第一册，第367页。

远而复。就像天象虽然偶会出现日食或月食等异常状况，但是很快便可以恢复到正常状态。

"过也，而妄乘之，为厥心病矣"，虽然在蕺山看来，过本身并非出自人之自我造作，而亦有天道层面的存在根据，但是，它毕竟为人之妄与恶的行为提供了某种生发的契机。① 蕺山有云："人心自真而之妄，非有妄也，但自明而之暗耳。暗则成妄，如魑魅不能昼见。然人无有过而不自知者，其为本体之明，固未尝息也。一面明，一面暗，究也明不胜暗，故真不胜妄，则过始有不及改矣。非惟不改，又从而文之，是暗中加暗、妄中加妄也。故学在去蔽，不必除妄。"② 在蕺山看来，人都具备及时知过、改过之能力；但是往往由于心体常被遮蔽，而失却主宰，这种能力便不能得以显发。此时人便不能及时发现过，并进而纠正之，那么过便积累在心中，"过而不已，卒导于恶"③，即过的积累最终便导致了恶。在天的机制之下，虽然人会有过，但是此时这个过只是短暂的偏离天理，在主宰的贞定下，会立刻被人所克治；但是如果本心脱落，习心用事之时，由于主宰的缺失，此过就会"不及改"了；过会一直积累下来而不加克治，会一步步发展为《人谱》之中所讲的"微过""隐过""显过""大过""从过"乃至"成过"，会持续地对人的行为发生着影响。④ 过之所以能够积累，以及发展成恶，乃是人心脱离主宰所致；

---

① 李明辉先生在解释蕺山"过也，而妄乘之，为厥心病矣"这句话时说："当气机失其均衡时，妄即乘之而起。但这并不是说：气机失衡是妄形成之因；而是说：气机失衡为妄之形成提供了机缘。因为妄是心病，其形成只能由心来负责。"（李明辉：《刘蕺山论恶之根源》，载钟彩钧主编《刘蕺山学术思想论集》，台北："中研院"文哲所筹备处1998年版，第118页）笔者同意李先生的这一解释。"气机失衡"导致了人之"过"，但是"过"并不等于"妄"，这种因气机失衡导致的"过"虽然偏离了形上之天理，但是仍然有天道层面的存在根据，仍然被天的机制所包含，并非出人的自我造作。与"过"不同，"妄"乃是背离于天的，是人的自我造作。"气机失衡"只是为"妄"提供了契机，并不是说"气机失衡"就直接导致了"妄"。
② 刘宗周：《改过说二》，《人谱》，《刘宗周全集》第二册，第18页。
③ 刘宗周：《学言》，《刘宗周全集》第二册，第425页。
④ 关于蕺山对"过"的进一步分析，可参看本书第四章第一节。

与过有着天道上的存在根据不同，恶则是对天的机制的背离，是在本心脱落下，私欲习心的自我造作和自我营为的结果。①

蕺山有云："今之为暴气者，种种蹶趋之状，还中于心，为妄念，为朋思，为任情，为多欲，皆缘神明无主。如御马者，失其衔辔，驰骤四出，非马之罪也，御马者之罪也。"② 主宰脱落之后，人心之气不能自作主宰，如脱缰之野马，无所不至，万般恶行，皆由此出。

我们看到，在蕺山之学中，仁义礼智之形上之理乃是人心四气流行之本然之秩序，而不是现实之中之实然状态。在人的日用常行之中，仁义礼智之德有一个实现程度的问题。当人心被欲望所遮蔽，不能自作主宰的时候，仁义礼智之理便不能在现实生活之中得以彻底、完全的朗现。前文已经多次指出，对人来说，仁义礼智等形上之理只是一种本然、应然，而往往并不是一种实然。耿宁（Iso Kern，1937—）先生提醒我们注意，仁义礼智这些形上之理与自然科学之中的物理规律是不同的。他说：

> "能量"在事物中是或多或少"清晰的"或"混浊的"，因而在它们之中的秩序原则只能或多或少"明确地"得到自身"表达"和自身"显示"，只能或多或少完整地得到贯彻。这些秩序原则与我们的物理自然规律的观念是根本不相符的，从后者出发原则上不会有偏差存在。③

仁义礼智之理的实现机制不同于现代科学中的物理规律，譬如牛顿力学之三大定律。对于物理规律来说，万物之运行，皆符合此类之

---

① 李振纲先生指出，在蕺山之学中，"过与恶不是程度上的差别，而是存在方式的差别"（李振纲：《证人之境：刘宗周哲学的宗旨》，第147页）。
② 刘宗周：《证学杂解》，《刘宗周全集》第二册，第269页。
③ ［瑞士］耿宁：《人生第一等事——王阳明及其后学论"致良知"》，倪梁康译，商务印书馆2014年版，第61页。

规律，无有能逃之者，是不得不然的，所以并没有应然与实然之二分；若强说应然，则一切皆为应然，不得不应然，而且应然便是实然，无脱离此应然之实然，即这种理没有实现程度的问题，它对于内在于其中的事物的显现都是浑全的、彻底的。

与物理规律不同，在刘蕺山这里，人的道德行为在"实然"的维度之外，还有一个"应然"的维度。譬如某人应该去做某事，那么就预设了他不去做某事的可能。对于一个人的行为来说，应然是与道德上的自由意志相关联的。如果在某种情况下，一个人的行为没有可以选择的空间，那么就不存在应然与不应然之分。也就是说，应然与实然的区分也预设了人的道德行为的主体性和道德意志的自由。对于包括刘蕺山在内的理学家来说，人既有通过做工夫去弥合实然与应然的距离，使二者重归于一的自由，也有放任这种分裂，远离天道，从而做出种种恶行的自由。行善还是行恶都体现在人身上，道德的事业乃是需要人自己去承当。

对人的道德行为来说，"实然"是一种对行为的事实描述，而"应然"则是一种价值判断。这让我们联想到了"是—应当"问题（The "Is-Ought" Problem）。这一问题首先由英国哲学家休谟（David Hume，1711—1776）所提出，后来得到了进一步引申，并发展成为西方伦理学史上的重要问题。通常的理解将"是"与"应当"的关系理解为事实与价值的关系，大多数哲学家比如 G. E. 摩尔（George Edward Moore，1873—1958）与 R. M. 黑尔（Richard Mervyn Hare，1919—2002）等人认为价值判断与事实判断乃是分属两个不同的系统，不可能从事实判断推出价值判断，即"是"不能推出"应当"。[①] 如果以"是—应当"问题来关照蕺山之学，我们发现蕺山所论的"形上之理"对应价值领域，"形下之气"对应事实领域。在本然状态之中，形上之理彻底显现在人心之运化之中，仁义礼智

[①] 关于"是"与"应当"问题的来历和发展，可以参见张钦《休谟伦理思想研究》，中国社会科学出版社 2008 年版，第 123—133 页。

四德得以彻底朗现,此时作为事物实际发生状态的"是"便同时是事物"应当"发生的状态。但是在实然状态之中,"是"与"应当"之间往往存在着裂隙,"是"的东西不即是或并不全部体现为"应当"。在蕺山之学乃至宋明理学的论述之中,"应当"与"是"的关系大体又表现为一种体用的关系,作为"应当"来源的形上之理乃是体,其在实然的现实情境中,即形而下的气之中的发用乃是用。对于人之道德行为来说,若形上之体不受遮蔽,全幅朗现,发出大用,形下之气皆为天理之流行,此时实然即应然,"是"便是"应当";然若形上之体被人欲所壅蔽,或者被外物所牵绊,那么此体便不能完全发用,此时形下之气并不一定便是天理之流行,此时实然便不即是应然,"是"与"应当"亦发生分裂。

在理学家那里,作为应然之理,对于实然之气具有超越性。作为明季理学气一元论先驱的罗整庵曾经指出:"夫感应者,气也。如是而感则如是而应,有不容以毫发差者,理也。适当其可则吉,反而去之则凶,或过焉,或不及焉,则悔且吝,故理无往而不定也。……愚故尝曰:'理须就气上认取,然认气为理便不是。'此言殆不可易哉!"①"理须就气上认取,然认气为理便不是"这句话十分精辟地指出了形上之理既内在于气,而又超越于气的性质。在罗整庵这里,由于理气一元,形上之理乃是气运之本然状态,只能从气中去认此理,但是又不能据此直接将气之运化所表现出来的实然之条理直接等于理,即将理直接视作对气的述词,而丧失掉理的超越性。盖本然之理是一种超越于形下之气的存在,它虽然未必总能在实然之气运中得以完全实现,但是它又时时刻刻都在为现实的气运活动提供了一个标准,只有在本然之理这个标准得以确立之后,说气运之过与不及才有意义。所以在现实的气运的过与不及之中,

---

① 罗钦顺:《困知记》,第89页。"理须就气上认取,然认气为理便不是"这段话始见于《困知记》卷下第35条语录。整庵云:"理须就气上认取,然认气为理便不是。此处间不容发,最为难言,要在人善观而默识之。'只就气认理'与'认气为理',两言明有分别,若于此看不透,所说亦无用也。"(罗钦顺:《困知记》,第42页)

本然之理虽然未能在气运中充分显发，但是作为一种坐标尺度，仍隐性存在于现实的气运状态之背后，本然之理超越于一切具体的形下之气的运作而恒在。

对于蕺山来说，他也注定会同意罗整庵"理须就气上认取，然认气为理便不是"的看法。在蕺山这里，道德行为之超越性的根源在于主宰之大常，即天理上，或者在气之自我贞定、自我调校、自我归正这一能力之上。对于宋明理学家来说，肯认此超越之理之存在，乃是理学之所以为理学，而区别于非理学的核心特质之所在。所以我们看到，即使像罗整庵、刘蕺山讲理气合一，仍旧可以在理气合一之中划分出体用二元的架构。体用二层结构，亦是理学理论体系的基本特质。戴震（东原，1724—1777）曾经以"二本"来形容理学的特点，并且指出理学以"理""气"为"二本"，①"理""气质"为"二本"，②但是精确来说，以朱子学为"理气二本"当然毫无疑义，但是"理气二本"之论未必尽该整个宋明理学。因为对于罗整庵、刘蕺山等秉持气一元论的理学家来说，并不能说在他们的理论之中，存在着"理气二本"的说法。但是相较于戴震等已经逸出理学范围的思想家来说，理学确实可以说"二本"，只不过这里的"二本"不是理气之"二本"，而是体用之"二本"。对于理学家来说，通过"体用二本"的设定，人间道德的普遍性、客观性和

---

① 戴东原说："程子、朱子尊理而以为天与我，犹荀子尊礼义以为圣人与我也。谓理为形气所污坏，是圣人而下形气皆大不美，即荀子性恶之说也；而其所谓理，别为凑泊附着之一物，犹老、庄、释氏所谓'真宰''真空'之凑泊附着于形体也。理既完全自足，难于言学以明理，故不得不分理气为二本而咎形气。"（戴震：《孟子字义疏证》，何文光整理，中华书局1982年版，第15页）又言："是彼别形神为二本，而宅于空气、宅于郭郭者为天地之神与人之神。此别理气为二本，而宅于空气、宅于郭郭者，为天地之理与人之理。"（戴震：《孟子字义疏证》，第24页，原标点有所改动）

② 戴东原说："天之生物也，使之一本。而以性专属之神，则视形体为假合；以性专属之理，则苟非生知之圣人，不得不咎其气质，皆二本故也。老、庄、释氏尊其神为超乎阴阳气化，此尊理为超乎阴阳气化。"（戴震：《孟子字义疏证》，第18页，原标点有所改动）

超越性得以奠基。后来戴东原则以"一本"①的方式，拆掉了理学体用的二元模式，通过"以情絜情"的方式，将人之道德行为的普遍性和客观性建立在社会伦理生活本身之中，②开创了儒学发展的新的范式。③

三 尽人而天：蕺山工夫论的旨归

对于宋明理学，尤其是心学一系的理学家来说，当性命与天道相互贯通之后，在经验的、现实的、实然的人性之外，理学家还得以设定了一种超越的，本然的，应然的人性。在工夫论上，理学家所坚持的是一种向天道回溯的"复性论"的主张。在心学家看来，人在现实生活之中，由于可能受到了习俗、功名、利害、生死等种种意见的遮蔽，人心本具的形上之天理往往不能得到彻底显发。人的工夫旨在实现的是清除这种对心体遮蔽、障碍的工作。王阳明说："吾辈用功只求日减，不求日增。减得一分人欲，便是复得一分天

---

① 戴东原云："天下惟一本，无所外。有血气，则有心知；有心知，则学以进于神明，一本然也；有血气心知，则发乎血气之知自然者，明之尽，使无几微之失，斯无往非仁义，一本然也。苟歧而二之，未有不外其一者。"（戴震：《孟子字义疏证》，第19页）在理学史上，程明道也以"一本论"著称。然而戴东原的"一本"与程明道的"一本"有本质的不同。对于明道来说，正如杨儒宾先生所说："'一本论'不是解消掉'理''形而上'之语的本体论意义，而是强调就实存而言，没有孤立的'形而上'或'理'此一自存物。"（杨儒宾：《异议的意义：近世东亚的反理学思潮》，第119页）在明道那里，"一本"仍有体、用，形上、形下二分的架构。而戴东原的"一本"实际上已经消解了理学体用论的二层结构，东原之学乃是区别于理学范式的另外一种新的儒学形态。

② 参见杨儒宾《异议的意义：近世东亚的反理学思潮》，第73—78页。

③ 在戴东原那里，儒学的范式发生了一个从理学的体用论范式到相偶论范式的转变。杨儒宾先生在《异议的意义：近世东亚的反理学思潮》一书之中提出了"体用论的儒学"与"相偶论的儒学"这两个概念。杨先生认为宋明理学是"体用论的儒学"，而戴震与阮元等清代义理学家所主张的乃是"相偶论的儒学"。详可参见杨儒宾《异议的意义：近世东亚的反理学思潮》，第二章"从体用论到相偶论"，第41—92页。

理。何等轻快脱洒，何等简易！"① 所谓"日减"的工夫便是去除心体遮蔽的工夫，一旦心体之遮蔽被除去，人心之中的天的机制便会自然显发，天理便自然可以朗现。所以，去除人的机制，回复天的机制，便成为理学工夫论的最终旨归，这乃是理学一贯的传统，蕺山亦不能外此传统。蕺山有云：

> 德至此，益可以行矣，而重刚不中之病，犹未尽屏也。故于上下不处间，并无在中之位，几于人尽而天矣，而终不能不临了一疑。②

> 四时之序，人心往往皆然，而人自日用而不知，于是愆阳伏阴之病，亦与时而积。无咎，以志寡过也。随时寡过，尽人以达天也。③

> 随而居上，孚之至也。明信之极，可交神明，天随之谓也。以人尽天之学也。④

> 是以君子有后天之学焉。人功之尽，天德之归也。世岂有不耕而可以获，不菑而可以畲者乎？则亦耕且菑而已矣，攸往之谓也。⑤

> 大作之后，不期益而大益焉，我不自知也。永贞则吉，要其终也。用以享帝，尽人以达天也。⑥

---

① 王守仁：《传习录》，《王阳明全集》，第32页。
② 刘宗周：《周易古文钞》，《刘宗周全集》第一册，第40页。
③ 刘宗周：《周易古文钞》，《刘宗周全集》第一册，第84页。
④ 刘宗周：《周易古文钞》，《刘宗周全集》第一册，第86页。
⑤ 刘宗周：《周易古文钞》，《刘宗周全集》第一册，第107页。
⑥ 刘宗周：《周易古文钞》，《刘宗周全集》第一册，第153页。

本随邑置，然邑改而井不改，以见修诸人者，适所以完诸天也。①

故君子言性不言命，以致尽人达天之学。②

瞬存而息养，人尽而天随，日有孳孳，不知年岁之不足也，庶几满吾初志焉，则学之成也。③

众人以人而汩天，圣人尽人以达天。④

所谓以上种种的说法，诸如"人尽而天""尽人达天""以人尽天""人尽天随"等说法皆透露出，在蕺山看来，人之工夫的目标乃是去除人的机制对天的机制的阻碍和遮蔽，而最终实现人与天的同一，"尽人而天"，便是蕺山工夫论的最终旨归。

四　蕺山论万物一体

在理学家看来，天人共禀一气，共遵一理，那么天人便不相隔绝，而是彼此关联，而成一体的，于是他们大都有"万物一体"之论。在中国哲学史上，"万物一体"的思想萌芽甚早，早在先秦时期，孟子"万物皆备于我"的说法已经蕴含了"万物一体"的思想，庄子的"天地与我并生，而万物与我为一"的说法更明显地表达了"万物一体"的意涵；到了宋明时代，理学家们在继承了先秦思想家万物一体思想的同时，又进一步丰富了万物一体的意涵，即将"一体"与"仁"直接联系在了一起，盛阐"一体之仁"。其中

---

① 刘宗周：《周易古文钞》，《刘宗周全集》第一册，第168页。
② 刘宗周：《学言》，《刘宗周全集》第二册，第466页。
③ 刘宗周：《证学杂解》，《刘宗周全集》第二册，第274页。
④ 刘宗周：《学言》，《刘宗周全集》第二册，第381页。

代表人物有二程、朱子以及阳明等。刘蕺山也继承了理学前辈们以"一体之仁"论万物一体的思路,对万物一体进行了大量的阐发。关于二程、朱子以及阳明的万物一体思想,当前学界已经做了相关讨论。① 但是刘蕺山对万物一体的论述,则鲜有学者论及。笔者认为万物一体思想在蕺山哲学之中亦有相当重要之地位,值得加以论述。

关于"万物一体",蕺山有云:

> 天地以生物为心,人也万物资生,人与万物皆生于仁,本是一体,故人合下生来便能爱,便是亲亲,由亲亲而推之,便能仁民,由仁民而推之,便能爱物,故仁者以天地万物为一体。天地以生物为心,人亦以生物为心,本来的心便是仁,本来的人便是仁,故曰:"仁,人心也",又曰:"仁者,人也。"②

在刘蕺山这里,所谓万物一体之"体"可以从"身体"与"体现"这两方面的含义上来讲。就作为"身体"之"体"而言,蕺山说人与万物"本是一体"。"盈天地间,一气而已矣"③,盖天地万物皆为一气运化所生,均是天地生生之德之同一展现,故彼此相通,天地万物与人共同构成了一个大的身体。从本体论上讲,前文已经屡次指出,在宇宙之万物之中,人之禀气最为精纯,乃是万物之灵。在人身体的各种器官之中,由于"聚众体之灵得心焉"④,即相比于人身体上之其他部位,心又是最灵者;可见,人心便是天地之中最为灵明昭觉之气,是宇宙之精华。人心在成为人的身体的枢纽的同时,

---

① 近些年来,对理学"万物一体"思想研究最具代表性的成果当属陈立胜先生的《王阳明"万物一体"论——从"身—体"的立场看》一书。该书虽然主要聚焦于讨论阳明的万物一体之论,但是对阳明之前,比如二程、横渠、朱子、象山等对万物一体的论说都有所回顾。由于从年代上说,该书所论止于阳明,故陈先生对于阳明之后之理学家论万物一体无有涉及。
② 刘宗周:《论语学案》,《刘宗周全集》第一册,第 432 页。
③ 刘宗周:《原旨》,《刘宗周全集》第二册,第 280 页。
④ 刘宗周:《周易古文钞》,《刘宗周全集》第一册,第 257 页。

也是天地之纲维、枢纽，也就是说人之心便是天地之心。① 在人与天地万物所共同构成的这一个大身体之中，人或者人心构成了这个大的身体的心。

对于蕺山来说，此心并不是一团血肉之心（heart），也不是与自身无关的意识（mind），而是一种弥漫周身的灵气。蕺山说："耳得之而成声，目寓之而成色，莫非物也，则莫非心也。"② 又云："心非内也，耳目非外也，物非粗也，无物之物非精也，即心即物，非心非物，此谓一以贯之。"③ 耳目泛指人之感觉器官，感觉器官的运作，需要心对其进行唤醒、参与、指导。心就弥漫、充周在一切的感觉器官之中，此正是高攀龙（景逸，1562—1626）所体认的"心不专在方寸，浑身是心也"④。一方面，只有通过耳目等感官，心才能表现出自己的昭明灵觉；另一方面，只有接受心的指导，耳目才能充分发挥各自的机能。所以蕺山会说："心无体，以众体为体。"⑤心的作用不仅表现在感官上面，而且亦体现在外物之中。通过参与感官的运作，心、物构成了一个意向性的结构，心参与了物的形成和建构。声、色之物并非是完全独立于人之外的存在，乃是人心与外界环境交互感应、生发的结果。

就作为"体现"之"体"而言，蕺山所谓之"亲亲""仁民""爱物"，则是将"一体之仁"在人身上体现出来并且进一步推致到整

---

① "人是宇宙之心"的思想在儒家思想之中出现甚早。《礼记·礼运》中有言："故人者，天地之心也，五行之端也，食味别声被色而生者也。"理学家中也有很多人有诸如此类的论述。比如二程说："天地之间，非独人为至灵，自家心便是草木鸟兽之心也，但人受天地之中以生尔。"（程颢、程颐：《二程集》，第4页）又云："一人之心即天地之心，一物之理即万物之理，一日之运即一岁之运。"（程颐、程颢：《二程集》，第13页）王阳明也说："人者，天地万物之心也；心者，天地万物之主也。心即天，言心则天地万物皆举之矣，而又亲切简易。"（王阳明：《答季明德》，《王阳明全集》，第238页）
② 刘宗周：《大学古文约义》，《刘宗周全集》第一册，第647页。
③ 刘宗周：《大学古记约义》，《刘宗周全集》第一册，第648页。
④ 黄宗羲：《明儒学案》，《黄宗羲全集》第十七册，第1525页。
⑤ 刘宗周：《周易古文钞》，《刘宗周全集》第一册，第257页。

个人类社会乃至更广的自然界之中。蕺山有云："盈天地间只此阴阳之理，即是吾心之撰。"① "易道虽本之天地，而实具于圣人之一心，以圣人之心具有天地之全体也。圣人一心耳，有天道焉，有地道焉，此即《易》画乾坤之撰也。"② 前文已经指出，在蕺山这里，"撰"是"撰述营为"的意思，宇宙精神可由人心朗现出来，人将心中的"一体之仁"推拓到宇宙之中，也是宇宙精神自我显发的内在要求。

以体用论的视角来说，宇宙万物都是天地生生之德能够自我实现的资具。所谓"万物一体"之"一体"，不仅有前面讲的从气的方面所讲的"一体"，还有从理的方面所讲的"一体"。从理的方面讲，理是遍润万物的，包括人在内的宇宙万物都被天理所范围，所笼罩，都在天理的坐标系之下获得自身的位置。借用一个比喻，天理如绳索，万物为铜钱，万物皆为被天理所贯穿、所越过。但是同时，对于除了人之外的万物，比如草木瓦石，飞禽走兽来说，由于受到自身气质的拘限，天理只能通过它们，而它们不能将天理收摄在自身之内，进而全幅朗现之。相比于其他万物，由于人类禀气最灵，人心又是人身之最灵者，所以人类不仅是天理所通过者，而且能够将天理收摄在人心之中，进而全幅朗现之。③ 此便是宋儒真德秀（西山，1178—1235）所云："此仁心之大，所以与天地同量也。"④"仁心"，便是人之本心，"与天地同量"，也即是蕺山所说的"圣人

---

① 刘宗周：《论语学案》，《刘宗周全集》第一册，第 352 页。

② 刘宗周：《周易古文钞》，《刘宗周全集》第一册，第 213 页。蕺山又言："六十四卦尽在圣人之心，而于所谓雷霆、风雨、日月、寒暑之变，皆一一有以体其撰矣。"（刘宗周：《周易古文钞》，《刘宗周全集》第一册，第 214 页）又言："乐天以无忧而动，而体天之化，安土以能爱而静，而效地之灵，一鬼神之情状也。圣人之心与天地相似，又一层一层推人去，有若此者。"（刘宗周：《周易古文钞》，《刘宗周全集》第一册，第 218—219 页）

③ 用牟宗三先生的话来说，对于天理，人不仅能够"本体论的圆具言之"，而且可以"道德实践的言之"。对于为何人能全幅朗现天理，而物不能，牟先生则有详尽分析。参见牟宗三《心体与性体》（一），《牟宗三先生全集》第五册，第 103—105 页。

④ 黄宗羲等编：《宋元学案》，《黄宗羲全集》第十一册，第 3045 页。

之心具有天地之全体",此便是说人心能全幅朗现天理。

由于人乃是天地的心,没有了人以及人心的存在,宇宙精神就没有地方得以显发,所以阳明会说:"可知充天塞地中间,只有这个灵明,人只为形体自间隔了。我的灵明,便是天地鬼神的主宰。天没有我的灵明,谁去仰他高？地没有我的灵明,谁去俯他深？鬼神没有我的灵明,谁去辨他吉凶灾祥？天地鬼神万物离却我的灵明,便没有天地鬼神万物了。"① 在理学家看来,人是造物者所钟灵的精华,是宇宙中最为璀璨的明珠,没有了人的存在,这个世界就会黯然无光。陆象山所说的"宇宙便是吾心,吾心即是宇宙"② 是对人在世界中的精华地位和自身责任的深切体认。③ "我的灵明,便是天地鬼神的主宰",并不是说世界上先有了我的灵明,然后我的灵明可以主宰天地,起灭宇宙,而是天先将灵明赋予了我,有待我将这灵明展现出来后,天地的高深性质才展现出来。④ 蕺山同样表达了类似的观点,在早年所作的《论语学案》中,蕺山便说"人得与斯文,便是天未丧斯文"⑤。人"得与斯文",即人能体现宇宙精神的同时就是"天未丧斯文",天之斯文需要靠人来去开显出来。天之丧不丧斯文,完全在于人能不能用自己的努力将之开显出来。正是人,肩负着实现天之斯文之重任。

由于在宇宙这个大身体之中,人乃是宇宙的心;就像在人的身体之中,人心要感受整个身体的痛痒,为整个身体所"操心"一样,作为宇宙之心的人,也同样感知着这个世界的痛痒,并且要为整个

---

① 王守仁:《传习录》,《王阳明全集》,第141页。
② 陆九渊:《杂说》,《陆九渊集》,第273页。
③ 陆象山又言:"宇宙内事,是己分内事。己分内事,是宇宙内事。"(陆九渊:《杂说》,《陆九渊集》,第273页)
④ 荒木见悟先生有云:"'良知乃造化之精灵'并非意味着良知在物理性的层面上创造宇宙万物,而是意味着人类经营、创造生命的全部责任都由良知一念加以承担,进而影响扩及宇宙万物。"参见〔日〕荒木见悟《明末清初的思想与佛教》,"作者中文版序",廖兆亨译,上海古籍出版社2010年版,第2页。
⑤ 刘宗周:《论语学案》,《刘宗周全集》第一册,第399页。

世界操心。蕺山所谓"天地以生物为心,人亦以生物为心",是说在宇宙万物之中,唯有人能全幅体现出天地之生生之仁德,所以人有能力,也同时有责任和义务去为万物操心。人对宇宙痛痒的感知不是一种想象的结果,而是一种真实的生存感受,或者如陈立胜先生所说,是"一种当下的、切己的感通无滞的能力"①。感受到了这种痛痒,当下便不容己的要去行动,要承担起对天地万物的抚育、照管的责任。所以蕺山有言:

> 不知吾人本来与万物同体,是何等广大,更何处可容狭隘?何处可容间隔?然所谓一体者,亦非推此及彼之说。象山先生云:"宇宙内事,皆己分内事。"假如对父思孝,是父与我原是一体,父有未安,即是我子职不尽;对兄思弟,是兄与我原是一体,兄有未安,即是我弟道不修。推而至于位天地、育万物,有一处不得其所,是皆我本分中缺陷,如何推得在人?审如此,则合天地万物,时与之周流,只自完得一己。②

"本来与万物同体"之"本来",说明"一体"乃是一种存在论上的本然。存在论的本然也同时意味着价值论上的应然,即万物一体乃是人所肩负的一种对宇宙的责任。人应当超越自身之躯壳的限制,去承当抚育万物之责任,帮助万物各正其位,使之不至于陷入"失所"的境地。

---

① 陈立胜:《王阳明"万物一体"论——从"身—体"的立场看》,华东师范大学出版社 2008 年版,第 30 页。陈先生在论述王阳明的万物一体论时还说:"人是现象世界的朗现者,人是天地的心,人是万物之灵,这不仅是一个'实然的判定',同时也是一个'应然的判定'。人必须要为这个一体之化育负责,你可以说这个'应然的判定'是一个康德式的'绝对的应当',但在这里这个'绝对的应当'绝不是悬空的律令,而是深嵌于人之生命结构之中的活的力量,其背后是有其强大的动能,此即恻隐之心,此即一体不容已之情。"(陈立胜:《王阳明"万物一体"论——从"身—体"的立场看》,第 51 页)陈先生这里对阳明的评论也适用于刘蕺山。

② 刘宗周:《会录》,《刘宗周全集》第二册,第 507 页。

第三节 蕺山论性情以及对朱子
性情论的批判

蕺山对性的论说奠基在其"理气一元"的本体论设定的基石之上，其言性的基本立场是"以气求性"。在蕺山看来，不论是形上之性，还是形下之性，都需要在气中认取，并不存在一个脱离开气化流行而可独立存在的实体化的性。在此立场上，他对朱子奠基在"理气二元"的本体论设定之上的"以性求性"的言性方式进行了批判。

在对情的论述中，蕺山坚持"性情合一"的立场，他以"情实""情蕴"言情，认为情即是性的内容，性与情的关系是"即性即情""性情合一"的。站在"性情合一"和"指情见性"的立场上，蕺山对朱子"性情二分"的论述和"因情见性"的主张进行了批判。

蕺山之论性，有一个基本界定，便是"生而有之之理"，这是蕺山言性的第一义。由于形上之天理与形下之事物之理皆为"生而有之之理"，所以蕺山之论性，也自然可分为形上之性与形下之性。蕺山不能同意朱子专以形上言性的观点，他反对朱子将性"做一好题目看"。另外，蕺山还从"名实"这一语言哲学的角度，对朱子性论进行了批判。

一 蕺山论性及对朱子性论的批判

蕺山之论性，颇为曲折，然而却很有新意，提出了颇与先儒不同的观点，并且对二程、朱子等理学大师皆有批评。

对于"性"，蕺山有一个宽泛的界定，即"性者，生而有之之理"[1]。此"生而有之"的主语当是"气"，是"气"在"生而有之"。性乃是气在阴阳运化之中所表现出的本具的秩序或条理。根据

---

[1] 刘宗周：《学言》，《刘宗周全集》第二册，第418页。

蕺山气一元论的立场,不论是形上之性,还是形下之性,都需要在气中认取,并不存在一个脱离开气化流行而可独立存在的实体化的性。蕺山有云:

> 性无性,道无道,理无理,何也?盖有心而后有性,有气而后有道,有事而后有理。故性者心之性,道者气之道,理者事之理也。①

所谓"性无性,道无道,理无理"的"无"并不是说真的没有性、道、理;而是说三者并不是像气一样具有实体性的存在物,三者都是描述气运状态的述词,具有非实体性。即三者只是指点语,而并不是"实落语"。

站在气一元论的立场上,蕺山对前儒之言性,进行了批评。他说:"识得夫子言性处,方可与尽性。后人皆以性求性,妄意有一物可指,终失面目。即孟子道性善,亦是下了注脚。"② 关于蕺山对孟子"道性善"③ 的评论,这里先暂且不论,留待下文辨析。这里先看蕺山对"以性求性,妄意有一物可指"的观点的批评。这一批评所针对的对象主要即是朱子,笔者在前文之中已经指出,在朱子理学体系之中,"理"或"性"有一种"实体化"或者"拟物化"的倾向,所以蕺山会说朱子论"性""有一物可指"。朱子论"理"或"性"的"实体化"与"拟物化"倾向在他对"气质之性"的论说之中表现得十分明显。关于"气质之性",朱子有谓:"气质是阴阳五行所为,性质(则)太极之全体。但论气质之性,则此全体在气质之中耳,非别

---

① 刘宗周:《会录》,《刘宗周全集》第二册,第514页。
② 刘宗周:《学言》,《刘宗周全集》第二册,第464页。在《学言》中,蕺山又云:"孟子道性善,盖为纷纷时人解嘲,以挽异端之流弊,其旨可为严切。然他日立言,并未轻惹一善字,'人性之善也'一语稍执,亦承告子之言而破之。"(刘宗周:《学言》,《刘宗周全集》第二册,第464页)
③ 《孟子·滕文公上》:"孟子道性善,言必称尧、舜。"

有一性也。"① 在朱子这里，气质之性并不是气质自身的性，而是落在气质之中的性。朱子用宝珠与水的关系来比喻气质与性的关系，他说："有是理而后有是气，有是气则必有是理。但禀气之清者，为圣为贤，如宝珠在清冷水中；禀气之浊者，为愚为不肖，如珠在浊水中。所谓'明明德'者，是就浊水中揩拭此珠也。"② 气质之于性，相当于宝珠之于水；宝珠与水是二物，则气质与性亦终属于二物。

除了"气质之性"，朱子又有"本然之性"的说法，朱子在给学生解释程子所云"'人生而静'以上不容说，才说性时，便已不是性也"③ 这段话时说："程先生说性有本然之性，有气质之性。人具此形体，便是气质之性。才说性，此'性'字是杂气质与本来性说，便已不是性。这'性'字却是本然性。才说气质底，便不是本然底也。'人生而静'以下，方有形体可说；以上是未有形体，如何说？"④ 程子其实并未明确提出"本然之性"的说法，将性明确区分为"本然之性"与"气质之性"在很大程度上是出于朱子自己的想法。在朱子看来，"本然之性"是还未落入气质之中的性，以朱子自己所做的譬喻来说，就像宝珠还未落入水中之状态。而"气质之性"

---

① 黎靖德编：《朱子语类》，《朱子全书》第十七册，第 3131—3132 页。

② 黎靖德编：《朱子语类》，《朱子全书》第十四册，第 203 页。关于宝珠之喻，在《朱子语类》之中还有另外几处。比如朱子说："人性本明，如宝珠沉溷水中，明不可见；去了溷水，则宝珠依旧自明。自家若得知是人欲蔽了，便是明处。"（黎靖德编：《朱子语类》，《朱子全书》第十四册，第 367 页）朱子又云："心如个宝珠，气如水。若水清，则宝珠在那里也莹彻光明；若水浊，则和那宝珠也昏浊了。"（黎靖德编：《朱子语类》，《朱子全书》第十六册，第 1900 页）

③ 程颢、程颐：《二程集》，第 10 页。关于这段话，程子完整的说法为："'人生而静'以上不容说，才说性，便已不是性也。凡人说性，只是说'继之者善'也，孟子言人性善是也。夫所谓'继之者善'也者，犹水流而就下也。皆水也，有流而至海，终无所污，此何烦人力之为也？有流而未远，固已渐浊；有出而甚远，方有所浊。有浊之多者，有浊之少者。清浊虽不同，然不可以浊者不为水也。如此，则人不可以不加澄治之功。故用力敏勇则疾清，用力缓怠则迟清，及其清也，则却只是元初水也。亦不是将清来换却浊，亦不是取出浊来置在一隅也。水之清，则性善之谓也。故不是善与恶在性中为两物相对，各自出来。"（程颢、程颐：《二程集》，第 10—11 页）

④ 黎靖德编：《朱子语类》，《朱子全书》第十七册，第 3197 页。

乃是已经落入气质之中的性，就像宝珠已经落入了水中所呈现的状态。可见，对于朱子来说，"气质之性"与"本然之性"并非两种不同的性，而只是性的两种不同状态。

对于程子对性的说法和朱子的解释，蕺山都表示反对，他说：

> 程子以水喻性，其初皆清也，而其后渐流而至于浊，则受水之地异也。盖言气质义理之分如此。但《大易》称"各正性命乃利贞"，又称"成之者性也"，亦以诚复时言，则古人言性皆主后天，而至于人生而静以上，所谓不容说者也。即继之者善，已落一班，毕竟离气质无所谓性者。生而浊则浊，生而清则清，非水本清而受制于质故浊也。水与受水者终属两事，性与心可分两事乎？予谓："水，心也，而清者其性也。有时而浊，未离乎清也，相近者也。其终锢于浊，则习之罪也。"①

在蕺山看来，程子的意思是说性原初是清的，而受水之地有差异，受水之地有浊，水因此也变浊了；水之本清便是"义理之性"，而在受水之地中所显现的性便是"气质之性"。可见，蕺山对程子言性的理解与朱子对程子性论的诠释很是接近，但是蕺山并不认同这种说法。在蕺山看来，"离气质无所谓性"，脱离开气质，便没有性，性只在气质之中显现。盖性与气乃是一体的，并不像程子所区分的有受水者与水这样的二分，也并不是说先有一个本然的性是善的，然后因为坠入气质之中，便受制于气质，就成恶的了，就像水本来是清的，流到有浊物的地方就变成了浊的一样。

蕺山既然认为离开气质无性，所以认为"古人言性皆主后天"，而不认为性还有一个先天的状态，所以他也认为"人生而静以上不容说"。但是他对"人生而静以上不容说"的理解却与朱子不同。在朱子看来，"人生而静以上不容说"是说"本然之性"还未落入

---

① 刘宗周：《学言》，《刘宗周全集》第二册，第471—472页。

气质之中,此时"本然之性"无形无象,所以并不可用语言来形容,所以"不容说"。在朱子这里,人生而静的性虽然"不容说",但是毕竟还是一种存在物,是脱离开气质之外的具有实体性的存在物。而蕺山所理解的"人生而静以上不容说",是说根本不存在还未落入气质之中的"人生而静"的性;在蕺山看来,因为不存在这样的性,所以才是"不容说"。

蕺山认为朱子将理气二分,将理视作一个可以脱离开气而独存的实体化的存在物,是一种"以性求性"的方式;在蕺山看来,正确的言性方式并不是"以性求性",而是"以气求性"。

我们再来看蕺山对孟子"道性善"的评论。在上面引文之中,蕺山说"孟子'道性善',亦是下了注脚",又云"继之者善,已落一班",这里似乎对儒家自孟子以来的性善说颇有微词。但其实蕺山并非要否定人性善,而只是说当用善来标画性时,已经不是第一意义上的性了。蕺山有云:

> 告子专在无处立脚,与天命之性尚隔几重。孟子姑不与之深言,而汲汲以"恻隐、羞恶、辞让、是非"指出个"善"字,犹然落在第二义耳。性既落于四端,则义理之外,便有气质,纷纭杂揉,时与物构,而善不善之差数睹。故宋儒"气质"之说,亦"义理"之说有以启之也。要而论之,气质之性即义理之性,义理之性即天命之性,善则俱善。子思子曰:"喜怒哀乐之未发谓之中。"非气质之粹然者乎?其有不善者,不过只是乐而淫,哀而伤,其间差之毫厘与差之寻丈,同是一个过不及,则皆其自善而流者也。惟是既有过不及之分,则积此以往,容有十百千万倍蓰而无算者,此则习之为害,而非其性之罪也。故曰"性相近,习相远"云尔。①

---

① 刘宗周:《答王右仲州刺》,《刘宗周全集》第三册,第331页。

在朱子之学中,本然之性或者义理之性是离气而独在的天理,天理是至善无恶的,后来人世间的种种不善只能归结于气质。气质并不一定会导致不善,但是确实是不善的重要来源。所以,在朱子之学中,设定一个纯善无恶的"义理之性",在逻辑上则必然会进一步导出"气质之性"这样的说法,来解释人世间不善的现象。因而蕺山会说"宋儒'气质'之说,亦'义理'之说有以启之也"。蕺山这里说的"宋儒"主要指的便是朱子。朱子之言性善,则专以义理之性或者本然之性论之,而此善完全可以脱离开气质讲,或者唯有脱开气质与气化,方才能显现出此性善之一尘不杂之纯粹性;故对于朱子来说,以善言性,本身便是从本原和第一义上来说的。但是站在理气一元的立场上来说,蕺山却并不认为善是性的第一义,他说:"'天下之言性也,则故而已矣。故者以利为本。'此孟子言性第一义也,此后才有个善字可下。"①"故"即是气之运化的实际表现之状貌。在蕺山看来,所谓"善",乃是后人因着这个气化之实际情况,而用名词去指示,去拟议的结果;"善"是人对气化这一过程的指点语和描述语,并不是可以脱离开气的实体化存在。有了气化运行之后,人才会用"善"这样的指点语或者描述语去指点、描述这个过程,所以从这个意义上来说,"善"乃是第二义的。

前面已经指出,对于蕺山来说,言性的正确方式是"以气求性",而不是"以性求性",那么自然,在蕺山这里,"气质之性"便就是"义理之性"。只不过这两个"之"含义不同。在蕺山这里,"气质之性"的"之"是"的"的意思,这个用法就与"哲学系之教授"的"之"相同。所谓气质之性,并不是性在气质之中,而是气质本所具有的本然之性。而"义理之性"的"之"则不是"的"意思,而就是说"义理这个性",就是义理就是性,这个"之"的

---

① 刘宗周:《学言》,《刘宗周全集》第二册,第 465 页。蕺山又说:"性者,刚柔善恶中而已矣。故曰:'性相近也。'此千古论性第一义,惟濂溪足以发之。"(刘宗周:《学言》,《刘宗周全集》第二册,第 464 页)

用法与"青铜之器"的"之"相同。① 在蕺山这里,义理之性、气质之性、天命之性是同一个性,所以,"善则俱善"。在蕺山这里,性善一定落实到"气善",即气质本身便是"粹然"的,对于人来说,人之气质本来便是善的,不善之根源并非在于人之气质,而是在于人的习,即积习,这乃是人之后天自我造作的结果。

另外,在蕺山这里,"善"不能作为言性第一义的另外一个重要原因乃是,由于以气言性,蕺山所论的性的含义比朱子要宽泛得多。蕺山言性有两个层次,即有形上之性与形下之性的区分,二者都是"生而有之之理"。在蕺山这里,只有形上之性才具备善这样的道德属性,而作为形构之理的形下之性根本就不具备善这样的道德属性,不能用善、不善这样的词语来形容;既然"善"不能指涉所有的性,它当然也便不能成为言性的第一义了。②

与蕺山不同,朱子之言性,完全是在形上之域言性。蕺山对此是反对的,蕺山有谓:

> 程子曰:"恶亦不可不谓之性。"如麟凤枭獍,其性之仁暴,皆生而有之。假令易枭獍而仁,易麟凤而暴,则并非其性矣。水清则明,清之性也;水浊则暗,浊之性也。千古性学不明,只是将做一好题目看,故或拘于一处,或限于一时,而不能相通,以类万物之情,使孟子性善之旨反晦。③

"千古性学不明,只是将做一好题目看"这一说法主要针对的是朱

---

① 对此,李明辉先生曾经有详细的辨析,见李明辉《刘蕺山论恶的根源》,载钟彩钧主编《刘蕺山学术思想论集》,第102—107页。

② 秦峰先生亦发现,蕺山论性是以"生之为性"为第一义的,"'性'概念首先是一个形式性的原则",由此"性并不拘于道德意义,亦不局限于人"(秦峰:《从工夫论的角度看刘宗周的理气合一说》,载吴根友主编《多元范式下的明清思想研究》,生活·读书·新知三联书店2011年版,第323页)。

③ 刘宗周:《学言》,《刘宗周全集》第二册,第418页。

子,所谓"好题目",是说朱子所论之性,完全是形上之性,形上之性是至善的,当然是一个"好题目"。在解释《论语》"有子曰其为人也孝弟"一章时,朱子有云:"盖仁是性也,孝弟是用也,性中只有个仁、义、礼、智四者而已,曷尝有孝弟来?"① 对于朱子来说,性即理,性中只有仁、义、礼、智四者。朱子又说:"天下无无性之物,除是无物,方无此性。"② 在朱子看来,世间一切万物,皆备此性。不独人,即使是猫儿狗儿都具有形上之仁义礼智之性,只是由于猫儿狗儿自身的气质没有人清澈,仁义礼智之性虽然具有,但是并不能在它们的气质之中得到显发。以朱子之譬喻而论,便是本然之性乃是宝珠,人之气质好比是清水,而猫儿狗儿的气质是浊水,本然之性能够在人的气质之中显发出来,就相当于宝珠在清水之中,仍然发散出光芒,而本然之性不能在猫狗的气质之中显发出来,就相当于宝珠落在浊水之中,浊水掩盖了宝珠的光芒。但是就宝珠自身来讲,它自是光明璀璨,并不受到清水、浊水之任何影响,当然是一个"好题目"。

所以,对于残暴如枭獍者,朱子仍然认为它们身上仍有仁义礼智之本然之性。它们之所以会残暴,是由于它们气质之不良,锢蔽太深,仁义礼智之性不能在它们的气质之中显发开来的缘故。即枭獍残暴之根本原因乃是在于其气质之污浊,而与其所具有的形上之本然之性无涉。

但是在刘蕺山看来,麟凤生而为仁,枭獍生而为暴,仁、暴都是"生而有之之理",所以都是性。既然蕺山承认残暴为枭獍的性,那么性当然就不"只是一个好题目"了。由于蕺山以"生而有之"论性,所以蕺山对告子之"生之为性"的说法也表示了一定程度的赞同,他说:

---

① 朱熹:《四书章句集注》,《朱子全书》第六册,第68页。
② 朱熹:《答徐子融》,《朱子全书》第二十三册,第2768页。

> 告子累被孟夫子锻炼之后，已识性之为性矣，故曰"生之为性"，孟子恐失人分上本色，故复重加指点，盖曰"生不同而性亦不同"，云犬牛之生，惟有知觉运动而已；吾人既为万物之灵，则其生有独得其粹然者，所谓仁义礼智是也。告子概言之，无乃杂乎？①

蕺山认为告子"生之为性"的说法乃是经过孟子的辩正之后而获得的正确的认识，乃是"破的语"②，可见蕺山颇认可告子"生之为性"的说法。但是同时，蕺山认为单说"生之为性"，还比较笼统，没有突出"生不同而性不同"的事实。因为虽然同是"生之为性"，不同的事物是具有不同的性的，人之性与物之性是不同的，此物与彼物之性也是不同的。忽视了这一点，就会导致像孟子所批评告子的"白羽之白也，犹白雪之白；白雪之白，犹白玉之白"（《孟子·告子上》）的状况。在蕺山的话语之中，"生之为性"便是"气之生之为性"，由于万物所禀之气不同，所以万物之性便有不同。在蕺山看来，因为人禀气最灵，气质最为纯粹，唯有在人身上，才能展现出仁义礼智之形上之性来。可见，在蕺山这里，仁义礼智之性乃是人所独有的，这与朱子所认为的万物皆有此仁义理智之性的说法不同。

另外，从"名实"这一涉及语言学的论题上，蕺山对朱子的性论也进行了批判，这种批判亦是蕺山将其理气一元论思想在名实问题上进一步贯彻的结果。对于仁义礼智之性，朱子有如下之论述：

> 盖父子之亲、兄弟之爱固性之所有，然在性中只谓之仁，而

---

① 刘宗周：《学言》，《刘宗周全集》第二册，第465页。以上引文为"新本"。旧本为："告子累被孟夫子锻炼之后，已识性之为性矣。故曰'生之为性'，直是破的语。只恐失了人分上本色，故孟夫子重加指点，盖曰'生不同而性亦不同'云。孟夫子已是尽情剖露了，故告子承领而退。"（刘宗周：《学言》，《刘宗周全集》第二册，第465页）

② 刘宗周：《学言》，《刘宗周全集》第二册，第465页。

不谓之父子、兄弟之道也。君臣之分、朋友之交，亦性之所有，然在性中只谓之义，而不谓之君臣、朋友之道也。推此言之，曰礼曰智，无不然者，盖天地万物之理无不出于此四者。今以此为倒说，而反谓仁义因父子、君臣而得名，此熹之所疑者五也。①

在朱子的理论体系之中，从逻辑上说，理是先于气的，本然之性（义理之性）是先于气质之性的。父子之亲、兄弟之爱等道德行为是仁、义等形上之理在形下的经验生活之中的发用和贯彻；在逻辑上，是后于仁义礼智之理之存有的。盖从名实关系上来论，作为本然之性的仁义礼智既是性之实，又是性之名。从逻辑上说，由于本然之性是先在于气化运行的，所以仁义礼智的得名则自然与气化运行无关，乃是先于气化运行的。所以朱子反对"仁义因父子、君臣而得名"而说法；在朱子这里，理是可以超脱于气而独存的实体化存在，其得名并不依赖于形下之气。在朱子看来，即使世间并没有出现"父子之亲""兄弟之爱"这样的道德行为，仁义礼智之性依然既有名，又有实。

对于朱子的这种观点，蕺山不能同意。蕺山有谓：

> 无形之名，从有形而起，如曰"性"，曰"仁义礼智信"，皆无形之名也。然必有心而后有性之名，有父子而后有仁之名，有君臣而后有义之名，推之礼智信皆然。故曰："形色，天性也，惟圣人然后可以践形。"一而二，二而一也。②

在蕺山看来，有形便是形下，便是气化世界。气化世界在运行过程之中表现出一定的本然秩序，人们可以用"元亨利贞"或者"仁义礼智"等来命名和表示；前文已经指出，对于蕺山来说，"元亨利贞"

---

① 朱熹：《答胡广仲》，《朱子全书》第二十二册，第 1902—1903 页。
② 刘宗周：《会录》，《刘宗周全集》第二册，第 514 页。

或者"仁义礼智"等乃是描述气运本然状态的述词,是一种指点语,而并非"实落语"。从逻辑上说,先有了气之运化,人们才能够对气之运化的状态进行描述和命名,比如有了心之运作之后,人们才能从其中指点出运作的本然条理,由此称之为性,这样才有了性之名;同样,有了子之孝父的行动之后,人们才能从这一行动之中指点出仁,这样才有了仁之名;有了臣之忠于君王的行动之后,人们才能从中指点出义,这样才有了义之名。可见,蕺山恰好同意朱子所反对的"仁义因父子、君臣而得名"的观点。对于蕺山来说,仁义礼智只是描述气之运行的"名",四者并不是实体,只有气才是实体。所以就仁义礼智之性自身来说,可以说它们是"有名无实"的。

二 蕺山性情合一论以及对朱子性情二分说的批判

朱子之学与蕺山之学有一个共同点,便是二人的性情论都是各自理气论的进一步推致和落实。朱子将理气二元论落实在心性论上,便发展出一种"心统性情""性为未发,情为已发"的性情二分的心性论架构;[①] 而对于蕺山来说,其气一元论的主张落实到性情论上,便发展出一种性情合一的心性论架构。于是,在性情论上,蕺山对朱子亦进行了针锋相对的批评。

在理学史上,"心统性情"之说原出自张横渠,[②] 后来朱子对此

[①] 当然,从朱子之学的发展来看,朱子的性情论经历了一个演变的历程,笔者所讨论的朱子"心统性情"的性情论架构是其在"己丑之悟"后形成的思想,这一思想一直持续到朱子晚年。关于朱子性情论思想的演变,可参见陈来先生所著《朱子哲学研究》第七章"已发未发——兼论朱熹心性论之发展演变"(陈来:《朱子哲学研究》,第183—225页)。

[②] 据朱子、吕祖谦(伯恭,1137—1181)所合编之《近思录》记载,"心统性情"一语出自《横渠语录》,但是今本《张子语录》却未见。《张子全书》的《性理拾遗》之中保留了张横渠论"心统性情"的语录。在《性理拾遗》之中,张横渠说:"心统性情者也。有形则有体,有性则有情。发于性则见于情,发于情则见于色,以类而应也。"(张载:《性理拾遗》,林乐昌编校《张子全书》,西北大学出版社2015年版,第300页)

说极为推重,他说:"盖性为体,情为用,而心则贯之。必如横渠先生所谓心统性情者,其语为精密也。"① 在朱子看来,性、情皆与心有关,皆被心所统;其中性是心之体,而情是心之用。性、情又对应未发、已发。② 朱子说:"'心统性情',故言心之体用,尝跨过两头未发、已发处说。仁之得名,只专在未发上。恻隐便是已发,却是相对言之。"③ 朱子又云:"仁、义、礼、智同具于性,而其体浑然莫得而见。至于感物而动,然后见其恻隐、羞恶、辞逊、是非之用,而仁、义、礼、智之端于此形焉,乃所谓情。而程子以谓阳气发处者,此也。"④ 当仁义礼智之性处于未发之时,是还未落入形下之气质之中的本然之性,此时是"无声臭之可言、无形象之可见"⑤。当人心对境感物之时,仁义礼智之性落入到气质中,便发用为恻隐、羞恶、辞逊、是非之情。在朱子这里,未发、已发乃是指涉在时间序列上先后继起的两个不同时段。在未发之时,此时性已经存在,但是还没有发用出来,此时有性无情。在已发之时,性始发用到情之中,此时性情兼有。可见,从未发到已发的过程,对于性来说,是一个从隐到显的过程;但是对于情来说,乃是一个从无到有的过程。不管是在未发还是已发阶段,性都存有,只是显现状态有所不同;但是对于情来说,只有已发阶段其才会出现。既然存在一个性有情无的阶段,那么在朱子的性情论之中,性、情便分明为二物。

对于朱子的性情二分之论,蕺山表示反对,他主张性情合一之论。蕺山说:

---

① 朱熹:《答方宾王》,《朱子全书》第二十三册,第 2654 页。
② "未发已发"是理学的一个重要的话头,大部分理学家对之均有讨论。"未发已发"不仅是理学家构建本体论的基本框架,而且也是建构工夫论的基本框架。关于蕺山对未发已发的论述以及对朱子未发已发之论的批评,本书在后面的章节中将有详细的论述,此处暂不加以深论。
③ 黎靖德编:《朱子语类》,《朱子全书》第十四册,第 230 页。
④ 朱熹:《答方宾王》,《朱子全书》第二十三册,第 2659 页。
⑤ 朱熹:《答陈器之》,《朱子全书》第二十三册,第 2779 页。

然《大学》亦绝不露出情字。古人言情者,曰"利贞者,性情也",即性言情也。"六爻发挥,旁通情也""乃若其情""无情者不得尽其辞""如得其情"皆指情蕴情实而言,即情即性也。并未尝以已发为情,与性字对也。①

蕺山所征引的这几处关于"情"的说法分别出自《周易》《孟子》《大学》《论语》等典籍。② 蕺山认为,古人之言"情",乃是以"情蕴""情实"言之。③ 以"情实""情蕴"言"情",那么情便是性的内容,性与情的关系便是"即性即情""性情合一"的。蕺山之论"情",有"四情"与"七情"之区分,对此后文有专门论述,此处暂且不论。这里要说明的是蕺山此处所论的"性情合一"的"情"指的是"喜怒哀乐"之四情。关于四情,蕺山有谓"喜也者,仁之气也""怒也者,义之气也""哀也者,智之气也""乐也者,礼之气也"。④ 可见,"喜怒哀乐"之四情,便又是"仁义礼智"之四气。

关于四情,蕺山又谓:"自喜怒哀乐之存诸中而言,谓之中,不必其未发之前别有气象也。即天道之元亨利贞,运于於穆者是也。自喜怒哀乐之发于外而言,谓之和,不必其已发之时又有气象也。"⑤ 在蕺山这里,不论是在未发之中的状态下,还是在已发之和的状态下,喜怒哀乐之四气或者四情都是存在的,存、发只不过是

---

① 刘宗周:《商疑十则,答史子复》,《刘宗周全集》第二册,第345—346页。
② "利贞者,性情也""六爻发挥,旁通情也"出自《周易·乾》;"乃若其情"出自《孟子·告子上》;"如得其情"出自《论语·子张第十九》;"无情者不得尽其辞"出自《大学》。
③ 在《周易古文钞》中,蕺山有谓:"聚所当聚,即天地之情、万物之情也。以天地万物之情合而为一人之情,所以为聚也。"(刘宗周:《周易古文钞》,《刘宗周全集》第一册,第161页)这里,蕺山所谓之"天地之情""万物之情""一人之情"之"情"都是"情蕴""情实"的意思。
④ 刘宗周:《学言》,《刘宗周全集》第二册,第415页。
⑤ 刘宗周:《学言》,《刘宗周全集》第二册,第415页。

喜怒哀乐四气或四情的两种不同状态。蕺山有云："当其未发谓之中，及其已发谓之和，乃所以为善也。恻隐之心，喜之发也；羞恶之心，怒之发也；辞让之心，乐之发也；是非之心，哀之发也。"① 未发之时，喜怒哀乐四气流行，存之于中；已发之时，喜怒哀乐四气发之于外，又表现为恻隐、羞恶、辞让、是非之心（情），喜怒哀乐四气贯通于未发、已发。

四气运行和发动之中，便体现出仁义礼智之性，所以蕺山说："乃知喜怒哀乐即仁义礼智之别名。'形而上者谓之道，形而下者谓之器'是也。"② 也就是说，不管在未发状态，还是已发状态，不管在未发之喜怒哀乐之情，还是已发之恻隐、羞恶、辞让、是非之情之中，都可以从中指点、显现出仁义礼智之形上之性；都是即情即性，性情合一的。所以蕺山说："所云情，可云性之情，决不得性与情对。"③ 由此，蕺山批评了朱子以未发、已发来两分性情的性情二元说。由于在蕺山这里，性即是理，情便是气，可见，蕺山之性情合一之论，乃是其理气合一之论的进一步落实和贯彻。

关于性情关系，朱子还有如下的观点：

> 性不可言。所以言性善者，只看他恻隐、辞逊四端之善则可以见其性之善，如见水流之清，则知源头必清矣。四端，情也，性则理也。发者，情也，其本则性也，如见影知形之意。④

在朱子看来，由于本然之性无形无象，人们无法直接加以认识，只能通过其发用在情之上，表现出的情之善来上溯证明其性善。这种通过情善来说明性善的方式被蕺山称为"因情见性"。蕺山对此提出

---

① 刘宗周：《学言》，《刘宗周全集》第二册，第412—413页。
② 刘宗周：《学言》，《刘宗周全集》第二册，第414页。
③ 刘宗周：《学言》，《刘宗周全集》第二册，第465页。
④ 黎靖德编：《朱子语类》，《朱子全书》第十四册，第224页。

了批评，他认为恰当的言说方式并非是"因情见性"，而是"指情言性"。他说：

> 孟子言这个恻隐心就是仁，何善如之？仁义礼智，皆生而有之，所谓性也，乃所以为善也。指情言性，非因情见性也。即心言善，非离心言善也。后之解者曰："因所发之情，而见所存之性；因所情之善，而见所性之善。"岂不毫厘而千里乎？①

"指情言性"和"因情见性"二者的区别之核心问题还是在于性情是否为一。"因所发之情，而见所存之性；因所情之善，而见所性之善"是朱子的主张，朱子认为可以通过已发之时所表现的四端之情的善来推断出未发之时性是善的，这样恰恰表明性与情终究是二物。而在蕺山看来，性就在情之中看出，所以要"指情言性"，性情本来便是合一的，情善就是性善，并不存在一个从情善推出性善的问题。

另外，对于朱子来说，"因情见性"乃是通过情善来反推性为善，蕺山对这种推断的有效性本身便产生了怀疑。蕺山说：

> 世儒谓因情之善见性之善，然情则必以七情为定名，如喜、怒、哀、惧、爱、恶、欲，将就此见性之善，则七情之善，果在何处？又医家言七情，曰喜、怒、忧、思、悲、恐、惊，将就此见性之善，则七情之善，果在何处？《中庸》以喜怒哀乐为情，则四性又属何名？岂恻隐、羞恶、辞让、是非之情有性，而余者独无性也邪？从此参入，便破一班。②

这里，"世儒"的观点便是朱子的观点。在蕺山看来，情除了有四情

---

① 刘宗周：《学言》，《刘宗周全集》第二册，第465页。
② 刘宗周：《学言》，《刘宗周全集》第二册，第470页。

的说法之外，还有七情的说法。不管是以"喜、怒、哀、乐、爱、恶、欲"为七情，还是以医家所言的"喜、怒、忧、思、悲、恐、惊"为七情，在现实中，如此七情的发用并不一定带有善或者恶这样的价值色彩。比如人在面临突发危险之时所表现的惊恐之情就很难说可以用"善"或者"恶"这种标识价值的词语去描述。蕺山可以如此反问朱子：既然在七情中，连有些情是善的都不能保证，又怎么能够说因情之善而上推到性之善呢？如果七情不能推出善来，为什么同属于情的恻隐、羞恶、辞让、是非就可以因情之善而见性之善呢？难道是存在着两种不同类型的情，只有像恻隐、羞恶、辞让、是非这些情可以推出性善，而其他情却不能推出性善吗？若果真有两种甚至更多的不同类型的情存在的话，那又为何不能说由不善之情会推出性之不善来，而一定要说只有由四端之情可以推出性善来呢？所以，在蕺山看来，朱子所谓"盖谓情可为善，则性无有不善"① 的推论是不能成立的。②

蕺山的弟子黄梨洲在《孟子师说》中对乃师的性情论有进一步继承和发挥。他说：

> 先儒之言性情者，大略性是体，情是用；性是静，情是动；性是未发，情是已发。程子曰："人生而静以上不容说。才说性时，他已不是性也。"则性是一件悬空之物。其实孟子之言，明白显易，因恻隐、羞恶、恭敬、是非之发，而名之为仁、义、礼、智，离情无以见性，仁、义、礼、智是后起之名，故曰："仁、义、礼、智根于心。"若恻隐、羞恶、恭敬、是非之先，另有源头为仁、义、礼、智，则当云心根于仁、义、礼、智矣。

---

① 黎靖德编：《朱子语类》，《朱子全书》第十六册，第1881页。
② 蕺山对朱子的如上批判理路，在朝鲜儒学关于四端与七情的论辩之中，也有出现。参见李明辉《四端与七情：关于道德情感的比较哲学探讨》，第六章"李退溪与奇高峰关于四端与七情之辩论"，第159—196页。

是故性情二字分析不得，此理气合一之说也。①

我们看到，梨洲之论性情，与乃师同一思路。不过需要指出的是，蕺山论性情，有已发、未发两个维度。在未发之时，同样有喜怒哀乐四气流行，也同样有仁义礼智之形上之性从中指点而出。而梨洲此处之论性情，乃是专从已发维度继承乃师者。同蕺山一样，梨洲所批评的先儒主要也是针对的朱子。梨洲所谓之"因恻隐、羞恶、恭敬、是非之发，而名之为仁、义、礼、智，离情无以见性，仁、义、礼、智是后起之名"便是对蕺山"无形之名，从有形而起"观点的继承。从逻辑上说，在已发状态，先有了恻隐、羞恶、恭敬、是非之四情之后，方能从中指点出仁义礼智之性。若说四端之情之外，另有仁义礼智之性，并且四端之情乃是仁义礼智之性所发，则孟子当说"四端之心根于仁义礼智了"，而不应当说"仁义礼智根于心"了。② 所以，在已发状态，舍却四端之心，亦无有仁、义、礼、智四性实现之地。可见，性、情二字所指涉的是同一对象，故"性情二字分析不得"。

另外，梨洲将"性情二字分析不得"之性情合一直接标举为"此理气合一之说"，真可谓深得乃师学问之要旨。梨洲已经发现，蕺山对心、性、情的相关论述，乃是蕺山理气合一之论在其心性论中的进一步落实和贯彻。

第四节　喜怒哀乐与独体

关于蕺山之论喜怒哀乐，本章前几节在讨论蕺山之理气论、性

---

① 黄宗羲：《孟子师说》，《刘宗周全集》第五册，第629—630页。又见《黄宗羲全集》第一册，第127页。
② 孟子有云："君子所性，仁义礼智根于心。其生色也，睟然见于面，盎于背，施于四体，四体不言而喻。"（《孟子·尽心上》）

情论之时，都附带有若干零星的论述，但是都并不系统和完整。蕺山的喜怒哀乐说是其理论之中最具特色的部分，在整个宋明理学史上也是迥出前人的理论创见。在蕺山的整个理论体系中，喜怒哀乐说也占有重要的地位。李明辉先生甚至认为蕺山通过对喜怒哀乐以及与之相关的四端与七情的论说，得以发展出一套独具特色的儒家式的道德心理学，① 足见蕺山喜怒哀乐之论之重要。对于蕺山之言喜怒哀乐，本章单辟出一节进行系统分析。

在蕺山之学中，有将喜怒哀乐与仁义礼智、元亨利贞、春夏秋冬等相配之说。这种相配之说，是对先秦以来"法象思维"的继承，体现了中国古代思想对宇宙、人生的一种独特的领会方式，其所蕴含的现代价值仍有待进一步研究和发掘。

在蕺山之学中，喜怒哀乐又与未发已发有密切的关联。"未发已发"在蕺山之学中具有复杂和多面的含义。根据述说的角度不同，蕺山既可以说未发已发有"前后际"，亦可以说"无前后际"。当未发已发的主体是心体本身时，此时未发与已发是同时同撰的，并未有时间先后之分；但当未发的主体是某件能够与心体发生感应的特定的外物时，此时未发已发便存在着时间上的先后次序关系。

在关于情的论述中，蕺山在喜怒哀乐之"四情"之外，又提到了"七情"。在蕺山看来，"四情"与"七情"在存在论阶位与作用机制上均有所不同。从存在论位阶上来说，喜怒哀乐四情既存在于未发阶段，亦存在于已发阶段；而七情则只存在于已发层面。从作用机制上来说，喜怒哀乐四情是属于天，合乎天理的，而七情乃是违背天理，从乎人欲的。

丙子年之后，在性宗层面，蕺山对于独体其实有两种讲法：一是从形上之理的层面来讲的独体；另一是夹杂着气来讲的独体，此时"独体"之"体"即是"理气合一"之"体"。

---

① 李明辉：《四端与七情：关于道德情感的比较哲学探讨》，第155页。

一　喜怒哀乐之各种相配

蕺山对喜怒哀乐之最为系统的论述出自《学言》中的一则语录。这一则语录篇幅比较长，但是所蕴含的信息十分丰富，今不惮繁冗，兹全部录出：

《中庸》言喜怒哀乐，专指四德言，非以七情言也。喜，仁之德也；怒，义之德也；乐，礼之德也；哀，智之德也。而其所谓中，即信之德也。一心耳，而气机流行之际，自其盎然而起也谓之喜，于所性为仁，于心为恻隐之心，于天道则元者善之长也，而于时为春。自其油然而畅也谓之乐，于所性为礼，于心为辞让之心，于天道则亨者嘉之会也，而其时为夏。自其肃然而敛也谓之怒，于所性为义，于心为羞恶之心，于天道则利者义之和也，而于时为秋。自其寂然而止也谓之哀，于所性为智，于心为是非之心，于天道则贞者事之干也，而于时为冬。乃四时之气所以循环而不穷者，独赖有中气存乎其间，而发之即谓之太和元气，是以谓之中，谓之和，于所性为信，于心为真实无妄之心，于天道为乾元亨利贞，而于时为四季。故自喜怒哀乐之存诸中而言，谓之中，不必其未发之前别有气象也。即天道之元亨利贞，运于於穆者是也。自喜怒哀乐之发于外而言，谓之和，不必其已发之时又有气象也。即天道之元亨利贞，呈于化育者是也。惟存发总是一机，故中和浑是一性。如内有阳舒之心，为喜为乐，外即有阳舒之色，动作态度，无不阳舒者。内有阴惨之心，为怒为哀，外即有阴惨之色，动作态度，无不阴惨者。推之一动一静，一语一默，莫不皆然。此独体之妙，所以即隐即见，即微即显，而慎独之学，即中和即位育，此千圣学脉也。自喜怒哀乐之说不明于后世，而性学晦矣。①

这段话表明了喜怒哀乐与春夏秋冬、仁义礼智、元亨利贞等的相配。为将相配之情况明晰的展示出来，笔者又同时参照了蕺山在《学言》以及《读易图说》等著作之中的其他相关论述，② 整理出如下"相配"表格：

气机	喜 （盎然而起）	怒 （肃然而敛）	乐 （油然而畅）	哀 （寂然而止）	中气 （循环不已）
所性	仁	义	礼	智	信
心	恻隐	羞恶	辞让	是非	真实无妄
天道	元	亨	利	贞	乾元亨利贞
时	春	秋	夏	冬	四季

---

① 刘宗周：《学言》，《刘宗周全集》第二册，第414—416页。笔者案：这段文字在《刘宗周全集》中有新本、旧本两个版本。正文所引之文为旧本。新本与旧本文字上有一定的不同，但是意思上差别不大。新本的文字为："《中庸》言喜怒哀乐，原不以七情言，而以四德言。既云七情，何以减四？既云四情，何以喜乐二字犯重而又减为三？乃知喜怒哀乐即仁义礼智之别名。'形而上者谓之道，形而下者谓之器'是也。喜也者，仁之气也，于时为春，即天道之元。怒也者，义之气也，于时为秋，即天道之利。哀也者，智之气也，于时为冬，即天道之贞。乐也者，礼之气也，于时为夏，即天道之亨。而谓之中，即五常之信，如天道之有中气。是故于喜怒哀乐见人心之全体，于未发之中见天命之本性，而发而中节之和即于此见焉。盖曰自其所存者而言，谓之中，谓之天下之大本；自其所发者而言，谓之和，谓之天下之达道。中外一机，中和一理，故曰体用一原，显微无间，并不以前后际言也。四气流行，无物不有，无时不然，即日用间一呼一吸，一作一止，一衣一食，皆可取证。而喜怒哀乐，其象也。若徒以七情言，如笑啼哂恚之类，毕竟有喜时有不喜时，有怒时有不怒时，以是分配性情，不得不以断灭为性种，而以纷然杂出者为情缘，分明有动有静。或又为之调停其间，曰：'未发在已发之中，已发在未发之中。'又曰：'终古发，终古未发。'种种曲解，终难合一。于是执中之见者，一有一无，动成两胖；而作儱侗之观者，忽有忽无，茫无下手。大道始为天下裂矣。"（刘宗周：《学言》，《刘宗周全集》第二册，第414—416页）

② 参考了刘宗周《学言》，《刘宗周全集》第二册，第399、421页；刘宗周《读易图说》，《刘宗周全集》第二册，第132页。

续表

气机	喜 （盎然而起）	怒 （肃然而敛）	乐 （油然而畅）	哀 （寂然而止）	中气 （循环不已）
五行	木	金	火	水	土
四象	少阳	少阴	太阳	太阴	
心貌	心动貌	心克貌	心秩貌	心湛貌	
性	性之生机	性之收机	性之长机	性之藏机	
四方	东	西	南	北	

关于蕺山这种"四四相配"或者"五五相配"，很多研究蕺山思想的现代学者对之评价都比较负面，而认为蕺山的喜怒哀乐相配之说是一种不恰当、无实义的附会。比如东方朔先生有谓："初看此文，则甚觉好笑，蕺山以喜怒哀乐配元亨利贞、配春夏秋冬、配仁义礼智等等，自是差强人意，幼稚难懂。"① 劳思光先生谓："显然混乱'经验'与'超验'之区分；凭空多出一极脆弱之论点矣。"② 刘述先先生认为"实不足取"③，李振纲先生认为"无实义"④。在笔者看来，以上先生对蕺山"相配说"的评论有失武断；蕺山的"相配说"并非没有正面价值。

其实在理学史中，相配之说的提出并非始于蕺山，朱子早有类似说法。朱子《仁说》有言：

> 盖天地之心，其德有四，曰元亨利贞，而元无不统。其运行焉，则为春夏秋冬之序，而春生之气无所不通。故人之为心，其德亦有四，曰仁义礼智，而仁无不包。其发用焉，则为爱恭

---

① 东方朔：《刘蕺山哲学研究》，上海人民出版社1997年版，第143页。
② 劳思光：《新编中国哲学史》（三下），第470页。
③ 刘述先：《黄宗羲心学的定位》，浙江古籍出版社2006年版，第17页。
④ 李振纲：《证人之境：刘宗周哲学的宗旨》，第78页。

宜别之情，而恻隐之心无所不贯。①

朱子已经将"元亨利贞""春夏秋冬""仁义理智""爱恭宜别"四者进行了相配，朱子之后，元儒许谦（鲁斋，1209—1281）又将"仁义礼智信"与"五行"，即"木金火水土"等相配。② 与朱子、鲁斋的相配说相比，蕺山相配说的一个突出特点是将"喜怒哀乐"四者引入到了相配序列之中。其实，在理学史上，将"喜怒哀乐"引入相配序列，也并非肇始于蕺山。刘蕺山自己也已经注意到，宋儒蔡沈（九峰，1167—1230）已经将"喜怒哀乐"四者引入了相配说之中。蕺山有云：

> 喜怒哀乐与元亨利贞、春夏秋冬、宫商角徵羽、东南西北中、金木水火土相配，已见于蔡九峰《洪范》一书，有图可考，但加一欲字以配五行，似无据。何不径以中字代之？③

对于这段话，历来研究蕺山之学者均未曾注意，其实这段话很是重要，因为它透露出蕺山喜怒哀乐之说的理论渊源。蔡九峰是朱子得意的门生。他在《皇极内外篇》之中，作有"五行人体性情图"，在图中，九峰以"喜、乐、欲、怒、哀"与"木、火、土、金、水""魂、神、意、魄、精""仁、礼、信、义、智""臭、色、形、味、声""肝、心、脾、肺、肾"相配。④ 蕺山吸收了九峰将喜怒哀乐与仁义礼智相配的做法，不过又在九峰的基础上做了一点改动，

---

① 朱熹：《仁说》，《朱子全书》第二十三册，第 3279 页。
② 许鲁斋云："木神为仁，火神为礼，金神为义，水神为智，土神为信。"（许谦：《说四书丛说》，《文渊阁四库全书》，第 202 册，上海古籍出版社 1987 年影印本，第 531 页）
③ 刘宗周：《学言》，《刘宗周全集》第二册，第 455 页。
④ 参见蔡沈《皇极内外篇》，《文渊阁四库全书》第 805 册，上海古籍出版社 1987 年影印本，第 703 页。

即将"喜怒哀乐欲"之"欲"字改为"中"字,以配"五行"之"土"。

通过以上分析可见,相配现象并不是蕺山一人之突发奇想,其贯穿在了整个宋明理学之中。蕺山的喜怒哀乐相配之说其实是在朱子、蔡九峰、许鲁斋等人相配之说的基础上,又增加了一些元素充实到相配序列,进一步发展的结果。

其实这种在理学中出现的相配现象,体现了可以追溯到先秦的中国思想之中的一种传承悠久的思维方式,有学者将这种思维方式称作为"法象思维"①,"法象思维"在《尚书》中便有出现。《尚书》"洪范篇"有云:

> 五行:一曰水,二曰火,三曰木,四曰金,五曰土。水曰润下,火曰炎上,木曰曲直,金曰从革,土爱稼穑。润下作咸,炎上作苦,曲直作酸,从革作辛,稼穑作甘。②

水、火、木、金、土;润下、炎上、曲直、从革、稼穑;与咸、苦、酸、辛、甘,形成了三个独立的意义链条。每一个意义链条形成了一个意义丛,每一个意义丛在内部是自我封闭的,但是这三个独立的意义丛的元素之间又有互相指向、对应的关系。这三个独立的意义丛共同表达了一个整体的意义域,在这三个独立的意义丛之间,所传达的便是中国思想中的"道"。③除了在《尚书》中,法象的观念在《周易》《论语》《老子》《庄子》《荀子》等先秦典籍之中也大量的出现,在汉代董仲舒(前139—前104)、扬雄(子云,前

---

① 参见李晓春《张载哲学与中国古代思维方式研究》,中华书局2012年版,第1—18页。
② 顾颉刚、刘起釪:《尚书校释译论》,中华书局2005年版,第1153页。
③ 这里所用的"意义丛""意义链""意义域"等用语采自李晓春先生。参见李晓春《张载哲学与中国古代思维方式研究》,第2—3页。

53—18）等人的著作之中，更是得到普遍的表达。① 比如董仲舒《春秋繁露》有云：

> 天之道，春暖以生，夏暑以养，秋清以杀，冬寒以藏。暖暑清寒，异气而同功，皆天之所以成岁也。圣人副天之所行以为政，故以庆副暖而当春，以赏副暑而当夏，以罚副清而当秋，以刑副寒而当冬。庆赏罚刑，异事而同功，皆王者之所以成德也。庆赏罚刑与春夏秋冬，以类相应也，如合符。故曰王者配天，谓其道。天有四时，王有四政，四政若四时，通类也，天人所同有也。庆为春，赏为夏，罚为秋，刑为冬。庆赏罚刑之不可不具也，如春夏秋冬不可不备也。庆赏罚刑，当其处不可不发，若暖暑清寒，当其时不可不出也。庆赏罚刑各有正处，如春夏秋冬各有时也。四政者，不可以相干也，犹四时不可相干也。四政者，不可以易处也，犹四时不可易处也。故庆赏罚刑有不行于其正处者，《春秋》讥也。②

在这段话之中，出现了四组意义链的相配。四组意义链为春、夏、秋、冬，暖、暑、清、寒，生、养、杀、藏以及庆、赏、罚、刑，四组意义链之间同样有相互对应和相互指向的关系。每个意义链的不同元素之间有着严格的对应关系，而不能错乱。其中作为天道体现者的"春、夏、秋、冬"是基础的意义链，其他几个意义链是其"用"或其"副"，与"春、夏、秋、冬"这个基础的意义链之间是一种"法"和"象"的关系。通过这种对应和指向关系，董仲舒得以实现了天人之间的沟通，建立了"人副天数"的理论体系。

---

① 参见李晓春《张载哲学与中国古代思维方式研究》，第2—6、10—17页。
② 苏舆：《春秋繁露义证》，中华书局1992年版，第353—354页。

回到刘蕺山，我们发现，其建构的"四四相配说"或"五五相配说"是法象思维模式的典型体现。在刘蕺山这里，"四气""五性""四心""四时""五行""四象"等皆为相互独立的意义链条，它们以及它们的元素之间也是相互对应和相互指向的。根据蕺山的理气一元论，盈天下一气，盈天下一理，宇宙万物的形成和运作都是一气之流行的结果，天理就内蕴在一气流行之中，宇宙万物亦同时都被天理所遍润。"四气""五性""四心""四时""五行""四象"等所表现出来的各种次第，都是气机鼓荡之不同阶段，是同一天理在不同境遇下之不同表现，这些意义链之间所传递的便是那盈满天地、范围万物的天理或者天的机制。①

从刘蕺山的立场上说，建构相配说的目的乃是沟通天人，通过天人之对应，来说明天人秩序之一致性。通过相配，正如陈畅先生所说，喜怒哀乐成了"贯通天地人的生气之秩序"②。蕺山对喜怒哀乐相配的论述在其体系之中占有重要地位，也体现了重要的理论意义，并非像先前所引有些现代学者所认为的"幼稚""无实义"。另外，法象的思维方式还体现在道教的内丹理论与中医理论之中。③ 作为中国古典思想中一种源远流长的思维方式，这种思想的现代价值

---

① 需要指出，同为法象思维下的相配理论，刘蕺山与董仲舒还是有很大的不同。在董仲舒的关于"四政""副""四时"的论述之中，人与天乃是一种外在的关系，即天乃是作为外在于人的客观对象而供人所学习、效法。即使是天对人的惩罚或奖赏也是以一种外在于人的方式进行的。这种天人关系不同于理学家以"性即理"或者"心即理"的方式所达成的内在的天人合一。在理学的视域下，理就是天，作为大自然的天与人皆被一理所贯通。天并不是人外在的效法对象，而是作为一种作用机制就内在于人之中。这是包括刘蕺山在内的宋明时代的理学家与董仲舒在"天人关系"之论上的本质区别。关于理学家对天理的言说，可参见拙文《理学视域下天的重新发现：基于二程的考察》，《哲学评论》第21辑，第179—181页。

② 陈畅：《自然与政教：刘宗周慎独哲学研究》，第21页。

③ 廖俊裕先生发现，在各种重视修证打坐工夫的秘密教派中，也常常可以发现类似蕺山的"四四相配"或"五五相配"之说，另外在中医理论之中也有此种说法。廖先生推测蕺山的相配理论有可能从中医中得来（参见廖俊裕《道德实践与历史性——关于蕺山学的讨论》，台北：花木兰文化出版社2008年版，第217页）。

还有待进一步发掘,"四四相配"或"五五相配"的深层机理,还有待进一步探究,并不宜径直以"幼稚""无实义"这样的评语一笔带过。

二 喜怒哀乐与未发已发

在讨论蕺山思想分期的时候已经讲到,蕺山思想的晚年阶段从57岁撰写《圣学宗要》开始。在《圣学宗要》之中,蕺山首次将喜怒哀乐之四气流行引入对心体的论述之中。与之相关,蕺山对未发已发的论述也相应发生了改变,未发已发也已经开始与"四气"关联在了一起。① 盖在蕺山看来,人之心体即是喜怒哀乐之四气运化。蕺山晚年所论的未发已发,乃是喜怒哀乐四气的未发已发。"喜怒哀乐之存诸中",即是喜怒哀乐之四气在人心之中循环周流,四气之运化本身便是"未发之中"。"不必其未发之前别有气象",盖人心乃是活物,不管其是否在对境感物,心中之四气之周流未有一息中断,即未发之四气乃时时处处存有,故人心没有一个未发之前的时刻。"喜怒哀乐之发于外"便是心体对境感物之际,作为"未发"之四气被激发而显露于外而成为"已发"之四气,此仍是喜怒哀乐四气流行的发露,故"不必其已发之时又有气象也"。

---

① 刘伯绳在《年谱》"崇祯九年丙子"条目下云:"始以《大学》诚意、《中庸》已未发之说示学者。"(刘汋:《蕺山刘子年谱》,《刘宗周全集》第六册,第117页)另《学言中》第一条语录下有案语云:"按是年始以诚意已未发之旨示学者。"(刘宗周:《学言》,《刘宗周全集》第二册,第405页)"是年"指的是崇祯十年,即丁丑年,公元1637年。很明显,这两条案语在叙述上是有矛盾的。查考蕺山在崇祯九年所作的《学言》诸条目,我们发现,自崇祯九年蕺山就已经开始大量讨论"诚意"与"未发已发"的问题,可见刘伯绳前一种说法,即认为蕺山在崇祯九年"始以《大学》诚意、《中庸》已未发之说示学者"的说法为是。实际上,对于未发已发,蕺山在59岁之前,也曾多次提及,但是为什么刘伯绳这里说崇祯九年,蕺山才"始以诚意已未发之旨示学者"呢?因为刘伯绳已经注意到了在崇祯九年之后,蕺山之论未发已发已经开始与之前有所不同。丙子年之后,蕺山开始将喜怒哀乐四气引入了对未发已发的论述之中。

蕺山有谓："中外一机，中和一理，故曰体用一原，显微无间，并不以前后际言也。"① 很多学者据此认为，在 59 岁之后，蕺山之论述未发已发，"不以前后际言"，即泯灭了未发与已发之间存在的时间序列的先后次序。比如劳思光先生有谓："至于'已发'，对'未发'言，只是表里之关系，非先后之关系也。"② 其实这种诠释忽略了蕺山论未发已发的多面性和复杂性。因为蕺山还言："由中导和，有前后际，而实非判然分为二时。"③ 此处蕺山又言中与和，也即未发与已发之间又有"前后际"。这一说法与前面蕺山所云"不以前后际言"在文义上是相反的，又由于这两条语录均是蕺山在六十岁时所言，故也排除了蕺山论未发已发有前后思想变化的可能性，但是我们并不能据此便认为，蕺山对未发已发的言说存在着义理上的矛盾。实际上，蕺山说未发已发"有前后际"和"不以前后际"，是在不同的视角或层面下对未发已发的说明，两种说法并无矛盾。④ 因为蕺山讨论未发已发有多面性的内容，这里有必要对蕺山对未发已发的论述再做一详细分疏。

对于蕺山来说，未发已发的主体当然是心体本身，或喜怒哀乐之四气，然可以从不同的角度进行言说。未发与已发的区分最初则与某一外物（境）感应心体前后，心体的不同状态直接关联。

---

① 刘宗周：《学言》，《刘宗周全集》第二册，第 416 页。
② 劳思光：《新编中国哲学史》（三下），第 452 页。黄敏浩先生亦认为蕺山所论之中和"说不得先后"（黄敏浩：《刘宗周及其慎独哲学》，第 55 页）。东方朔先生亦谓蕺山所论的未发已发"并不是一个时间上的先后问题"（东方朔：《刘蕺山哲学研究》，第 133 页）。
③ 刘宗周：《学言》，《刘宗周全集》第二册，第 413 页。
④ 黄梨洲认为蕺山"发先儒之所未发者"有四，其中之一便是"已发未发以表里对待言，不以前后际言"（黄宗羲：《子刘子行状》，《刘宗周全集》第六册，第 41 页；又见《黄宗羲全集》第一册，第 231 页）。梨洲这一对蕺山未发已发说的概括有其根据，并且这一点也确实是蕺山论未发已发迥异前儒的地方，但是梨洲的概括并不全面，蕺山论未发已发，呈现出多个层面的维度，并不能以黄梨洲此一语所概括而尽。

以某一外物（境）感应心体这一具体事件为视角，则当此外物（境）还未出现，还未感应心体之时，此时人之心体为未发之时；而当外物（境）出现，心体对境感物之时，此时心体为已发。比如人在见孺子将入于井中之时，心中会生出恻隐之心。恻隐之心是心体受到外物（境）所感而发出的情感，而"见孺子将入于井"便是外物（境）本身。就此次感应活动来说，当人还未见到孺子将入于井之时，为未发之时。当人见到了孺子将入于井这一场景，此时心体受到这一情境的刺激而感应出恻隐之心，此时为已发之时。蕺山之论述未发、已发大多数都是指这种情况而言。在这种情况之下，已发与未发是有时间上的前后次序的，未发与已发之间便是"有前后际"。

但是我们发现，心体在对境感物之时，已发之气被激发出来之后，未发之气并未随之消失，而是作为已发之气的内在支撑而继续存在。"如内有阳舒之心，为喜为乐，外即有阳舒之色，动作态度，无不阳舒者。内有阴惨之心，为怒为哀，外即有阴惨之色，动作态度，无不阴惨者"。未发之喜、乐，对境而发之后，表现为情感、动作之已发层面者皆为阳舒之状，此时未发之喜与对应之已发之阳舒之状乃是同时同撰的，未发之哀发用为已发之阴惨之状，亦复如是。上一节提到的未发之喜怒哀乐与已发之恻隐、羞恶、是非、辞让之四心（情）也是一种"内与外""里与表"的关系，"恻隐之心，喜之发也；羞恶之心，怒之发也；辞让之心，乐之发也；是非之心，哀之发也"。所谓"发"乃是"发露""呈现"的意；恻隐、羞恶、辞让、是非之四心（情）便是喜怒哀乐由内及外、由里及表的发露。此时，未发、已发不仅可以视作是一种"内与外"或"里与表"的关系，亦同时是一种"体与用"的关系。当心体对境感物之后，未发层面之喜怒哀乐作为本体发用到已发层面，成为已发层面之喜怒哀乐。在心体感应之后，未发之体仍旧在已发之中，而持存的发挥其作用，此时体用乃是同时同撰的。所以，若从心体对境感物之时或之后来看，已发与未发的关系便是一种同时性关系，而"非以前后际言也"。①

另外，如果我们不将目光聚焦到某个可以感应心体的特定的外境之上，而是宽泛地言心体之感应外境，则心体便"常常存，亦常常发。所谓静而未始沦于无，动而未始滞于有也"②。心体之中"四气流行，无物不有，无时不然"，此流行使得无论心处于何时何地，都有感应外物的能力，心乃是虚灵不昧的感应本体，而外界环境又不断刺激人，故人心无时无刻不被外界环境所感。所以，心会"常常存，亦常常发"。此时，未发之体是心体，其虚灵不昧，无时无刻不在感应万物，即无时无刻不表现出已发。如果从此心体宽泛应物的视角论述，未发之体与其已发之用亦是同时同撰的，二者当然是"不以前后际"言的。

可见，对于刘蕺山来说，在未发和已发的关系上面，说"前后际"，还是说"非有前后际"，端赖述说的角度如何，并无有任何矛盾之处。

三 "四情"与"七情"

蕺山之论情，区分了四情与七情。在蕺山看来，四情便是喜怒哀乐，四者又被称为"四德"；七情可以指"喜怒哀惧爱恶欲"，但是又不限于"喜怒哀惧爱恶欲"，而是指以"喜怒哀惧爱恶欲"为代表的一类情感序列。对于"七情"，蕺山有言："七情之说，始见汉儒《戴记》中，曰'喜怒哀惧爱恶欲'，七字不伦不理，其义颇

---

① 其实严格说来，当心体对境而感之时，未发发露为已发毕竟还是需要一段时间历程的。比如未发之喜当境感应于外时，便是作为心体最内在的情感状态之一的"喜"由内而外逐层发散的过程，"喜"发散于面色容貌上则为阳舒之状，比如"愉色""婉容"，乃至"喜笑颜开"，若进一步发散于身体动作，则又可为"手舞足蹈"。未发心体逐次发散，犹如投石子于一平静湖面之中，水波会以石子落水点为中心，向外发散出来层层涟漪。此发散有次第相、历程相。心体在对境感物之后，由内而外，由里及表的历程本身确实是要经历一定时间的。此时未发与已发，以及已发的不同层次之间，亦当有一个"前后际"的问题。

② 刘宗周：《答董标心意十问》，《刘宗周全集》第二册，第338页。

该之《大学》正修两传中。"① 上一节已经指出，在蕺山看来，先秦古籍之中出现的"情"字是"情实""情蕴"的意思，而以"喜怒哀惧爱恶欲"言情则只是出自汉儒的说法，而并不符合先秦典籍言情之本义。另外，蕺山认为《礼记》"礼运"篇所言之"七情"，②其基本内涵已经包含在了《大学》"正心章"之中的"忿懥""恐惧""好乐""忧患"以及"修身章"中的"亲爱""贱恶""畏敬""哀矜""敖惰"等感情之中。③ 蕺山对《礼记》中"七情"的说法颇有微词，说七字"不伦不类"。蕺山认为《礼记》七情之说仅仅是随意列举，并未穷尽所有情感，非是定说。蕺山在《学言下》中又有言"又医家言七情，曰喜、怒、忧、思、悲、恐、惊"④，此即是另外一个版本的七情。可见在蕺山看来，"七情"之"七"乃是随意而指，乃是表征一类情感序列，并非定指。

那么，在蕺山这里，四情与七情的差别是在哪里呢？首先，从已发与未发的视角来说，是存在位阶上的不同。前文已经指出，作为一气流行，既有"存诸中"的喜怒哀乐，又有"发于外"的喜怒哀乐。⑤ 可见，喜怒哀乐既存在于未发阶段，也存在于已发阶段。而对于七情，则是只属于已发阶段的。蕺山说："存之为好恶，发之为

---

① 刘宗周：《商疑十则，答史子复》，《刘宗周全集》第二册，第345页。
② 《礼记·礼运》篇有云："何谓人情？喜怒哀惧爱恶欲，七者，弗学而能……故圣人所以治人七情，修十义，讲信修睦，尚辞让，去争夺，舍礼何以治之？"
③ 《大学》"正心章"有云："所谓修身在正其心者，身有所忿懥，则不得其正，有所恐惧，则不得其正，有所好乐，则不得其正，有所忧患，则不得其正。""齐家章"有云："所谓齐其家在修其身者，人之其所亲爱而辟焉，之其所贱恶而辟焉，之其所畏敬而辟焉，之其所哀矜而辟焉，之其所敖惰而辟焉。"
④ 刘宗周：《学言》，《刘宗周全集》第二册，第470页。
⑤ 李明辉先生在解释蕺山"故喜怒哀乐即天命之性，非未发以来别有天命之性也""天命之性不可得而见，即就喜怒哀乐一气流行之间，而诚通诚复，有所谓'鬼神之德'者言之"这两段话时说："其未发即天命之性，其已发即喜怒哀乐。"（李明辉：《四端与七情：关于道德情感的比较哲学探讨》，第151页）李先生认为，蕺山所论的喜怒哀乐只是在已发层面上进行言说。对此观点，笔者不能同意。在蕺山之学中，喜怒哀乐是贯穿未发、已发的。

七情，措之为百行，殽之为三千三百。"① 所谓"发之为七情"，即七情属于已发，在对境感物之后才会涌现。四情贯通未发已发，是"无时不然"的，而七情乃是已发之后的产物。人没有无四情之时刻，但是可以有没有七情的时刻。可见，在存在论上，四情乃是比七情具有更加本原的地位。

其次，二者的作用机制也不相同。前者是属于天的，后者是属于人的；前者是合乎天理的，后者是违背天理，而从乎人欲的。蕺山有谓：

> 喜怒哀乐，虽错综其文，实以气序而言。至殽而为七情，曰喜怒哀惧爱恶欲，是性情之变，离乎天而出乎人者，故纷然错出而不齐。所谓感于物而动，性之欲也，七者合而言之，皆欲也。君子存理遏欲之功，正用之于此。若喜怒哀乐四者，其发与未发，更无人力可施也。（后人解中和，误认是七情，故经旨晦至今。）②

"性情之变"是相对于"性情之常"来说的。"性情之常"是性情的本然状态。在本然状态下，喜怒哀乐在心中如理周流，此之谓"中"。此时在人身上，是"自喜而乐，自乐而怒，自怒而哀，自哀而复喜"③。所谓"自"，乃是喜、怒、哀、乐四气自然次第流行，是天道之自发韵律之体现，完全不需要人力把捉，此时天的机制贯彻到人身上无有隔断，成了人的活动的价值源泉。对此，唐君毅先生说："此蕺山之言喜怒哀乐，自非一般之表现于外之喜怒哀乐。此实是借此喜怒哀乐之名，以表此心在意念未起时之纯情，或自感之周流不息。故其言此喜怒哀乐之未发，而在人心者，乃应合于仁义

---

① 刘宗周：《读易图说》，《刘宗周全集》第二册，第142页。
② 刘宗周：《学言》，《刘宗周全集》第二册，第399页。
③ 刘宗周：《学言》，《刘宗周全集》第二册，第413页。

礼智之四德、四心、与天之四德、四时而言……而当说此善恶意念未发之心，于其至寂之中，自有一纯情与自感。"① 唐先生将蕺山所言之喜怒哀乐称为"纯情"或"自感"，突出了其属于天的机制的层面，实为有见。

相较于四情是"性情之常"来说，七情乃是"性情之变"，是"离乎天而出乎人者"。即是说七情的产生并无有天道的根源，其出现乃是出于人的造作。蕺山又谓："喜怒哀乐，性之发也；因感而动，天之为也。忿懥恐惧好乐忧患，心之发也；逐物而迁，人之为也。众人以人而汩天，圣人尽人以达天。"② 盖此处蕺山亦明确指出，喜怒哀乐四情乃是属于天的机制，而忿懥恐惧好乐忧患等七情之属则背离了天的机制，是"以人而汩天"。需要指出，在这一句话之中，两个"发"字含义有所不同。蕺山所云"性之发"之"发"乃是"发用"的"发"，即作为仁义礼智之性的形上本体发用在形下之气之中，成为未发和已发两种状态的喜怒哀乐；而"心之发"的"发"乃是"激发"的"发"，七情之属是心体在受到干扰之后的被激发出来的不中正的意识产物。③

有学者比如劳思光先生和黄敏浩先生指出，蕺山所论之喜怒哀乐为形上或超越之四情，喜怒哀惧爱恶欲为形下或经验之七情。④ 在笔者看来，这种说法是有问题的。笔者在前文中已经指出，在蕺山

---

① 唐君毅：《中国哲学原论·原教篇》，中国社会科学出版社2005年版，第310页。
② 刘宗周：《学言》，《刘宗周全集》第二册，第381页。
③ 蕺山又云："又有逐感而见者，如喜也而溢为好，乐也而溢为乐，怒也而积为忿懥，一哀也而分为恐、为惧、为忧、为患。非乐而淫，即哀而伤。且阳德衰而阴惨用事，喜与乐之分数减，而忿懥恐惧忧患之分数居其偏胜，则去天愈远，心非其心矣。"（刘宗周：《学言》，《刘宗周全集》第二册，第413—414页）所谓"逐感而见"，便是心丧失了主宰，而陷溺外物之中，这时天的机制退隐，而人的机制萌发，于是四情便走作、流变为七情。
④ 参见劳思光《新编中国哲学史》（三下），第453页；黄敏浩《刘宗周及其慎独哲学》，第158—159页。

之学中，只要是属于气的，俱为形下。在蕺山之学中，不管是四情还是七情，都是属气的，所以都是形下之物。所不同者，只不过前者是气之本然运作状态，而后者是非本然运作状态；因此在蕺山之学中，并不存在"形上之情"的说法。

蕺山又云：

> 喜怒哀乐，即天之春夏秋冬。喜怒哀惧爱恶欲，即天之温凉寒燠大寒大暑。笑啼嚬詈，即天之晴雨雷电。春亦有燠时，夏亦有凉时，秋亦有电时，冬亦有雷时，终不可以温凉寒燠谓即是春夏秋冬，况晴雨雷电乎？今人以笑啼嚬詈当喜怒哀乐，因谓有发时，又有未发时，分作两际，殊非《中庸》本旨。①

在这里，蕺山除了提及四情与七情之外，还提到了"笑啼嚬詈"这样的说法。从"内外""表里"的角度来说，相比于七情，则"笑啼嚬詈"更属于表和外了。作为一种情感或情绪状态，七情之喜怒未必会表现为"笑啼嚬詈"，比如我们常说的人的"喜怒不形于色"的情况便是如此，此时人在内心之中是有喜怒等情绪或者情感的，但是此情绪或情感不一定表现在"笑啼嚬詈"等外在活动之中。从心体由内而外的发用层序上来看，四情、七情、"笑啼嚬詈"，是心体由里及表，逐次显现的三个阶段，其中最内在的便是人未发之时的喜怒哀乐，对于这种喜怒哀乐，蕺山所谓"鬼神莫知"，表明这种感情是人所无法意识到的或不能被人的意识活动所觉照，是人之意识活动的基底。第二层是已发的喜怒哀乐或者七情，这些情感便是我们常说的"情绪""情感"，是可以被我们自己的内心所感知的，但是并不一定表现在外在的行为上，被别人所看到。第三层，便是"笑啼嚬詈"等四情或七情的外在表现，不仅自己对此有所感知，并且是可以被别人看到的。

---

① 刘宗周：《读易图说》，《刘宗周全集》第二册，第139页。

最后总结一下,从情的种类上说,蕺山其实讲到了三种情。第一种是喜怒哀乐之情。这种情有两种存在状态,一种是未发状态下的喜怒哀乐,另一种是心体对境感物之后,已发状态下的喜怒哀乐。前者时时恒在,处处恒有;后者对境感物之后由前者所激发于外。这两种喜怒哀乐只是存在阶段上有所不同,但是二者都是符合天的机制的。第二种是七情,泛指心体在受到干扰、遮蔽之下感物而发的一系列不中正的,不符合天的机制的一类情感序列。第三种便是恻隐、羞恶、辞让、是非之四情(心),此四种情与已发之喜怒哀乐同属于已发之情,并且同属于天的机制作用下的中正之情。然而关于恻隐、羞恶、辞让、是非之四情与已发的喜怒哀乐之四情二者的关系,蕺山似乎并没有给予明确说明。①

四 独体与慎独

第一章已经指出,刘蕺山为学之宗旨乃是"慎独"。在"慎独"

---

① 实际上既然"喜怒哀乐"之"四情","喜怒哀惧爱恶欲"之"七情","恻隐""羞恶""辞让""是非"之四心(端、情)都属于情,那么在理论上必然存在彼此之间存在什么关系的问题。关于四情、七情与四心的关系问题,在朱子的论域之中被轻易划过了,朱子说:"但七情不可分配四端,七情自于四端横贯过了。"(黎靖德编:《朱子语类》,《朱子全书》第十七册,第 2960 页)朱子只是说七情不能分配给四端,两者是对情的两套不同的言说系统,不能通约。但是两者之间到底有什么样的关系,朱子则对之语焉不详。蕺山也没有明确说明七情与恻隐、羞恶、是非、辞让四心这两套话语体系之间存在着怎样的关系。也就是说这个问题并不在朱子、蕺山二人考察的视野之中。反倒是在朝鲜儒学对四端与七情的讨论之中,有学者明确发展出关于四端与七情的相配理论。朝鲜儒者李珥(栗谷,1536—1584)云:"夫人之情,当喜而喜,临丧而哀,见所亲而慈爱,见理而欲穷之,见贤而欲齐之者,(已上,喜、哀、爱、欲四情)仁之端也;当怒而怒,当恶而恶者,(怒、恶二情)义之端也;见尊贵而畏惧者,(惧情)礼之端也;当喜怒哀惧之际,知其所当喜、所当怒、所当哀、所当惧,(此属是)又知其所不当喜、所不当怒、所不当哀、所不当惧者(此属非;此合七情,而知其是非之情也),智之端也。善情之发,不可枚举,大概如此。若以四端准于七情,则恻隐属爱,羞恶属恶,恭敬属惧,是非属于知其善恶与否之情也。"李栗谷发展出七情与仁义礼智之四端,以及七情与恻隐、羞恶、恭敬(辞让)、是非等四心相配之理论(见李珥《栗谷全书》,汉城:成均馆大学大东文化研究所 1986 年版,转引自李明辉《四端与七情:关于道德情感的比较哲学探讨》,第 235 页)。

宗旨确立之后,"独"既是本体,又是工夫。蕺山在49岁之后,提出了"独体"这一概念,但是这一概念的内涵得到进一步深化和定型是在崇祯七年之后。崇祯七年之后,蕺山之论独体,从两个方面展开,第一是从性宗而论,此时独体便是性体;第二是从心宗而论,此时独体便是心体,又是意体。关于从心宗方面讲的独体,本文将在下一章集中讨论,此处暂且不论,本节我们只讨论从性宗方面所论的独体。

笔者在上一章已经指出,崇祯七年之后,蕺山之学的一个重大发展就是把喜怒哀乐之四气流行引入了对独体的论述之中。刘蕺山云:"独体不息之中,而一元常运,喜怒哀乐四气周流,存此之谓中,发此之谓和,阴阳之象也。"① 又云:"独中具有喜怒哀乐四者,即仁义礼智之别名。在天为春夏秋冬,在人为喜怒哀乐,分明一气之通复,无少差别。"② 可见,在刘蕺山看来,喜怒哀乐乃是独体所具备的内容。

既然在蕺山看来,独中具有喜怒哀乐,那么,在蕺山之学中,独体是不是就直接等同于喜怒哀乐四气之如理周流呢?其实并不然,在蕺山这里,独体实际上有比较复杂、多面的含义,喜怒哀乐四气之如理周流只是独体的一个面向。

对于"独体"之"独",蕺山有谓:"盖'独'虽不离中和而实不依于中和,即'太极'不离阴阳而实不依于阴阳也。"③ 又云:"独者,心极也。"④ "无极而太极,独之体也。"⑤ 可见,在刘蕺山看来,"独"与"太极"相当,或者"独"即是"太极"。本章第二节在讨论朱子的理气论时已经指出,"太极不离于阴阳而不依于阴阳"乃是朱子的说法,太极与阴阳关系之"不离不杂(依)"恰好

---

① 刘宗周:《读易图说》,《刘宗周全集》第二册,第138页。
② 刘宗周:《圣学宗要》,《刘宗周全集》第二册,第258—259页。
③ 刘宗周:《圣学宗要》,《刘宗周全集》第二册,第259页。
④ 刘宗周:《学言》,《刘宗周全集》第二册,第392页。
⑤ 刘宗周:《学言》,《刘宗周全集》第二册,第395页。

对应理气关系之"不离不杂（依）"。但是这里需要指出，蕺山说"独""虽不离中和而实不依于中和"之"不离不依"与朱子所论理气"不离不杂（依）"之"不离不杂（依）"在内涵上是有本质区别的。朱子所论理气之"不离不杂"，是一种"理气为二"的讲法，是说理是可以在气之外所独存的实体。而蕺山之论理气关系与朱子不同，蕺山倡导理气合一之论，理并非像朱子学之中，是可以外在于气而独存的实体化存在，而是作为气之属性或条理，附属在气之自我运化之中。即从存在论上说，理气是合一的。所以从存在论上，如果蕺山所说的"独体"之"独"指涉的是理，那么是不能够说独是"不依于中和"的。可见，当蕺山讲"独""虽不离中和而实不依于中和"的时候，不是从存在论方面，而是从"指点语"而非"实落语"的意义上进行言说的。理气在存在论上的合一并不碍言说上的分离，从言说的角度来说，可以从喜怒哀乐之形下之气中"指点出"仁义礼智之形上之理，从中和之气之中"指点出"形上之独来。这时蕺山所说的"独"便是形上之理。形上之理不能离开气而独存，此之谓"不离"，但是对于形下之气，形上之理又具有超越的维度，① 此之谓"不依"，可见在此意义上，蕺山仍能说"独""虽不离中和而实不依于中和"。

在蕺山之学中，从形上的层面上讲，独体就是天理。但是从存在论上说，形上之理只能在形下之气中得以透显，故在经验世界之中，独体又必须连带着气来讲。故蕺山有云："喜怒哀乐即仁义礼智之别名。以气而言，曰'喜怒哀乐'；以理而言，曰'仁义礼智'是也。理非气不著，故《中庸》以四者指性体。"② 此处，"性体"或者"独体"便是朗现出"仁义礼智"之本然秩序的"喜怒哀乐"之四气。这时的"独体"是连带着气讲的，是"形上即形下""理

---

① 关于形上之理的超越性维度，请参看本章第二节的论述。
② 刘宗周：《读易图说》，《刘宗周全集》第二册，第138页。

气合一"之体。①

夹带着气讲的独体便为"中气""中体"②。此"中"字既有"未发之中"之"在中"之意，又是状性之体段，有"中正"之意，即气之运作符合于天理之中正。

关于"中气"，蕺山有云："四时之气所以循环而不穷者，独赖有中气存乎其间，而发之即谓之太和元气，是以谓之中，谓之和。"③ 又云："喜怒哀乐，当其未发，只是一个中气，言不毗于阳，不毗于阴也。如天之四气，虽有寒燠温凉之不齐，而中气未尝不流行于其间，所以能变化无穷。此中气在五行，即谓之土，土方位居中是也，和即中之别名。"④ 在蕺山看来，恰恰是有中气的存在及其运作，才使得天之春夏秋冬四时之气以及人之喜怒哀乐四时之气能够生生不已，循环不穷，一循天理之中正。然而需要指出，在蕺山这里，"中气"之"中"并不是实有所指，"中气"并不是在四气之外的另一种气，而就是四气之依循天理之运行本身；是气之本然所具的自我生机之如理涌现。所谓"中气"之"中"，便是气之自作主宰，自我运作之如理、之中正，而无有过与不及。是气之"在其自己"，而非"离其自己"。

---

① 蕺山又云："一气流行，分阴分阳。运为四气，性体乃朕。"（刘宗周：《独箴》，《刘宗周全集》第四册，第345页）此处，"性体乃朕"之"朕"便是二程所说的"冲漠无朕，万象森然"的"朕"。"朕"便是迹象，有迹象之物便是形下之物，便属于气。"运为四气，性体乃朕"是说形上之理只有落实在形下之气之一气流行之中，才能实现其自身。所以此时所谓之"性体"之"体"已经有气之维度，乃是"理气合一"之"体"。

② 《学言》中有一则语录："问：'中便是独体否？'曰：'然，一独耳。指其体谓之中，指其用谓之和。'"（刘宗周：《学言》，《刘宗周全集》第二册，第396页）蕺山又言："说工夫只说个'慎独'，独即中体，识得慎独，则发皆中节，天地万物在其中矣。"（刘宗周：《学言》，《刘宗周全集》第二册，第382页）

③ 刘宗周：《学言》，《刘宗周全集》第二册，第415页。

④ 刘宗周：《学言》，《刘宗周全集》第二册，第396页。蕺山又云："中只是四时之中气，和只是中气流露处。天若无中气，如何能以四时之气相禅不穷？人若无中气，如何能以四端之情相生不已？"（刘宗周：《学言》，《刘宗周全集》第二册，第413页）

与只从作为气运之本然秩序的"天理"的角度来讲的"独体"不同，带上气讲的"独体"，由于气自身所携带的动势，便也具有了一种动能和生机。此时，"独体"便是气运之自发涌现，生生不已，一循天理的本然状态。落实到人的实然的经验生活之中，便是一种喜怒哀乐气化如理周流的能力，或者说是一种在气自身之中朗现仁义礼智等天理之能力，是在心体受到干扰而发生偏离之后，四气之自我正位，自我纠偏，自我归于中和之能力。

可见，在蕺山这里，"独体"之"体"可以有两种讲法，既可以从理的层面来讲，此时"独体"之"体"便为天理；也可以夹杂着气来讲，此时"独体"之"体"亦带有气的成分，是完全透显出形上之理、喜怒哀乐如理周流的气，是"理气合一"之"体"。[1] 即使是带着气来讲的独体，也并不是指涉气运之实然状态，其所指涉的仍旧是气化之本然运作秩序，即天理。前文已经谈到，天理有一种超越性的维度，由于独体所指涉的是天理，所以独体也具有一种超越性的维度，是"生而有之"、人人同具的。

对于蕺山来说，独体虽然人人同具，但是在经验生活之中，往往由于人的私欲束缚或者外物之干扰，其功能未必能做到完全显发，喜怒哀乐之四气往往不能够自作主宰。蕺山说："人心一气而已矣，而枢纽至微，才入粗一二，则枢纽之地霍然散矣。散则浮，有浮气，因有浮质；有浮质，因有浮性；有浮性，因有浮想。为此四浮，合

---

[1] 当代学者比如劳思光、黄敏浩等先生在讨论蕺山对独体的论述时，往往只注意到独体所具备的形上天理的面向，而对独体所具备的形下之气的面向有所忽略〔参见黄敏浩《刘宗周及其慎独哲学》，第33页；劳思光《新编中国哲学》（三下），第450—454、459—460页〕。衷尔钜先生发现了蕺山独体所具的气的面向，认为独体是理与气的统一，极为有见。但是衷先生又根据唯物、唯心二分的诠释框架认为蕺山认定独体是"理气合一"之体的观点是"混淆了物质与精神"，对此笔者不能同意。前文已经指出，蕺山之学中"气"与"理"的含义并非对应于"物质"与"精神"；其实气在蕺山思想中既具备物质性的面向，又具备精神性的面向，蕺山认定独体是"理气合一"之体并不存在混淆物质与精神这样的问题。衷先生的相关论述见衷尔钜《蕺山学派哲学思想》，第104页。

成妄根；为此一妄，种成万恶。嗟乎！其所由来者渐矣。"① 所谓"枢纽之地"并不是真有一个外在于气的并且可以发动气的类似发动机一样的存在，而就是气之自我主宰本身。所谓"枢纽之地霍然散矣"从气自身的角度上说，是气之自我主宰之能力受到干扰；从理的角度上来说，是理主宰不了气，此时气如脱缰之野马而四处放逸。此处"浮气"之说法甚为生动，盖气失主宰，不能贞定自身，便散逸、漂浮出去。此"浮气"蕺山在别处又称作"暴气"。蕺山有云："今之为暴气者，种种蹶趋之状，还中于心，为妄念，为朋思，为任情，为多欲，皆缘神明无主。"② "神明无主"的根源乃是气自身无主，气丧失主宰后便成为"浮气""暴气"。

既然人在经验生活之中，喜怒哀乐之四气有放失、走作，丧失主宰之危险，那么，作为人日常之修行来说，其目的便是保任此独体，保任此中气，让气能够自我主宰。蕺山有云：

> 喜怒哀乐，一气流行，而四者实与时为禅代。如春过了夏，秋过了冬，冬又春，却时时保个中气，与时偕行，故谓之时中。此非慎独之至者，不足以语此，故与小人之无忌惮相反。③

由于"中气"就是"独体"，所以保任中气便就是慎独。保任中气，是让气能够自作主宰，气之自然运行之机制自发朗现，乃是不以人之私欲等"人的机制"扰乱气运之如理运行。"殊不知暴气亦浩然之气所化，只争有主无主间。今若提起主人翁，一一还他条理，条

---

① 刘宗周：《学言》，《刘宗周全集》第二册，第435页。
② 刘宗周：《证学杂解》，《刘宗周全集》第二册，第269页。
③ 刘宗周：《学言》，《刘宗周全集》第二册，第457页。蕺山又言："此正一气之自通自复，分明喜怒哀乐相为循环之妙，有不待品节限制而然。即其间非无过不及之差，而性体原自周流，不害其为中和之德。学者但证得性体分明，而以时保之，则虽日用动静之间，莫非天理流行之妙，而于所谓良知之见，亦莫亲切于此矣。"（刘宗周：《学言》，《刘宗周全集》第二册，第414页）

理处便是义。"① 所谓浩然之气便是中气，便是如理之气，其与暴气的区别仅在于气之能不能自我主宰。气能自作主宰，便是中气，便是浩然之气；气失其主宰，便是暴气，便是浮气。而人之用工夫处，便是恢复气自作主宰的能力，让浮气与暴气复受到主宰，而化归为中气。

其实，在蕺山之学之中，独体具有两个面向。如上从喜怒哀乐之四气流行方面讨论的独体是从性宗方面论述的独体，此时独体便是性体。另外，独体还有作为心体的面向。这便关涉蕺山晚年另一个重要理论的提出，即诚意新论的提出，也即是刘伯绳所说的"始以诚意、已未发之旨示学者"的"诚意"之说。本书下一章便从心体层面对独体进行讨论。

---

① 刘宗周：《证学杂解》，《刘宗周全集》第二册，第269页。

第三章

刘蕺山的心体论

在蕺山之学中，心体是从人的意识层面或精神层面述说的本体；它是作为存在本体的性体在人的精神世界中的意识化显现，心体的意识结构样态和精神运作机制又直接决定了以"意识转化"为核心的实践工夫的具体入路与操练方式，即心体构成了勾连性体天道与人的工夫实践的枢纽。

与之相应，刘蕺山所建构的心体论既是其性体论在意识层面或精神层面的具体落实，又奠定了工夫操作的意识基础，决定了工夫论的基本样态。因此蕺山的心体论在其"性体—心体—工夫"的理论架构之中具有枢纽性的地位。

蕺山对心体的论说涉及蕺山在丙子年之后所提出的诚意新论以及与之相关的"意念之辩"、蕺山的知论等内容，本章主要就这些论题逐次展开论述。

第一节 从性宗到心宗的转换以及
蕺山诚意新论的缘起

丙子年之后，通过诚意新论的提出，蕺山丰富了其对于心体的论述，为工夫论奠定了一个坚实的心性论基础，标志着蕺山之学的最终定型。

蕺山之论"性体"与"心体"之"体",在其一生的为学历程之中,经历了一个变化的过程。在蕺山思想的早年和中年阶段,蕺山所论"性体""心体"之"体"所指涉的是形上之天理,但是在蕺山思想的晚年阶段,他开始将形下之气的维度引入对"性体""心体"的论说之中,此时蕺山所论的"性体"与"心体"之"体"便成为"理气合一"之"体"。

丙子年之后,对于蕺山来说,性体与心体是独体的两个不同的面向,其中性体是从存在论角度述说的独体,而心体则是从意识论角度述说的独体,二者皆指涉在人心之中如理周流的喜怒哀乐之四气。蕺山这种对"性体"与"心体"的含义的理解既不同于朱子,亦不同于当代哲学家牟宗三。

蕺山在晚年之所以会提出诚意新论,主要是出于工夫实践上的考量。通过诚意新论,蕺山对人的意识世界的基本结构、意识活动的基本内容以及意识运作的基本机理等都进行了细密分析,得以建构起一个具有丰富内容的意识本体理论或一套"道德精神现象之原理、原则"[1],这为蕺山工夫论的建构奠定了坚实的基础。对意识本体的分析越细密、详尽,以"意识转化"为核心的工夫操练就越具体、笃实、越有途辙可循,而避免工夫出现过于活泛、难以把捉的弊病。

蕺山在晚年提出诚意新论,标举诚意宗旨之后,慎独与诚意的关系在蕺山理学体系中自然成为一个重要的理论问题。在笔者看来,蕺山晚年提出的"诚意"之说其实可以收摄在其慎独宗旨中,诚意新论的提出构成了蕺山慎独理论体系自我发展的一个重要环节;是蕺山晚年慎独理论的进一步深化。

一 刘蕺山论性体与心体

作为理学的常用术语,在刘蕺山的著作之中,"性体"与"心

---

[1] 杜维明语,参见[美]杜维明、东方朔《刘宗周〈人谱〉的道德精神世界——杜维明教授访谈》,《学术月刊》2001年第7期。

体"得到了广泛的使用。不过蕺山对这对概念的使用情况在丙子年之前与之后,即在其思想的后期与前、中期是不同的。在甲戌年(崇祯七年,蕺山时年57岁)之前,也即蕺山之学的早期和中期阶段,这对概念在蕺山文本之中只有零星出现,在甲戌年,尤其是丙子年之后,也即在蕺山之学的晚期阶段,"性体"与"心体"这对概念才开始在蕺山著作之中得以大量出现。并且相较于蕺山思想之前期和中期,蕺山晚年对这一对概念的使用方式也出现了新的变化,具体表现在三个方面。第一,蕺山在其思想中期将"性体"与"独体"直接关联起来,以"性体"说独体的基础上,又将"心体"与"独体"直接关联起来,开始以"心体"说独体,于是在蕺山晚年,"性体"与"心体"开始正式成为言说独体的两个不同面向。第二,"性体"或"心体"的含义,尤其是"性体"或者"心体"之"体"的含义发生了变化。在蕺山之学的中期阶段,主要是以形上之理言独体,但是在甲戌年之后,随着蕺山将喜怒哀乐之一气流行引进到对独体的论述之中,独体在继续保留形上之理的面向的同时,亦可夹杂着气来讲,开始具备了气的维度。关于这一点,上一章最后一节曾有分析,兹不赘述。第三,"心体"的含义得到进一步深化,开始与蕺山在丙子年之后提出的诚意新论关联在了一起,于是,心体成为"意体"。丙子年之后,蕺山对心体的论述,主要体现在其诚意新论之中。

总之,在甲戌年,尤其是丙子年之后,蕺山对独体的言说开始具有了两个面向,第一个是上一章所讲的以喜怒哀乐之四气流行言独体,此为从性宗或性体方面言独体;第二个便是本章所要讲的,以"意根"言独体,此为从心宗或者心体方面言独体。

在甲戌年之前,蕺山之论"性体",其所指涉的乃是"天理"。比如《论语学案》有言:"刚即性体之超然物表,而落在气质,常为学问之用神,夫子所谓刚者是也。"[1] 此处蕺山讲性体"超然物表",并

---

[1] 刘宗周:《论语学案》,《刘宗周全集》第一册,第326页。

且落在气质之中,可见性体并不是气质,而只是理。在甲戌年之前,除了这里所引的《论语学案》这一条材料之外,在蕺山文本之中,还有其他几处亦提到了"性体",但是这几处对"性体"的言说均未如甲戌年之后蕺山之论"性体"有夹杂着气来讲的维度,其所指涉的也即是天理,而与气无涉。① 对于蕺山早年或中年之论"性体","性体"之"体"这时可以做两种理解,一为"体段"之"体",此时,"体"无实义,只是一个状态词,"性体"便是性;另一为"体用"之"体",此时,"体"有实义,即性就是本体,就是形上之天理。

甲戌年之前,"心体"在蕺山文本之中出现的次数并不多,《论语学案》中有云:"心体本觉,有物焉蔽之,气质之为病也。"② 又云:"毋意、毋必、毋固、毋我,此心体也。"③ 另外,蕺山在55岁之时所作的《读书要义说》有云:"总之,只要破除私意,完复心体而已。"④ 这两处所讲的"心体",其实就是"心",这时,"心体"之"体"更多的是偏重从"体段"的意义上来讲的,"体"只是一个状态词,只是对心的状态的一种描述,并无实义。

需要指出,前文已经提到,在万历四十二年,蕺山著《心论》,正式确立了心学的立场,并且至此之后终身不渝。既然蕺山认为"心外无理",认同心学"心即理"的基本主张,所以尽管蕺山自己

---

① 在蕺山丙子年之前的著作之中,蕺山还有几处提到了"性体"。比如《论语学案》还有云:"两人学问无可程量,即所闻以叩所知,而回得全体之照,赐得一察之明。全体之照在性体,一察之明在亿见;性体愈约而愈该,亿见愈多而愈障,始知君子之学有在此而不在彼者。"(刘宗周:《论语学案》,《刘宗周全集》第一册,第324页)又云:"夫习虽不能不岐于远,然苟知其远而亟反之,则远者复归于近,即习即性,性体著矣。"(刘宗周:《论语学案》,《刘宗周全集》第一册,第513页)《气质说》有云:"而《中庸》曰:'喜怒哀乐未发谓之中。'却又无可着力处。从无可着力处,用得工夫来,正是性体流露时。此时刚柔善恶,果立在何处?少间便是个中节之和。"(刘宗周:《气质说》,《刘宗周全集》第二册,第310页)蕺山这几处提到的"性体"指涉的都是"天理",而与气无涉。
② 刘宗周:《论语学案》,《刘宗周全集》第一册,第270页。
③ 刘宗周:《论语学案》,《刘宗周全集》第一册,第397页。
④ 刘宗周:《读书要义说》,《刘宗周全集》第二册,第312页。

并没有明确指出，但是蕺山此时所论"心体"之"体"亦可以理解为"体用"之"体"，即心就是体，此体便为天理。

蕺山既然认为心体具有"能觉"的功能，按照中国思想的传统，这种功能可能与气相关涉，但是据现存的蕺山著述来看，在甲戌年之前，蕺山并没有对心与气的关系这一问题进行过讨论。

甲戌年之后，当蕺山将喜怒哀乐之一气流行引入对性体的论说之后，心体的含义也相应发生了变化。此时"心"或者"心体"开始直接与喜怒哀乐四时之气关联在了一起。蕺山有谓："心体浑然至善。以其气而言，谓之虚；以其理而言，谓之无。"① 可见，此时，"心体"之"体"既可以指谓理，亦可夹杂着气讲，乃是"理气合一"之"体"。

通过本节上述以及上章最后一节的分析，我们发现，对于"心体"与"性体"之"体"，无论是在甲戌年之前，还是之后，即不管是在蕺山思想的早期、中期，还是晚期，都可以指涉天理，即是体用论意义上的"以理为体"。但是在甲戌年之后，蕺山无论讲"性体"还是"心体"，"体"都增加了"气"的维度，此时"性体""心体"都成了"理气合一"之"体"。即在体用论上，此"体"已经不仅有"以理为体"的含义，而且还有"以气为体"的含义。"以理为体"和"以气为体"涉及了中国古典思想之中的关于体用论的两种不同的形态。

李晓春先生已经发现，在中国古典思想之中，体用论最初表征的是实体或者形体与其功用的关系，后来到了宋代，在受到魏晋玄学和佛教的共同影响之下，又生发出另外一种类型，即表征本体与功用的关系②；前一类型体用论之"体"乃是"质体"，后一类型体用论之"体"乃是"道体"或者"性体"。③ 如果按照宋明理学理

---

① 刘宗周：《学言》，《刘宗周全集》第二册，第410页。
② 李晓春：《张载哲学与中国古代思维方式研究》，第32页。
③ 李晓春：《张载哲学与中国古代思维方式研究》，第32、47页。

气论的术语来说,"质体"是有形质的形下之物,其最终指涉的是气,而"道体"或者"性体"乃是无形的形上之物,其实就是理学家所"自家体贴出来"的"天理",① 对于"道体""性体",我们亦可以称作为"理体"。

在中国思想之中,前一种类型的体用论思想渊源甚早,《荀子·富国篇》有云:"万物同宇而异体,无宜而有用。"这句话的意思是说,天地万物,同在一个空间,但形体各不相同,它们没有固定的用处,却对人们都有用。此时荀子对"体""用"这两个词的用法还处在日常用词的层面,并未将其提炼为一种哲学范畴,但是却已经包含了后来体用论所蕴含的基本意思。南朝范缜(子真,约450—515)在《神灭论》中云:"形者神之质,神者形之用,是则形称其质,神言其用,形与之神,不得相异也。"② 此处范缜所言"质"与"用"的关系便是形体与其功能的关系,"形质神用"的说法便体现了一种典型的体用论的思维。在范缜之后,唐代的崔憬(生卒年不详)明确将"体""用"当作一对重要的范畴,来表示形体与形体的功用这层意思。③ 崔憬曰:"凡天地万物,皆有形质。就形质之中,有体有用。体者,即形质也。用者,即形质上之妙用也。"④ 这句话对"体""用"做出了明确的定义,即"体"是物之形体,"用"即形体的功用。他并举例道:"动物以形躯为体为器,以灵识为用为道。植物以

---

① 程明道说:"吾学虽有所受,天理二字却是自家体贴出来。"(程颢、程颐:《二程集》,第424页)

② 姚思廉:《梁书》,卷四十八《儒林》,中华书局1973年版,第665—666页。

③ 其实,体、用真正作为一对哲学范畴出现,学术界比较公认的,乃是出自王弼(辅嗣,226—249)。但是对于王弼的体、用所真正表达的意涵是什么,则存在争议。大部分研究者认为王弼是以无为体,以有为用。但是也有人认为王弼的体用就是形体与功用的意思。可参见[韩]林采佑《略谈王弼体用范畴之原义——"有体无用"之"用体论"》,《哲学研究》1996年第11期。

④ 李道平:《周易集解纂疏》,潘雨廷点校,第611页。书中"崔觐"应当为"崔憬"。崔憬,唐代易学家,其人生活的年代,在孔颖达(冲远,574—648)后,李鼎祚前。

枝干为器为体，以生性为道为用。"① 认为动物之形躯为体，灵明知觉便是形躯之功用，植物的枝干为体，能生长发育便是枝干之功用。直至后来理学的兴起阶段，还有邵雍也是在这一层意义上使用"体""用"的。②

至于体用论的第二个类型，即"以理为体"的体用论，其在中国思想史上的出现要比作为第一种类型的"以气为体"的体用论晚很多。这种类型的体用论，直到北宋初期才被理学家们正式揭示出来，其核心内容便是"理体气用"。程伊川有谓："至微者理也，至著者象也。体用一源，显微无间。"③ 又云："至显者莫如事，至微者莫如理，而事理一致，微显一源。古之君子所谓善学者，以其能通于此而已。"④ 在这两句话之中，伊川明确指出，理为体，而象、事为用。由于对理学家来说，象、事是属于形下序列的事物，是属于气的，所以理为体，象、事为用最终归结于"理体气用"。后来朱子有谓："理者，天之体；命者，理之用。性是人之所受，情是性之用。"⑤ 对于朱子来说，在天道层面，理是体，命是用。由于此处所言之命乃是属气的，所以"理体命用"也就是"理体气用"；在人道层面，由于性乃是在人之天理，而情乃是在人之气，天道层面的"理体气用"落实到人的性情论上，便是"性体情用"。

现在，我们回过头来再考察一下刘蕺山对性体与心体的论述。如果我们从体用论的视角来理解蕺山早年、中年对"性体"或者"心体"的论述，便发现，蕺山在早年、中年所论的"性体"与"心体"之"体"只具有形上之理的含义，是一种形上之体，即

---

① 李道平：《周易集解纂疏》，第611页。
② 关于邵雍"体用论"思想的简单介绍，可参见蒙培元《理学范畴系统》，人民出版社1989年版，第152页。
③ 程颢、程颐：《二程集》，第689页。
④ 程颢、程颐：《二程集》，第323页。
⑤ 黎靖德编：《朱子语类》，《朱子全书》第十四册，第215页。

"理体",所对应的是"理体气用"的体用论类型。但是到了甲戌年之后,当蕺山将喜怒哀乐一气流行引入了对独体的论述中之后,"心体"与"性体"之"体"的含义发生了改变,已经从在蕺山早年、中年只作为形上之理的"体"转变为"理气合一"之"体"。这时的"体"除了原先所具的形上之理的维度之外,还具有了形下之气的维度,即已经兼具了"理体"和"质体"两种意涵,其中前者提供此体发动之秩序,后者提供此体发动之动能。

这里我们尤其需要指出,蕺山晚年所论之"性体"与"心体"之含义与朱子所论之"心体"与"性体"之意思有很大之不同。从文字上看,朱子不怎么讲"性体"二字,只有偶尔提及。《朱子语类》记载有学生问"乾者天之性情",朱子答曰:"此只是论其性体之健。静、专是性,动、直是情。"① 从词义上来看,朱子并未从体用论的角度诠释"体",此"体"乃是"体段"的意思,"性体"即为"性之体""性之体段"。② 至于"心体"的说法,相比于"性体"来说,朱子讲得比较多一些,朱子有"心体流行"③ "心体浑然"④ "心体湛然"⑤ "心体廓然"⑥ 等一系列说法。但是与"性体"之"体"一样,在朱子这里,"心体"之"体",也是从"体段"

---

① 黎靖德编:《朱子语类》,《朱子全书》第十六册,第2262页。

② 关于"性之体",朱子有言:"又才见说四者为性之体,便疑实有此四块之物磊块其间,皆是错看了也。须知性之为体,不离此四者,而四者又非有形象方所可撮可摩也,但于浑然一理之中,识得个意思情状,似有界限,而实亦非有墙壁遮拦分别处也。"(朱熹:《答林德久》,《朱子全书》第二十三册,第2935页)此处,朱子所说的"四者"指的是"仁义礼智"四德。"四者为性之体"意为四者都是性的体段、内容。关于性之"体段",朱子有云:"疑'未发'只是思虑事物之未接时,于此便可见性之体段,故可谓之中而不可谓之性也。"(朱熹:《答林择之》,《朱子全书》第二十二册,第1967页)朱子又云:"其谓之中者,盖所以状性之体段也。"(参见朱熹《答张敬夫》,《朱子全书》第二十一册,第1338页)

③ 朱熹:《已发未发说》,《朱子全书》第二十三册,第3267—3268页。

④ 朱熹:《孟子或问》,《朱子全书》第六册,第925页。

⑤ 朱熹:《己酉拟上封事》,《朱子全书》第二十册,第619页;朱熹:《答徐彦章》,《朱子全书》第二十三册,第2582页。

⑥ 朱熹:《答张敬夫问目》,《朱子全书》第二十一册,第1397页。

的意义上进行理解的；所谓"心体"，便是心之体段，或为心之"变易的总体"①。

然而，尽管朱子之论"心体"与"性体"多就体段之义上来理解，但是仍旧不碍于我们亦可以从体用论的视角来诠释朱子所论之"性体"与"心体"。从体用论的视角来看，由于朱子"性体"之"体"指涉的是形上之理，所以在朱子这里，"性体"即是"理体"。而由于在朱子之学中，心属于形下之气，所以朱子所言的"心体"即是"质体"。朱子对"心体"与"性体"的如是理解与蕺山晚年认定"性体"就是"心体"，是"理体"与"质体"的合一的观点是截然不同的。

另外当代新儒家的代表人物牟宗三先生撰有《心体与性体》这部巨著。由于牟先生以及这部书在当代理学研究领域之中的巨大影响力，"性体"与"心体"这两个称谓在当今学界可谓耳熟能详，但是笔者这里要指出或者提醒的是，刘蕺山语境之下的"心体"与"性体"之含义与牟先生所论的"心体"与"性体"的含义亦有很大的不同，对此有必要做一辨析的工作。

在《心体与性体》里面，牟宗三先生将宋明理学划分为三系，第一为伊川—朱子一系，第二为象山—阳明一系，第三为五峰—蕺山一系。牟先生综括这几系，认为在理学之中，性具五义：

一、性体义：体万物而谓之性，性即是体。
二、性能义：性体能起宇宙之生化、道德之创造（即道德行为之纯亦不已），故曰性能。性即是能。
三、性理义：性体自具普遍法则，性即是理。
四、性分义：普遍法则之所命所定皆是必然之本分。

---

① 陈来先生亦指出，在朱子这里，"所谓心体流行是指心的不间断的作用过程"。"这里心体的体非体用之体，乃程氏'其体则谓之易'之体，指变易的总体。"（陈来：《朱子哲学研究》，第190页）

五、性觉义：太虚寂感之神之虚名照鉴即是心。依此而言性觉义。①

同样，心有五义：

一、心体义：心体物而不遗，心即是体。
二、心能义：心以动用为性（动而无动之动），心之灵能起宇宙之创造，或道德之创造，心即是能。
三、心理义：心之悦理义即起理义，即活动即存有，心即是理。此是心之自律义。
四、心宰义：心之自律即主宰而贞定吾人之行为。
五、心存有义：心亦动亦有，即动即有。心即是存有（实有），即是存在之存在性，存在原则：使一道德行为存在者，即是使天地万物存在者。心即存有，心而性矣。②

牟先生又云："自性而言之，综此五义而曰性体。综性体之整全言之，亦得曰理。此即是太极之为理。"③ 可见，在牟先生看来，性便是理，性体之五义，便是理所具之五义，在牟先生看来，此理乃是"即活动即存有者"④。

另外，牟先生认为对于不同理学家来说，他们对于"性体"与"心体"的理解是不同的。在伊川—朱子一系之中，以上性之五义并非全具，性体只表现为"性体""性理""性分"之三义，而不具备"性能"与"性觉"二义；与之对应，在朱子之理论体系之中，理乃是"只存有而不活动者"⑤。而牟先生认定朱子以形下

---

① 牟宗三：《心体与性体》（一），《牟宗三先生全集》第五册，第 590—591 页。
② 牟宗三：《心体与性体》（一），《牟宗三先生全集》第五册，第 591—592 页。
③ 牟宗三：《心体与性体》（一），《牟宗三先生全集》第五册，第 592 页。
④ 牟宗三：《心体与性体》（一），《牟宗三先生全集》第五册，第 594 页。
⑤ 牟宗三：《心体与性体》（一），《牟宗三先生全集》第五册，第 594 页。

之气言心，① 朱子所言之心并不是理，所以牟先生认为如上所言的心体之五义在朱子对心的言说之中则完全脱落；而在象山—阳明与五峰—蕺山一系的理学家之中，上述性体之五义与心体之五义皆备。在牟先生看来，对于象山—阳明与蕺山—五峰这两系的理学家来说，心性合一，心就是性，性体即是心体；性体与心体二者所指涉之内容是相同的，只是在言说面向上有所不同。牟先生认为，性体是"客观地、形式地言之"，心体是"主观地、实践而亦是实际地言之"。② 只不过象山—阳明一系侧重于从心体方面立说，而少言性体；然虽少言性体，而性体之含义仍潜在的具备。至于"五峰—蕺山一系的理学家"则心性双彰，以心著性，心性二者具为饱满。

对照牟先生与刘蕺山各自对"性体""心体"的论述，不难发现，牟先生所论性体与心体之含义与刘蕺山并不相同。在牟先生的诠释之中，不管是心还是性，指涉的均是理，而不是气。从体用论的角度来看，牟先生所谓"性体"与"心体"之"体"，指的都是理体，而与质体无涉。而在刘蕺山看来，性体就是心体，此"体"不仅仅有理的维度，并且亦有气的维度，是理体与质体之综合，此体乃是"理气合一"之"体"。③ 并且牟先生认为五峰—蕺山一系所言之理乃是"即存有即活动者"，这种说法亦不符合刘蕺山论理之原义。盖在刘蕺山这里，"盈天下一气也"，所谓活动只是气之活动，而理乃是此活动之本然秩序，乃是从活动中"指点"出规则、秩序者，理并非一种实体化的存在，所以并不可说理能活动还是不活动。在蕺山这里，可以说理存有，但是不可

---

① 牟宗三：《从陆象山到刘蕺山》，上海古籍出版社 2001 年版，第 6 页。
② 牟宗三：《心体与性体》（一），《牟宗三先生全集》第五册，第 591 页。
③ 李振纲先生认为，蕺山所论之性体乃是"形而上之超越本体"，心体是"形而下之内在主体精神"（李振纲：《证人之境：刘宗周哲学的宗旨》，第 53—54 页）。对于这一观点，笔者不能同意。性体固然便是"超越本体"，心体亦是"主体精神"，但是"超越本体"与"主体精神"其实只是人的叙述角度不同，其实二者所指涉的皆为"形上即形下"之"理气合一"之体。

说理活动。

二 性体与心体：独体的两种不同面相

在蕺山思想的晚年阶段，性体即心体，二者所指涉的具为理气合一之本体，故二者并无实质内容的分别；二者之区分，只是一种名相上的区分，或言说面向的区分。蕺山有云：

> 君子仰观于天，而得先天之《易》焉。"维天之命，於穆不已，盖曰天之所以为天也。""是故君子戒慎乎其所不睹，恐惧乎其所不闻"，此慎独之说也。至哉独乎！隐乎！微乎！穆穆乎不已者乎！盖曰心之所以为心也。则心一天也。独体不息之中，而一元常运，喜怒哀乐四气周流，存此之谓中，发此之谓和，阴阳之象也。四气，一阴阳也。阴阳，一独也。其为物不贰，则其生物也不测。故中为天下之大本，而和为天下之达道，及其至也，察乎天地，至隐至微、至显至见也。故曰"体用一原，显微无间"。君子所以必慎其独也，此性宗也。
>
> ……
>
> 君子俯察于地，而得后天之《易》焉。夫性，本天者也。心，本人者也。天非人不尽，性非心不体也。心也者，觉而已矣。觉故能照，照心尝寂而尝感，感之以可喜而喜，感之以可怒而怒，其大端也。喜之变为欲、为爱，怒之变为恶、为哀，而惧则立于四者之中，喜得之而不至于淫，怒得之而不至于伤者。合而观之，即人心之七政也。七者皆照心所发也，而发则驰矣。众人溺焉，惟君子时发而时止，时返其照心而不逐于感，得《易》之逆数焉。此之谓"后天而奉天时"，盖慎独之实功也。[①]

---

① 刘宗周：《读易图说》，《刘宗周全集》第二册，第138—139页。

第一段文字说独体之中具有喜怒哀乐四气周流之气，便是从性体方面来指涉独体，所以刘宗周在本段末尾说"此性宗也"。但同时，蕺山又说这於穆不已的气化流行乃是"心之所以为心"，可见性体便是心体，性体与心体是一而二，二而一的。

虽然在第二段文字末尾，蕺山没有明确标榜"此心宗也"。但是根据与第一段文字的对应关系来看，第二段文字乃是论述心宗（体）无疑。此段文字蕺山虽在论述心体，但又云"性非心不体"，即性体就体现在心体之中，于此再次重申了性体与心体一而二，二而一的关系。

对于人来说，从性体的角度来言说独体，便是从存在论方面指涉独体。"喜怒哀乐"之四气流行构成了独体的存在论的内容。从心体方面言说独体，便是从意识运作的角度来指涉独体。蕺山曰："心也者，觉而已矣。"所谓"觉"乃是人心内在的观照能力，是人的意识所具有的明觉作用，是心中之喜怒哀乐四气流行所呈现出来的意识机能。

对于性体与心体的关系，我们可以用一个人的手指被针刺这件事情来做譬喻。从生理学的角度上讲，人的手指被针刺之后，在人的神经系统之中，会发生一系列的电化学反应，会有电流经由连通手指到脑部的神经传导到人的大脑之中。而从人体的感官感受的角度上来讲，则是人在被针刺之后，会感觉到痛。其实，以上两种从不同角度反映的事实其实都是对"人的手指被针刺"这一现象的描述，不过前者是从客观的、存在论上进行物理现象的还原，而后者则是人的主观的，意识觉知层面的真实感受。与这个譬喻相似，在刘蕺山晚年阶段的论述之中，性体与心体均指涉同一个对象，即人心中如理周流的喜怒哀乐之四气，也即是独体。性体与心体乃是独体之两个不同的言说面向，其中性体是从存在论角度述说的独体，而心体则是从意识论角度述说的独体。

关于独体具有性体与心体这两个面向，蕺山又云："独是虚位，从性体看来，则曰莫见莫显，是思虑未起，鬼神莫知时也。从心体看来，则曰十目十手，是思虑既起，吾心独知时也。然性体即在心体中看出。"① "虚位"的说法，前文已有分析。蕺山这里说"独"是"虚位"，意谓"独"只是一个形式的、虚拢的概念，其自身并无定指；需要借助具有实质意涵的、具有确定内容的名词加以贞定之，而在蕺山这里，最终贞定独体的便是"性"和"心"。蕺山又谓："《中庸》之慎独，与《大学》之慎独不同。《中庸》从不睹不闻说来，《大学》从意根上说来。"② 在蕺山看来，《中庸》之慎独便是从性体角度言说的慎独，而《大学》之慎独便是从心体角度言说的慎独。如果性体不夹带气讲，则性体便是形上之理，当然是"不睹不闻"的；如果性体夹杂着气讲，则性体是一种未发之体，由于未着于事，只是一种引而待发的道德机能，也是"不睹不闻"的，这是从存在论方面论述的本体。而从"意根"论独体，显然便是从意识本体的层面述说独体。

三　蕺山诚意新论提出的缘起

刘伯绳在论述蕺山思想之发展的时候，说蕺山之学"晚归本于诚意"③，点出了"诚意"在蕺山晚年思想中的重要性。在蕺山晚年，蕺山一反朱子、阳明等宋明理学家对《大学》中"诚意"二字的理解，而对之作出了迥异的解释，并且在这种对"诚意"新解的基础上发展出具有自己特色的诚意新论。蕺山诚意新论的提出是其思想发展历程之中一个重要的节点，标志着蕺山思想由中期向晚期转向的最终完成和其思想体系的最终确立。这里我们自然有一个问题，即为什么蕺山要在晚年苦心孤诣地构建出一种迥异前人的诚意新论呢？要回答这一问题，还需要从考察蕺山思想之演进历程为入手来探究。

---

① 刘宗周：《学言》，《刘宗周全集》第二册，第381页。
② 刘宗周：《学言》，《刘宗周全集》第二册，第381页。
③ 刘汋：《蕺山刘子年谱》，《刘宗周全集》第六册，第173页。

在前文中，笔者已经指出，对于心学一系的理学家来说，"本体—工夫"是其理论体系的基本架构，而本体又分为存在本体与意识本体。前者所指向的，乃是天道层面的气化流行；后者所指向的，乃是人道层面的人心的意识运作。① 用蕺山自己的话来说，前者对应"性体"，后者对应"心体"。丙子年之前，蕺山对本体的论述主要集中在性体方面，即使是在甲戌年提出了喜怒哀乐之四气流行之说，只是在性体方面对本体论述的深化，并未有涉及本体的意识运作机制方面的内容。也就是说，在丙子年之前，在理论上，蕺山侧重于从存在本体层面展开对本体的论说，而对于意识本体的建构则有所虚欠。这种虚欠直接导致了蕺山在丙子年之前，对工夫论的建构中出现了一定的问题。对于心学一系的理学家来说，究竟之工夫则是落实到自己的心上，只有心上的工夫做好了，才能推拓至齐家、治国、平天下的事业，这便是所谓的"内圣外王"之学；而心上工夫之实质则是一种意识操练与精神转化。对以转化身心为目标的心学工夫论来说，工夫只有具体落实到意识操练层面才能不至陷于玩弄光景的地步。而对于心学家所说的本体而言，与工夫直接相关的乃是意识本体，即心体，而存在本体或者性体与具体的工夫之间尚隔一尘。存在本体必须要转化为意识本体之后，才能在意识层面展开精神性的内容，此内容才能对人的工夫操持做一具体的规定，人之工夫才有具体的持循法门而趋于具体化和精细化，由此工夫才能有具体的指南可以凭依和贞定，才能避免出现过于活泛，不容易把捉的情况。②

---

① 有学者又将这两个本体称为"宇宙本体"与"心性本体"。参见胡元玲《刘宗周慎独之学阐微》，第316页。
② 对于朱子一系的理学家的工夫论来说，我们可以说，其有"意识"而无"意识本体"。因为在朱子一系的理学家看来，人心乃是形下之物，并不具有形上属性；所以工夫之实质不是一个自心中朗现天理的过程，而是一种外在的求取天理的过程。这种工夫也当然涉及意识的运作，主要表现为一种认识过程，这与心学一系的工夫操作有很大的不同。具体区别可参见本书第四章的论述。

因此对于心学家来说，意识本体是连接存在本体与工夫的重要桥梁，存在本体只有通过意识本体的中介作用才能具体下贯到工夫之中，意识本体的如何设定将直接规定着工夫实施的具体方案。由于意识本体的建构与工夫的操练直接相关，所以一方面，理学家的工夫实践越深、越密，则对意识本体的体会越具体、越真切，进而在理论上所建构起来的意识本体的内容越丰富、越细密；另一方面，理学家对于意识本体的理论建构内容越丰富、越细密，则工夫实践就越有规矩途辙可循，就越容易取得效验。

在蕺山这里，意识本体的建构与工夫实践的操作是交相并进的。在丙子年之前，蕺山对于心体建构有所虚欠，这恰恰说明蕺山此时的工夫论建构还未成熟，工夫实践亦处在不断摸索、尚未定型的阶段。而丙子年之后，当蕺山建立了以诚意新论为核心的心体理论之后，其工夫论方才进入细密、成熟的阶段，而相应的工夫实践亦达到了圆熟、定型的地步。或者反过来亦可说，丙子年之前，虽然蕺山已经在持续地进行"主敬"与"慎独"的工夫，但是此时工夫还未臻化境，此时蕺山对意识本体的体会仍然不够深刻；丙子年之后，蕺山已经开始认识到以往工夫的不足，在工夫实践上又日趋精进，对意识本体的体贴有了新的进展。正因为蕺山能够对意识本体实有所体，所以才能够建构出具有细密、丰富内容的意识本体理论来。此处，我们先暂时抛开具体的工夫论层面不谈，此内容留俟下一章讨论，这里只先讨论蕺山对意识本体的建构问题。

第一章已经讲到，在天启五年，即蕺山48岁之后，"慎独"便开始成为蕺山为学之宗旨，不仅是本体论上的宗旨，也同时成为工夫论上的宗旨。但是从本体论的角度来说，丙子年之前，蕺山对"慎独"的诠释大多侧重于性体层面，心体层面的论述则有所缺失；此缺失使得"慎独"虽然已经作为工夫论之宗旨，但是其工夫论意涵却比较模糊，这一点从蕺山中年所作的《大学古义》与《大学古义约记》中便可以窥见。①

在《大学古记约义》中，蕺山有云："大学之道，一言以蔽之，曰慎独而已矣。"② 盖此时蕺山不仅以"慎独"作为其为学之宗旨，亦将"慎独"视作《大学》之宗旨，并且借着诠释《大学》，进而展示了其"慎独"宗旨之内涵。在对《大学》经文的诠释之中，蕺山把"格物"与"致知"这两个条目理解为"慎独"的同义之语；③ 并且亦将"诚意"与"正心"这两个工夫亦系之于"慎独"

---

① 刘伯绳在《年谱》"崇祯十二年"条目下有云："己巳夏，著《约义》一编。"（刘汋：《蕺山刘子年谱》，《刘宗周全集》第六册，第128页）可见，《大学古记约义》成书于崇祯二年（1629），时年蕺山52岁。关于《大学古记》的成书时间，由于《年谱》并没有明确指明，导致研究者对此有不同的看法。詹海云先生将之系于崇祯十二年（1639），而李纪祥、林庆彰两位先生将之定在崇祯二年。笔者同意李、林二先生的结论，认为《大学古记约义》成书于崇祯二年。关于此问题，可以参见林庆彰《刘宗周与〈大学〉》，载钟彩钧主编《刘蕺山学术思想论集》，第323—326页。

② 刘宗周：《大学古记约义》，《刘宗周全集》第一册，第650页。

③ 在《大学古记》之中，蕺山认为"格物"之"物"并不是如朱子在《大学章句》中提到的"即物穷理"之"物"，而是《大学》之首章中所言的"物有本末"之"物"。蕺山有云："至善，性体也，物之本也。其所从出者皆末也。"（刘宗周：《大学古记》，《刘宗周全集》第一册，第625页）可见，在蕺山看来，所谓"物之本"即是指至善之性体，而"物之末"乃是此至善之性体的发用。于是，在蕺山这里，"格物"便是抓取"物之本"的意思，即是执持、把定那至善的本体的意思。而蕺山在《大学古记约义》之中又云"独者物之本，而慎独者格之始事也"（刘宗周：《大学古记约义》，《刘宗周全集》第一册，第649页），即独即是"物之本"，即是至善之本体，这样"格物"就成为"慎独"的另外一种说法而已。所以蕺山会说"其要归于慎独，此格物真下手处"（刘宗周：《大学古记约义》，《刘宗周全集》第一册，第648页）。另外，蕺山又将"致知"之"知"等同于《大学》经文之中的"知所先后"的"知"。于是"致知"便是"知本"（刘宗周：《大学古记》，《刘宗周全集》第一册，第644页）。在蕺山看来，"知本"二字的重心并非落在"知"上，而是落在"本"上，"知本"之"知"字只是一种"认识""分别"的意思，并不像阳明所云之"致良知"的"知"一样，具有本体的地位。蕺山所谓"知本"，也就是知晓作为至善本体的独体的意思，故"致知""知本"亦皆可以归于"慎独"。

之上,^① 从而消解了《大学》文本之中所可能内蕴着的由"格物"到"致知"到"正心"到"诚意"等工夫序列的层层递进性,而将四者乃至还将"修身""齐家""治国""平天下"等全都收归于"慎独"这一个工夫之中。蕺山有云:

> 始求之好恶之机,得吾诚焉,所以慎之于意也;因求之喜、怒、哀、乐之发,得吾正焉,所以慎之于心也;又求之亲爱、贱恶、畏敬、哀矜、敖惰之所之,得吾修焉,所以慎之于身也;……又求之民好、民恶,明明德于天下焉,所以慎之于天下也。……《大学》之道,一言以蔽之,曰慎独而已矣。^②

在蕺山看来,贯穿"诚意""正心""修身"以至于"平天下"等《大学》诸条目之核心工夫便是"慎独",一旦"慎独"工夫做到了家,则《大学》之八目一齐贯穿,不必有先后的阶级与次第可分。所以蕺山说"《大学》是一贯底血脉,不是循序底工夫。今人以循序求《大学》,故谓格致之后,另有诚意工夫;诚意之后,另有正心工夫。岂正心之后,又有修齐治平工夫耶?"^③ 此处,蕺山所云的"一贯血脉"便是"慎独",八目之工夫最后都归结到"慎独"之上,即慎之于"知""意""心""身""家""国""天下"这些工

---

① 蕺山在《大学古记》中解"诚意"章时有云:"故欲诚其意者,必先致其知,而其功归于慎独。独者,藏身之地,物之本也,于此慎之,则物格而知至矣。"(刘宗周:《大学古记》,《刘宗周全集》第一册,第629页)在释"正心"章时有云:"先诚其意,意诚而心自正矣。以为诚意之后,复有正心之功者,谬矣。"(刘宗周:《大学古记》,《刘宗周全集》第二册,第630页)在蕺山看来,诚意之功最后也要归于"慎独",而"正心"与"诚意"乃是同一个工夫,只不过"正心"乃是"意诚"的效验,故"正心"的工夫亦可归于"慎独"。

② 刘宗周:《大学古记约义》,《刘宗周全集》第一册,第649—650页。

③ 刘宗周:《学言》,《刘宗周全集》第二册,第452页。这段话虽然是蕺山晚年所说,但是自中年以后,蕺山关于《大学》之八条目不是循序渐进的关系的主张一直没有变。

夫皆可收摄到去"慎"作为"物之本"的独体之上。

但是，在《大学古记》与《大学古记约义》之中，虽然"慎独"贯穿八目，处处在说"慎独"，但是此处所"慎"之"独"的工夫论意蕴并未有明晰的界定与展示。蕺山讲独体乃是物之本，在本体论上这种讲法已经足够明确，但是蕺山对慎独工夫论的建构，仍是有所虚欠的。当蕺山将"慎独"普泛的讲成是"慎之于意""慎之于心""慎之于身"等时，慎"独"之工夫已经被转换成了慎"意"、慎"心"、慎"身"等的工夫，而"慎独"自身只成为一个虚拢的概念。对于"独体"自身如何去慎这事关具体工夫操练的切实问题，蕺山其实并没有讲清楚。① 即此时"慎独"工夫太过模糊、活泛，而缺少确定的内容和得以实施的轨辙。

由于从理论逻辑上来说，蕺山心体论建构上的薄弱会导致其工夫论以及工夫实践上的虚欠，所以对于蕺山来说，欲实现其工夫论的发展与成熟，完善与丰富心体论的建构就成了其理学发展的必然要求。最终，在经过长期的工夫实践反思与理论探索之后，崇祯九年（丙子年）前后，蕺山在心体论建构方面终于实现了重大的突破，这种突破的集中表现便是"诚意新论"的提出。在提出诚意新论三年之后，蕺山在崇祯十二年（1639）所作的《读大学》中有如是的说法：

> 惟于意字不明，故并于独字不明，遂使格致诚正俱无着落，修齐治平递失原委。诸儒补之以《传》而反离，缀之以"敬"

---

① 孙中曾先生在分析蕺山所作《圣学吃紧三关》时说："……虽有体系的雏形，但在理论的结构上却未臻完密，尤其在道德实践与优入圣域之间的关系，尚有许多中间环结须加讲求，同时，在实践操作的方法上，未能具体落实成操作的方法，这点，不能不说是刘宗周理论体系尚未完备的明证。"（孙中曾：《证人会、白马会与刘宗周思想之发展》，载钟彩钧主编《刘蕺山学术思想论集》，第513页）孙先生发现，蕺山在《圣学吃紧三关》中，缺乏对具体的工夫操作方法的论述。《圣学吃紧三关》作于蕺山49岁之时，与《大学古记》《大学古记约义》的撰写时间相近，都在蕺山思想的中期阶段，这三部著作都存在类似孙先生所说的问题。

而益赘，主之以"良知"之说而近凿，合之以"止修"而近支，总之无得于"慎独"之说故也。①

这里的"诸儒"所指的乃是朱子、阳明、李材（见罗，1529—1607）等人。② 蕺山认为他们对"慎独"的理解都存在偏差，并指出导致这种偏差的根源乃在于他们对"意"的理解出现了问题。这句话表面看来是批评的"诸儒"，即其他理学家，但其实也适用于丙子年之前的自己。因为在丙子年之前，蕺山之论"意"乃是混同于朱子、阳明，而尚未提出不同于朱子、阳明的关于对"意"的新的诠释。所以他在这里批评"诸儒"认"意字不明"，其实也是批评丙子年之前的自己认"意字不明"。同样，在这段话之中，蕺山实际上也是在间接、委婉地承认自己在丙子年之前虽然处处论"慎独"，但是也与"诸儒"一样，并没有弄清楚"慎独"的真正意涵。

蕺山认为，如果对"意"没有一个正确的理解，就会使得"格致诚正俱无着落，修齐治平递失原委"。所谓"无着落""失原委"是说，如果独体缺乏了意体的贞定，则独体太活泛，难把捉，"慎独"工夫很难落实到格致诚正修齐治平的具体工夫之上，我们看到，

---

① 刘宗周：《读大学》，《刘宗周全集》第四册，第417—418页。

② "补之以《传》、缀之以'敬'"所说的乃是朱子。盖朱子作《大学》补传，并且倡导"主敬"之论。"主之以'良知'"谓阳明，"合之以'止修'"谓李见罗。见罗为学之宗旨为"止修"。黄梨洲《明儒学案》"止修学案"案语有云："先生初学于邹文庄，学致良知之学。已稍变其说，谓'致知者致其知体，良知者发而不加其本体之知，非知体也'。已变为性觉之说。久之，喟然曰：'总是鼠迁穴中，未离窠臼也。'于是拈'止修'两字，以为得孔、曾之真传。止修者，谓'性自人生而静以上，此至善也，发之而为恻隐四端，有善便有不善。知便是流动之物，都向已发边去，以此为致，则日远于人生而静以上之体。摄知归止，止于人生而静以上之体也。然天命之真，即在人视听言动之间，即所谓身也。若刻刻能止，则视听言动各当其则，不言修而修在其中矣。使稍有出入，不过一点简提撕修之工夫，使之常归于止而已。故谓格致诚正四者平铺。四者何病？何所容修？苟病其一，随病随修'。著书数十万言，大指不越于此。"参见黄宗羲《明儒学案》，《黄宗羲全集》第十五册，第730页。

这正是蕺山丙子年之前"慎独"理论所存在的缺陷，而丙子年之后，蕺山诚意新论的提出，其出发点便是对治如上之缺陷。

蕺山诚意新论的核心思想是将意与独关联起来，以意体对接独体，将独体从存在本体下落到意识本体上来。蕺山有云："独即意也，知独之谓意，则意以所存言，而不专以所发言，明矣。"① 又云："意也者，至善归宿之地，其为物不贰，故曰'独'。"② 意便是独，意体便是独体，并且是从心体方面述说的独体。为了建立意体与独体直接的关联，蕺山转换了"意"的含义，即改变了传统理学普遍以"心之所发"来诠释"意"的思路，而提出了"意为心之所存"的观点，③ 由此将独体贞定在"意"上，经过改造后的"意"已经成了意识活动的最深的源泉与枢纽。由此，独体亦成了意识活动的中枢，其不仅自身具备着丰富的意识内容，并且还作为意识活动的主宰者和调控者而发挥着作用。意体与独体的直接勾连意味着"慎独"与"诚意"也实现了无缝对接。

四 慎独与诚意的关系

关于"慎独"与"诚意"的关系，历来是研究蕺山之学的学者们一个不可回避的话题。刘伯绳在《年谱》中说蕺山"始致力于主敬，中操功于慎独，而晚归本于诚意"④，刘伯绳似乎认为蕺山晚年之为学宗旨发生了变化，由"慎独"转移至"诚意"。现代学者也有类似的论述，比如张瑞涛先生认为，在丙子年之后，"蕺山将为学用功方向定位于'诚意'，慎独之说则搁置于第二位"⑤。即张先生

---

① 刘宗周：《答史子复》，《刘宗周全集》第三册，第380页。
② 刘宗周：《读大学》，《刘宗周全集》第四册，第417页。
③ 蕺山有谓："意者，心之所存，非所发也。"参见刘宗周《学言》，《刘宗周全集》第二册，第390页。
④ 刘宗周：《蕺山刘子年谱》，《刘宗周全集》第六册，第173页。
⑤ 张瑞涛：《心体与工夫：刘宗周〈人谱〉哲学思想研究》，人民出版社2014年版，第112页。

认为,丙子年之后,"诚意"已经开始取代了"慎独",成为蕺山学问之新的宗旨。对于类似观点,笔者不能同意。

通过本节的论述,我们可以对蕺山之论慎独与诚意的关系做一厘定。蕺山之学的宗旨在于"慎独","独"是"本体","慎独"是工夫。而"诚意"也同样有本体与工夫两方面的内容,盖"意"为本体,"诚意"为工夫。"慎独"和"诚意"的关系可以从"本体"与"工夫"这两个层面来论之。从本体的层面上来说,"意体"是从心体层面述说的独体,是蕺山晚年在对中期侧重于性体层面所论说独体的含义的重要补充;从工夫的层面上来说,"诚意"是对蕺山中期"慎独"工夫所存在的一些缺陷,比如工夫过分虚拢和活泛等问题的克服,是"慎独"工夫的进一步深化和落实。

可见,无论从本体还是工夫层面来讲,诚意乃是收摄在慎独之中讲的。蕺山诚意新说的提出构成了慎独理论体系自我发展的一个重要环节,是蕺山晚年慎独理论的进一步深化和最终定型。[1]

第二节　刘蕺山论"意"之基本内涵

丙子年之后,蕺山提出了诚意新论。相对于丙子年之前,蕺山对"意"的含义的言说发生了重大的转变,即由丙子年之前以"心之所发"论"意"转而以"心之所存"论"意"。

不管是在蕺山思想的前期、中期还是后期阶段,蕺山之论"意",都与《大学》"诚意章"中之"如恶恶臭,如好好色"有所关联。在蕺山之学中,"好恶"可以分为未发之时的第一义的好恶,

---

[1] 胡元玲先生亦谓:"'意'的提出可视为是对其慎独之学的进阶补充。"(胡元玲:《刘宗周慎独之学阐微》,第87页)黄敏浩先生也认为诚意说的确立标志着蕺山之哲学进入了成熟阶段(黄敏浩:《刘宗周及其慎独哲学》,第99页)。东方朔先生也认为,蕺山晚年揭示之"诚意"并不与其"慎独"宗旨相脱节,而可收摄在"慎独"宗旨中(东方朔:《刘蕺山哲学研究》,上海人民出版社1997年版,第201页)。

和已发之后的第二义以至第三义、第四义的好恶。联系蕺山前后论"意"之内涵的转变,可以发现,在丙子年之后,蕺山对"好恶"与"意"的连接方式与丙子年之前有所不同。在丙子年之前,蕺山只是将第二义的好恶与"意"关联在了一起;而到了丙子年之后,蕺山开始直接将第一义的好恶与"意"进行了关联。在丙子年之后的蕺山思想中,"好恶"被彻底收归到"意"之中,而成为"意"之机能。

在蕺山晚年思想之中,"意"之"好恶"机能表现为一种道德定向的能力,是心体的"定盘针"。

一　蕺山论意含义之转变

"诚意"二字出自《大学》,为《大学》八目之一;《大学》有"诚意"一章,作为十一章之一,① 专门解释"诚意",为《大学》文本中之重要内容。《大学·诚意章》有云:"所谓诚其意者,毋自欺也。如恶恶臭,如好好色,此之谓自谦。故君子必慎其独也!小人闲居为不善,无所不至,见君子而后厌然,掩其不善,而著其善。人之视己,如见其肺肝然,则何益矣。此谓诚于中,形于外。故君子必慎其独也。曾子曰:'十目所视,十手所指,其严乎!'富润屋,德润身,心广体胖。故君子必诚其意。"宋代之后,《大学》正式升格为四书之一,而进入了儒学最高经典行列,得到了儒者广泛的尊崇、讲习与讨论。自然,作为《大学》重要内容的"诚意章"也到了广泛的关注。可以说,后来宋明理学家对"意"与"诚意"的讨

---

① 将《大学》分为十一章,是采用朱子的分法。朱子将《大学》文本划分为经一章,传十章。"传"中包括了朱子补"格物致知"为一章。朱子认为,《大学》第一章为经文,剩下十章为传。在这十章之中,其中第一章"释明明德",第二章"释新民",第三章"释止于至善",第四章"释本末",第五章"释格物、致知之义",第六章"释诚意",第七章"释正心修身",第八章"释修身齐家",第九章"释齐家治国",第十章"释治国平天下"。参见朱熹《四书章句集注》,《朱子全书》第六册,第16—28页。

论，主要是通过对《大学》"诚意章"的理解与诠释来进行的。

对于"意"，朱子《大学章句》注云："意者，心之所发也。"①在朱子看来，此所发之意又与"好恶"联系在一起。朱子认为人的本心虽然"莫不好善而恶恶"，但是由于"气禀"和"物欲"的遮蔽，人并不能知道"可好可恶之极者"。②"夫不知善之真可好，则其好善也，虽曰好之，而未能无不好者以拒之于内；不知恶之真可恶，则其恶恶也，虽曰恶之，而未能无不恶者以挽之于中。是以不免于苟焉以自欺，而意之所发有不诚者。夫好善而不诚，则非唯不足以为善，而反有以贼乎其善；恶恶而不诚，则非唯不足以去恶，而适所以长乎其恶。"③在朱子看来，"意"是人心所萌起的一种念头，其内容便是"好善恶恶"。朱子认为如果人们不知道真正的善恶之所在，虽然主观上要"好善恶恶"，但是实际上亦不能真正能做到，这样"好善恶恶"之念头便有不诚，即"意"有不诚，人亦自欺其心。而"诚意"乃是"实其心之所发，欲其一于善而无自欺也"④，即"诚意"是让自己的意念之发，能做到真正的"好善恶恶"，即"好之""恶之"就像"如好好色，如恶恶臭"的一样，此时"好善""恶恶"，皆能由中及外，而无一毫"不好""不恶"，如此方是能够做到"不自欺"。⑤

---

① 朱熹：《四书章句集注》，《朱子全书》第六册，第17页。
② 朱熹：《大学或问》，《朱子全书》第六册，第532页。
③ 朱熹：《大学或问》，《朱子全书》第六册，第532—533页。朱子又谓："以天命所赋之本然为善，以物欲所生之邪秽为恶。揆厥所原，莫不好善而恶恶也。然未知善恶之真可好可恶，则不免累于自欺，而意之所发，有不诚者。是以《大学》诚意，谓意有不诚，则心有不广；以不广，则体岂能安舒哉！"（朱熹：《龙光书院心广堂记》，《朱子全书》第二十六册，第787页）
④ 朱熹：《四书章句集注》，《朱子全书》第六册，第17页。
⑤ 朱子说："而凡其心之所发，如曰好善，则必由中及外，无一毫之不好也；如曰恶恶，则必由中及外，无一毫之不恶也。夫好善而中无不好，则是其好之也，如好好色之真，欲以快乎己之目，初非为人而好之也；恶恶而中无不恶，则是其恶之也，如恶恶臭之真，欲以足乎己之鼻，初非为人而恶之也。"（朱熹：《大学或问》，《朱子全书》第六册，第533页）

朱子之后，由于朱学渐渐定为一尊，故理学家们对"意"与"诚意"的解释亦大体为朱子之论所笼罩。至明中叶，阳明一反朱子，倡导心学，并作《大学问》，反对朱子对《大学》的诠释，但是阳明在解释"意"时，同朱子一样，仍将"意"认定为"心之所发"。在《传习录》中，阳明有言："身之主宰便是心，心之所发便是意，意之本体便是知，意之所在便是物。"① 在这里，同朱子一样，阳明也认为"意"为"心之所发"。阳明在解释《大学》"欲正其心，先诚其意"这句话时说："故欲正其心者，必就其意念之所发而正之，凡其发一念而善也，好之真如好好色；发一念而恶也，恶之真如恶恶臭：则意无不诚，而心可正矣。"② 阳明又云："凡应物起念处，皆谓之意。"③ 在阳明这里，"意"是指心体在感应外物之后所起的"念头"，具体来说，是善念与恶念。而"诚意"乃是对善念与恶念进行"正之"：如果意发为善念，那么要"好之"，即让此善念通过，发用出来；如果是恶念，那么要"恶之"，即将此念止截，不使其发用出来。在阳明这里，意是被"诚"的，是被"正"的，而另有意之外的主体去"诚"，去"正"，这个主体便是良知。良知可以明意之"善恶之分"④，"无不诚好而诚恶之，则不自欺其良知而意可诚也已"⑤。

比较朱子与阳明关于对"意"与"诚意"的各自诠释，我们发现，二人对"意"与"诚意"内涵的理解不尽相同。在朱子这里，"意"乃是好善恶恶之意（念），"诚意"是意之自诚。而在阳明这

---

① 王守仁：《传习录》，《王阳明全集》，第6页。
② 王守仁：《大学问》，《王阳明全集》，第1070页。
③ 王守仁：《答魏师说》，《王阳明全集》，第242页。
④ 王守仁：《大学问》，《王阳明全集》，第1070页。
⑤ 王守仁：《大学问》，《王阳明全集》，第1070—1071页。关于对阳明诚意论的进一步分析，可详见本章第四节内容。

里,"意"乃是善念和恶念,①"诚意"乃是用良知去诚之,诚之的结果是善念必好之,恶念必恶之。尽管二人对"意"与"诚意"的理解有差异,但是二人均认为"意"为心体所萌发出的具有道德属性和道德内容的念头,即都属于"心之所发"。②

刘蕺山对"意"的相关论述,起初也深受朱子、阳明的影响。在其早年所撰的《论语学案》之中,蕺山对《论语》"子绝四:毋意、毋必、毋固、毋我"一节有如下诠释:

> 毋意、毋必、毋固、毋我,此心体也。人心与太虚同体,不惹纤毫物累。才有物累,四者便循环而起。始焉无中生有,忽起一意;已而执意不化,必然如此;而辗转一意,如坚垒之莫破,则固矣。③

此处,蕺山说"意"乃是因"物累"而生起的,明显"意"具有否

---

① 严格说来,除了从善念与恶念之起处说"意"之外,阳明亦有时从明觉处来说"意"。《传习录》卷二《答顾东桥书》有云:"心者身之主也,而心之虚灵明觉,即所谓本然之良知也。其虚灵明觉之良知,应感而动者谓之意。有知而后有意,无知则无意矣。知非意之体乎?"(王守仁:《答顾东桥书》,《传习录》,《王阳明全集》,第53页)阳明《答罗整庵少宰书》云:"以其凝聚之主宰而言,则谓之心;以其主宰之发动而言,则谓之意;以其发动之明觉而言,则谓之知。"(王守仁:《答罗整庵少宰书》,《传习录》,《王阳明全集》,第86页)这两段话之中的"意"是在良知主宰下的发动,因而是纯善无恶的,这里的"意"便类似于蕺山所说的"正念"。从明觉处说"意"与从善念与恶念之起说"意",是阳明言说"意"的两个层面。在阳明对"意"的论说之中,可以说后一层面,即以善念恶念论"意"乃是主流。本书在讨论阳明论"意"之时,是针对后一层面而言的。关于阳明论"意",以及连带着论"物"的不同层次,可参见牟宗三《从陆象山到刘蕺山》,第165页。

② 当然,前文已经指出,朱子与阳明对心的理解不同,"心体"在二人理论体系之中具有不同的内涵。从体用论的角度来说,"心体"之"体"在朱子学中,只具有形下之质体之含义。而"心体"之"体"在阳明这里,兼有形下之质体与形上之理体两重意义。然而不管是形上之体,还是形下之体,皆有其用。在朱子与阳明之理论体系之中,"意"都属于用的层面。

③ 刘宗周:《论语学案》,《刘宗周全集》第一册,第397页。

定性的意涵。同样，在《论语学案》之中，蕺山有几处提到"私意"，① 无疑也是在否定层面上进行论述的。此时，对于刘蕺山来说，"意"乃是心所萌发出的一种念头。可见，蕺山此时也是"心之所发"的层面上论意，而与朱子、阳明其实并无有二致。

另外，在丙子年之前，蕺山在讲到"意"或"诚意"的时候，也多是就涉及"意"或"诚意"的儒家经典文本而所做出的随文注释，并未对"意"或"诚意"有太多特别的关注与阐发。

从文本上说，蕺山对"意"与"诚意"的理解发生转向，并开始对之进行了集中的关注与讨论乃是在丙子年，即崇祯九年。在这一年所作的《学言》之中，蕺山对"意"和"诚意"进行了集中的讨论。② 丙子年之后，"意"与"诚意"开始成为蕺山关注的核心话题。

丙子年所作《学言》第66、62条，蕺山有云：

> 意者，心之所存，非所发也。朱子以所发训意，非是。《传》曰"如恶恶臭，如好好色"，言自中之好恶一于善而不二于恶。一于善而不二于恶，正见此心之存主有善而无恶也，恶得以所发言乎？如意为心之所发，将孰为所存乎？如心为所存，意为所发，是所发先于所存，岂《大学》知本之旨乎？③

---

① 在《论语学案》之中，蕺山有四处提及"私意"二字。蕺山有云："良知在我，无所不知。但为私意锢住，则有时而昏。眼中才中些子尘，便全体昏黑，更无通明处。"（刘宗周：《论语学案》，《刘宗周全集》第一册，第285页）又云："外貌许多强忍矫矫自好，只一点私意放不下，须知本体全受障，一似铅刀手段矣。"（刘宗周：《论语学案》，《刘宗周全集》第一册，第326页）又云："人心先横着私意，则遇事茫然，愈思愈乱，势必辗转计较，终以遂其自私一念而已。"（刘宗周：《论语学案》，《刘宗周全集》第一册，第331页）又云："今不免在情面上用了，勘其隐衷，有多少私意在？"（刘宗周：《论语学案》，《刘宗周全集》第一册，第334页）

② 查考《学言》，系于丙子年之下的语录，一共有142条。蕺山论"意"之语录，有第20、61、62、64、65、66、67、68、70等9条。

③ 刘宗周：《学言》，《刘宗周全集》第二册，第390页。

《大学》之言心也，曰"忿懥、恐惧、好乐、忧患"而已。此四者，心之体也。其言意也，则曰"好好色，恶恶臭"。好恶者，此心最初之机，即四者之所自来，所谓意也。故意蕴于心，非心之所发也。①

以上两则"学言"都是对《大学》中"诚意"或"意"的诠释。我们发现，此时蕺山对"意"的理解已经与丙子年之前有所不同。丙子年之后，蕺山对"意"诠释发生重大的变化，开始认为"意为心之所存"②，这是蕺山对"意"最本质的规定。与朱子一样，蕺山在诠释"诚意"时，也是紧扣《大学》"诚意章"的"如恶恶臭，如好好色"来讲的。欲理解蕺山对"意"的言说，有必要弄清楚蕺山对"好""恶"的看法。因此我们在展开对蕺山丙子年之后所提出的诚意新论的分析之前，先考察一下蕺山对"好恶"的言说。

二　诚意与好恶

"好""恶"二字既可做形容词，亦可做动词。当作动词时，"好""恶"皆读四声，音为喜好之好（hào），憎恶之恶（wù），《大学》"诚意"章云："所谓诚其意者，毋自欺也，如恶恶臭，如好好色。"朱子注云："言欲自修者知为善以去其恶，则当实用其力，而禁止其自欺。使其恶恶则如恶恶臭，好善则如好好色，皆务决去，而求必得之，以自快足于己，不可徒苟且以徇外而为人也。"③ 根据朱子，人们在道德实践之中，对恶的事情的厌恶应当像厌恶恶臭一

---

① 刘宗周：《学言》，《刘宗周全集》第二册，第 389 页。
② 其实，以"意为心之所存"的观点，在蕺山之前，王栋（一庵，1509—1581）、王时槐（塘南，1522—1605）等人已经率先提出了（可参见唐君毅《中国哲学原论·原教篇》，第 306—310 页；张学智《明代哲学史》，第 441—442 页；高海波《慎独与诚意：刘蕺山哲学思想研究》，第 360—363 页）。但是目前在文献上并没有证据证明蕺山诚意新论的提出受到了他们影响。
③ 朱熹：《四书章句集注》，《朱子全书》第六册，第 21 页。

样,对善的事情的喜好应当像喜好好看的颜色一样。在朱子看来,"好""恶"乃是人所本具的一种道德判断的能力,并且这种能力在实现过程之中随附着"好""恶"这样的道德情感或道德感受。

蕺山对"好""恶"十分看重,丙子年之前即有相当的讨论。在早年所作的《论语学案》之中,蕺山有云:"人必好恶之心正,而后行谊敦、伦纪笃,终身德业可以臻至远大。"[1] 52岁时候所作的《大学杂言》有云:"好、恶二字,是《大学》一篇骨子,直贯到平天下处。"[2] 又云"平天下之道,不外好恶两端而已"[3],在蕺山看来,"好恶"是内蕴于心体的机能,如果"好恶之心正",即这种机能能够正确、无偏的朗现,则其能直接贯通到修身、齐家、治国、平天下之中。

丙子年之前,蕺山还对"好""恶"进行了进一步的论述。他说:

> 好、恶二端最微,盖动而未形有无之间者。动而未形有无之间,为吉之先见,即至善之体呈露处。止有一善,更无不善。所好在此,所恶即在彼,非实有好、恶两念对偶而发也。此几一动,才授之喜、怒、哀、乐四者,而刑赏进退生焉,依然只是此意之好恶而已。[4]

濂溪《通书》有云:"动而未形,有无之间者,几也。"《周易·系辞下》有云:"子曰:'知几其神乎?'君子上交不谄,下交不渎,其知几乎!几者,动之微,吉之先见者也。"蕺山既然以为"好恶"是"动而未形有无之间","吉之先见",可见,在蕺山看来,"好恶"二端便是"几"。

---

[1] 刘宗周:《论语学案》,《刘宗周全集》第一册,第273页。
[2] 刘宗周:《大学杂言》,《刘宗周全集》第一册,第661页。
[3] 刘宗周:《大学古记》,《刘宗周全集》第一册,第633页。
[4] 刘宗周:《大学杂言》,《刘宗周全集》第一册,第661页。

在中国哲学史上,"几"出自《易传》,在《易传》中,"几"出现凡两处,除了前引的这一条,《周易·系辞上》另有云:"夫《易》,圣人所以能极深而研几也。惟深也,故能通天下之志;惟几也,故能成天下之务;惟神也,故不疾而速,不行而至。"韩康伯(生卒年不详)对"几者,动之微"注云:"几者,去无入有,理而未形者。不可以名寻,不可以形睹也。"① 孔颖达疏云:"几,微也。是已动之微,动谓心动、事动。初动之时,其理未著,唯纤微而已。若其已著之后,则心事显露,不得为几。若未动之前,又寂然顿无,兼亦不得称几也。几是离无入有,在有无之际,故云'动之微'也。若事著之后乃成为吉,此几在吉之先,豫前已见,故云'吉之先见者也'。"② 几乃是事物初萌,但是还未显露形迹的状态。虽无形迹,但是亦不是完全的空无,而是有隐微的征兆,所以介于有无之间。韩康伯说的"理而未形",孔颖达所谓"离无入有""有无之际",以及周子说的"有无之间"所描述的,都是这种状态。

蕺山认为,这种在"有无之间"的"几"便是"好恶"。"好恶"的机能是至善本体的自然呈露,是纯善而无恶的。"所好在此,所恶即在彼,非实有好、恶两念对偶而发也",这种机能是内蕴于心体之中的,是本然至善的,是不与恶对的善。盖"好善"自然便是"恶恶","好善"与"恶恶"乃是同一机能的不同的表现面向。如果用蕺山经常使用的未发、已发这一对术语来说,好恶作为一种道德定向的机能在未发之时便已经存在。在未发之时,作为心体本具的一种道德定向能力,"好恶"只是一,并没有表现出分殊之相;当已发之时,心体被外物感应之后,"好恶"这种道德定向能力会根据不同的感应情境而发用出相应的分殊之相。

具体来说,在未发之时,"好恶"自身只是一种道德机能,其未

---

① 李道平:《周易集解纂疏》,第649页。
② 王弼注,孔颖达疏:《周易正义》,卢光明、李申整理,吕绍纲审定,北京大学出版社2000年版,第363页。

有发用在外物之上,所以并未有形迹可寻,此可以说是"无"。但是作为一种道德机能,又不是绝对的空无,此可以说"有",所以蕺山会用"有无之间"的"几"来形容之。严格说来,在未发之时,"好恶"作为一种道德机能并未有发用,此时是"不可以名寻,不可以形睹",即是无法命名的,我们之所以称这种能力为"好恶",乃是根据这种能力在发用之后,施用于具体的外物的情状而来定名的;已发之时,这种能力施用在好的事物之上便表现为好,施用在恶的事物上便表现为恶;此时才有了好恶之名。

由未发到已发的过程,乃是好恶这种机能逐次呈露的过程,好恶机能的存在与呈露是分层次的,对此蕺山曾有清楚的说明。在52岁所作的《大学杂言》中,蕺山有云:

> 进君子、退小人,根吾好恶来,其能好能恶是第一义,好人恶人是第二义,至进退人又是第三、四义了。知此方是知本。①

这里的第一义到第四义乃是"好恶"这一心体本具的道德机能在发用过程之中由中而外所经历或者展现出来的不同层次。"能好能恶是第一义",此时"好恶"处于未发状态,此时只是一种引而未发的机能,还未着物,处于"有无之间",只是表现为"能好能恶"。"好人恶人是第二义",即此时"好恶"这种机能指向、作用到具体的外物之上,根据对象之不同,而显示出分别相,即遇到好人则会去"好",并且会产生"好"的念头;遇到恶人则会去"恶",并且会产生"恶"的念头。这种"好""恶"念头乃是作为第一义的好恶机能与外物发生感应之时的应机表现,此时人心同时萌发出"好"和"恶"这样的道德情感。"至进退人又是第三、四义了"即是说人在"好人恶人"之后,又在"好恶"这种机能的驱动之下,进一

---

① 刘宗周:《大学杂言》,《刘宗周全集》第一册,第664页。

步作出"进退人"的行动;即"进退人"是"好恶"机能的进一步发用。"好恶"之第二、三、四义皆为作为第一义的好恶这种道德机能与道德定向能力的逐次外显和发露。

不管是在丙子年之前,还是丙子年之后,蕺山在讲到"好恶"之时,往往将"好恶"与"意"关联起来。但是在丙子年之前与之后,蕺山对"好恶"与"意"的连接方式却有不同。蕺山在52岁所撰《大学古记》之中,蕺山对《大学》"所谓诚其意者,毋自欺也。如好好色,如恶恶臭,此之谓自谦。故君子必慎其独也"一段话注释云:"自欺云者,自欺本心之知也。本心之知,善必知好,恶必知恶,若不能好恶,即属自欺。此正是知不致处。毋自欺,则'如好好色,如恶恶臭',意斯诚矣。故欲诚其意者,必先致其知,而其功归于慎独。"[①] 此处,蕺山将"诚意"与"好好色""恶恶臭"关联起来。而"好好色""恶恶臭"的"好"(hào)念、"恶"(wù)念,已是出于已发层面上的道德情感,属于前所分析的"好恶"之第二义,可见,"意"是与"好恶"之第二义关联在一起的。另外,上引蕺山在《大学杂言》中所说的"此几一动,才授之喜、怒、哀、乐四者,而刑赏进退生焉,依然只是此意之好恶而已"[②]的"意之好恶"也是从第二义上的已发的"好好色,恶恶臭"的角度上来理解的,此第二义的"好恶"与作为第一义还未有作用到外物之上的第一义的"好恶"尚隔一尘。

丙子年之后,当蕺山转变了言意的内涵,开始以"心之所存"言说意的时候,此时在意识结构上,意从已发层面开始上提至未发层面,于是很自然的,丙子年之后,意在与第二义的好恶有所关联的同时,亦进一步与同属未发层面的作为道德机能的第一义的好恶直接关联在了一起。蕺山将心体本具的作为道德定向能力的"好恶",收归在意之中,而成为意本具的机能。

---

① 刘宗周:《大学古记》,《刘宗周全集》第一册,第629页。
② 刘宗周:《大学杂言》,《刘宗周全集》第一册,第661页。

我们知道，在丙子年之前，蕺山认为作为道德机能的未发层面的第一义的好恶便是"几"，那么在丙子年之后，当蕺山将"好恶"收归于意之中之后，意本身自然也就同时成为"几"。蕺山在丙子年间所作《学言》中的第67条与第70条有云：

> 意为心之所存，则至静者莫如意。乃阳明子曰"有善有恶者意之动"，何也？意无所为善恶，但好善恶恶而已。好恶者，此心最初之机，惟微之体也。吾请折以孔子之言。《易》曰："几者，动之微，吉之先见者也。"谓"动之微"，则动而无动可知；谓"先见"，则不着于吉凶可知；谓"吉之先见"，则不沦于凶可知。曰："意非几也。"意非几也，独非几乎？①

> 或曰："周子尝曰'几善恶'，盖言意也。今曰'好善恶恶者意之静'，则善恶者意乎？好善恶恶者意乎？"曰："子以为善恶者意乎？好善恶恶者意乎？"问者默然，乃曰："然则周子非与？"曰："吾请以孔子之言折之。曰：'几者，动之微，吉之先见者也。'曰'动之微'，则动而无动可知；曰'先见'，则不着于吉凶可知；曰'吉之先见'，则不沦于凶可知。此'诚意'真注疏也。周子曰'几善恶'，正所谓指心而言也。"②

第一段语录中，蕺山有云"意非几也，独非几乎？"这是对有人认为"意非几"的反驳。丙子年之后，在蕺山看来，"几"便是意，便是独。所以蕺山说"古人极口指点，曰'惟微'，曰'几希'，曰'动之微，吉之先见'，皆指此意而言，正是独体。"③

前文在分析蕺山丙子年之前"好恶"思想之时曾经略微提到了

---

① 刘宗周：《学言》，《刘宗周全集》第二册，第390—391页。
② 刘宗周：《学言》，《刘宗周全集》第二册，第391页。
③ 刘宗周：《答门人》，《刘宗周全集》第三册，第343页。

"几",现在需要再详加说明。蕺山在论"几"之时,数次提到了周濂溪,蕺山对"几"的论述,受到了周濂溪的很多启发。在濂溪思想之中,"几"是一个非常重要的概念,濂溪对"几"非常看重,在《通书》之中,濂溪对"几"有数次提及。[①]濂溪有云:"诚,无为;几,善恶。"[②]濂溪似乎认为"几"乃是有善有恶的,朱子在《通书注》"几,善恶"条下注云:"几者,动之微,善恶之所由分也。盖动于人心之微,则天理固当发见,而人欲亦已萌乎其间矣。此阴阳之象也。"[③]朱子更是明确的认为"几"是善恶混杂,天理与人欲并存其间的。

蕺山不能同意"几""有善有恶"的说法,在蕺山看来,《易传》既然说"几"是"吉之先见",便可说明"几"乃是"不沦于凶",即"几"是有吉无凶,粹然至善的。"周子'几善恶',正所谓指心而言也"这句话当参看此条学言相临近的丙子年所作《学言》第 69 条才能得到确解。第 69 条学言有云:"心何以有善恶?周子所谓'形既生矣,神发知矣,五性感动而善恶分,万事出矣'。正指心而言。"[④]蕺山此处所谓"心有善恶"的"心"乃是实然的处于经验世界之中的心,此是已发之时的心,此时心有可能受到经验世界之干扰,而偏离其本然状态,表现出恶来。蕺山认为周子所说的"几善恶"便是说的这种已发之心,而与未发之中的纯善无恶的意无涉,即蕺山认为周子所说的"几善恶"之"几"并不是自己所认定的作为"独体""意根"之"几"。

上引蕺山在丙子年所作《学言》的第 70 条语录之中,蕺山只是说周子讲的"几善恶"之"几"与自己所论之"几"所指涉的对象

---

① 周子《通书》篇幅很短,但是"几"在《通书》文本之中,其出现不下十处,足见周子对"几"之看重。关于周子对"几"的论述,参见周敦颐《通书》,《周敦颐集》,中华书局 2009 年版,第 16、17、22 页。
② 周敦颐:《通书》,《周敦颐集》,第 16 页。
③ 朱熹:《通书注》,《朱子全书》第十三册,第 100 页。
④ 刘宗周:《学言》,《刘宗周全集》第二册,第 391 页。

不一样，并没有直接指出周子对"几"的论述是错误的。但是在两年之后的戊寅年（崇祯十一年，1638）九月的《答门人》之中，蕺山对周子则进行了直接的批评。蕺山云："周子云'几善恶'，几安得有善恶？几有恶，则孟夫子不屡屡说几希之良矣。性善之说，至此方勘得清楚。"① 这里，蕺山明确反对濂溪"几善恶"的说法，而认为"几"乃是纯善无恶的。②

我们发现，不管蕺山对于周子"几善恶"的解读有怎样的变化，但是有一点是明确的，即作为独体或者意体之"几"是至善无恶的。

综上，在丙子年之后，蕺山将作为道德定向能力的第一义的好恶，正式收归到"意"之中，而成为"意"之机能，此时"好恶"真正成为"意之好恶"，这种第一义的好恶，同时又是"几"。在丙子年之后，蕺山发挥了自己早年关于"好恶""所好在此，所恶即在彼"的说法，认为"好恶"乃是"两用而止一几"③"两在而一机（几）"④"一机（几）而互见"⑤。说"好恶"是"一几（机）"，正如前文已经分析的，乃是说此好恶作为一种道德定向的能力，此时尚未作用到外在的事物上，故没有显出分殊相，即蕺山所云"盖此之好恶原不到作用上看，虽能好、能恶，民好、民恶，总向此中流出，而但

---

① 刘宗周：《答门人》，《刘宗周全集》第三册，第343页。

② 另外，《易传》所言"几者，动之微，吉之先见者也"这段话其实有异文。朱子《周易本义》有云："《汉书》'吉''之'之间有'凶'字。"（朱熹：《周易本义》，《朱子全书》第一册，第141页）孔颖达在《周易正义》有言："诸本或有'凶'字者，其定本则无也。"（王弼注，孔颖达疏：《周易正义》，第363页）孔颖达是唐朝初年时的人，可见，《周易》到唐代的时候还流行有作"吉凶之先见者也"的这种版本。刘蕺山则认为《易传》"吉之先见"一句并无"凶"字。刘蕺山《周易古文钞》有云："'吉之先见'，本无'凶'字，周子以为'几善恶'者，误。此千古学脉所关，不可不辨。"（刘宗周：《周易古文钞》，《刘宗周全集》第一册，第84页）估计蕺山认为周子提出"几善恶"的主张是受到了"几者，动之微，吉凶之先见者也"这种《易传》版本的影响。

③ 刘宗周：《答叶润山》，《刘宗周全集》第三册，第373页。

④ 参见刘宗周《大学古文参疑》，《刘宗周全集》第一册，第613页；刘宗周《答史子复》，《刘宗周全集》第三册，第380页。

⑤ 刘宗周：《学言》，《刘宗周全集》第二册，第412页。

就意中,则只指其必于此不于彼者,非七情之好恶也"①。第一义的好恶还未着物,所以"原不到作用上看",而"两用""两在""互见"乃是说作为道德定向能力的好恶,发用在具体的事为之中,此时在遇到"好"(hǎo)的事物表现为"好"(hào),遇到"恶"(è)的事物表现为"恶"(wù),此时体现出"两用""两在""互见"之分殊之相。发用在事为上的"好恶"也正是第二义乃第三义、第四义意义上的"好恶",也正是蕺山所说的"七情之好恶"。

需要指出的是,蕺山说"意之好恶",乃是说"意"本身具有好恶之功能。但是严格说来,在蕺山之学中,并不能说"意"本身就是"好恶"。上一节曾指出,在蕺山之学的晚期阶段,"意"便是"意体",是从人的意识方面述说的独体,从存在论上说,"意"是如理周流的喜怒哀乐之四气本身,是"理气合一"之体。在蕺山晚年思想之中,"意体"与"好恶"的关系乃是本体和功用,即体用的关系。这种体用的关系又可细分为理体与其用,以及质体与其用两种层面。就前者而言,天理通过"好恶"机能为载体得以发用,此是形上之理体的体用;就后者而言,好恶作为一种机能,是喜怒哀乐之气的功能的体现,此是形下之质体的体用。但是不管是理体之体用,还是质体之体用,此时的体用关系都还处在未发的阶段,还未发用到具体的经验事为之中。

前文曾指出,在蕺山看来,"好恶"乃是"至善之体之呈露处"。说"好恶"是本体的"呈露",也就是说好恶并不是本体,而是本体最初的发用或功能。从逻辑上说,有本体方有本体的功能,并未有可以脱离开本体而论的功能。所以,作为本体的"意"在逻辑上是先于作为本体初发的"好恶"的。蕺山说:"周子曰:'圣,诚而已矣。'诚则无事矣,更不须说第二义。才说第二义,只是明此诚而已,故又说个'几'字。"② 前面在讲到"好恶"的时候,曾经指出,在蕺山

---

① 刘宗周:《答叶润山》,《刘宗周全集》第三册,第373—374页。
② 刘宗周:《学言》,《刘宗周全集》第二册,第401页。

看来,作为道德定向能力的"好恶"便是"几",此"几"乃是第一义,但是这里,蕺山又指出,若与"诚"相比,则"几"只能算作第二义。因为此处"诚"乃是形容本体、指代本体者。当诚、几并列之时,当然指涉本体的诚要在存在序列上要先于指涉本体之初次发用的几了。

三 意与定盘针

从本体的角度上讲,意体就是心体;从功能的角度上讲,意是心体所本具的好善恶恶的道德机能,这种机能表现为一种道德定向的能力,是心体的"定盘针"。蕺山有谓:

> 意者,心之所以为心也。止言心,则心只是径寸虚体耳。着个意字,方见下了定盘针,有子午可指。然定盘针与盘子,终是两物。意之于心,只是虚体中一点精神,仍只是一个心。①

蕺山所谓"意之于心,只是虚体中一点精神",是说意并非外在于心,乃是心本具之灵明昭觉的道德机能,这个机能表现为一种好善恶恶的道德定向能力。只不过未发之时,意只表现为"第一义"的"好恶","好恶"所具备的道德定向能力虽然存在,但是还处于引而待发的状态;就像猫之捕鼠,猫在未遇到鼠时,精神仍时时警觉,所以蕺山说"一念不起时,意恰在正当处也"②。即使心体处在"一念不起"的未发之时,意之好恶机能仍表现为一种潜在的定向。当心体触物而发时,意之所具的第一义的好恶,发用到具体的道德活动之中,开显出人之道德活动的方向;就像猫遇到鼠,则立刻逮捕之。可见意"本无来处,亦无归处"③,意之本具的道德定向能力时

---

① 刘宗周:《答董生心意十问》,《刘宗周全集》第二册,第337—338页。
② 刘宗周:《答董生心意十问》,《刘宗周全集》第二册,第339页。
③ 刘宗周:《答董生心意十问》,《刘宗周全集》第二册,第339页。

刻存在，无间于未发已发，这种道德定向能力便是"定盘针"①，这种机能深藏于心体之中，时时刻刻贞定着心体活动的方向，亦可以视作心体活动之主宰。对于"主宰"，蕺山有谓：

> 此个主宰，要它有，又要它无。惟圣人为能有，亦惟圣人为能无。有而无，无而有，其为天下至妙至妙者乎！②

蕺山此处所云主宰之"有而无，无而有"中的"有"与"无"在言说层次上是不同的，其中"有"是实谓语，人人皆具此主宰；而"无"是境界语，是工夫上作用地"无执""无著""无相"之"无"。蕺山又云："圣人学问到此得净净地，并将盘子打碎，针子抛弃。所以平日用无意功夫，方是至诚如神也。无声无臭，至矣乎！"③ "无"就是"盘子打碎，针子抛弃"，但这并不是真的说"定盘针"的定向功能消失了，而是人的工夫已经完全化本然、应然为自然，达到从心所欲不逾矩的地步，一切皆为意体流行，自不容已，无有障碍，只是一个如理平铺而已，因此"意"之"有相"亦泯灭，如此便是"无意"的工夫。

第三节　刘蕺山论意（思）念之辨

丙子年之前，蕺山将"意"界定为一种已发的念头，此时在蕺山之学中，"意"与"念"都是人心处在已发状态下的意识产物，二者的含义差不多，基本上是同义词。此时，蕺山虽无"意念之辨"，但

---

① 除了将"意"譬喻为"定盘针"之外，蕺山还有"心如舟，意如舵""心意如指南车"的说法（刘宗周：《会录》，《刘宗周全集》第二册，第517—518页）。以"定盘针""舵""指南车"为喻，皆是要突出意所具之道德机能的定向性。
② 刘宗周：《答董生心意十问》，《刘宗周全集》第二册，第340页。
③ 刘宗周：《答董生心意十问》，《刘宗周全集》第二册，第340页。

是却有"思念之辨"。与"念"作为一种因境而生、应物而起、随物而转、时起时灭的已发阶段的意识现象不同,"思"乃是心体本具的无间于未发、已发,时时恒在的道德明觉。"炯然有觉者思之体,倏然无根者念之动",是蕺山对"思念之辨"做的一个精炼的概括。

到了丙子年之后,当蕺山以"心之所存"言"意"之后,蕺山对"意"的含义的界定发生了根本的变化,而对念的含义的理解还是一如其初,于是"意"与"念"在存在位阶上、基本含义上都开始有了显著的不同,在蕺山之晚年思想之中,遂有了"意念之辨"。并且此时,当蕺山言意内涵发生改变之后,思收归于意之中,成为意的机能,蕺山在丙子年之前所言"思念之辨"便收归到"意念之辨"之中。

蕺山之论念,存在两种类型,即正念与妄念:"正念"是在心体能够自作主宰的情况下,作为心体道德机能的"思"或"意"在与特定的外物发生感应活动的瞬间被激发出的意识结果;而"妄念"则是心体受到外物牵绊,不能自作主宰时,被外物激发的不中正之念,以及在感物之后,意识继续执取这种不中正之念而形成的"转念""滞念"。在蕺山看来,"正念"是无法去除的,人对之只能做保任的工夫;蕺山所云"无念"的工夫是去除妄念。

一 蕺山早年、中年论"思念之辨"

在早年所作的《论语学案》之中,蕺山有几处提到了"思":

> 心之官则思。"思曰睿","睿作圣"。思本无邪,其卒流于邪者,弗思耳。以为思欲其无邪,非也。思无邪者,闲邪之学也。[1]

> 心之官则思。此人心无息之体也。人心无不思而妙于无思,思得其职也,故谓之"思不出其位"。位者,人心之本体,天理是也。君子心有常运,随其日用动静,莫非天理之本,然欲指

---

[1] 刘宗周:《论语学案》,《刘宗周全集》第一册,第278页。

其纤毫渗溢而不可得也。①

问："人有出位之思否？"曰：孟子曰："思则得之，不思则不得也。"出位，非思也，念也。炯然有觉者思之体，倏然无根者念之动。②

蕺山说"思"是"心之官"，此种说法明显是来自孟子。孟子有云："心之官则思，思则得之，不思则不得也，此天之所与我者。"（《孟子·告子上》）在孟子，所谓"心之官则思"，即是说"思"是心体的一种官能，蕺山亦是在这一含义上来讲"思"的。在蕺山看来，"思本无邪"，即"思"不仅仅是一种思维机能，而且具备道德上的至善属性，乃是纯善而无恶的；"思"并不会有恶，"思"都是循乎天理的，不会有"出位之思"③ 的存在。

蕺山说"思"是"无息之体"，是说作为心体固有的官能，④ "思"是无时无刻都存在的。如果用未发、已发的术语来说，即是说在心体未发之时，即人没有应事接物的时候，作为思维机能的"思"仍旧是存在并起作用的。"思"所具有的这种内蕴道德属性的思维机能，蕺山又称之为"觉"。蕺山说"炯然有觉者思之体，倏然无根者念之动"，在蕺山看来，"思"乃是一种道德明觉，这种道德明觉是心体本具的，它无时无刻都存在，是"有根"的，而与"思"相对的"念"则是心体感应外物之后产生的意识结果。作为已发层面的意识结果，念系固于与心体发生感应的外物以及感应活动上面。人心之感物，瞬息万变，因之所起的念，则

---

① 刘宗周：《论语学案》，《刘宗周全集》第一册，第473页。
② 刘宗周：《论语学案》，《刘宗周全集》第一册，第473页。
③ "出位之思"的说法最早出自《周易》。《周易》艮卦之《象》曰："兼山，艮；君子以思不出其位。"
④ 劳思光先生认为蕺山的"思"是指自觉心之功能本身［劳思光：《新编中国哲学史》（三下），第446页］。

会随感应活动的起灭而不断起灭，流转，正如杨国荣先生指出，念"作为应物而起者，带有自发和偶然的特点。所谓'应物而起'，也就是因境（对象）而生，随物而转，完全为外部对象所左右，缺乏内在的确定性"①，所以"念"是"倏然无根者"。"炯然有觉者思之体，倏然无根者念之动"，这句话对"思念之辨"做了一个精炼的概括。

二　蕺山晚年论"意（思）念之辨"

在丙子年之后，蕺山对"思"的看法与之前并没有什么变化。蕺山在丁丑年（崇祯十年，蕺山时年 60 岁）所作《学言》中有一条语录云：

> "心之官则思"，一息不思，则官失其职。故人心无思而无乎不思，绝无所为思虑未起之时。惟物感相乘，而心为之动，则思为物化，一点精明之气不能自主，遂为憧憧往来之思矣，如官犯赃，乃溺职也。②

在这段话中，蕺山对"思"的论述与前引《论语学案》中对"思"的论述，意思很是接近。在丁丑年所作另一条学言中，蕺山认为"思即是良知之柄"③。以良知说"思"，可见在蕺山看来，"思"是至善无恶的，但是心体在感应外物的时候，有时会受到外物的牵绊而不能自作主宰，"思"本具的至善无恶的道德明觉的功能遂不能得以显发，此时"思"便陷溺在外物之中，而转成了不善的"憧憧往来之思"。根据前引《论语学案》的话，"憧憧往来之思"即是"出位之思"。"出位之思"并非思之本然，"出位之思"或者"憧憧往

---

① 杨国荣：《认识与价值》，华东师范大学出版社 2009 年版，第 98—99 页。
② 刘宗周：《学言》，《刘宗周全集》第二册，第 417 页。
③ 刘宗周：《学言》，《刘宗周全集》第二册，第 417 页。

来之思"便是念。在这段语录之中,蕺山又提到人"绝无所为思虑未起之时",这正好对应蕺山在《论语学案》中所讲的思乃是"人心无息之体",即是说蕺山自始至终便认为作为一种道德明觉,思乃是人心无时不有的。

可见,丙子年之后,蕺山之论"思念之辨",其内涵与丙子年之前并无不同。但是丙子年之后,蕺山之论"思念之辨",出现了一个新的现象,即"思念之辨"被收摄到"意念之辨"之中,成为蕺山论"意念之辨"的重要组成部分。

丙子年之后,蕺山开始以"心之所存"言"意",同时将"思"收归到"意"之中,而成为"意"的本具的机能。在晚年所作的《原旨》之中,蕺山有云:"生气宅于虚,故灵,而心其统也,生生之主也。其常醒而不昧者,思也,心之官也。致思而得者,虑也。虑之尽,觉也。思而有见焉,识也。注识而流,想也。因感而动,念也。动之微而有主者,意也,心官之真宅也。"① 这段话蕺山对"思""虑""觉""识""想""念""意"等几个与心体的意识功能有关的概念都作出了比较清晰的界定。蕺山在这段话中说"思"是"心之官",而"意"是"心官之真宅",即蕺山认为,"意"又是"思"之主宰,而"思"是意之功能的外显。此时,"思"便成了"意"的一种机能。蕺山早年所言的"思念之辨",便自然转成了"意念之辨"。②

---

① 刘宗周:《原旨》,《刘宗周全集》第二册,第 279 页。
② 丙子年之后,蕺山亦偶尔有沿袭丙子年之前以已发之"念"为"意"的用法者,但情况极少。在丙子年所作的《学言》之中,蕺山有云:"每日间只是一团私意憧憧往来,全不见有坦然释然处,此害道之甚者。"(刘宗周:《学言》,《刘宗周全集》第二册,第 382 页)此处"意"即为"念"。丙子年所作《学言》还有两处语录,一则曰:"慈湖言无意,阳明子谓不免着在无意上了。可知才言无,便是意也。"(刘宗周:《学言》,《刘宗周全集》第二册,第 388 页)一则曰:"'复'之一字最难治,起于意,遂于必,流于固,而成于我也。"(刘宗周:《学言》,《刘宗周全集》第二册,第 388 页)此两处言意亦是"以念为意",但是此两处乃是就慈湖"无意"、《论语》之"意必固我"等原文语境而随文提及,非蕺山自己专言意。总体来说,丙子年之后,当蕺山以"心之所存"言意之后,"意"与"念"在蕺山之学中有了明确之区分。

三 "正念"与"妄念": 蕺山论念的两个维度

关于"念", 蕺山又有如下的说法:

> 或举"饭疏"章请质。先生曰:"浮云不碍太虚, 圣人之心亦然, 直是空洞无一物。今且问如何是太虚之体?"其人曰:"一念不起时。"曰:"心无时而不起, 试看天行健, 何尝一息之停? 所谓不起念, 只是不起妄念耳。"①

> 心意知物是一路, 不知此外何以又容一念字? 今心为念, 盖心之余气也。余气也者, 动气也, 动而远乎天, 故念起念灭, 为厥心病。还为意病, 为知病, 为物病。②

在第一段引文之中, 蕺山认为"心无时而不起"。此处,"心无时而不起"相当于"念无时而不起", 即在蕺山看来, 人并没有不起念之时。但是在第二段引文之中, 蕺山又认为在本然状态之下,"何以又容一念字?"即认为"念"不当存有。乍看起来, 蕺山之论念, 一方面说念不可无, 另一方面说念不可有, 似有自相矛盾之处。然其实蕺山这两处论念, 并不矛盾, 因为蕺山之论念, 有"正念"与"妄念"的区分。"念无时而不起"的"念"乃是正念, 正念是不可以无的; 而"何以又容一念字"的"念"乃是妄念, 妄念是不应当有的。所以蕺山在第一段语录末句说:"所谓不起念, 只是不起妄念耳。"即正念是不能不起的, 所不起或不应该起

---

① 刘宗周:《会录》,《刘宗周全集》第二册, 第 512 页。
② 刘宗周:《学言》,《刘宗周全集》第二册, 第 417 页。

的乃是妄念。①

蕺山说念是一种"余气""动气",此时所说的念是一种妄念。从存在论上说,在本然状态下,人心未遇境感物之时,在人心中,喜怒哀乐四气如理周流;事物已至,心体触物感应之后,此四气发之于外。不管是心体未感物,还是已感物,在心体之中,四气之自为主宰,气运无滞,生生不断,都并无"余气""动气"。对应于从意识论上来说,未发之时,感物之先,意根恒在,意根所附属的作为道德思维功能的思处在一种引而待发的状态。触物相感之后,意根以及思方始着物,着物的同时,在物上应机激发出念。② 这种念即是"正念",也是"初念",是意根或者思在着物的瞬间而映照在物上的自我显现。即此念是由"意"或"思"与心体相感应的外物共同参与形成的。

上一章在讲到"未发已发"的时候,笔者已经指出,在蕺山之学中,根据述说主体的不同,"未发已发"可以分两个角度来讲。如果以某项特定的事物所引发的感应活动为"未发已发"的主体,则在该项事物未至之时,人心处于未发之时,此时心体并未感应出针对这项特定事物的念;当此项特定的事物来与心体相感之时,心体便当机被激发出对应于此特定事物的念。此时"感

---

① 蕺山又云:"以念为思,是认贼作子也;又以无念为思,是认子作贼也。"(刘宗周:《答文灯岩司理》,《刘宗周全集》第三册,第361页)此处"以念为思"的"念"是妄念,蕺山认为如果将妄念误当作思,便是"认贼作子",此处妄念便是"贼",思便是"子";而"以无念为思"的"念"则是正念,蕺山认为如果人要追求屏除一切念,连正念都要去除的话,那么是"认子作贼",即将本来理当存有的正念认为是不当存有之贼。另外,何俊、尹晓宁两位先生指出:"他(刘蕺山)不主张灭念,因为他认为念本不该生。所以刘宗周的压抑其实是更彻底且不留痕迹的。"(何俊、尹晓宁:《刘宗周与蕺山学派》,中国人民大学出版社2009年版,第55页)这种说法并不符合蕺山论念之原意,尹、何两位先生似乎并没有意识到蕺山之论念,是分"正念"与"妄念"这两种类型的。在蕺山之学中,"不主张灭的念"是正念,"不该生"的念是妄念,蕺山并没有压抑正念,试图不让正念出现的意图。

② 意根着物即是心体之感,念之被激发即是心体之应。

有去来，念有起灭"①，即对于"念"，事前未有，事感则有，事过又灭。② 但是如果我们宽泛以心体本身为未发的主体，由于心体常惺而不昧，无时无刻不与外物相接，所以"常常存，亦常常发"，即心体时时刻刻为未发，亦时时刻刻为已发。意根之"好恶"机能或者"思"之道德明觉亦时时与外物相感，而不断激发出正念。就具体的某项事物与心体感应所激发的正念是乍起乍灭、转瞬即逝的，但是就心体与不断到来的外物相感应，所激发出的正念之总体来说，旧念乍灭，新念即生，"起灭相寻，复自起灭"③，作为总体之正念的产生又是无"一时之停"的。

所以，就正念来说，不仅是不可能无的，而且是无时无刻不有的；只要人活着，就无时无刻不在接受外物的感应，心体就会无时无刻不在外物的刺激下激发发正念。故蕺山所说的"无念"，并不是去除正念，而是要去除妄念。④ 蕺山《治念说》有云：

>"然则念可屏也？"曰："不可屏也。当是事有是心，而念随焉，即思之警发地也，与时而举，即与时而化矣，故曰：今心为念。又转一念焉，转转不已，今是而昨非矣。又屏一念焉，屏之不得，今非而愈非矣。夫学所以治念也，与思以权，而不干之以浮气，则化念归思矣。化念归思，化思归虚，学之至也。

---

① 刘宗周：《学言》，《刘宗周全集》第二册，第417页。

② 我们以前文中提到了作为意之功能的"好恶"的发用来举例，当人心与"好"的事物相感的时候，便发出"好"的念，当人心与"恶"的事物相感的时候，便发出"恶"的念。此时"好""恶"的念头乃是意根之触物之时的应机而发，是一种"初念"。这种"好""恶"之念是心体对境感物之后的如理发用，俱为正念，当"好恶"这种机能感应好的或恶的事物之时，此正念应机而发，感应活动结束之后，此正念也随之消亡。

③ 刘宗周：《学言》，《刘宗周全集》第二册，第417页。

④ 劳思光先生认为蕺山的"无念"乃是"权说"，此论未必确然，盖蕺山讲"无念"，并不是"权说"，乃是实有所指，蕺山之"无念"，乃是无"妄念"。劳先生的说法见劳思光《新编中国哲学史》（三下），第446页。

夫思且不可得，而况于念乎？此为善去恶之真法门也。上蔡举'天下何思何虑'，程子曰：'尚说得蚤在。'已而曰：'正好用工夫也。'"①

不可屏之"念"乃是"正念"，"当是事，有是心，而念随焉"，便是说此正念是心体被事物感应之时所产生的意识结果。所谓"随"，是说正念附随于当下的感应活动本身。"与时而举，即与时而化"是说此念伴随着感应活动之生起而存有，伴随着感应活动的消失而寂灭，是一种当机的如理呈现。在这种情况之下，正念的产生是在心体能够自作主宰的情况下，作为一种道德定向机能的"意"或者"思"在与特定的外物发生感通瞬间被外物激发出的光彩，而在人的意识世界之中的当机呈现。在本然状态之下，由于经验世界万变纷纭，所感之物时时起灭，作为感物机能的"意"或"思"也随之便时时感，亦时时发，即某物来则感，某物去则止，过而不留，虽时时感，但并不陷溺在外物上面。"意"或"思"之机能在物上当机感应出正念，其并不会胶固在外物之上，正如蕺山所云"权度虽在我，而轻重长短之形，仍听之于物，我无与焉"②，即正念乃是随顺物之本来属性而发，就像之前所说的"好恶"的机能发在好的事物上面表现出好的念头，发用在恶的事物上表现出恶的念头一样；所谓好的念头和坏的念头的产生乃是由所感外物之相状所决定，而作为感应能力的思或意则恒如不变。"意"或者"思"就像镜子一样，本身便有照物的机能，"有主之觉，如明镜当空，妍媸于焉立献"③，就像明镜照物，妍者来则见其妍，媸者来则见其媸，虽妍媸毕现，但镜子本身仍依旧如是，本身之相状并无有变化。如果按照程明道《定性书》中的话来说，乃是"廓然而大公，物来而顺应"④，是

---

① 刘宗周：《治念说》，《刘宗周全集》第二册，第317页。
② 刘宗周：《应事说》，《刘宗周全集》第二册，第306页。
③ 刘宗周：《证学杂解》，《刘宗周全集》第二册，第267页。
④ 程颢、程颐：《二程集》，第460页。

"不系于心而系于物"① 的。

但是如果心体在感应外物的过程之中,"物感相乘""思为物化",即"意"或"思"这种心体感物的内在的道德机能陷溺、胶固在了外物上面,而丧失了自作主宰的能力,在主宰丧失的情况之下,心体在感应外物的瞬间,所被激发的念头已经不再中正。另外,此念头不像正念一样,会随物感之消失而寂灭,意识会继续执取此念,并且会辗转不已,念念迁延,越流越远,形成"转念"②或者"滞念"。无论是心体丧失主宰后感物瞬间所产生的念,还是意识随后继续执取此念而生成的"转念",这两种念都不是如理呈现,而皆出自人为的造作,所以均是妄念。蕺山有云:"今之为暴气者,种种蹶趋之状,还中于心,为妄念,为朋思,为任情,为多欲,皆缘神明无主。如御马者,失其衔辔,驰骤四出,非马之罪也,御马者之罪也。"③从存在论上说,本来四气周流,如理而行的中气在发用过程之中受到外物的牵绊,主宰功能受到损失。四气在丧失主宰之后,便如脱缰之马,而成为"暴气",此暴气也即是前文提到的"余气""动气""浮气"。此气便是妄念产生的存在论根源。④

可见,在正念与妄念这两种念之中,真正成为心病的念乃是妄

---

① 程颢、程颐:《二程集》,第461页。
② "转念"的说法见刘宗周《商疑十则,答史子复》,《刘宗周全集》第二册,第342页。
③ 刘宗周:《证学杂解》,《刘宗周全集》第二册,第269页。
④ 这些"余气"("浮气""动气""暴气")之积累与存留便成为人的"习气"。对于"余气""习气",唐君毅先生有精辟的分析,他说:"实际上,'余气'指的是某项已完成活动的潜能。这就是习性(habit)的起源。每一种习性,都来自人过去的意识活动,所以就有些许残余的影响(effect),使得当下的意识采取习惯的形式,谓之'习'。'习'或许和本性差异甚大。若当下的意识采取了不同于本性而是过去活动的习惯形式,则将其自身退回到习惯形式,并在其中僵化,变得执着和无创造力。这就是过与恶的起源。"转引自廖俊裕《道德实践与历史性——关于蕺山学的讨论》,第121页。唐先生原文出自 Tang chun-i: *Liu Tsung-chou's Doctrine of Moral Mind and Practice and His Critique of Wang Yang-ming*, 载唐君毅《唐君毅全集》卷19,《英文论著汇编》,台北:学生书局1988年版,第243页,中译文由廖俊裕先生翻译。

念，正念是不得不起，如理呈现的，并不是心病。所以蕺山所云"夫学，所以治念也"的所治之念乃是妄念，妄念乃是人之做工夫所要去除的对象。去除妄念的工夫便是"无念"的工夫。那么要如何做工夫呢？在蕺山看来，克治妄念不是人心先要起一种消除妄念之念，进而去对治此妄念。蕺山有云："起一念，固是恶，除一念，亦是恶。然后念胜前念，知道者，觉之而已矣。"① 在蕺山看来，心体起一妄念，已经是恶了，再起一个消除此妄念的念，这一个念也是妄念，当然也是恶的。在蕺山看来，"治念"的根本法门乃是"觉"，所谓"觉"便是立定心体之主宰，就是恢复意根或者思对心体的主宰功能。前文已经指出，妄念的产生是作为心体主宰的"意"丧失其主宰性所致，所以治念须从源头上恢复主宰才行，不能只是在念起念灭上做工夫。② 而治念的工夫乃是要"化念归思"，即确立思之主宰之后，便可将妄念化掉。主宰一立，当下觉照，此时如烘炉点雪，妄念当下便可廓清，立与消融。③

"治念"工夫之极致，不仅是"化念归思"，而且是"化思归虚"。"化思归虚"便是蕺山屡屡提到的"无思而无乎不思"。此时"思"之机能全幅朗现，心体触物而感，泛应曲当；正念当机而生，过而不留，毫无黏滞。此时心体澄明，妄念不生，心体之发用自然而然，从心所欲而不逾天则。治念工夫达到如此之境地，即已臻其极致。④

---

① 刘宗周：《学言》，《刘宗周全集》第二册，第434页。
② 蕺山批评阳明"只教人在念起念灭时，用个'为善去恶'之力，终非究竟一着"。（刘宗周：《答韩参夫》，《刘宗周全集》第三册，第359页）关于蕺山对阳明的批判，下文将有详细的论述。
③ 劳思光先生亦指出，蕺山之治念工夫，其根本途径乃在于立定主宰。他说："主宰之立方是真工夫所在。而主宰既立后，则自能下贯于经验意识中，于此，念念皆归于此主宰功能……故'化念'亦非屏除万念之谓，而只重于'归心'与'归思'之'归'字耳。"见劳思光《新编中国哲学史》（三下），第446页。
④ 对于这种境界，牟宗三先生有精彩的描述。他说："若偏就本心之大、久、虚、灵、圆、明、平、实，体现而至'大而化之'之境，'不言而信'之境，纤波不起，光景不存，化一切相，忘一切念，纯在一超自觉之'於穆不已'之境。"参见牟宗三《从陆象山到刘蕺山》，第140页。

第四节　刘蕺山的知论以及对阳明良知说的批判

丙子年之后，蕺山建构起一套独具特色的知论。蕺山之论知，有三个层次，用蕺山自己的话来说，便是知具有"三义"。其中第一义的知是心体在未感物之时，附着在意根深处的道德明觉；第二义的知是在感物之时，作为道德明觉的第一义的知发用在所感之物上，而呈现出的反身之知，即"知好知恶"之"知"或者"知爱知敬"之"知"；第三义的知是对心体所发念头进行认知其是善还是恶的对象性的"知善知恶"之"知"。相较之下，在蕺山看来，阳明良知说只具备第一义与第三义的知，而欠缺了第二义的知。

通过比较蕺山与阳明的知论，我们可以发现导致二人工夫论的差异的本体论根源。对于蕺山来说，工夫的核心在于涵养未发之时的第一义的知，而对于阳明来说，根据其"即用求体"的思路，工夫的核心乃是发挥第三义的知。在蕺山看来，由于阳明缺乏对第一义之知的涵养工夫，因此在工夫上，就不能阻断恶念的生发机制，只能待念头生起之后再做照察恶念的工夫，于是工夫便陷入"落后一着"的困境。

蕺山对阳明良知论的批评，还延伸至其对阳明《大学》诠释的批判之中。蕺山认为"诚意"而非"致知"才是《大学》的核心工夫，他批评阳明以"致良知"来解释《大学》的"致知"是对《大学》的误读，而认为自己对《大学》"诚意""致知"的解释才是符合《大学》"本文"的。这样借助《大学》的权威地位，蕺山不仅由此破除了阳明"致良知"理论的权威光环，反而为自己将"意"解释成"心之所存"找到了经典上的根据，进而得以为其诚意新论张本。

蕺山虽然对阳明的良知说进行了激烈的批判，但是其目的并不是完全摒弃良知说，而是试图对阳明的良知说的缺失进行补救。通过"知藏于意"的理论设定与涵养第一义之知的本源工夫，蕺山克服了阳明"落后一着"的理论弊病，实现了对阳明良知说的融摄和补救。

一 刘蕺山论知的三个层次及对阳明良知说的批判

前文曾指出，蕺山一生为学经历了早、中、晚三个阶段，与之相对应，他对阳明学的态度在这三个阶段中亦有不同。刘伯绳在《年谱》中说："先生于阳明之学凡三变，始疑之，中信之，终而辨难不遗余力。"① 黄梨洲说："盖先生于新建之学凡三变；始而疑，中而信，终而辨难不遗余力，而新建之旨复显。"② 相比刘伯绳之语，黄梨洲还有"新建之旨复显"的说法，这一说法相当重要，关系着梨洲对蕺山之学的基本定位。关于梨洲的这一说法，我们此处暂且不论。我们在这里所关注的是，刘伯绳与黄梨洲都指出了刘蕺山对阳明之学的态度经历了"始疑之"，"中信之"，"终而辨难不遗余力"这三个阶段。由于"良知说"是阳明心学理论体系的核心内容，"致良知"更是阳明心学的为学宗旨，所以蕺山对阳明之学的态度，集中体现在蕺山对阳明良知学说的态度上来。

《蕺山刘子年谱》在"天启七年"条目下有云："先生读阳明文集，始信之不疑。"③ 从天启七年（1627）开始，蕺山对阳明良知之学的态度由早年的"疑之"转变为"信之不疑"，这一阶段一直持续到崇祯九年，即丙子年。从天启七年到崇祯九年，这九年的时间便是刘伯绳和黄梨洲所说的蕺山对阳明"中而信"的阶段。

在丙子年，蕺山建立了诚意新论，随之对"知"与"良知"产生了新的理解，这些理解与阳明的良知说发生了剧烈的冲突，于是

---

① 刘汋：《蕺山刘子年谱》，《刘宗周全集》第六册，第147页。
② 黄宗羲：《子刘子行状》，《刘宗周全集》第六册，第43页。又见《黄宗羲全集》第一册，第233页。
③ 刘汋：《蕺山刘子年谱》，《刘宗周全集》第六册，第85页。

丙子年之后，蕺山对阳明的良知说的态度进入了"终而辨难不遗余力"的阶段。欲知晓蕺山晚年为何一定要对阳明的良知说进行激烈批判，需要考察一下丙子年之后，蕺山自己是如何理解"知"与"良知"的。

丙子年之后，蕺山提出了以"意为心之所存"为核心内容的诚意新论。自此，在蕺山对人的精神现象或者意识结构的分析之中，"意"成了一个具有本原性或者基础性的概念。丙子年之后，蕺山论"知"的一个最大的特点，是将"知"收归于"意"中。蕺山在《答史子复》中有云："一心耳，以其存主而言谓之意，以其存主之精明而言谓之知。"① 又云："意之与知分不得两事。"② 在蕺山看来，"知"并不是独立于"意"之外，与"意"并列的另一种意识活动，而是其本身就包含在"意"之内的。此时，"意"与"知"的关系，用蕺山的原话讲，便是"知藏于意"。蕺山有云：

> 其言意也，则曰"好好色，恶恶臭"。好恶者，此心最初之机，即四者之所自来，所谓意也。故意蕴于心，非心之所发也。又就意中指出最初之机，则仅有知好知恶之知而已，此即意之不可欺者也。故知藏于意，非意之所起也。③

前文已经指出，蕺山之论"意"，有本体与功用两个层面。从本体上讲，"意"便是独体，是冲漠无朕的；从功用上讲，"意"便是"好恶"这种内在于心体的深微的道德定向能力，是"意体"或者"独体"所初次发出的机能。为了区分意的这两种用法，下文凡是从本体层面而论的"意"称作"意体"；从发用或功用层面而论的"意"径直称作"意"。蕺山在这一段语录中所言的"意"，便是从功用层

---

① 刘宗周：《答史子复》，《刘宗周全集》第三册，第380页。
② 刘宗周：《答史子复》，《刘宗周全集》第三册，第379页。
③ 刘宗周：《学言》，《刘宗周全集》第二册，第389页。

面上言说的。蕺山此处言"就意中指出最初之机,则仅有知好知恶之知而已",即"知"是对"好恶"这种道德定向能力的自我明觉,可见,"知"是随附在"好恶"这种道德定向能力的自我运作之中的。由于作为道德明觉的"知",是附属于"意体"之"好恶"功能来讲的,所以当然也是"意体"或者"独体"的一种功能。蕺山云:"独体无朕,着不得一知字。今云独知,是指下手亲切言。"①"独体"自身乃是不睹不闻的,从其功能之呈露处才能显示出端倪,而"独知"便是"独体"的一种端倪或者功能。

前文在谈到蕺山论"思"时曾指出,在蕺山之学中,作为道德思维能力的"思"也附着在意之中,也是本体的机能。那么"思"与同样是附着在意中而讲,也同样是作为本体机能的"知",二者之间有什么样的关系呢?其实,对于蕺山来说,"意""好恶""几""思""知"这几个概念都是处于同等存在论位阶上的概念,若以未发、已发而论,在未发之时,它们俱已存在。其实从存在论上讲,这几个概念所指涉的都是心体之喜怒哀乐四气在如理周流过程之中,所本具之活力和功能;这种活力和功能表现为人的诸种意识活动,从意识活动呈现的不同角度来说,形成了诸如"意""好恶""几""思""知"等不同的意识面向。具体来说,"意"是一个总括性的概念,是指心体所具有的道德定向的机能本身;"好恶"是这种机能的基本内容;"几"乃是形容这种机能之体段,即这种机能是本体之最初呈露,处于"非有非无""有无之间"的状态;"思"是说意之"好恶"这种机能以道德思维的方式体现出来;"知"乃是这种机能在运作的过程之中表现出的道德明觉。作为道德明觉,"知"的含义其实大体上相当于"思"。

由于"知"随附在"意"之"好恶"机能之中,故与"好恶"机能同时同撰。上一节已经指出,"好恶"机能的呈现分为未发之时,即还未感物的第一义的好恶以及已发之时,已经感应外物的第

---

① 刘宗周:《学言》,《刘宗周全集》第二册,第424页。

二义乃至第三义的好恶。那么与之相对应,"知"也具体表现为未发之时的第一义的知和已发之后的第二义的知乃至第三义的知。未发之时,作为道德机能的"好恶"还未与外物相感,此是蕺山所云的"第一义"的"好恶",此时"知"随附在"好恶"机能上,体现为本体之明觉;但是因为还未着物,并未有朕兆可以呈现出来,此是为第一义的知。已发之后,"好恶"这种机能感应在外物之上,具体说来,感应到好的事物上面,会表现出"好之"的道德情感,感应在恶的事物上面,会表现出"恶之"的道德情感,这是第二义上的"好恶",同时亦被外物激发出"好"与"恶"的正念,而此时"知"亦发动,随附在所感之物上而显,而表现出"知好知恶",此是第二义上的"知"。

第二义的好恶与已发之第二义上的"知"与上一节所论的"正念"三者均是在心体对境感物之瞬间当机而起,三者是同时同撰的,是一体三面之物。其中,"好恶"侧重于表征心体感物之时所具有的道德决断和道德情感的面向,"知"侧重于表征心体感物之时所具有的道德明觉的面向,而"念"则侧重于表征心体感物之时,心体被外物激发而产生的意识结果的面向。

在蕺山之论知的序列之中,除了上述所论的第一义的知与第二义的知之外,还有第三义的知,便是"知善知恶"之"知"。蕺山有言:

> 即所云良知,亦非究竟义也。知善知恶与知爱知敬相似,而实不同。知爱知敬,知在爱敬之中;知善知恶,知在善恶之外。知在爱敬中,更无不爱不敬者以参之,是以谓之良知。知在善恶外,第取分别见,谓之良知所发则可,而已落第二义矣。[①]

[①] 刘宗周:《良知说》,《刘宗周全集》第二册,第317页。

"知爱知敬"出自《孟子·尽心上》，孟子曰："人之所不学而能者，其良能也；所不虑而知者，其良知也。孩提之童，无不知爱其亲者；及其长也，无不知敬其兄也。"在孟子看来，孩提之童，都能知道爱亲敬兄，这种"知"是不虑而知，不学而能的。蕺山认为，这种"知爱知敬"的"知"乃是意根或者未发的第一义的知发用到外物上的当机的明觉，蕺山说"知在爱敬中"，是说此知是随附在爱亲、敬亲的活动之中的，并随爱敬活动之兴起而兴起，随爱敬活动的消失而消失，是与爱敬活动同时同撰的。可见，这种"知"，与前面提到的"知好知恶"的"知"是同一种知，都是第二义上的知。如果用现象学的术语来讲，则此种第二义上的知是一种附随性的反身意识，此知乃是一种"善的直觉"，是在显用中反过来直觉其自身。或者如唐君毅先生所说，这种知是一种"自知"，其是不与恶对，至善无恶的。①

除了"知爱知敬"的"知"，蕺山这里又提到了另一种"知"，即"知善知恶"的"知"。蕺山谈论此"知"，是从阳明处来，阳明四句教里有云"知善知恶的是良知"②。另外，阳明还有"知是知非"的说法。阳明云："凡应物起念处，皆谓之意。意则有是有非，能知得意之是与非者，则谓之良知。依得良知，即无有不是矣。"③此处，"善"者为"是"，"恶"者为"非"，"知是知非"便是"知善知恶"。

与"知爱知敬"之"知"是一种反身之知不同，"知善知恶"或"知是知非"之"知"是一种对象之知，这两种"知"的作用机制是迥然不同的。作为反身之知的"知爱知敬"之知，是随附着爱亲、敬兄的活动而产生的一种当机而发的道德明觉，这种道德明觉

---

① 唐君毅：《中国哲学原论·原性篇》，第 310 页。牟宗三先生亦谓："盖此'知'只为一自觉，不能成一知识系统也。"（牟宗三：《从陆象山到刘蕺山》，第 180 页）牟先生所谓之成"知识系统"之"知"乃是一种了别之知，也即是对象之知。
② 王守仁：《传习录》，《王阳明全集》，第 133 页。
③ 王守仁：《答魏师说》，《王阳明全集》，第 242 页。

亦当机而发出一种意识结果，即正念。这种"知"并不是对知之外的事物的认知，而是对自身活动一种内观和直觉，这时并没有主客、能所之分别。但是"知善知恶"之"知"则不同，"能知得意之是与非者，则谓之良知"，"知善知恶"的"知"则是一种对象之知，"知"指向的对象是在此"知"之外的"意之是与非者"，在阳明的理解中，"意之是非"便是"念之是非"，这里的"意之是与非者"指的便是善念和恶念，即"知善知恶"之"知"指向的对象是在此知之外的善念和恶念。所以蕺山说"知在善恶外，第取分别见"，这是一种分别之知，此知有主客、能所、认知主体与认知对象之分别。

在阳明这里，"知善知恶"之"知"是对人的心体感物而发的念头在道德属性上的认知，即人的念头萌发之后，此知才会去对之加以照察，去判定这个念头是善的还是恶的。阳明说："凡意念之发，吾心之良知无有不自知者。其善欤，惟吾心之良知自知之；其不善欤，亦惟吾心之良知自知之；是皆无所与于他人者也。"① 可见，此知的运作乃是后于念头的萌发，已经不是当机之知了。同样，"善念""恶念"其实已经是"知善知恶"之"知"在对心体萌发的念头进行照察和认知之后而所得到的意识结果，已经落后于人在心体感物之时所当机而起的正念了。

其实前引蕺山《良知说》中的这段话，只是分析的心体感物之后所萌发的知，这里并没有将未感物前的知包含进去。如果贯通心体之寂感，做一总体考察，那么蕺山之论知，有从心体发出的由内而外的三级序列，其中第一义的知是在未感物之时，附着在意根深处的作为道德明觉的本体之知；第二义的知是在感物之时，作为道德明觉的第一义的知发用在所感之物上，而呈现出一种反身之知，即"知好知恶"之"知"或者"知爱知敬"之"知"；第三义的知是对心体所发念头进行认知其是善还是恶的对象性的"知善知恶"的"知"。

对于阳明来说，"知善知恶"的良知也只是从用的层面讲的良

---

① 王守仁：《大学问》，《王阳明全集》，第 1070 页。

知，除此之外，还有从体上讲的良知。在《传习录》中，阳明有云："盖良知只是一个天理自然明觉发见处，只是一个真诚恻怛，便是他本体。故致此良知之真诚恻怛以事亲便是孝，致此良知之真诚恻怛以从兄便是弟，致此良知之真诚恻怛以事君便是忠。只是一个良知，一个真诚恻怛。"① 在未应物之前，良知只是一个"真诚恻怛"的道德明觉，此时良知只是一，并没有分殊相，此是从体上讲的良知，其应物之后，根据发用的事物之不同，而在事物之中表现出不同的相状，比如在事亲时表现出孝，在从兄时表现出弟，在事君时表现出忠等。此种良知乃是作为本体的良知在事物上的发用，是从用的层面上讲的良知。对于阳明来说，良知有两个存在层次，第一义的良知是作为体的良知，第二义的良知为此体在感物之后所发用出来的知，"知善知恶"的"知"便属于这一层次。

由此，我们可见蕺山之论良知与阳明之论良知的同异。所同者，在二人那里，在未感物之先，良知也都是存在的，这便是第一义的良知。所异者，在感物之后，蕺山认为心体会萌发出两种"知"，即作为反身之知的"知爱知敬"的"知"和作为对象之知的"知善知恶"的"知"；而阳明却认定，心体只会萌发出"知善知恶"的"知"。在阳明的良知说中，缺乏"知爱知敬"或"知好知恶"的反身之知的面向。

在阳明的良知论之中，阳明虽然也讲到了作为本体之知的良知，但是同时又认为其"体微而难知"②，并没有发展出对于本体之知层面上的工夫。对于良知作为反身之知的面向，阳明亦未予以明确揭示和阐发。阳明最重视的是作为对象之知的"知善知恶"之"知"，阳明之"致良知"，便是致其"知善知恶"之"知"。然而在蕺山看来，若以"知善知恶"之"知"为"致良知"之"知"，则整个良知学说便是不究竟的，在理论和工夫实践上都会存在着很大的缺陷。

---

① 王守仁：《传习录》，《王阳明全集》，第95—96页。
② 王守仁：《答汪石潭内翰》，《王阳明全集》，第165页。

前文已经提到，蕺山将念分为两类，即正念与妄念。正念是心体应物之时，由作为心体内在的道德机能的"意"或"思""知"等被外物激发而当机所萌发之念；在此正念萌起之同时心体亦生起如"知爱知敬"之"知"这样的反身之知。由于"知善知恶"之"知"的萌起要后于"知爱知敬"之知，所以"知善知恶"之知所产生的认识结果，即善念与恶念的出现，便后于正念的萌发，已经皆非当机之念。由于在蕺山看来，所有不当机的念都是妄念，所以蕺山认为此善念、恶念皆不当起，皆是妄念。蕺山有云：

> 起一善念，吾从而知之，知之之后，如何顿放？此念若顿放不妥，吾虑其剜肉成疮。起一恶念，吾从而知之，知之之后，如何消化？此念若消化不去，吾恐其养虎遗患。总为多此一起，才有起处，虽善亦恶；转为多此一念，才属念缘，无灭非起。今人言致良知者如是。[①]

在蕺山看来，"总为多此一起"，即无论是善念，还是恶念，均不当起；因为即使是所起之善念，也已经属于不当机的正念了，而成为转念、滞念，即成为妄念了，遑论恶念之起了。[②] 上一节已经讲到，蕺山对妄念的态度，乃是"无念"；蕺山认为，"妄念"的产生乃是由于主宰之不立，只要主宰一立，则妄念自然消融；此时在人心之中，不仅恶念不会萌起，即使是善念亦不会萌起，可见立定主宰的工夫才是端本澄源的工夫。所立之"主宰"便是"意"，便是"思"，也同时是蕺山讲的附属于意作为意之功能的第一义层面上的"知"。确立主宰的工夫便是涵养本体或者独体的工夫；涵养独体，

---

① 刘宗周：《学言》，《刘宗周全集》第二册，第458页。
② 有学者认为刘蕺山对阳明"起一善念""起一恶念"的批评是出于认为阳明致良知之教只落在"知"的层面而不及言"行"，笔者认为此论非是。参见张慕良《"虚位"之体——刘宗周"慎独"哲学研究》，中国社会科学出版社2019年版，第94页。

便是涵养意，亦是涵养思，亦是涵养知。此意、知、思乃是心体感物之前作为心体未发层面之道德机能的意、知、思。所以，对于蕺山来说，若单以知而论，究竟的工夫乃是涵养感物之前的第一义的知，而不是感物之后，在所萌发的第二义的"知爱知敬"（"知好知恶"）和第三义的"知善知恶"之知上下工夫。蕺山有云："知在善不善之先，故能使善端充长，而恶自不起。"① 即究竟之工夫在于涵养当善念和恶念还未萌起之知。根据蕺山对知的分类，在善念和恶念萌起之前的知有第一义的本体之知和第二义的反身之知，二者是体用关系，第二义之知的护持最终倚靠的也是对第一义之知的涵养；② 此第一义之知涵养的好，自能"善端充长"③。此第一义的知便是一种照心，蕺山有云：

> 邓定宇先生曰："阳明以知是知非为良知，权论耳。夫良知何是何非？知者其照也。今不直指人月与镜，而使观其光，愈求愈远矣。且及其是非并出而后致之，是大不致也。"余甚韪其语，然必知是知非，而后见此知不是荡而无归，则致知之功庶有下手处，仍指月与镜言。定宇恐人在用处求落后，着不得力也。可为互相发明。④

---

① 刘宗周：《学言》，《刘宗周全集》第二册，第458页。
② 根据蕺山的说法，在善念和恶念还未起之知，有两种，即第一义上的未应物之时的本体之知和应物当下的第二义的反身之知，这两种知存在一种体用关系。反身之知是第一义的本体之知在应物之时的当机发用。作为一种反身之知，人们无容对第二义的知自身做工夫，欲护持、朗现此知，其唯一方法在于涵养此知所由发的本体，即第一义的知。
③ 需要指出，这里所说的"善端充长"的"善"是本体之自然流露，是"至善无恶"的"善"，其并不与"恶"对，与"善念"与"恶念"并列的"善"并不一样。
④ 刘宗周：《学言》，《刘宗周全集》第二册，第447—448页。定宇之语出自其《秋游记》，（黄宗羲：《明儒学案》，《黄宗羲全集》第十四册，第535页）笔者据《明儒学案》所引定宇语录，对引文标点做了改动。定宇此语，蕺山又在《答史子复二》中曾有部分引述，参见刘宗周《答史子复二》，《刘宗周全集》第三册，第538页。

邓定宇（以赞，1542—1599）认为阳明以"知是知非"之"知"为良知，只是权论，而非究竟之说，真正的良知乃是一"照心"。定宇以月、镜做譬喻，比如对月来说，阳明之"知是知非"之"知"只是观月亮之光，于此光之源头处，即月亮能照之体并无照管，此只是在用处着力，而非体上用功。所以定宇认为，等到善念与恶念一并萌发的时候，再做致良知的工夫，此时已经不是本源的工夫了。蕺山对邓氏的观点甚为赞同，也认为第一义的知是一种照心。照心一立，则妄念不起，此为究竟的、端本澄源之工夫。其实，我们发现阳明也未尝不以良知为照心，阳明说："良知者，心之本体，即前所谓恒照者也。"① 又云："圣人之心如明镜，只是一个明，则随感而应，无物不照。"② 但是阳明所云之"照"与蕺山所云之"照"，在含义上还是有所差别的。阳明所云之"照"，为"照察""照临"之"照"，良知只能在善念和恶念萌起之后，对之进行照察或者照临，而认定哪一个念头是善念，哪一个是恶念，而对于善念和恶念的自身起灭机制并不能施加任何影响；就像太阳照临在草木瓦石之上，草木瓦石因太阳所照之光而显其各自的轮廓和相状，从而被人所看到；然而草木瓦石之相状只是因太阳之照而由隐至显，其相状并非因太阳之照临而有所增损。而蕺山所云之"照"，则为"朗照"之"照"，犹如丽日当空，太阳之下自无阴翳；太阳在照此阴翳的同时，亦同时能消除此阴翳。在蕺山这里，在良知朗照之下，人心根本就不会有妄念生起。这种照是直接将恶念产生的根株一并消融，是一种拔草除根、端本澄源的工夫。由于在蕺山看来，阳明的良知不能阻断恶念的生发机制，所以对于阳明的"良知"，蕺山甚至认为都不能称之为"良"。他说："且所谓知善知恶，盖从有善有恶而言者也。因有善有恶，而后知善知恶，是知为意奴也。良在何处？"③

---

① 王守仁：《传习录》，《王阳明全集》，第 69 页。
② 王守仁：《传习录》，《王阳明全集》，第 13 页。
③ 刘宗周：《良知说》，《刘宗周全集》第二册，第 317—318 页。

蕺山在这里所说的"意"乃是就着阳明的文本说,其实就是相当于蕺山自己所说的"念"。这里,蕺山认为,由于"知善知恶"的"知"照管不到善念、恶念之生发,而只能追随念头之起灭而流转,所以这样的"知"成了"意奴",即完全成了念头的奴隶。如是,则此"知"并不能称为"良"。①

在阳明这里,良知起到了一个"检察官"的角色,"善念发而知之,而充之;恶念发而知之,而遏之"②,当善念萌发之时,良知立即对其进行觉知,判断其为善念,并进一步将之推致于行动之中,此是一"致良知"的过程;③ 当恶念萌发之时,良知亦立即进行觉知,判断其为恶念,并阻止其进一步发散到行动之中而流荡为恶行。良知的这一"检察官"的角色十分重要,人在自己的恶念生起之时,良知若能够对之进行及早的觉知,在道德实践之中,这乃是极为必要的工夫。当恶念产生之后,人心觉知此念是恶念,是改过的第一步;人必须首先知晓自己有过,才能做进一步改过的工夫。如果人对自己心中所起之恶念都无所觉知的话,那么便会做出些肆无忌惮,无所不至的行径,从此沦为恶人而不自知,永无改过迁善之可能。因此,蕺山也并不完全对知善知恶之知进行否定,认为其一无是处,他也认为良知之"知是知非"("知善知恶")是"致知之功庶有下手处",即肯认了良知之"知是知非"("知善知恶")的工夫论意义。但是,在蕺山看来,良知之"知是知非"或者"知善知恶"的工夫毕竟只是第二义的工夫,这种工夫不能阻断恶念得以生发的机制,只是在恶念生起之后施以照察,这样就不免陷入了"落后一着"

---

① 劳思光先生有谓:"所谓'知为意奴',即指'知'在意念生后方发用,即不能主宰意念,故为'奴'。此即'落后着'一语之确切诠释也。"[劳思光:《新编中国哲学史》(三下),第441页]

② 王守仁:《传习录》,《王阳明全集》,第25页。

③ 牟宗三先生有言:"'致良知'是把良知之天理或良知所觉之是非善恶不让它为私欲所间隔而充分地把它呈现出来以使之见于行事,即成道德行为。"(牟宗三:《从陆象山到刘蕺山》,第161页)

的工夫困境。

另外，由于蕺山、阳明各自的为学宗旨"诚意""致良知"均涉及《大学》，并且二人皆是通过对《大学》相关内容的诠释来建立起各自的义理主张的，因此蕺山对阳明良知论的批评，还延伸至其对阳明《大学》诠释的批判之中。

二 刘蕺山对《大学》诚意章的诠释以及对阳明《大学》诠释的批判

前文已经提到，在"知""意"关系之中，蕺山的基本思路是"知藏于意"，即将"知"收归于"意"之中，"知"于是成为"意"的一个功能。蕺山的这一基本思路也贯彻在了其对《大学》的诠释，尤其是与"知""意"紧密相关的《大学》的"致知"章和"诚意"章的诠释之中。蕺山诠释《大学》一个基本思路是认为"诚意"是《大学》所有工夫的核心，具有统摄其他工夫条目的地位。在此立场上，他对阳明认为"致知"是《大学》所有工夫的核心的观点进行了激烈的批判。

在《大学问》中，阳明说：

> 盖心之本体本无不正，自其意念发动而后有不正。故欲正其心者，必就其意念之所发而正之，凡其发一念而善也，好之真如好好色；发一念而恶也，恶之真如恶恶臭：则意无不诚，而心可正矣。然意之所发有善有恶，不有以明其善恶之分，亦将真妄错杂，虽欲诚之，不可得而诚矣。故欲诚其意者，必在于致知焉。……凡意念之发，吾心之良知无有不自知者。其善欤，惟吾心之良知自知之；其不善欤，亦惟吾心之良知自知之；是皆无所与于他人者也……今欲别善恶以诚其意，惟在致其良知之所知焉尔。何则？意念之发，吾心之良知既知其为善矣，使其不能诚有以好之，而复背而去之，则是以善为恶，而自昧其知恶之良矣。意念之所发，吾之良知既知其为不善矣，使其

不能诚有以恶之，而复蹈而为之，则是以恶为善，而自昧其知恶之良知矣。①

这段话集中体现了阳明对《大学》"致知"与"诚意"的解释。在阳明看来，所谓"诚意"，便是"凡其发一念而善也，好之真如好好色；发一念而恶也，恶之真如恶恶臭"，即对善念要能做到好之如好好色，对恶念要做到能恶之如恶恶臭，即"诚意"乃是要让"好善恶恶"的机能能够充分发挥。然而在阳明这里，"好善恶恶"的实现必要有一个逻辑上的前提，便是"知善知恶"。人只有知道了在心体应物之后，所萌发出来的念头之中，何者为善，何者为恶，才能如实的去好之恶之。"不有以明其善恶之分，亦将真妄错杂，虽欲诚之，不可得而诚矣"，如果人对心中所发的念头何者为善念，何者为恶念都不能知晓、明辨的话，那么诚意之工夫则会无从措手。在阳明这里，"知善知恶"的工夫便归之于《大学》"八目"之中的"致知"，"致知"也即是阳明所说的"致良知"。良知可以对心体萌发出来的念头进行一种道德属性上的判定，即鉴别出何者为善念，何者为恶念。良知鉴别出善念之后便"好之如好好色"，自然去好之，将其在行动之中实现出来；鉴别出恶念之后，则"恶之如恶恶臭"，遏制此恶念，不使其进一步表现在行动上面。可见，"致知"或者"致良知"，便是推致此"良知"，使好恶见诸行动，是谓"即知即行""知行合一"。此时诚意工夫所要求的能"好之""恶之"的力量，其来源也是出自于良知自身，如牟宗三先生所说，"本质的工夫唯在于逆觉体证，所依靠的本质的根据唯在良知本身之力量"。"好之""恶之"除了靠良知自己的力量之外，"此亦无绕出去的巧妙办法"。② 如果良知已经知道心体发出的念头为善念，而不能"诚有以好之"，知道心体所发出的念头为恶念，而不能"诚有以恶

---

① 王守仁：《大学问》，《王阳明全集》，第1070页。
② 牟宗三：《从陆象山到刘蕺山》，第162页。

之",即如果良知只能"知善知恶"而不能同时"好善恶恶"的话,那么便会"自昧其良知",即致知的工夫是不彻底的。因此,在阳明之学中,良知不仅能知善知恶,亦能好善恶恶,"致良知"工夫是知善知恶与好善恶恶之统一。①

前文已经指出,在阳明看来,"诚意"之"诚",并不是意念之自诚,而是通过意念之外的良知去照察之而"知善知恶",进而再"好善恶恶",所以,"诚意"乃是在"致知"笼罩下的"诚意","诚意"乃是"致知"工夫之内在的必然要求,所以,"诚意"可以收归到"致知"这一工夫之中,而被其所蕴含。

在《大学问》之中,阳明又云:"物者,事也,凡意之所发必有其事,意所在之事谓之物。格者,正也,正其不正以归于正之谓也。正其不正者,去恶之谓也。归于正者,为善之谓也。"② 可见,阳明将《大学》"格物"之"格"解释成"正","格物"便是将为善的念头推致到事物之中,亦是将良知彻底推致到事物之中。如此,是"格物"亦可以被收归于"致知"之中。

可见,在阳明这里,"诚意""格物"均可归并到"致知"一个工夫上面。③ "致知"与《大学》中"正心""修身""齐家""治国""平天下"等其他工夫条目的关系便是工夫与效验的关系,④ 只要致知之工夫做到家,那么自然可以做到"心正""身修""家齐"

---

① 当然,阳明此处"好善恶恶"与蕺山所论之"好善恶恶"其内涵并不相同,本章上一节对此曾有指出。
② 王守仁:《大学问》,《王阳明全集》,第1071页。
③ 阳明本人亦不讳言此,阳明在《大学古本序》中又说:"故致知者,诚意之本也。格物者,致知之实也。"(王守仁:《大学古本序》,《王阳明全集》,第271页)既然"诚意"工夫以"致知"为本,而"格物"工夫又是"致知"工夫之落实,可见"诚意""格物"均可以收归于"致知"之中。
④ 正如阳明弟子钱德洪(绪山,1496—1574)所言,"此心之知,无出于民彝物则之中,致知之功,不外乎修齐治平之内。"(王守仁:《大学问》,《王阳明全集》,第1071页)在阳明之学中,只要人能致其良知,将良知扩充其极,则修、齐、治、平之事业皆可开出。

"国治"和"天下平"。所以，对于阳明来说，在《大学》之八个工夫条目之中，"致知"乃是其中之核心。

另外，阳明在《大学古本序》之中虽然说"《大学》之要，诚意而已矣"①，但这只是就《大学》古本的文本编排结构而论，②并非真的认为"诚意"便是《大学》工夫之核心，因为阳明又云："诚意之功，格物而已矣。诚意之极，止至善而已矣。止至善之则，致知而已矣。"③ 最终，阳明又辗转将"诚意"归之于"致知"之上，在阳明看来，"致知"才是《大学》的真正枢要之所在。

刘蕺山对阳明将"致知"视作《大学》的根本工夫的观点表示反对，他认为，"诚意"才是《大学》里最为根本的工夫。刘蕺山晚年所著的《大学古文参疑》在《大学》"诚意"章下有注云：

> 此章首喝"诚意"而不言在致其知，以诚意为专义也。致知为诚意而设，如《中庸》之明善为诚身而设也。盖惟知本，斯知诚意之为本而本之，本之斯止之矣。亦惟知止，斯知诚意之为止而止之，止之斯至之矣。即诚即致，故曰专义也。心所存主之谓意，非以所发言也。如以所发言，则必以知止为先聘，而由止得行，转入层节，非《大学》一本之旨矣。自之为言由也，非己也。欺之为言周也，非伪也。如恶恶臭，如好好色，

---

① 王守仁：《大学古本序》，《王阳明全集》，第270页。
② 《大学》本为《小戴礼记》中之一篇，至东汉时，郑玄（康成，127—200）广为群经作注，《小戴礼记》亦其中之一，唐代孔颖达领撰《五经正义》，用郑玄注，皇侃（488—545）疏，是为"注疏本"《大学》。宋代之后，对于《大学》，二程、林之奇（拙斋，1112—1176）、朱子等人相继有改本。自元代起，由于朱子《大学章句》流行，士人对于《大学》文本，改尊朱子改本，于是注疏本几乎悬而不用。至阳明，始又提倡注疏本。为别于当时通行本之朱子《大学章句》本，当时人遂称《礼记》之注疏本为"古本"。（参见李纪祥《两宋以来大学改本之研究》，台北：学生书局1988年版，第15页）"古本"在"此谓知本，此谓知之至也"后紧接着"所谓诚其意者，毋自欺也"等"诚意章"文字。
③ 王守仁：《大学古本序》，《王阳明全集》，第270页。

> 言此心一于善而不二于恶，所好在此，所恶在彼，两在而一机，及见其所为诚也。如之云者，本乎天而不杂以人，诚之至者也。自好自恶，故自慊，非对众言也。此所谓毋自欺也，君子所以必慎其独也。独之言自也；慎者，敬德也。由敬入诚，伊、洛正脉也。此可以得文王"敬止"之说。呜呼！"诚意"之说晦而千古之血脉荒。①

在这段注解之中，蕺山再次强调，意以所存言，并不以所发言，"诚意"便是让意根之好善恶恶的功能充分实现。关于蕺山论"诚意"的基本含义，在本章上一节中已经有详细论述了，此处不再赘述。我们这里考察的是，蕺山是如何诠释"格物致知"的。

在丙子年之后，蕺山对《大学》"致知"的诠解，延续了丙子年之前的观点，仍旧认为"致知"之"知"便是"知止""知本"之"知"。② "盖惟知本，斯知诚意之为本而本之，本之斯止之矣。亦惟知止，斯知诚意之为止而止之，止之斯至之矣"，在蕺山看来，《大学》中的"知本""知止"的意思便是知晓诚意是本，是止，是《大学》整个理论体系的根本之处与旨归之处。此"知本"又即是"致知"③。可见，在蕺山这里，"致知"被理解成了"诚意"之转语，并无独立的工夫论的意义。

关于"格物"，蕺山在丙子年之后仍沿袭其52岁所作《大学古记》以及《大学古记约义》中的观点，认为"格物"之"物"仍是"物有本末"之"物"；④ "格物"便是涵养物之本，即涵养独体的

---

① 刘宗周：《大学古文参疑》，《刘宗周全集》第一册，第613页。
② 前文已经指出，在52岁时所作的《大学古记约义》里面，蕺山将"致知"之知与"知止"和"知本"之"知"等同起来，认为"致知"便是"知本"，即是知晓那至善的本体，即独体，故致知成了慎独之转语。
③ 《大学古文参疑》又有云："止之，即所本之地。知止，所以知本也。致此之知，是为致知。"（刘宗周：《大学古文参疑》，《刘宗周全集》第一册，第611页）可见，"致知"就是"知本""知止"。
④ 刘宗周：《大学古文参疑》，《刘宗周全集》第一册，第610页。

意思。由于丙子年之后,在蕺山之学中,意体也开始成为独体的一个面向;所以"格物"之涵养本体的工夫恰恰也同样成了"诚意"的工夫。由此,在蕺山这里,"格物"亦成为"诚意"之转语。

至于《大学》八目之中的其他工夫,蕺山云:"意诚则正心以上一以贯之矣。"① 可见,正心、修身、齐家、治国、平天下都成了诚意工夫的效验,只要做到了诚意,则心自然便正,身自然便修,家自然便齐,国自然便治,天下自然便平。

所以,蕺山说诚意不仅是专义,而且更是了义。所谓了义,有"一了百了"之意思,即《大学》八目中所指出的八个工夫皆可以收归于诚意之中,"直是单提直指,以一义总摄诸义"②。所以,在蕺山看来,"诚意"才是《大学》的真正枢纽。

上面我们看到了蕺山与阳明诠释《大学》之不同,即阳明认为"致知"是《大学》工夫之核心,而蕺山则认为"诚意"才是《大学》工夫之核心。另外,蕺山除了正面提出自己对《大学》的诠释之外,还间接通过批评阳明的方式,来捍卫自己的观点,确立"诚意"为《大学》的主旨。对阳明关于《大学》"诚意""致知"的诠释,蕺山都进行了大量的批评。

蕺山有云:"阳明子言良知,最有功于后学,然只是传孟子教法,于《大学》之说,终有分合。"③ 蕺山认为阳明对《大学》"致知"的解释,是继承了孟子思想,④ 但是并不符合《大学》的原意。前文已经指出,蕺山认为《大学》八目之中的"致知"之"知"就是《大学》经文里面的"知本""知止"之"知"。即蕺山认为《大学》里面提到的"知"都是一个意思,这个"知"与上一节所提到的第一义的本体之知,第二义的知爱知敬的知,以及与第三义

---

① 刘宗周:《学言》,《刘宗周全集》第二册,第390页。
② 刘宗周:《学言》,《刘宗周全集》第二册,第444页。
③ 刘宗周:《良知说》,《刘宗周全集》第二册,第317页。
④ 《孟子·尽心上》曰:"人之所不学而能者,其良能也;所不虑而知者,其良知也。"

的知善知恶的知都有不同。后面这三种知都具有道德内容或蕴含道德意涵，是至善无恶的本体或者此本体之朗照，都是至善无恶的。但是蕺山认为"致知"之"知"只是一个普通的"知晓""知道"的意思，这个"知"本身是虚拢的，并没有道德上的意涵。

前文已经分析过，阳明讲"良知"或"知"，有从体上讲的层面和从用上讲的层面，这分别对应于第一义的作为道德本体的知，和第三义的作为知善知恶的知。这两种知，一者作为道德本体，一者作为道德本体之发用，都是至善无恶的。蕺山也认为阳明"以知为直指德性之旨"①，"以良知为性体"②，即认为阳明所讲的良知是具有道德属性的。③ 既然蕺山认为《大学》的"致知"之"知"乃是一个没有道德属性的，只是一个虚拢的"知晓""知道"的"知"，那么在蕺山看来，阳明以具有道德属性的良知去解释《大学》的"致知"，便并不符合《大学》的本意。

蕺山对阳明关于《大学》"诚意"章的诠释也进行了批评。在崇祯十五年所作的《学言》之中，蕺山有云："物有本末，则必是由末以归本，决不是由本以归末。知所先后，则必是先本而后末，决不是先末而后本。故八条目紧承之。今乃曰'欲正其心之本，先诚其意之末'，可乎？"④ 这里，蕺山说的"先本而后末"是说《大学》的八目，是一个从本到末逐次推拓的顺序，就诚意与正心这两个条目来说，应该是诚意为正心之本，正心为诚意之末；但是蕺山认为阳明如果坚持"意为心之所发"的观点的话，那么在意诚与正心这两个条目之中，阳明反倒是以诚意为末，正心为本了，而其工夫便是"欲正心之本，先诚意之末"了，蕺山认为这不符合《大

---

① 刘宗周：《学言》，《刘宗周全集》第二册，第441页。
② 刘宗周：《学言》，《刘宗周全集》第二册，第441页。
③ 牟宗三先生亦云："（阳明的）良知不只是一个光板的镜照之心，而且因其真诚恻怛而是有道德内容者，此即阳明之所以终属儒家而不同于佛老者。"（牟宗三：《从陆象山到刘蕺山》，第153页）
④ 刘宗周：《学言》，《刘宗周全集》第二册，第441页。

学》的八目由本到末逐次推拓的次序。① 蕺山又说:"《大学》之教,归之知本,何以前五条由末以之本,而诚意一条独由本以之末?致知一条又由末以之本?格物一条又由本以之末?审如此错综颠倒,教学者如何下手?"② 在蕺山看来,对于阳明来说,"诚意"是用良知去照察念头,"格物"亦是用良知去"正念头",所以可以说,"致知"是"诚意""格物"之本,而相对于"致知"来说,那么"诚意"与"格物"均为末了。本来,《大学》平天下、治国、齐家、修身、正心、诚意、致知、格物等八目是一个从末到本的顺序,但是按照阳明,那么从正心到诚意便是由本到末了,而从诚意到致知又变成了由末到本,格物一条反而又变成了由本到末。这样解释《大学》,便会使得《大学》八目错乱不堪,这种诠释在蕺山看来已经不再符合《大学》文本之中八目由本以推末,由末以归本的"一条鞭"结构了。

我们发现,刘蕺山在批评阳明关于《大学》"诚意""致知"两章的解释的时候,很强调"本文",他质疑阳明对《大学》的诠释"看来果是《大学》本文否?"③ 对于这一点,高海波先生已经注意到了。④ 刘蕺山反对阳明基于其良知学说对《大学》"致知"和"诚意"二章进行诠释的根据便是认为阳明的如此诠释并不符合《大学》"本文"。

对大多数理学家来说,《大学》都具有不容置疑的经典地位,因此刘蕺山批评阳明对《大学》的解释不符合《大学》的"本文",便意味着阳明的"良知"和"致良知"理论并无经典上的依据。蕺

---

① 当然,"欲正心之本,先诚意之末",并非是阳明所说,而是蕺山自己对阳明观点的总结。按照蕺山的一贯主张,心有所存,才有所发,是所存先于所发,所存该所发。故所存是体,是本;所发是用,是末。而在蕺山看来,既然阳明将意解释成"心之所发",那么必定便是正心为本,诚意为末了。
② 刘宗周:《答董生心意十问》,《刘宗周全集》第二册,第344页。
③ 刘宗周:《学言》,《刘宗周全集》第二册,第423页。
④ 参见高海波《试论刘宗周的"格物"思想》,《中国哲学史》2009年第3期。

山又说："《中庸》疏独，曰'隐'，曰'微'，曰'不睹不闻'，并无知字。《大学》疏独，曰'意'，曰'自'，曰'中'，曰'肺肝'，亦并无知字。"① 这里蕺山认为不仅是《大学》，而且是作为理学家另外尊奉的一部经典的《中庸》也并不讲"知"字，这样就给阳明的良知之学来了一次釜底抽薪。既然阳明的致良知并不符合《大学》《中庸》等儒家经典的教法，这个学说就只能是阳明自己建立的一套个人色彩浓厚的理论体系，那么这种理论的合理性也就是可以被质疑的了。

另外，通过借着对阳明关于《大学》"致知""诚意"二章内容诠释上的批判，蕺山论证了自己对《大学》的解释，尤其是对《大学》"致知""诚意"的解释才是符合《大学》的"本文"的。这样借助《大学》的权威地位，蕺山不仅由此破除了阳明"致良知"理论的权威光环，反而为自己将"意"解释成"心之所存"找到了经典上的根据，来证成了自己在丙子年之后所提出的诚意新论的正确性，这也便是蕺山对阳明《大学》诠释批评的目的之所在。

审视蕺山对阳明良知说的批判，我们发现，由于蕺山在晚年的诚意新论中，对意、念、良知等概念的界定与阳明并不相同，所以当他站在自己的立场上对阳明的良知论进行批评的时候，难免有误解之处。② 另外蕺山在对《大学》的诠释之中将"致知"之"知"解释为"知止""知本"之"知"，极为缭绕，也未必像他自己所认为比阳明更符合《大学》的"本文"，劳思光先生便认为蕺山对《大学》的若干诠释与《大学》原义相去甚远。③ 但是蕺山对阳明的批判也并不就是当代有些研究者比如牟宗三先生所认为的"其穿凿辩难大抵皆无谓，不可以为准"④，或杨祖汉先生所认为的"大多不

---

① 刘宗周：《学言》，《刘宗周全集》第二册，第457页。
② 东方朔先生业已发现"蕺山对阳明的辩难存有许多不如理之处"。（东方朔：《刘蕺山哲学研究》，第273页）
③ 劳思光：《新编中国哲学史》（三下），第439页。
④ 牟宗三：《从陆象山到刘蕺山》，第325页。

切合阳明良知教之原义,其批评亦不足以证明阳明学真有缺陷,真有理论之困难"①。在笔者看来,尽管蕺山对阳明有一些误解,但是他的确正确指出了阳明良知学说的重大缺陷,即存在"落后一着"的问题,这个问题确实是阳明之学的一大困境。如果如阳明所说,人在念头发动之后才能辨别这个念头是善念还是恶念,那么良知就不能照管恶念的生发,而只是在支流上做工夫而缺乏端本澄源的工夫,这样的工夫便很难说是究竟的工夫。②

三　收知归意：蕺山对阳明良知说的融摄

阳明良知学说的"落后一着"这一困境同样也对阳明之后的学者们产生了相当的困扰。在理论上,他们中的有些学者为了试图克服这个困境提出了各自的解决方案,③刘蕺山也是其中之一。正是意识到了阳明良知论的这一困境,蕺山在晚年才会对阳明学"辨难不遗余力"。诚意新论的提出便是蕺山对治阳明学"落后一着"困境的理论成果。

---

① 杨祖汉:《从刘蕺山对王阳明的批评看蕺山学的特色》,载钟彩钧主编《刘蕺山学术思想论集》,第 64 页。

② 与牟宗三、杨祖汉等先生不同,劳思光、陈来、张学智、胡元玲、陈畅等先生则认为阳明之学中确实存在着"落后一着"的困境。劳先生说:"若灵明或良知皆只能在吾心之活动后方有功用,则活动由未有至有时,岂非一片混沌乎？"[劳思光:《新编中国哲学史》(三下),第 435 页]劳先生指出了阳明的致良知工夫照管不到意念未发之时。陈先生说:"阳明学中的良知与意念在发生学上的关系不明朗,加上如果良知只是意念活动的监察者、评价者,这样的良知就还不能从根本上解决道德自觉的问题。"(陈来:《宋明理学》,第 419 页)张先生说:"从理论上说,良知作为是非善恶判断的根据,它本身并不能保证无恶的杂入。"(张学智:《明代哲学史》,第 441 页)胡元玲先生也指出:"未发时缺乏具体下手工夫,这一点确为王阳明不足之处。"(胡元玲:《刘宗周慎独之学阐微》,第 309 页)陈畅先生不仅发现了阳明之学的这一困境,而且还认为阳明后学发生衍化的一个重要契机便是寻求对这一困境的解决。(陈畅:《理学道统的思想世界》,上海书店出版社 2017 年版,第 144—149 页)笔者同意劳思光、陈来、张学智、胡元玲、陈畅等先生的观点。

③ 关于阳明后学对这一困境的解决,主要有两种方案,一种是王龙溪的方案,另一种是聂双江的方案。具体可参见陈畅《理学道统的思想世界》,第 144—149 页。

当然，蕺山晚年虽然对阳明的良知说进行了激烈的批评，但是他并没有因此完全摒弃对良知的言说，实际上，他晚年有时还经常以"良知"为话头讲学。但是，蕺山讲良知，更加注重对第一义之知的涵养工夫。蕺山说：

> 迩来深信得阳明先生"良知只是独知时"一语亲切，从此用功，保无走作。"独"只是"未发之中"，"未发之中"正是不学不虑真根底处。未发时气象，安得有胜心习气在！学者只为离"独"一步说良知，所以面目不见透露，转费寻求，凡所说"良知"都不是良知也。"致良知"三字便是孔门易简直截之旨，今日直须分明讨下落耳。①

> 须知良知无圣凡，无大小、无偏全、无明昧，若不向"独"上讨下落，便是凡夫的良知。②

"学者只为离'独'一步说良知，所以面目不见透露"，在蕺山看来，如果不从"未发之中"的独体、意根即本体层面讲良知，那么此时所讲的良知就不是究竟的良知。前文已经指出，在蕺山看来，阳明之"良知"，乃是侧重于推致已发层面的第三义的知善知恶之"知"，与第一义的良知尚隔两层，当然是不究竟的。蕺山不满足于阳明侧重于良知之第三义面向，而讥其"浅"，而一定要将良知贞定在意根、独体等本体层面上，于是"良知"或"知"就成为意的一个功能，这也就是本节前文提到了"知藏于意"。于是"知体"就成了"意体"，"致知"必定归于"诚意"。正如劳思光先生所言"蕺山非反对言'良知'，而是力持以意为体而收摄良知于意中"③。

---

① 刘宗周：《答履思四》，《刘宗周全集》第三册，第 313 页。
② 刘宗周：《答履思四》，《刘宗周全集》第三册，第 314 页。
③ 劳思光：《新编中国哲学史》（三下），第 439 页。

当蕺山在其《良知说》的末尾说"阳明曰:'致知焉尽之矣。'余亦曰:'致知焉尽之矣'"① 的时候,其实蕺山所言的"致知"已经与阳明所言的"致知"在含义上已经发生了相当大的滑转,蕺山之所言"致知",实际上就已经成了"诚意"之转语。

最终,通过"知藏于意"的理论设定,蕺山将"致良知"的工夫收归于其晚年的论学主旨"诚意"之中,从而在理论上,实现了对阳明良知学说的融摄。

---

① 刘宗周:《良知说》,《刘宗周全集》第二册,第318页。

第四章

刘蕺山的工夫论：以《人谱》为中心的考察

作为身心体证之学，理学不仅涉及对形上本体的理论建构，而且包含了身心实践的面向，而这便关涉到理学的工夫和工夫论。[①] 理学家践行工夫之目的，即是要通过经过一系列身心转化之历程，来证成道体，扩充性体、心体，最终达成本体之实现。黄梨洲所言"工夫所至，即其本体"[②]，便揭示出了理学家由工夫证显本体的为学旨趣。

作为明末的理学巨匠，刘蕺山素以工夫笃实称闻于当世，在长期的身心实践之中，发展出了一套内容丰富的工夫操作方法，对这些工夫实施的经验描述和理论总结便构成了其工夫论。与蕺山的工夫细密、笃实对应，其工夫论系统、完备，蕺山的工夫论构成了其"本体—工夫"理论架构的重要组成部分。

蕺山对工夫实践的论说，集中体现在其《人谱》之中。本章便首先以《人谱》为中心，结合蕺山关于工夫的其他论述，分析蕺山的工夫理论。进而对《人谱》中表现出来的蕺山工夫的两大特点，

---

① 关于理学工夫和工夫论的内容和历史演变，可参见朱汉民、汪俐《从工夫到工夫论》，《湖南大学学报》（社会科学版）2019年第4期。

② 黄宗羲：《明儒学案》第十三册，第3页。

即"立定未发做工夫"和"重视勘验"展开更进一步的分析,以展现蕺山工夫实践的内容和特质。

第一节 《人谱》改过工夫解析

正如杜维明先生所说,刘蕺山建立了一个系统、完备的"道德精神现象学"体系。那么,其"道德精神现象学"的集中展示,便是在《人谱》之中。刘蕺山在《人谱》中系统地分析了人的道德意识的内容、结构以及运作机制;具体解释了在每一个意识层面,人的相应的过恶是如何萌起的,它们的表现形式又是如何;并且针对各个意识层面的过恶,《人谱》又提供了相应细密的对治方法。可以说,《人谱》是刘蕺山工夫论的浓缩和精华,是"蕺山长期讲学、明道的思想结晶"[①]。

蕺山生前十分看重《人谱》。在蕺山临殁之时,他对儿子刘伯绳说:"做人之方,尽于《人谱》,汝作家训守之可也。"[②] 可见,蕺山把《人谱》当作是留给子孙的"传家宝"。蕺山门人董玚(瑞生,生卒年不详)在编订《刘子全书》的时候,为了突出《人谱》在蕺山著作的重要地位,将其放在《刘子全书》之卷首,并且说:"首《人谱》,如《王子全书》首《传习录》。"[③] 足见《人谱》在蕺山著作之中的重要地位。

关于《人谱》的成书历程,刘伯绳在《人谱》文字之末尾曾有如下的说法:"《人谱》作于甲戌,重订于丁丑,而是谱则乙酉五月

---

① 张瑞涛先生语。参见张瑞涛《心体与工夫:刘宗周〈人谱〉哲学思想研究》,第122页。
② 刘汋:《蕺山刘子年谱》,《刘宗周全集》第六册,第170页。
③ 董玚:《刘子全书钞述》,《刘宗周全集》第六册,第657页。

之绝笔也。一句一字，皆经再三参订而成。"① 根据刘伯绳的说法，《人谱》一书初撰于甲戌，即崇祯七年，在丁丑年即崇祯十年又有所改订，到了乙酉年五月，即蕺山殉难前夕仍有所修改。这一说法在崇祯十一年，即戊寅年，蕺山在给魏学濂（子一，1608—1644）的信中得到了部分印证，蕺山说："向偶著《人谱编》，所属未定之见，是以未敢示人。去年所示仲木者，别后思之，亦多瞀语。俟少迟日，另作抄本以奉正。"② 此处蕺山说的《人谱编》便是《人谱》。"向偶著《人谱编》"指的便是甲戌年所作的《人谱》之初稿，蕺山在当时可能觉得并不是很满意，还有待进一步的完善，所以"未敢示人"。"去年所示仲木者"便是蕺山在崇祯十年重订的版本，此版本的《人谱》蕺山曾经给门人吴仲木看过。但是对于这个重订本，蕺山仍不满意，认为其"亦多瞀语"。可见，丁丑年之后，蕺山仍然在思考如何进一步修订与完善《人谱》，实际上这一过程一直延续到蕺山临终之时。可以说现在传世的《人谱》乃是经过蕺山晚年再三思考和改定后的最终版本。

对于《人谱》的命名，蕺山有云："总题之曰《人谱》，以为谱人者莫近于是。学者诚知人之所以为人，而于道亦思过半矣。"③ "人谱"指出了人之为人的本质所在，并且为人进行自我提升，实现人之为人的本质提供了具体实践方法。蕺山在《人谱正编》中云

---

① 刘宗周：《人谱》，《刘宗周全集》第二册，第 20—21 页。需要指出的是，在现今《刘宗周全集》本之中，《人谱》正文之后所附录的案语有所脱漏。《刘宗周全集》本案语作："《人谱》作于甲戌，重订于丁丑，而是谱则乙酉五月之绝笔也。一句一字，皆经再三参订而成。向吴峦稚初刻于湖，鲍长孺'再刻'至'百拜谨识'。"（刘宗周：《人谱》，《刘宗周全集》第二册，第 21—22 页）最后一句"鲍长孺'再刻'至'百拜谨识'"语意不清，词句有误。查考其他版本，案语有作："《人谱》作于甲戌，重订于丁丑，而是谱则乙酉五月之绝笔也。一句一字，皆经再三参订而成。向吴峦稚初刻于湖，鲍长孺再刻于杭，俱旧本也。读者辨诸，无负先君子临岐苦心。己丑孟秋，不孝男汋百拜谨识。"可见，《刘宗周全集》本缺失了案语作者信息。"不孝男汋"表明，此案语作者乃是刘蕺山之儿子刘汋，即刘伯绳。

② 刘宗周：《复魏子一二》，《刘宗周全集》第三册，第 341 页。

③ 刘宗周：《人谱》，《刘宗周全集》第二册，第 2 页。

"知其不善，以改于善。"① 又云："其要归之善补过。"② 明确指出，《人谱》工夫实践的主题乃是"改过"。

《人谱》包含《自序》《人谱正篇》《人谱续篇》。《人谱正篇》由《人极图》和《人极图说》两部分构成，《人谱续篇》由《证人要旨》《记过格》以及《讼过法》以及两篇《改过说》构成。

蕺山《人谱正篇》的写作明显受到了周濂溪的影响，蕺山的《人极图》与《人极图说》是对周濂溪的《太极图》和《太极图说》的模仿。③《人极图》是《人谱》本体论的总纲，《人极图说》是对《人极图》中六个不同圆圈在本体论层面上的解释，由《人极图》和《人极图说》构成的《人谱正篇》建立起了人谱工夫的本体论基础。

由《证人要旨》和《记过格》构成的《人谱续篇》则详细分析了人在各种不同的意识、行为阶段中所可能出现的诸种过错以及相应的工夫上的对治方法。其中《证人要旨》中的从"凛闲居以体独"到"迁善改过以作圣"这六步工夫，蕺山称为"六事功课"④，分别对应了《纪过格》中所提及的工夫所对治的从"微过"到"成过"这六个过。《证人要旨》的六步工夫与《纪过格》的六过又对应了《人极图》的六个圆圈。在《人谱》中，《人谱续篇》展示的工夫系统是与《人谱》正篇建构的本体系统密切关联、相互对应的。

为了方便论述，本节以《证人要旨》中的从"凛闲居以体独"到"迁善改过以作圣"这"六事功课"为中心，对这六个工夫步骤逐次分析；并且将《人谱》其他部分的内容收归到对这"六事功课"的分析之中来，以集中展示蕺山工夫论之具体面貌。

上一章已经指出，理学家对心性本体和意识结构的设定直接决

---

① 刘宗周：《人极图说》，《人谱》，《刘宗周全集》第二册，第 4 页。
② 刘宗周：《人极图说》，《人谱》，《刘宗周全集》第二册，第 4 页。
③ 参见胡元玲《刘宗周慎独之学阐微》，第 192 页；高海波《慎独与诚意：刘蕺山哲学思想研究》，第 511—515 页。
④ 刘宗周：《自序》，《人谱》，《刘宗周全集》第二册，第 2 页。

定了其工夫实施的具体形态。蕺山将人的精神活动或者意识运作区分为未发、已发这两个阶段，反映或落实在工夫操作上也便对应了未发工夫与已发工夫。未发与已发乃是蕺山工夫论之两个不同的阶段，从"凛闲居以体独"到"迁善改过以作圣"的"六事功课"便是按照未发已发这个架构来进行展开的。其中"凛闲居以体独"是未发工夫，而"卜动念以知几""谨威仪以定命""敦大伦以凝道""备百行以考旋"为已发工夫。

一 未发工夫："凛闲居以体独"

此条对应《人极图》最上边的第一个圆圈，《人极图说》有云："无善而至善，心之体也。"[1] 蕺山自注云："即周子所谓'太极'。太极本无极也。统三才而言，谓之极；分人极而言，谓之善。"[2] 在刘蕺山看来，此处说的"心之体"又相当于周子所云的"太极"，这个"心之体"又被蕺山称之为"独体"或者"意体""意根"，乃是人心之中最内在、深微的道德本体。前文已经指出，"慎独"是蕺山理学之宗旨，其中"独"是本体，"慎"是工夫，"慎独"是即本体即工夫的。在《证人要旨》之中，蕺山对这一点再次做了强调。他说："夫人心有独体焉，即天命之性，而率性之道所从出也。慎独而中和位育，天下之能事毕矣。"[3] 天命之性在人心之中的落实便是人之独体，只要"慎独"，人便可以做出"天地位""万物育"之事业。

对于"独体"，蕺山又说："然独体至微，安所容慎？惟有一独处之时可为下手法。"[4] 前文已经指出，从存在论上说，独体乃是指人心之中的喜怒哀乐四气之如理流行；四气之流行无形无状，人们无法用睹闻等感性方式去把握，故独体自身是冲漠无朕的。对于这

---

[1] 刘宗周：《人极图说》，《人谱》，《刘宗周全集》第二册，第3页。
[2] 刘宗周：《证人要旨》，《人谱》，《刘宗周全集》第二册，第3页。
[3] 刘宗周：《证人要旨》，《人谱》，《刘宗周全集》第二册，第5页。
[4] 刘宗周：《证人要旨》，《人谱》，《刘宗周全集》第二册，第5页。

冲漠无朕的独体，蕺山认为可将人独处之时作为慎独工夫的下手之处。① 在人独处的时候，"此时一念未起"②，即人心此时处在事物未至，感应未起的状态，这是心体的未发之时，此时"止有一真无妄在不睹不闻之地，无所容吾自欺也，吾以与之毋自欺而已"③。所谓"一真无妄"指的便是独体，此时的工夫乃是"毋自欺"。需要注意的是，蕺山对"自欺"的解释有些特别，在《大学古文参疑》中，蕺山在解释《大学》"诚意"章"毋自欺"时说："自之为言由也，非己也。欺之为言罔也，非伪也。"④ 又言"独之言自也"⑤，在《周易古文钞》解释《周易》乾卦象辞"天行健，君子以自强不息"的时候说"自之为言天也"⑥。《学言》中又言："自之为言由也，自之为言独也。"⑦ 在这几处文本之中，蕺山先后以"由""天""独"解"自"，其实这几种解释都可以归之为以"独"解"自"。⑧ 至于"罔"，《论语》"为政篇"有"学而不思则罔，思而不学则殆"之语，可见"罔"有"迷惑""困扰"之意。所以在蕺山之学中，"自欺"的意思便是独体本具的天的机制在显发之中被扰乱；或者从意识的角度上说，是意根本具的好善恶恶的道德机能受到了干扰。在蕺山这里，"毋自欺"指的便是保持独体的本来状态，让心体所本具之喜怒哀乐四气之运行能够以自有、自正的方式呈现；或者从意识层面来讲，"毋自欺"即是保持意根所本具的好善恶恶的道德定向功

---

① 在《人谱杂记》"体独"篇正文之后的案语中，蕺山有言："独不可名，即言之已成逗漏，况行事之著乎！此所谓近似者也。举似以求真，善学者幸反身而自得之。"见刘宗周撰，刘汋增补《人谱杂记》，《人谱》，《刘宗周全集》第二册，第27页。
② 刘宗周：《证人要旨》，《人谱》，《刘宗周全集》第二册，第5页。
③ 刘宗周：《证人要旨》，《人谱》，《刘宗周全集》第二册，第5页。
④ 刘宗周：《大学古文参疑》第一册，第613页。
⑤ 刘宗周：《大学古文参疑》第一册，第613页。
⑥ 刘宗周：《周易古文钞》，《刘宗周全集》第一册，第33页。
⑦ 刘宗周：《学言》，《刘宗周全集》第二册，第440页。
⑧ 陈畅先生亦注意到蕺山以"独"解"自"的独特现象，并对其理论意义进行了阐发。参见陈畅《理学道统的思想世界》，第150—159页。

能时时得以自然显发而不受遮蔽。

在人还未起念的未发之时，此时对应的过错是"微过"。关于"微过"，蕺山在《纪过格》中有云："以上一过，实函后来种种诸过，而藏在未起念以前，仿佛不可名状，故曰'微'。"① 相比于其他之后的诸种过，微过处在心体的最深层之处，最为隐微。用现在的心理学术语说，微过甚至处在人的潜意识层面。在蕺山看来，微过乃是人在已发阶段所可能产生的"隐""显""大""丛"四过之总根源。

微过是由"妄"导致的。对于"妄"，蕺山认为是"独而离其天者"②，又言："'妄'字最难解，直是无病痛可指。如人元气偶虚耳，然百邪从此易入。"③ 所谓"离其天""元气偶虚"，便是指心体之喜怒哀乐四气在流行过程之中偶尔发生了过与不及，而人并不能及时觉知。④ 这样气之流行便逸出了本然运行之轨辙，此逸出之气便是前文之中所说的"浮气""暴气""余气""动气"。"微过"或"妄"的存在本身已经表明未发之时，人心体中的喜怒哀乐四气已经不能自作主宰；对应于意识层面，则是人的意根的好善恶恶的道德定向能力和感应外物的机能也已经受到了干扰。在这种情况之下，缺失主宰的心体一旦感应外物，会很容易被外物所牵引，而陷溺在外物之上，此时那"仿佛不可名状"的微过也会进一步显发、流荡出来而外化而成"隐""显""大""丛"等四过。

《人谱》之中，蕺山对于微过的对治，主要采取的是一种"内

---

① 刘宗周：《纪过格》，《人谱》，《刘宗周全集》第二册，第10页。
② 刘宗周：《纪过格》，《人谱》，《刘宗周全集》第二册，第10页。
③ 刘宗周：《纪过格》，《人谱》，《刘宗周全集》第二册，第10页。
④ 前文已经指出，喜怒哀乐之四气偶尔发生过与不及并不必然会造成"妄"，这种现象亦有天道层面的存在根据，其只是提供了"妄"之生起的契机；在四气失却主宰之后人不能及时进行觉知，致使心体进一步流失，才导致"妄"。

自讼"① 的方式。蕺山在《人谱续篇》的《讼过法》一文中对之有详细的说明。这是一段很有名的文字，现引用如下：

> 一炷香，一盂水，置之净几，布一蒲团座子于下，方会平旦以后，一躬就坐，交趺齐手，屏息正容。正俨威间，鉴临有赫，呈我宿疚，炳如也。乃进而敕之曰："尔固俨然人耳，一朝跌足，乃兽乃禽，种种堕落，嗟何及矣。"应曰："唯唯。"复出十目十手，共指共视，皆作如是言，应曰："唯唯。"于是方寸兀兀，痛汗微星，赤光发颊，若身亲三木者。已乃跃然而奋曰："是予之罪也夫。"则又敕之曰："莫得姑且供认。"又应曰："否否。"顷之，一线清明之气徐徐来，若向太虚然，此心便与太虚同体。乃知从前都是妄缘，妄则非真。一真自若，湛湛澄澄，迎之无来，随之无去，却是本来真面目也。此时正好与之葆任，忽有一尘起，辄吹落。又葆任一回，忽有一尘起，辄吹落。如此数番，勿忘勿助，勿问效验如何。一霍间，整身而起，闭阁终日。②

"讼过法"又被蕺山称作是"静坐法"，是人在静坐之时的一种工夫。"一炷香，一盂水，置之净几，布一蒲团座子于下，方会平旦以后，一躬就坐，交趺齐手，屏息正容"，如此操作有些像一些宗教中

---

① 蕺山在早年便已经发展出"内自讼"的工夫。在《论语学案》之中，他说："然既见后，势不得不改，第恐改图不力，故又须内自讼，试问此过从何来历，从何造端，从何成就，从何结果，——打勘，直穷到底，如死者之求生，如断者之求续，而迁改之图自有无所不至者矣。"（刘宗周：《论语学案》，《刘宗周全集》第一册，第337页）

② 刘宗周：《讼过法》，《人谱》，《刘宗周全集》第二册，第15—16页。对于《讼过法》，《刘宗周全集》整理本收有新、旧两个版本。两个版本在文字上有一些差别，但是意思基本一致。上引文出自旧本。值得注意的是，在新本中，蕺山两次提到了自己的工夫为"内自讼"（刘宗周：《讼过法》，《人谱》，《刘宗周全集》第二册，第16页）。

的忏悔仪式,① 器具上的庄严布置与坐姿的端正造成了一种仪式感和严肃感,给人一种强烈的自我暗示,可以促发人生起庄重心和敬畏心,此时人可以收敛精神,严肃认真的反省自己的过错。蕺山将工夫操作的时间定在"平旦以后",这显然是来自于孟子的启发。《孟子·告子上》篇有云:"其日夜之所息,平旦之气,其好恶与人相近也者几希,则其旦昼之所为,有梏亡之矣。"对于这段话,朱子《四书章句集注》注云:"言人之良心虽已放失,然其日夜之间,亦必有所生长。故平旦未与物接,其气清明之际,良心必犹有发见者。但其发见至微,而旦昼所为之不善,又已随而梏亡之。"② 根据朱子的理解,平旦之时是人在一天之中,气质最为清明,心体受遮蔽最少的时候,这时人的道德意识最强。对此说法,蕺山无疑是同意的,所以他选择在此时用工夫,以期能收到事半功倍的效果。

"尔固俨然人耳,一朝跌足,乃兽乃禽,种种堕落,嗟何及矣",这是人对自己平日过错的深切忏悔,提醒自己没有做到为人之本分,良知蒙蔽,而陷于禽兽之地步,如果再不立刻改过,而会悔之未及。"方寸兀兀,痛汗微星,赤光发颊,若身亲三木者。已乃跃然而奋曰:'是予之罪也夫。'"人在经历深切忏悔之后,认识到了自己的过错,会产生愧疚、紧张的心理反应,此时人之身体也发生了出汗、脸红等一系列变化。此时,人感觉自己好像是作为一个罪犯正在被拷问,而自己也当即承认了罪行。

"一线清明之气徐徐来,若向太虚然……却是本来真面目也",在经过了深切的忏悔之后,人也清晰的认清了自己的过错,并且痛下决心去改正,感觉自己先前被蒙蔽的心体现在又恢复了本来的状态,此时湛然之心体又重新朗现,这时讼过工夫便临近结尾。讼过之后,本体既现,惟时时保任,保持一个"常惺惺"的明觉就行了。

---

① 牟宗三先生便指出,蕺山的"讼过""大类天台家之行法华忏仪"。参见牟宗三《从陆象山到刘蕺山》,第 372 页。
② 朱熹:《四书章句集注》,《朱子全书》第六册,第 402 页。

蕺山将这一"内自讼"的工夫定位为未发之时的工夫，是说在未感物之先，便已经存在的工夫。然而此时事物未至，人心并没有因感应事物而产生对此事物的念头。那么，此时所"自讼"的念头又是出自哪里呢？其实是出自人在过往的感应活动之中未能当机消融，而胶积在人的心体之中的妄念，即本书第三章第三节所提到和分析的"转念"。

心体受到遮蔽与妄念不能消融而继续存留于心中，这两个现象存在一个相互促进、相互生发的循环关系。即当心体受到遮蔽，缺失主宰之时，心体感物之后会萌发出妄念，这些妄念积留在心体之中，会又加剧对心体的障蔽，然后心体便更加失去主宰，进而会继续感应出妄念，然后新的妄念又继续积留在心体之中，又继续遮蔽心体。在这样一种循环过程之中，心体便会愈来愈失去主宰，而妄念也会愈来愈多。[①] 人如果不能跳出此恶性循环，则心体会不断沉沦，人亦在妄念之中越陷越深而无法自拔，自此永无改过迁善之可能。

"内自讼"的工夫便是跳出此种恶性循环，中断本体被遮蔽与妄念之积存这两者之间相互促进、相互生发这一循环链条；是本体之自我照明、自我清淤、自我祛除自身障蔽的工作。通过提醒本体之明，讼过的工夫将过往的感应活动所留存的余势，即因过往的感应活动而产生的未能当机消融而积存在心中的妄念检查出来，然后将之消融。这样，妄念对本体的遮蔽减少一份，则本体之明就会扩大

---

① 前文多次指出，从存在论上说，妄念则对应"余气"（"浮气""动气""暴气"），是在喜怒哀乐四气不能自作主宰的情况下，心体对境感物之时或之后所生发的。唐君毅先生有谓："盖人应感于物，即有气之动，于此如才发于外，即止于中，一应即止，则气复归静，更无余气之留。然人应于物之后，恒不能一应即止，而不免有余气之留。此余气既留，即足更滞其以后当有之发，而使之亦不能才动于中，即发于外。动者不发，又成余气。"（唐君毅：《中国哲学原论·原性篇》，第311页）当心体本具之喜怒哀乐之四气能自作主宰之时，心体感应外物才会"一应而止"，此时便无余气，但是当四气不能自作主宰之时，心体感应外物便会有余气之留，此滞留之余气又加重心体之障蔽使心体更加不能自作主宰，进而在感应外物时激发出更多余气。

一分，本体之照察力量亦随之增大一分，然后便会继续照察出更多的积存于心中的妄念，然后再将之清除，清除之后，本体之明就愈扩大。蕺山说："学者姑于平日声色货利之念，逐一查简，直用纯灰三斗，荡涤肺肠，于此露出灵明，方许商量。"① 这样将平日积存心中的声色货利之念头一并搜捕出来，并进行剿灭之。这一过程经过反复操作，就可以将那些存留于心中的妄念或者"余气"消除殆尽，同时本体就会愈来愈澄明，在事物再次来临的时候，心体会自作主宰，物来顺应，感应之时只会生起正念，而不会生起和积存妄念了。

在蕺山提出"讼过法"即"静坐法"之后，当时有人认为"静坐法"沾染了禅风，蕺山又特地为其正名。蕺山云："静坐非学乎？程子每见人静坐，便叹其善学。"② 他认为静坐不是禅门的专利，儒门亦将静坐作为一种做工夫的手段。但是他又指出，儒门的静坐并不同于禅门的静坐。蕺山有云："然则静坐岂一无事事？近高忠宪有《静坐说》二通。其一是撒手悬崖伎俩，其一是小心着地伎俩，而公终以后说为正。"③

蕺山这里提到的高景逸的二通《静坐说》指的是高景逸在万历癸丑年所作的《静坐说》和两年之后所作的《书〈静坐说〉后》。④在《静坐说》之中，高景逸标榜"平常"二字，"静坐之法，不用一毫安排，只平平常常默然静去"⑤。对于高景逸来说，静坐主要是一种对意识或者念头的沉淀工夫。人在静坐之时，屏却外缘，等待纷纭的念头沉淀下来，达到一种无念的境地。在此工夫之中，如果心中生起妄念，亦不加照察和着力，"大抵着一毫意不得，着一毫见

---

① 刘宗周：《改过说三》《人谱》，《刘宗周全集》第二册，第20页。
② 刘宗周：《讼过法》，《人谱》，《刘宗周全集》第二册，第16页。
③ 刘宗周：《讼过法》，《人谱》，《刘宗周全集》第二册，第16页。
④ 《静坐说》与《书〈静坐说〉后》，俱见高攀龙《就正录》，《高攀龙全集》，尹楚兵辑校，凤凰出版社2020年版，第236—237页。
⑤ 高攀龙：《静坐说》，《高攀龙全集》，第236页。

不得，才添一念，便失本色"①，只是静等其自然沉淀下来。但是在《书〈静坐说〉后》，高景逸对两年前所作的《静坐说》做了反省，认为之前的说法"殆未备也"②，遂对之前的静坐方法进行了修正。他说："必收敛身心，以主于一，一即平常之体也，主则有意存焉。"又云："但从衣冠瞻视间整齐严肃，则心自一，渐久渐熟，渐平常矣。"③ 可见，高景逸后来认为，静坐不能"一毫意着不得"，而需要"有意存焉"，即需要人提起道德意识，收敛心体。

"撒手悬崖"与"小心着地"并不出自高景逸《静坐说》与《书〈静坐说〉后》，而是出自于蕺山对高氏前后《静坐说》的概括。蕺山认为高景逸在《静坐说》中提到的静坐工夫是一种撒手悬崖的伎俩，所谓"撒手悬崖"是说，在静坐之中，"一毫意着不得"，即没有任何的道德意识去提点、照管，只是一任念头之自然流行与沉淀，这种工夫很类似于以断绝思虑，禅坐入定的禅学的静坐的工夫。④ 而后来的高景逸做了修正，认为在静坐工夫之中，应该"有意存焉"，即用道德意识去收敛、整束念头，蕺山认为这样的工夫才是"小心着地"的工夫。

在"撒手悬崖"和"小心着地"这两种工夫之中，蕺山当然赞同"小心着地"的工夫，刘蕺山《讼过法》或者《静坐法》中展现出的工夫便是一种"小心着地"的工夫。蕺山之静坐不仅不是试图屏除思虑，进而追求一种空灵的意识状态的工夫，反而是提起本心，充分唤起和凝聚思虑，进而用道德意识去搜捕、照察心中所积存的恶念的工夫。可见，蕺山的"静坐"与禅学式的"静坐"是迥然不

---

① 高攀龙：《静坐说》，《高攀龙全集》，第237页。
② 高攀龙：《静坐说》，《高攀龙全集》，第237页。
③ 高攀龙：《静坐说》，《高攀龙全集》，第237页。
④ 蕺山认为高景逸之学，受到了禅学的沾染。黄梨洲《蕺山学案》案语有云："然当《高子遗书》初出之时，羲侍先师于舟中，自杭水至省下，尽日翻阅。先师时摘其阑入释氏者以示羲。后读先师《论学书》，有《答韩位》云：'古之有朱子，今之有忠宪先生，皆半杂禅门。'"（黄宗羲：《明儒学案》，《黄宗羲全集》第十七册，第1643页）

同的。

在蕺山这里,未发阶段的工夫除了静坐之外,紧接着便是读书。在蕺山的工夫系统之中,静坐与读书是互相结合,相互促进的两个工夫,二者不能加以截然区隔。用蕺山自己的话来说,静坐与读书,"其实亦非有两程候也"①。蕺山在《应事说》一开始便说:"学者静中既得力,又有一段读书之功,自然遇事能应。"② 结合蕺山通常是以事物未至,心体未感为未发之时,以事物已至,心体感物为已发之时的观点,由于蕺山认为读书是在应物之前的工夫,所以当然与静坐一起,一并是未发之时的工夫了。

关于读书,蕺山在 54 岁之时所作的《读书说》之中,有云:

> 朱夫子尝言:"学者半日静坐,半日读书,如是三五年,必有进步可观。"今当取以为法。然除却静坐工夫,亦无以为读书地,则其实亦非有两程候也。学者诚于静坐得力时,徐取古人书读之,便觉古人真在目前,一切引翼提撕匡救之法,皆能一一得之于我,而其为读书之益,有不待言者矣。昔贤诗云:"万径千蹊吾道害,四书六籍圣贤心。"学者欲窥圣贤之心,遵吾道之正,舍四书、六籍无由。夫圣贤之心,即吾心也,善读书者,第求之吾心而已矣。舍吾心而求圣贤之心,即千言万语,无有是处。阳明先生不喜人读书,令学者直证本心,正为不善读书者,舍吾心而求圣贤之心,一似沿门持钵,无益贫儿,非谓读书果可废也。③

蕺山十分钦服朱子"学者半日静坐,半日读书"的主张,认为除静坐之外,读书也是一项重要工夫。在蕺山看来,静坐与读书并非两

---

① 刘宗周:《读书说》,《刘宗周全集》第二册,第 305 页。
② 刘宗周:《应事说》,《刘宗周全集》第二册,第 306 页。
③ 刘宗周:《读书说》,《刘宗周全集》第二册,第 305—306 页,原标点有改动。

种不相干的工夫；静坐可以为读书提供一个良好的身心状态。因为人在经过了一番艰苦的"内自讼"工夫之后，此时心体清明，道德意识比较凝聚，对于改过迁善有一种身临其境的现场感；这时再去读古人书，便容易与书中讲的古人做人、修身的经历，以及古人总结的为善去恶的诸种道理和方法产生共鸣，这样就觉得古人好像真的是自己为学路上的师长，正在当面教诲自己。这样一种读书的亲切感便容易使自己能够吸取古人书中的教益，而作为自己做工夫的资粮。

在蕺山看来，所谓"读书"，并非是读所有的书。对于做修身工夫来讲，人应该去阅读"六经"与"四书"。在 50 岁之时所做的《读书说》①中，蕺山认为孔子删述"六经"，乃是"使天下后世，复知有唐、虞、三代之道"；朱子作《集注》《或问》等书，乃是"使天下复知有六经之道"。②"六经"之道，就是唐、虞、三代之道，此道即是圣贤之心的体现。所以，读书即是体会圣贤之心，而"夫圣贤之心，即吾心也"③，体会圣贤之心，最后还是归结到体会自己的心上。蕺山说："读《易》而得吾心之阴阳焉，读《诗》而得吾心之性情焉，读《书》而得吾心之政事焉，读《礼》而得吾心之节文焉，读《春秋》而得吾心之名分焉。"④ 在蕺山看来，"阴阳""性情""政事""节文""名分"等都是吾心之本有，只是平时人的心体受到了遮蔽，而遗忘了这些自家之宝藏的存在。而通过阅读"六经"，可以提点自己的本心，重新找回自己心中原有的宝藏。这样的读书方式与那种不善读书的人"专以记诵辞章为学"⑤"舍吾心

---

① 《刘宗周全集》收有蕺山两篇《读书说》，一者为蕺山 50 岁之时所作，一者为蕺山 54 岁之时所作。
② 刘宗周：《读书说》（示儿），《刘宗周全集》第二册，第 296—297 页。原标点有改动。
③ 刘宗周：《读书说》，《刘宗周全集》第二册，第 305 页。
④ 刘宗周：《读书说》（示儿），《刘宗周全集》第二册，第 297—298 页。
⑤ 刘宗周：《读书说》（示儿），《刘宗周全集》第二册，第 298 页。

而求圣贤之心"的读书方式是截然不同的。

关于读书，蕺山还对阳明提出了批评。他说："余尝从阳明子之学，至'拔本塞源论'，乃以博古今事变为乱天下之本，信有然乎？充其说，必束书不观而后可。夫人心不敢为恶，犹博此旧册子作尺寸之堤，若又束之高搁，则狂澜何所不至！"① 人们了解古今事情的主要手段便是读书，蕺山认为若赞同阳明在"拔本塞源论"所主张的"博古今事变为乱天下之本"的观点，那么势必会导致人们将书本束之高阁，由此缺少了圣贤之书的约束，有些人更容易恣意妄为而无所顾忌。在蕺山看来，阳明之言乃是偏激之论，确实有些人因不善读书，"寻章摘句、问奇钩深"，而陷入了辞章、功利之学，② 甚至读书成了其"济恶之具"③，但是这并不能成为人们废书不读的理由。圣贤之书毕竟提供了人们从事道德行为的一系列具有普遍性和公共性的标准，有了这些标准"作尺寸之堤"，小人才不得不有所畏惧，而不至陷入肆无忌惮的地步。

二 已发工夫：从"卜动念以知几"到"备百行以考旋"

对于"卜动念以知几"，蕺山有云：

> 独体本无动静，而动念其端倪也。动而生阳，七情著焉。念如其初，则情返乎性。动无不善，动亦静也。转一念而不善随之，动而动矣。是以君子有慎动之学。七情之动不胜穷，而约之为累心之物，则嗜欲忿懥居其大者。损之象曰："君子以惩

---

① 刘宗周：《读书说》（示儿），《刘宗周全集》第二册，第298页。
② 在《答赵君法》一文之中，蕺山有云："惟舍此而寻章摘句、问奇钩深，乃与吾心了不相似，而不善读书者不免坐此。犹然依附于灵光之地，久之而强吾心以附古人之糟粕，以为吾心亦若是而已矣。是以高者入于辞章，卑者狃于功利，终其身堕于罟擭陷阱之中而莫之觉，亦可叹已。"见刘宗周《答赵君法》，《刘宗周全集》第三册，第326页。
③ 刘宗周：《读书说》（示儿），《刘宗周全集》第二册，第298页。

忿窒欲。"惩窒之功，正就动念时一加提醒，不使复流于过而为不善。才有不善，未尝不知之而止之，止之而复其初矣。过此以往，便有蔓不及图者。①

独体是冲漠无朕的，所以并不表现出动静之相。对于"端倪"，蕺山曾有云："静中养出端倪，端倪即意，即独，即天。"② 这是从未发之本体的角度讲"端倪"，但此处"卜动念以知几"条目下所论之"端倪"，在言说层面上则与之不同。此处蕺山说动念是独体的端倪，是从已发的层面上讲的，即独体感应外物之后，便萌发出动念。蕺山这里说的"动念"实际上将正念与妄念都包含在其中，此"动念"之"动"是"发动"的意思，盖念头之生起，经历了一个从无到有的发动过程。

在这段文字之中，我们发现，蕺山在讲"动念"的时候又提到了"七情"。蕺山认为"动念"萌动之时，"七情"亦随之而显发。那么，在蕺山这里，"动念"与"七情"二者存在着什么关联呢？在《学言》之中，蕺山有云："人生而静，天之性也。感于物而动，性之欲也。欲动情炽而念结焉。感有去来，念有起灭，起灭相寻，复自起灭。"③ 这段话是对《乐记》文本的解释。关于情与念的关系，蕺山认为是"欲动情炽而念结焉"，即认为念是欲与情胶结而成。在《学言》之中，还有另外一处语录提及了念与情的关系。蕺山有云："念积为想，想结为识，识结为情，此狂门也。"④ 此处，蕺山又认为情由念胶结而成。这两种说法在文句上看似是矛盾的，但其实并不然，高海波先生提出了一种解释："情念其实可以相互作用：特定的情感取向可以结聚为念，而特定念虑又会促进情感的产

---

① 刘宗周：《证人要旨》，《人谱》，《刘宗周全集》第二册，第6页。
② 刘宗周：《会录》，《刘宗周全集》第二册，第517页。
③ 刘宗周：《学言》，《刘宗周全集》第二册，第417页。
④ 刘宗周：《学言》，《刘宗周全集》第二册，第418页。

生与加固，二者互为因果。"① 念的产生与情的萌动是互为因果的，所以一方面，可以说念由情生，另一方面，亦可说情由念生。

其实从存在论或气化的角度来考察，念、情之产生均是人心之中未发之喜怒哀乐四时之气，在与外物发生感应之后，在外物上被激发出来的结果。念与情是同质同层、同体相依的关系，是从意识表现的不同角度对同一气化现象的描述。当心体在能够自作主宰的情况下与外物发生感应之时，会被激发出如理之"喜怒哀乐"四情或者正念；当心体在不能自作主宰的情况下，在与外物发生感应之时，则会被激发出邪曲之七情，或者妄念。这些邪曲的七情便是蕺山在《纪过格》提到的"溢喜""迁怒""伤哀""多惧""溺爱""作恶""纵欲"这七项。②

由于念、情同体相依，所以对于人来说，治念便是治情，对治妄念与对治妄情乃是同一种工夫，其目的都是让心体能够自作主宰，让心体本具之喜怒哀乐之气能够如理流行，对应到意识层面，便是恢复意根的道德定向能力和自然感应外物的机能。

对于"治念"，蕺山给出的工夫是"正就动念时一加提醒，不使复流于过而为不善。才有不善，未尝不知之而止之。止之而复其初矣"。这里的工夫是"一加提醒"。"一加提醒"所"提醒"的是心体的觉知能力，是意根的道德定向能力和对外物的自然感应能力，是让本体能够自作主宰。"一加提醒"其实包含了两个层面的工夫。第一个层面是保持正念的工夫，这种情况是在主宰已经确立的情况下加以提醒，目的是让心体不昏聩，即继续保持主宰的灵明不昧。第二个层面是在主宰已然缺失的情况之下所作的工夫，此时妄念或者邪曲的七情已经生起。此时"提醒"心体，是首先恢复心体的灵明不昧的觉知能力，即对生起的念头进行照察，判断其善恶，进而再对恶念进行消融。这即是本书上一章所提及的"无念"的工夫。

---

① 高海波：《慎独与诚意：刘蕺山哲学思想研究》，第411页。
② 刘宗周：《纪过格》，《人谱》，《刘宗周全集》第二册，第10—11页。

总之在"卜动念以知几"这个条目之中,工夫的关键,是及早确立心体的主宰,这是究竟的工夫。所以,蕺山在"卜动念以知几"这一条目下又云:

> 昔人云:"惩忿如推山,窒欲如填壑。"直如此难,亦为图之于其蔓故耳。学不本之慎独,则心无所主,滋为物化。虽终日惩忿,只是以忿惩忿;终日窒欲,只是以欲窒欲。以忿惩忿,忿愈增;以欲窒欲,欲愈溃。宜其有取于推山填壑之象。岂知人心本自无忿,忽焉有忿,吾知之;本自无欲,忽焉有欲,吾知之。只此知之之时,即是惩之窒之之时。当下廓清,可不费丝毫气力,后来徐加保任而已。《易》曰:"知几其神乎!"此之谓也。谓非独体之至神,不足以与于此也。①

这里,蕺山再次强调,治念之究竟工夫乃是在于"慎独",即要挺立心体之主宰功能,继而保任之。主宰一立,自能"化念归思","欲"与"忿"自能如烘炉点雪,立与消融。如果只是在"惩忿窒欲"上做工夫,这样的工夫只是在藤蔓上做工夫,而不是从根株上着力;只能是"以忿惩忿,以欲惩欲",即只是在念起念灭上流转不已,反而离本体之明越来越远。

在《纪过格》之中,与"卜动念以知几"相对应的是"隐过"。"隐过"的具体表现便是与妄念同体相依的"溢喜""迁怒""伤哀""多惧""溺爱""作恶""纵欲"等邪曲的七情。蕺山有云:"以上诸过,过在心,藏而未露,故曰'隐'。仍坐前微过来,一过积二过。微过不可见,但感之以喜,则侈然而溢;感之以怒,则怫然而迁。七情皆如是,而微过之真面目于此斯见。今须将微者先行消煞一下,然后可议及此耳。"② 这里,蕺山解释了此过为什么被称

---

① 刘宗周:《证人要旨》,《人谱》,《刘宗周全集》第二册,第6—7页。
② 刘宗周:《纪过格》,《人谱》,《刘宗周全集》第二册,第11页。

之为"隐过",在蕺山看来,"溢喜""迁怒""伤哀""多惧""溺爱""作恶""纵欲"等七情之过,只是表现在人的作为内在意识状态的情感活动之中,并没有发露到人的外在仪态和应事接物的动作云为之中。用朱子的话说,这个过是"人所不知而己所独知"① 的,即除了自己之外,外人是很难察觉的,正是在这个层面上,"隐过"可称之为"隐"。

隐过虽然隐微,但是毕竟已经属于心体感应外物之后的已发层面,隐过的产生还有更深的未发层面的根源,这个根源便是微过,"七情皆如是,而微过之真面目于此斯见"②。隐过乃是未发层面上的微过在心体感物之后,在人的情感层面进一步发露的结果。正是由于微过的存在,在事物未至的未发之时,心体之中的喜怒哀乐之四时之气的运作已经不能如理周流,而出现了"余气"("动气""暴气""浮气")此时心体自身就已经不能自作主宰了。同时意根的道德定向能力和对外物的自然感应能力也已经受到了损害。所以当心体在感应外物的时候,在已发之时,才会出现不中正、不如理的邪曲之七情。

正如上文所言,对治隐过的方式乃在于确立心体之主宰。上一节已经讲到,这同时也是克治微过的方法。可见,对隐过的克治最终亦归结到对微过的克治上来。

在《证人要旨》之中,第三步工夫是"谨威仪以定命"。蕺山云:

> 慎独之学,既于动念上卜贞邪,已足端本澄源。而诚于中者形于外,容貌辞气之间有为之符者矣,所谓"静而生阴"也。于焉,官虽止而神自行,仍一一以独体闲之,静而妙合于动矣。如足容当重,无以轻佻心失之;手容当恭,无以弛慢心失之;

---

① 朱熹:《四书章句集注》,《朱子全书》第六册,第33页。
② 刘宗周:《纪过格》,《人谱》,《刘宗周全集》第二册,第11页。

目容当端，无以淫僻心失之；口容当止，无以烦易心失之；声容当静，无以暴厉心失之；头容当直，无以邪曲心失之；气容当肃，无以浮荡心失之；立容当德，无以徙倚心失之；色容当庄，无以表暴心失之。此《记》所谓"九容"也。天命之性不可见，而见于容貌辞气之间，莫不各有当然之则。是即所谓"性"也。故曰："威仪所以定命。"昔横渠教人，专以知礼成性、变化气质为先，殆谓是与？①

"天命之性不可见，而见于容貌辞气之间，莫不各有当然之则，是即所谓性也"，独体或者心体冲漠无朕，但是它能发用在人的容貌辞气，即外在的仪态上面。如果人能够于前两步工夫，即"凛闲居以体独"与"卜动念以知几"做得彻底之后，心体已经能够自作主宰。此时，"九容"作为心体在人的外在仪态上的发用，在心体的主宰能力的照管之下，表现出"足容为重""手容为恭""目容为端""口容为止""声容为静""头容为直""气容为肃""立容为德""色容为庄"诸种仪态，它们皆为如理呈现，此时"心得其正，则任何身体表现自然也就具有道德的意涵"②。然而当心体不能自作主宰之时，许多习心便会生发，比如"轻佻心""弛慢心""淫僻心""烦易心""暴厉心""邪曲心""浮荡心""徙倚心""表暴心"等。这些习心遮蔽了本心，并且也发用在九容上，使九容表现为一种不中正的状态，比如表现为"箕踞""擎拳""偷视""貌言""高声""岸冠""好刚使气""跛倚""令色"等仪态。

在《纪过格》之中，蕺山说："以上诸过，授于身，故曰'显'。仍坐前微、隐二过来，一过积三过。九容之地，即七情穿插其中，每容都有七种情状伏在里许。今姑言其略。如箕踞，喜也会

---

① 刘宗周：《证人要旨》，《人谱》，《刘宗周全集》第二册，第7页。
② 杨儒宾：《儒家身体观》，上海古籍出版社2019年版，第368页。

箕踞，怒也会箕踞。其它可以类推。"① 在一个人身上，"隐过"只是表现为七情之邪曲，尚属于人的内在意识的层面，还没有在外在的声色辞气之中显示出来。而九容之过，则已经表现在了人的外在仪态上。蕺山又指出，九容之过其实是邪曲之七情进一步外化的结果，如果人的七情发生了邪曲，而不立与克治，任其流荡，则其必进一步外化为九容之过。

但是，在蕺山看来，克治显过，并不是要人将工夫完全着力于九容本身，在九容上去模仿圣贤之仪态。在《学言》之中，蕺山有云：

> 九容分明画出有道形容气象，然学者一味学不得，吾病其徇外而为人也。②

> 容貌辞气之间，皆一心之妙用，非但德符而已，一丝一窦漏，一隙一缺陷，正是独体之莫见莫显处。若于此更加装点意思，一似引贼入室，永难破除，厥害匪轻。③

"有道形容气象"是圣贤心体无蔽，仁义礼智之性自然流溢、朗现于外的结果。这也便是孟子所说的"君子所性，仁义礼智根于心。其生色也，睟然见于面，盎于背，施于四体，四体不言而喻"（《孟子·尽心上》）。"有道形容气象"是人之工夫做到极致之后所体现出来的自然效验和境界；效验和境界是学不得的，人唯有工夫可以学。由于九容是心体的妙用和德符，九容如果出现了窦漏和缺陷，恰恰说明了人的心体还没有打叠得光明净洁，还有习心缠绕；也就是说"显过"的出现正好反映出人的"隐过"和"微过"也还没有扫除干净。如果不从心体上打叠，即努力消除"隐过"和"微过"，

---

① 刘宗周：《纪过格》，《人谱》，《刘宗周全集》第二册，第12页。
② 刘宗周：《学言》，《刘宗周全集》第二册，第402页。
③ 刘宗周：《学言》，《刘宗周全集》第二册，第402页。

而只是从九容上去模仿圣贤气象，这不仅不是一种积极的修养方法，反而是一种试图隐瞒过错的"文过"的自欺的行为，这种自欺之举动乃是对改过宗旨之直接背离，是《人谱》所标榜的改过工夫之大忌，人一旦沾染上"文过"的毛病，过错永不能得以改正，正如蕺山所说的，"引贼入室，永难破除"。①

"昔横渠教人，专以知礼成性，变化气质为先，殆谓是与？""知礼成性，变化气质"是横渠教人之重要法门，《宋史·道学传》讲到横渠"与诸生讲学，每告以知礼成性、变化气质之道，学必如圣人而后已"②。蕺山在《人谱》中提到张横渠，对他是有所批评的。在《人谱》的《改过说二》中，他说："张子十五年学个恭而安，不成。程子曰：'可知是学不成，有多少病痛在。'亦为其徒求之显著之地耳。"③ 蕺山认为张横渠用长达十五年的时间做工夫，都没有能够做到"恭而安"的地步，是因为他的做工夫的方式存在着缺陷。在蕺山看来，横渠只是就容貌辞气或九容等"显著之地"上用力，④ 而并没有从更本源处，即导致九容之过的隐过甚至微过上着力。用蕺山自己的话讲，便是"工夫弥难，去道愈

---

① 在《证学杂解》之中，蕺山还说："自欺受病，已是出人人兽关头，更不加慎独之功，转入人伪。自此即见君子亦不复有厌然情状。一味挟智任术，色取仁而行违。心体至此百碎，进之则为乡原，似忠信，似廉洁，欺天罔人，无所不至，犹宴然自以为是，全不识人间有廉耻事。充其类为王莽之谦恭，冯道之廉谨，弑父与君，皆由此出。"（刘宗周：《证学杂解》，《刘宗周全集》第二册，第263页）

② 脱脱等撰：《宋史》，卷四百二十七，《道学一》，第12724页。

③ 刘宗周：《改过说二》，《人谱》，《刘宗周全集》第二册，第18页。"张子学恭而安不成"一事始见于《上蔡语录》（谢良佐撰，曾恬、胡安国辑录，朱熹删定：《上蔡语录》，朱杰人、严佐之、刘永翔主编《朱子全书外编》第三册，华东师范大学出版社2010年版，第4页）。后来朱子在《伊洛渊源录》中亦有收录。（朱熹：《伊洛渊源录》，《朱子全书》第十二册，第1001页）

④ 关于张横渠"知礼成性，变化气质"的具体工夫操作，《上蔡语录》有段材料可以参看："横渠教人以礼为先，大要欲得正容谨节。其意谓世人汗漫无守，便当以礼为地，教他就上面做工夫。然其门人下梢头溺于刑名度数之间，行得来，因无所见处，如吃木札相似，更没滋味，遂生厌倦，故其学无传之者。"（谢良佐：《上蔡语录》，第4页。文字据《伊洛渊源录》所引"上蔡语录"有所校改）

远"。在蕺山看来，不从本源，而从末流上用工夫，则事倍而功半，劳多而得寡。

在《学言》的一条语录之中，蕺山再次提到了"横渠学恭而安不成"这一事件：

> 横渠十五年学个恭而安不成。程子曰："可知学不成，有多少病痛在。"予谓学者亦只有一病，一病除，百病除。或问："如何是一病？"曰："心病。"①

盖在蕺山看来，人只有心病这一个病。其他各种层次的过错皆为此心病所发。程子所批评横渠有"多少病痛"，其实都可以归结到心病。此心病的根源即是蕺山在"凛闲居以体独"一节中提到的"妄"或者"微过"。"一病除，百病除"，即如果微过能得到克治，那么其他千百种的过错都会即刻消融，不复萌起。

对于横渠提到的"变化气质"的为学之道，蕺山并不反对，但是他又强调，变化气质不能仅仅是在气质本身上着力，而要从更根源处入手。在蕺山所作的《气质说》中，他说道：

> 学者开口说变化气质，却从何处讨主脑来？《通书》曰："性者，刚柔善恶中而已矣。"中便是变化气质之方。而《中庸》曰："喜怒哀乐未发谓之中。"却又无可着力处。从无可着力处，用得工夫来，正是性体流露时。此时刚柔善恶，果立在何处？少间便是个中节之和，这方是变化气质工夫。若已落在刚柔善恶上，欲自刚而克柔，自柔而克刚，自恶而之于善，已善而终不之于恶，便落堂下人伎俩矣。②

---

① 刘宗周：《学言》，《刘宗周全集》第二册，第402页。
② 刘宗周：《气质说》，《刘宗周全集》第二册，第310页。

朱子在《通书注》之中，在"性者，刚柔善恶，中而已矣"这段话下注云："此所谓性，以气禀而言也。"① 《朱子语类》又云："此性便是言气质之性。四者之中，去却两件刚恶、柔恶，却又刚柔二善中，择中而立焉。"② 朱子认为"刚柔善恶"是气质之性。根据濂溪的说法，性有"刚善""刚恶""柔善""柔恶"，③ 朱子是在排除"刚恶"与"柔恶"之后，在"刚善"与"柔善"之中确定"中"；即朱子所谓之"择中"，是在刚、柔这两种相对的气质之中择取适中。对于朱子这种对"变化气质"的看法，蕺山并不同意，在蕺山来看，"变化气质"的关键并不是对现成的气质上做纠偏的工夫；这种工夫并非是究竟的工夫。究竟的工夫乃是在气质之中确立心体主宰。蕺山说："只是一心之病，更无气质之病。"④ 盖只要提醒起主宰，只要克除微过，恢复本心，气质自然能够变化。

总之，在蕺山看来，显过只不过是微过与隐过的进一步流荡。所以，克治显过，不能只是"头痛救头，足痛救足"⑤，局限在对治显过上。人们还是要在根源上着力，从显过的源头，即微过和隐过上用工夫。只有消除了微过和隐过之后，显过才最终得以被克治。

《证人要旨》的第四步工夫是"敦大伦以凝道"。蕺山有云：

> 故学者工夫，自慎独以来，根心生色，畅于四肢，自当发于事业，而其大者先授之五伦。于此尤加致力，外之何以极其规模之大？内之何以究其节目之详？总期践履敦笃。慥慥君子，以无忝此率性之道而已。昔人之言曰："五伦间有多少不尽分处。"夫惟尝怀不尽之心，而黾黾以从事焉，庶几其逭于责乎。⑥

---

① 朱熹：《通书注》，《朱子全书》第十三册，第104页。
② 黎靖德编：《朱子语类》，《朱子全书》第十七册，第3156页。
③ 周敦颐：《通书》，《周敦颐集》，第20页。
④ 刘宗周：《学言》，《刘宗周全集》第二册，第361页。
⑤ 刘宗周：《改过说二》，《人谱》，《刘宗周全集》第二册，第19页。
⑥ 刘宗周：《证人要旨》，《人谱》，《刘宗周全集》第二册，第8页。

之前两个阶段的工夫，即"卜动念以知几"和"谨威仪以定命"所涉及的是人的内在的意识活动和外在的动作仪态，乃是聚焦在个体的层面。"敦大伦以行道"阶段的工夫从个体修身层面又推拓到了人在社会中的道德实践活动的层面。其首要者，便是处理、经营君臣、父子、夫妇、兄弟、朋友等五伦关系。这一阶段所对应的"过"为"大过"，具体表现为五伦方面的一些过错，比如"亲过不谏""责善""轻违教令"等"非道事亲"的诸种行为；"长君""逢君""始进欺君"等"非道事君"的诸种行为；"疾行先长""衣食凌竞""语次先举"等"非道事兄"的诸种行为；"交警不时""听妇言""反目"等在蕺山看来违背夫妇之道的诸种行为；以及"势交""利交""滥交"等违背朋友之道的诸种行为。①

对于五伦中的诸种过错，蕺山说："以上诸过，过在家国天下，故曰'大'。仍坐前微、隐、显三过来，一过积四过。诸大过总在容貌辞气上见，如高声一语，以之事父则不孝，以之事兄则不友。其他可以类推，为是心上生出来者。"② 在蕺山看来，大过乃是九容之过在人的五伦层面进一步流荡所致，是微过、隐过、显过这三过累积的结果，所以蕺山称大过为"一过积四过"。显然，要克治大过，必须着力于在消除显过、隐过、微过上做工夫。

《证人要旨》的第五步工夫是"备百行以考旋"。蕺山有云：

> 只由五大伦推之，盈天地间皆吾父子、兄弟、夫妇、君臣、朋友也。其间知之明，处之当，无不一一责备于君子之身。大是一体关切痛痒。然而其间有一处缺陷，便如一体中伤残了一肢一节，不成其为我。又曰："细行不矜，终累大德。"安见肢节受伤，非即腹心之痛？故君子言仁则无所不爱，言义则无所

---

① 刘宗周：《纪过格》，《人谱》，《刘宗周全集》第二册，第12—13页。
② 刘宗周：《纪过格》，《人谱》，《刘宗周全集》第二册，第13页。

不宜，言别则无所不辨，言序则无所不让，言信则无所不实。至此乃见尽性之学，尽伦尽物，一以贯之。①

"备百行以考旋"将人的工夫又从五伦推拓到了五伦之外的其他的一切人际关系之中；另外，"百行"除了关涉人与人的关系之外，还涉及了人与万物的关系。这里的"百行"是将五伦推广、泛化到人与整个宇宙的关系上的结果。天地间的万事万物都是在吾之伦常中的事物，吾人应尽到对他们的责任。这种说法是对前文所提到的蕺山"万物一体"思想的落实，表现了蕺山对人在宇宙之中所要承负的安养万物之责任的肯认和承当。

这一阶段对应的过错是"丛过"，在《纪过格》中，蕺山列举了一百多种"丛过"。比如"欺乡里""侮邻佑""慢流寓""虐仆童"等在君臣、夫子、夫妇、兄弟、朋友等五伦之外的涉及其他社会关系的诸种过错，以及"好闲""由径""博弈"等人平日生活中一系列好逸恶劳的行为，以及蕺山所认为一些容易导致"玩物丧志"的爱好，比如"好古玩""流连花石"等诸种行径。另外，还有诸如"食耕牛野禽""杀起蛰""无故拔一草折一木""暴殄天物"等在涉及人与自然界关系上的过错。② 蕺山有云："以上诸过，自微而著，分大而小，各以其类相从，略以百为则，故曰'丛'。仍坐前微、隐、显、大四过来，一过积五过。百过所举，先之以谨独一关，而纲纪之以色、食、财、气，终之以学而畔道者。大抵皆从五伦不叙生来。"③ 丛过是人之大过在涉及五伦之外的其他社会关系行为之中的进一步流荡，是微、隐、显、大四过进一步发展的结果。而克治丛过的究竟之办法无非还是"先之谨独一关"，即提起主宰，在克治微过上做工夫。

---

① 刘宗周：《证人要旨》，《人谱》，《刘宗周全集》第二册，第 8 页。
② 刘宗周：《纪过格》，《人谱》，《刘宗周全集》第二册，第 13—14 页。
③ 刘宗周：《纪过格》，《人谱》，《刘宗周全集》第二册，第 14 页。

三 迁善改过以作圣:《人谱》改过工夫之总结

在"备百行以考旋"这项条目之后,蕺山还设置了一个条目,即"改过迁善以作圣",乃是对《证人要旨》前面所提到的五种工夫的总结。在"改过迁善以作圣"这个条目之中,蕺山有云:

> 自古无现成的圣人,即尧、舜不废兢业。其次只一味迁善改过,便做成圣人,如孔子自道可见。学者未历过上五条公案,通身都是罪过。即已历过上五条公案,通身仍是罪过。才举一公案,如此是善,不如此便是过。即如此是善,而善无穷。以善进善,亦无穷。不如此是过,而过无穷。因过改过,亦无穷。一迁一改,时迁时改,忽不觉其入于圣人之域,此证人之极则也。然所谓是善是不善,本心原自历落分明。学者但就本心明处一决,决定如此不如彼,便时时有迁改工夫可做。更须小心穷理,使本心愈明,则查简愈细,全靠不得今日已是见得如此如此,而即以为了手地也。故曰:"君子无所不用其极。"①

这一条目总结前面五种工夫的核心乃在于"改过"。《人谱》是"迁善改过"之学。人在世上生活的每一个时刻,都有心体不能自作主宰而被遮蔽的可能性,所以人的过错是每时每刻都可能发生的,所以改过工夫没有终止。即使当下的过错改好了,彻底消除了,在下一个瞬间,只要人之工夫有所放松,不能继续护持心体,则心体就又可能重新受蔽,而过恶复起,人亦需要不断重复知过、改过的过程。改过的工夫可以说贯穿在人生命中的所有时刻之中,所以过错是需要"时迁时改"的。

在蕺山看来,改过工夫所最终凭依的乃是本心之明,改过工夫要"就本心明处一决"。在《改过说二》中,蕺山有云:"人无有过

---

① 刘宗周:《证人要旨》,《人谱》,《刘宗周全集》第二册,第9页。

而不自知者，其为本体之明，固未尝息也。"① 人的本体之明是不可能熄灭的，本心之明的存在保证了每一个人都具备知过的能力。人的心体就像太阳，太阳虽然有时被乌云遮住，但是太阳自身的朗照机能并不会因此有任何程度的丧失，太阳虽暂时在乌云之中，但还是有一冲破乌云障蔽，而朗照万物的动能。当乌云的某个部分变得稍微薄弱之时，太阳终究会在此处冲开障蔽，而透显出一隙之明。对于人的心体也是如此，人之心体虽然可能暂时会完全被遮蔽，但是心体为善的机制并没有遭到损害，心体自身便有一种冲破障蔽，而实现自身的力量。在恰当的时机，便会冲破层层障蔽，而透出一隙之明。这一隙之明便表现为对自身过错的觉知，人之做工夫就可以从这一隙之明入手，"就明中用个提醒法，立地与之扩充"②，通过觉知过错，再次提醒主宰，增强心体的力量，继而用心体自身的力量逐渐冲破更多的障蔽，让一隙之明逐渐扩充，直至障蔽皆消，心体便可焕然而大明。

在人之不间断的改过历程之中，心体与工夫是一个交相致的动态历程。工夫细密一步，本体即多呈露一分；本体多呈露一分，则照察过错的能力就越强，工夫就越细密一步。即工夫越细，则本心愈明，"本心愈明，则查简愈细"；在这种动态历程中，工夫由本体的逐步提领越来越细密，本体也由工夫的逐步深入而越来越昭著。"一迁一改，时迁时改，忽不觉其入于圣人之域"，最后本体完全呈露，达到了"全体荧然"③ 的地步，工夫也达到了不勉而中，不思而得的自然流溢的境界。这样，工夫完全就成了本体的自然流行。正是人在不断的知过和改过之中，本体越来越昭著，工夫也越来越细密，人便逐渐达到了圣人的地步。

我们发现，对于蕺山来说，"心体浑然至善"④，至善之心体落

---

① 刘宗周：《改过说二》，《人谱》，《刘宗周全集》第二册，第 18 页。
② 刘宗周：《改过说二》，《人谱》，《刘宗周全集》第二册，第 19 页。
③ 刘宗周：《证学杂解》，《人谱》，《刘宗周全集》第二册，第 262 页。
④ 刘宗周：《学言》，《人谱》，《刘宗周全集》第二册，第 410 页。

实到工夫上面便是"有过无善"①。心体之至善是一种本体之善，是一种不与恶对的善。它是判定何为善，何为恶的终极标准。前文已经指出，心体发用到具体的事情之上就能够"好善恶恶"。心体是一种"照"，当心体无所壅蔽，焕然大明之时，在心体的照耀之下，人身上之一切过错都会无所遁形，人能够发现自己"通身都是罪过"。这一事实本身并不会使人觉得很沮丧，也不会使人怀疑人至善的本性，反而成了对人性为善的进一步的确认；因为人既然能够发现、觉察到自己身上有如此多的过错，那么就表明，在人心之中，始终存在着一个具有觉照能力的至善之独体。并且因为独体被蒙蔽的程度越少，它的照察功能就越强，而所照见的过错就越多。"改过之难，正在知过之不易"，知道自己过错之所在，工夫就已经成功一大半了。如果一个人连自己的过错都无法觉知，那么改过工夫便无从可能，甚至有犯下极大罪恶而仍心安理得者。

总之，一个人要想成就自己的德性，想做到人之为人的本分，就需要一生都永不懈怠做改过迁善的工夫。在蕺山看来，生活是一件严肃、庄重和伟大的事业；成就自己德性，证得人之为人的本分的途程是没有终点的。蕺山并不期许通过不断改过的工夫来希求来世的福报，在人生漫长的途程之中勉力修行本身便是生活的终极意义之所在，所以他说："圣人都教人向生处理会，并未尝兜揽前后际。"② 而袁了凡（黄，1533—1606）那种认为现世的改过可以通向来世的福报的观点是蕺山所万不能同意的。③

以上便是对《人谱》的工夫论系统所进行的解析。透过《人谱》的工夫系统，我们可以看出蕺山之工夫论有两大特点。第一个

---

① 蕺山云："论本体，决其有善无恶；论工夫，则先事后得，无善有恶可也。"见刘宗周《与履思九》，《刘宗周全集》第三册，第319页。
② 刘宗周：《证学杂解》，《刘宗周全集》第二册，第275—276页。
③ 在写给秦履思的信之中，蕺山云："大抵立教不可不慎，若了凡功过之说，鲜不以功为过，以过为功，率天下而归于嗜利邀福之所，为吾道之害有不可言者。"（刘宗周：《答履思十》，《刘宗周全集》第三册，第318页）

特点是"立定未发作工夫",第二个特点是"重视勘验"。本章接下来的两节便是对蕺山工夫论的这两个特点进行进一步的分析和论述。

第二节 "立定未发作工夫":蕺山工夫论之主旨及对朱子、阳明工夫论的批判

上一节已经指出,以未发、已发而论,在《人谱》之中,"禀闲居以体独"是克治微过的未发阶段的工夫,而从"卜动念以知几"一直到"备百行以考旋"是克治隐过到丛过的已发阶段的工夫。从蕺山在《人谱》之中对"六事功课"的分析看来,微过乃是最根本的过错,"实函后来种种诸过"[①],而"六事功课"之中其他的过错,即隐过、显过、大过、丛过等四过是微过没有及时被克治的情况之下,逐步流荡的结果。[②] 而克治这些过错的究竟法门便是克治微过,微过一除,百过皆消。可见未发之时的工夫是根本和究竟的工夫,"立定未发作工夫"是蕺山工夫论之主旨。这一主旨与朱子、阳明均有不同,于是在"立定未发作工夫"这一立场上,蕺山对朱子、阳明的工夫论均进行了批判。

一 "立定未发作工夫":蕺山工夫论的主旨

在《人谱》中,蕺山说:"人虽犯极恶大罪,其良心仍是不泯,依然与圣人一样,只为习染所引坏了事。若才提起此心,耿耿小明,火然泉达,满盘已是圣人。"[③] 不管人在应事接物之后,犯了哪一种

---

① 刘宗周:《纪过格》,《人谱》,《刘宗周全集》第二册,第 10 页。
② 在《证学杂解》之中,蕺山亦有云:"有妄心,斯有妄形,因有妄解识,妄名理,妄言说,妄事功,以此造成妄世界,一切妄也,则亦谓之妄人而已矣。"(刘宗周:《证学杂解》,《刘宗周全集》第二册,第 262 页)如果妄心得不得克治,则其会发用为各种层次的妄行,造成这个世界皆妄。而在《人谱》之中,妄心对应微过,二者都是人在未发之时心体因缺失主宰而引发的结果。
③ 刘宗周:《纪过格》,《人谱》,《刘宗周全集》第二册,第 15 页。

层次的过错，即便是犯了"极恶大罪"，只要能够及时提起本心，唤醒主宰，回到未发工夫，消除微过，就能够逐渐扩充本体，达到圣人地位。用廖俊裕先生的话说，这便是"当下的圆顿"①。在蕺山的工夫系统之中，未发工夫是究竟的，占先手的工夫。"立定未发做工夫"是蕺山工夫论的主旨。

从理论上说，既然未发工夫，即克治微过的工夫是究竟的工夫，那么若人能够及时觉知心体之中的所有微过，而及时克治之；那么心体应物而感之后，就不会萌发出隐、显、大、丛四过，此时亦无已发工夫可作，纯任心体自然流行而已。但这只是一种理想状态，即使是圣人亦难做到。实际上，微过是非常隐微的，心体并不能够时时觉知，总会有心体觉知不到的微过进一步发展下去，而成为隐过。隐过萌发之后，若心体还不能及时觉知，则便会进一步发展为显过乃至大过、丛过。越外显的过越容易被人觉察，人们对隐过的觉知要比微过容易，同样对显过的觉知要比隐过容易。故往往当微过已经发展到隐、显过甚至大过、丛过的时候人心方能觉知之而用工夫去克治。所以实际上对于绝大多数人来说，改过工夫之实施乃是一个对隐、显、大、丛四过一并克治的过程。当然，通过在七情、九容、五伦上做工夫，即克治隐过、显过、大过、丛过的过程，本身就是一个提领心体，唤起主宰，阻断微过显发的过程；克治隐、显、大、丛诸过，即是剪掉微过的羽翼，将其四面堵截，逼至无可躲闪、无处可逃之处，最终犁庭扫穴，方能将微过尽数剿灭，此即是王阳明所谓"破心中贼"②之工夫。

"立定未发作工夫"是蕺山工夫论的主旨，这样的工夫论主旨与以往的理学大师，包括朱子、阳明均有不同，站在"立定未发作工夫"的核心立场上，蕺山对朱子与阳明的工夫论均进行了激烈的批判。

---

① 廖俊裕：《道德实践与历史性——关于蕺山学的讨论》，第90页。
② 王守仁：《与杨仕德薛尚谦》，《王阳明全集》，第188页。

二 蕺山对朱子工夫论的批判

我们知道，在"己丑之悟"之后，朱子将人的意识活动分为未发之时和已发之时这两个时段；与之相对应，工夫亦便有未发之时的工夫和已发之时的工夫。在将工夫分为未发之时与已发之时这两个阶段上，蕺山与朱子完全一致，但是在工夫的入路和形态上，无论是未发之时的工夫，还是已发之时的工夫，蕺山都不同于朱子；另外，在工夫的侧重点上，相较于朱子侧重于已发，蕺山更侧重于未发。蕺山在工夫论上同朱子发生分歧的原因，乃是他对心性本体或意识本体内容的相关设定不同于朱子。虽然同朱子一样，蕺山对于人的精神心理结构中各种意识现象和心理机能的分析都是以未发与已发为架构，但是在对各种具体意识现象的分配上，即何者归于未发层面，何者归于已发层面则与朱子有较大的不同。前文已经提到，对于"意"，朱子认为是属于已发层面的意识现象，而蕺山将之上提至未发层面。其实对于"思"，二人的观点也不同，与"意"一样，朱子也将其归之于已发层面，而蕺山仍旧将其上提至未发层面来讲。对于朱子以已发论思以及由此牵涉出来的一系列问题，蕺山进行了激烈的批判。

朱子有云：

> 然人之一身，知觉运用，莫非心之所为，则心者，固所以主于身，而无动静语默之间者也。然方其静也，事物未至，思虑未萌，而一性浑然，道义全具，其所谓中，是乃心之所以为体而寂然不动者也。及其动也，事物交至，思虑萌焉，则七情迭用，各有攸主，其所谓和，是乃心之所以为用，感而遂通者也。然性之静也而不能不动，情之动也而必有节焉，是则心之所以寂然感通、周流贯彻而体用未始相离者也。①

---

① 朱熹：《答张敬夫》，《朱子全书》第二十一册，第1419页。

这里"方其静也,事物未至"之时便是未发之时,它又对应于"中",对应于"寂然不动";而"及其动者,事物交至"之时便是已发之时,它又对应于"和",对应于"感而遂通"。我们这里要注意的是,对于朱子来说,心在未发、已发之时都是活动的,所谓"无动静语默之间";心的活动,便表现为"知觉不昧",朱子说:"其静时,思虑未萌,知觉不昧,乃《复》所谓'见天地之心',静中之动也。"① 然而虽然在朱子看来,在未发之时,人是"知觉不昧"的,但是此时却又是"思虑未萌"的。于是我们发现,在朱子这里,"知觉"和"思虑"这两种意识现象是分离的,二者是心体本具的两种不同的机能。在未发之时,心体只有知觉,而没有思虑。

第一章已经提到,根据理气二分的义理架构,在朱子之学中,心是属气的,知觉乃是气之功能。一方面,知觉表现为"知觉运动""知冷知热"等身体的感受机能,这是人所同于动物者;但是另一方面,人因为气禀要比动物要纯粹,知觉的功能还能表现为知觉、认识义理,并且人能够在知觉、认知义理之后将之付诸实行之中。

《朱子语类》中有云:"正淳曰:'未发时当以理义涵养。'曰:'未发时着理义不得,才知有理有义,便是已发。当此时有理义之原,未有理义条件。'"② 朱子说"有理义之原"是说未发之时,心中也有浑然之理,但是此理并没有发动出来,成为可以被人心之知觉所认知、执取的对象。在未发之时,理与心之知觉是一种平行的关系,并未有所交集,此时知觉亦无法对理进行认识,所以"着理义不得"。因此对于知觉对义理的认知来说,此时只有一种悬空的认知能力,而并无认知对象;或者就能所关系而论,此时只有能知,而并未有所知。③ 由于理未发动,此知觉此时主要表现为一种如"知冷知热"般的感性认识能力,而无法在人心之中产生一种关涉天

---

① 黎靖德编:《朱子语类》,《朱子全书》第十六册,第2049页。
② 黎靖德编:《朱子语类》,《朱子全书》第十六册,第2045页。
③ 朱子说:"盖当至静之时,但有能知觉者,而未有所知觉也。"见朱熹《中庸或问》,《朱子全书》第六册,第562页。

理的道德意识，心体亦未能出现一种内蕴道德意识的思虑活动，所以朱子说人在未发之时，"思虑未萌"。可见，在朱子看来，在未发之时，人心虽有能知觉活动，但并没有道德意识存在。

在朱子看来，"思虑未萌"的未发之时，又即是"不睹不闻"之时。"睹闻"出现在《中庸》首章，《中庸》云：

> 道也者，不可须臾离也，可离非道也。是故君子戒慎乎其所不睹，恐惧乎其所不闻。莫见乎隐，莫显乎微。故君子慎其独也。喜怒哀乐之未发，谓之中；发而皆中节，谓之和。中也者，天下之大本也；和也者，天下之达道也。致中和，天地位焉，万物育焉。①

对于这一整段话，在《中庸章句》中，朱子有以下的解释：

> 自戒惧而约之，以至于至静之中无少偏倚，而其守不失，则极其中而天地位矣。自谨独而精之，以至于应物之处无少差谬，而无适不然，则极其和而万物育矣。②

"戒惧"即是"戒慎恐惧"的简称，对应《中庸》经文的"戒慎乎其所不睹，恐惧乎其所不闻"，而"谨独"对应《中庸》经文中的"慎其独"。朱子的这两句话句式完全一致，同时层次又极为分明："戒惧"工夫对应"不睹不闻"，对应"至静"，对应"中""天地位"；"谨独"工夫对应"独"，对应"应物"，对应"和""万物育"。《中庸》又云："喜怒哀乐之未发谓之中，发而皆中节谓之和。"可见"中"又对应"未发"，"和"又对应"已发"。因此，"戒惧"便成为未发时的工夫，而"谨独"便是已发时的工夫。可

---

① 此处断句根据朱子在《大学章句》之中对《大学》首章的诠释而定。
② 朱熹：《四书章句集注》，《朱子全书》第六册，第33页。

见，在朱子看来，"戒惧"的工夫不能等同于"谨独"的工夫，两者是处于不同阶段的工夫。在解释《中庸》"莫见乎隐，莫显乎微。故君子慎其独也"一段经文时，朱子说：

> 独者，人所不知而己所独知之地也。言幽暗之中，细微之事，迹虽未形而几则已动，人虽不知而己独知之，则是天下之事无有著见明显而过于此者。①

在这里，我们看到朱子将"独"解释成"人所不知而己所独知之地""人虽不知而己独知之"，可见在朱子这里，"独"主要即是指自己独自察觉而不被别人察觉的念头；而"谨独"便是向"人所不知而己所独知之地"做工夫，即主要是对自己心中萌起的念头做工夫，在此意念上存善去恶。

关于"不睹不闻"，朱子又云：

> 其所不睹不闻者，己之所不睹不闻也，故上言道不可离，而下言君子自其平常之处，无所不用其戒惧，而极言之以至于此也。独者，人之所不睹不闻也，故上言"莫见乎隐，莫显乎微"，而下言君子之所谨者，尤在于此幽隐之地也。②

"独者，人之所不睹不闻"，这里的"人"指的是"别人"，别人不睹不闻，便是自己可以睹闻的。前文已经指出，在朱子这里，"独"主要即是指自己独自察觉的念头，朱子这里既然说自己可以"睹闻"，可见这里朱子所理解的"睹闻"并非是"睹闻"的本义，即用眼睛看，耳朵听。因为自己所独知的念头当然是不能看得见，听得见的。所以对朱子所言的"睹闻"，应该做广义上的理解。在朱子

---

① 朱熹：《四书章句集注》，《朱子全书》第六册，第33页。
② 朱熹：《中庸或问》，《四书或问》，《朱子全书》第六册，第556页。

这里，"睹闻"便是觉知，也即是前文讲的"思虑"，即在独知之地，人能够知晓、觉知到自己的念头，此时便是处在思虑既起的已发之阶段了。所以朱子说，"谨独"工夫是"转就已发上说"，而与戒惧于不睹不闻之时的未发工夫有所区隔。①

综上所述，朱子之论未发已发基本上是继承了程子"既思便是已发"②的观点。朱子认为除了人在思虑萌起，即有道德意识生起

---

① 朱子又说："'戒慎不睹，恐惧不闻'，非谓于睹闻之时不戒惧也。言虽不睹不闻之际，亦致其谨，则睹闻之际，其谨可知。此乃统同说，承上'道不可须臾离'，则是无时不戒惧也。然下文'谨独'既专就已发上说，则此段正是未发时工夫，只得说'不睹不闻'也。"见黎靖德编《朱子语类》，《朱子全书》第十六册，第2034页。

② 在理学史上，程伊川是最早对未发已发进行系统讨论的理学家。不过他对于未发已发的理解并非是一贯的，而是经历了一个变化的过程。最开始在《与吕大临论中书》中，伊川认为吕大临（与叔，1040—1092）所讲的"赤子之心"是已发，他自己则认为"凡言心者，皆指已发而言"（程颢、程颐：《二程集》，第608页）。但是后来经过吕大临的质疑，伊川觉得自己原来所认为的"凡言心者，皆指已发而言"的说法不妥，他吸取了吕大临的意见，而将自己原来的观点进行了修改，他后来说："凡言心者，指已发而言，此固未当。心一也，有指体而言者（寂然不动是也），有指用而言者（感而遂通天下之故是也），唯观其所见如何耳。大抵论念精微，言愈易差。"（程颢、程颐：《二程集》，第609页）可见，伊川后来转而认为心也有"未发"的层面，并且认为"未发"是心之体，而"已发"是心之用。后来关于未发、已发，伊川与苏昞（季明，生卒年不详）还有如下一段对话："或曰：'喜怒哀乐未发之前求中，可否？'（程子）曰：'不可。既思于喜怒哀乐未发之前求之，又却是思也。既思即是已发（思与喜怒哀乐一般）。'"（程颢、程颐：《二程集》，第200页）需要指出的是，此时伊川所认为的"既思即是已发"，其含义并非等同于伊川前期"凡言心者，皆指已发而言"的观点。伊川与苏季明论未发已发这件事，发生时间在程子与吕大临进行如上所引述的通信的时间之后，（苏季明与程子的这段对话中，提到了"吕学士言'当求之于喜怒哀乐未发之前'。信斯言也，恐无著摸，如之何而可？"苏季明提到的吕学士就是吕大临，他所提到的吕学士的观点就是吕大临在《与吕大临论中书》的观点）此时伊川似应已经不再坚持"凡言心者，指已发而言"的观点了。"既思即是已发"是说伊川虽然认为人在未发之时虽有心的活动，但是他认为此时人是没有思虑的。人"思于喜怒哀乐未发之前求之"所谓"求"字便是指的人的思虑活动，有思虑活动便属于已发之时了。伊川曰："若言存养于喜怒哀乐未发之时，则可；若言求中于喜怒哀乐未发之前，则不可。"（程颢、程颐：《二程集》，第200页）又曰："于喜怒哀乐未发之前，更怎生求？只平时涵养便是。涵养久，则喜怒哀乐发自中节。"（程颢、程颐：《二程集》，第201页）因为在伊川看来，"喜怒哀乐未发"之时人没有思虑活动，所以在此时所做之工夫，只要时时涵养即可。当苏季明问"固是所为皆中，然而观于四者未发之时，静时自有一般气象，及至接事时又自别，何也？"这一问题时，伊川答曰："善观者不如此，却于喜怒哀乐已发之际观之。"（程颢、程颐：《二程集》，第201页）可见，伊川认为工夫的重点乃在于已发层面。朱子关于未发已发的论述受到伊川很大的影响，朱子的两次之悟即"丙戌之悟"与"己丑之悟"中的基本观点分别对应于伊川论未发已发的前期观点和后期观点。

的时段之前，在日常生活之中还存在着一个思虑未起，己之所不睹不闻的时段。对应《大学》首章的话来说，这个阶段对应的工夫便是戒慎不睹、恐惧不闻的未发之时的工夫，而慎独（或谨独）的工夫对应的则是已发之时的工夫。

对于朱子认为在人的未发之时，人处在"思虑未起"、自己亦"不睹不闻"的状态中的观点，蕺山不能接受，并且进行了激烈的批判。

蕺山有言：

> "心之官则思"，一息不思，则官失其职。故人心无思而无乎不思，绝无所为思虑未起之时。①

《会录》中有言：

> 祝渊问："静时有无思无虑时节？"曰："人生实无无思无虑时，思虑是生生不已，同造化不息之机。若有意求静，便是寂灭。"渊曰："只要常提醒念头。"曰："不消提他。此心原自惺惺，纯乎天理，无一毫间断，即是无息之体。其要只是一诚，诚则通，诚则复，即天命之不已也。"②

这里，蕺山强调，不仅已发之时有思，未发之时也有思，思乃是贯穿于未发、已发的，人根本没有思虑未起之时。根据前文蕺山对意与思的论述来看，蕺山认为"意为心之所存"，意根的好善恶恶的道德机能是心体所本具的。心体生生，无间于未发已发，则意根的功能亦是时时朗照的。而"思"作为意根机能的一个面向，亦时时刻刻表现为一种昭灵不昧的道德思维能力。在蕺山看来，在人的生活之中，根本就没有一个道德意识所不能穿透、照察的时刻。所以在

---

① 刘宗周：《学言》，《刘宗周全集》第二册，第417页。
② 刘宗周：《会录》，《刘宗周全集》第二册，第523—524页。

蕺山看来，既然意根或思无时无刻不在朗现其机能，所以人亦无有"不睹不闻"之时刻。① 在《学言》之中，有如下一段语录：

> 道不可离，若止言道耳，即睹闻时用工夫，已须臾无间断矣。正为道本之天命之性，故君子就所睹而戒惧乎其所不睹，就所闻而恐惧乎其所不闻，直是时时与天命对越也。或曰："君子既尝戒慎所睹矣，又必及其所不睹；既尝恐惧所闻矣，又必及其所不闻，方是须臾不离道否？"曰："如此则是判成两片矣。且人自朝至夕，终无睹闻不着时。即后世学者，有一种瞑目杜聪工夫，亦是禅门流弊，圣学原无此教法。"②

"君子就所睹而戒惧乎其所不睹，就所闻而恐惧乎其所不闻"与"君子既尝戒慎所睹矣，又必及其所不睹；既尝恐惧所闻矣，又必及其所不闻"的说法是不同的，后者是朱子的观点，"不睹不闻"可以与"之时"相连，即是在"睹闻"之时之外的时段。在蕺山此处的语境之中，"不睹不闻"指的是本体，③ 前文已经提到，本体是冲漠无朕的，它不能被人所觉知，所以蕺山用"不睹不闻"来形容本体。在蕺山看来，不睹不闻的本体与睹闻活动是一种体用关系，不睹不闻的本体就在不间断的睹闻活动之中得以发用。不睹不闻的本体与无间断的睹闻活动是同时同撰的，可见，在蕺山这里，"不睹不闻"并不能与"之时"相连，人的生活中，并没有一个在"睹闻"之时之外的时段。在《答叶润山四》中，他更是明确地说："先儒

---

① 前文已经指出，朱子将"睹闻"理解为觉知、思虑之意，蕺山亦是在如此含义上理解"睹闻"的。
② 刘宗周：《学言》，《刘宗周全集》第二册，第392页。
③ 蕺山论"不睹不闻"，义理比较纠缠、缭绕，但是大致意思却是清楚、明白的。即在蕺山看来，"本体"或"独体"自身是不睹不闻的，但是本体又表现出睹闻机能，此睹闻机能是无间断的，所以人无不睹不闻之时。

以不睹不闻为己所不睹不闻，果如此，除是死时，方有此耳。"① 此处的"先儒"指的是朱子。蕺山认为除非是人死了，否则绝对不会有己之不睹不闻的时刻。

在蕺山看来，盖因人在生活之中的每个时刻，皆是处在可以睹闻之时，皆处在道德思维的照察之下，所以就在其上用工夫，便是不间断的工夫。而人如果再去寻找一种无思无虑的不睹不闻之时，"果然心行路绝，语言道断矣"②，即犯了一种追求空虚寂灭境界的毛病，这已经陷入了禅学试图断绝思虑，禅坐入定的工夫之中，是一种"禅门流弊"。

我们看到，蕺山与朱子在论未发已发上的不同，主要与二人对"思""念"关系的不同界定有关。朱子没有区分思与念而将二者混为一谈，"思虑"在朱子那里又称为"念虑"。这样对朱子来说，未发之时是思与念这两种精神现象都未萌起的时段，而已发之时是思与念这两种精神现象一并萌发的时段。而蕺山区分了思与念，是以有思无念之时为未发之时（笔者案：这里的"有思无念"之"无念"是指此时心体没有与某项外物进行感应而发生的念，因为此时"事物未至"。但是此时亦可有心体在过去与外物发生感应活动之时所被激发的未被当机消融而积存至今的妄念，《人谱》"讼过法"中照察的念便是这种念)，而思念并起之时为已发之时。在《圣学宗要》之中，蕺山有云：

> 止因宋儒看得"独"字太浅，"中"字太深，而误以"慎独"之功为"致和"之功故也。……而但恐《中庸》之教不明，将使学"慎独"者以把捉意见为工夫，而不觌性天之体。因使求中者以揣摩气象为极则，而反堕虚空之病。既置"独"于"中"之下，又拒"中"于"和"之前，纷纷决裂，几于无

---

① 刘宗周：《答叶润山四》，《刘宗周全集》第三册，第 375 页。
② 刘宗周：《学言》，《刘宗周全集》第二册，第 412 页。

所适从，而圣学遂为绝德。①

文中的"宋儒"指的便是朱子。以蕺山对未发已发含义的界定看朱子，则朱子所认定的"无思无念"的"未发之时"并非就是蕺山所认定的"未发之时"。在蕺山看来，未发之时独体所本具的意或思的功能是朗照的，人在此时是有道德意识存在的；而朱子认定有一个不睹不闻、无思无虑的时刻，是刻意在"未发之前求中"，所以蕺山批评朱子将"中""看的太深"。另外，蕺山认定"独"为未发之本体，在念头生起之前既已存在，而朱子却以已发之时的念头生起处为"独知"，这在蕺山看来，是朱子仅以已发言独，是将"独""看得太浅"。

根据蕺山对人的意识心理结构的理解，在蕺山看来，朱子在"无思无念"的时段与"有思有念"的时段之间，恰恰遗漏了一个"有思无念"的时段，而在蕺山看来，这个时段才是真正的未发之时。在蕺山看来，朱子的未发工夫由于没有道德意识的照察，而只能成为"揣摩气象"的工夫，这种工夫势必会陷入佛老之言语道断、心性路绝的虚空境地之中，② 这与蕺山自己以道德意识提醒独体，唤醒思或者意根的照察能力的未发工夫截然不同；同时又由于朱子将"独"理解为"动念边事"，于是朱子所理解的"慎独"变成了在念起念灭上的工夫，即陷入了蕺山所谓的"把捉意见"的工夫，这与蕺山将"慎独"视作在本源上涵养本体的工夫亦迥然不同。③

---

① 刘宗周：《圣学宗要》，《刘宗周全集》第二册，第259—260页。

② 陈畅先生亦指出，对于朱子来说，"知觉思虑之未发指示了一种隔绝于日常生活的情境"。（陈畅：《自然与政教：刘宗周慎独哲学研究》，第90页）

③ 蕺山批评朱子说："看来诸公总以未发之中认作已发之和，故谓工夫只在致和上，而却以语言道断、心行路绝，上一层唤作未发之中，此处大段着力不得，只教人致知着力后，自然黑窣地撞着也。此与延平之教正相反。"（刘宗周：《学言》，《刘宗周全集》第二册，第456页）由于蕺山所认定的"未发之时"中存在作为道德意识的"思"，根据朱子"思念不分"的理解，这种有思的时刻便亦是有念的时刻，此时在朱子对"未发已发"的理解框架下，已经是"已发之时"了。如果站在朱子对于"未发已发"的论述立场来看，蕺山所认定的"未发之时"在朱子这里只能认定为是"已发之时"，而朱子所论的"思虑未起"的"未发之时"，在蕺山自己关于"未发已发"的论述框架之中是无法得以安置的。

在朱子那里，"中"处在未发层面，而"独"已经是处于已发的层面。但是对于蕺山来说，"独"就是本体，也就是心体与性体，"独"就是"未发之中"，① 所以他批评朱子将"独"与"中"划分为两个不相干的时段，"置'独'于'中'之下"的做法是一种支离和割裂的安排。可见，若按照蕺山对未发含义的界定，其实朱子并没有真正的未发工夫；朱子的工夫只是两头的工夫，即追求未发之前的工夫与已发工夫，唯独缺少了真正的未发工夫。

对于蕺山来说，他对朱子的修正乃是将朱子"看的太深"的"中"往浅处拽一拽，同时将朱子"看得太浅"的"独"再往深处压一压，这样，"中"与"独"打叠在一起了，"中"与"独"遂合而为一。此时方才是真正的未发之中。

综上所述，蕺山之所以会对朱子论未发已发进行激烈的批判，其实质原因是他不同意朱子对人的精神心理结构的理解。由于蕺山对思、意、念这些意识或精神现象的设定与朱子截然不同；导致了在对"未发之时"的理解上，蕺山同朱子发生了严重的分歧。这种分歧最终亦导致了两人在"未发之时"的具体工夫上出现了巨大的差异，从二人工夫的具体操作方式之中，我们便可以清晰地看出二人的差异来。

对于朱子来说，由于"未发"的"不睹不闻"之时是思虑未起的，思虑的缺位便意味着"戒惧"于"不睹不闻"的工夫是得不到道德意识的穿透和照察的，因此这种工夫并没有什么确定的道德内容；于是"未发"工夫所保任的也只是心的知觉能力。对于"未发之时"工夫的具体操持，《朱子语类》之中有如下说法：

> 曰："公莫看得戒慎恐惧太重了，此只是略省一省，不是恁惊惶震惧，略是个敬模样如此。然道着'敬'字，已是重了。

---

① 蕺山说："'独'只是'未发之中'，'未发之中'正是不学不虑真根底处。"见刘宗周《答履思六》，《刘宗周全集》第三册，第313页。

只略略收拾来，便在这里。伊川所谓'道个"敬"字，也不大段用得力'。孟子曰：'操则存。'操亦不是着力把持，只是操一操，便在这里。如人之气，才呼便出，吸便入。"①

问："'戒慎乎其所不睹，恐惧乎其所不闻'，《或问》中引'听于无声，视于无形'，如何？"曰："不呼唤时不见，时常准备着。"②

曰："如此，则昏时是他不察，如何？"曰："言察，便是吕氏求中，却是已发。如伊川云：'只平日涵养便是。'"③

又问："看见工夫先须致中？"曰："这个也大段着脚手不得。若大段着脚手，便是已发了。子思说'戒慎不睹，恐惧不闻'，已自是多了，但不得不恁地说，要人会得。只是略略地约住在这里。"④

"略省一省""略略收拾""大段着脚手不得""略略地约住在这里"，这些话语很值得玩味。我们虽然未必有朱子如上的工夫体验，但是透过我们自己在日用生活中的一些经验，还是可以对朱子这样的描述有所体贴。这种工夫有点像我们平时的"闭目养神"，当我们在应事接物久了，产生身心疲倦之感后，这时如果能够从外物纷纭中暂且抽身，尽量减少自己的思虑活动，便可以缓解心神的紧张和疲劳。所以，朱子的涵养工夫的功能就是使修养者保持在一种闲适和轻松的状态中，在尽量排除思虑活动之后，使心神能够集中，以

---

① 黎靖德编：《朱子语类》，《朱子全书》第十六册，第 2032 页。
② 黎靖德编：《朱子语类》，《朱子全书》第十六册，第 2034 页。
③ 黎靖德编：《朱子语类》，《朱子全书》第十六册，第 2039 页。
④ 黎靖德编：《朱子语类》，《朱子全书》第十六册，第 2047—2048 页。

达到一种安定和清明的状态。①

相对于涵养未发工夫，朱子更侧重于已发之时的穷理工夫。因为在朱子之学中，理是可在心外的，天理是有待于人心向外去寻求的。② 只有通过穷理的工夫，即在自己思虑上的不断省察和对事物之理的不断格致，人心才能逐渐与理合一，而将静坐涵养视为主要甚至究竟工夫的教法是朱子所不能认同的。③ 在朱子的工夫系统之中，未发的涵养工夫只是起到了一种辅助的、次要的作用，其目的是为已发的"穷理"工夫做出身心条件上的预备。朱子在《答方子实》中云："示喻主敬之说，先贤之意盖以学者不知持守，身心散漫，无缘见得义理分明，故欲其先且习为端庄整肃，不至放肆怠堕，庶几心定而理明耳。"④ 人去做端庄整肃、收敛身心，不至于懈怠的工夫，为的是保持知觉能力的昭灵不昧。在未发之时，天理并未发动，人亦未有道德意识，此时的工夫只是一种穷理之前的预备工夫；等到天理发动，人去穷理之时，这时经过未发之时的涵养后而达到良好状态的知觉能力得以能够迅速凑泊、捕捉、执定、把持住天理，以实现心理合一的状态。这里"心定而理明"的"心定"只是一种知觉能力的昭灵不昧，它并不即是"理明"，而只是"理明"的条件。或者说"心定"只是"理明"的助缘。对于朱子来说，未发之时，人没有道德意识，此

---

① 牟宗三先生说："涵养施之于未发……乃只是于日常生活中使心收敛凝聚，养成好习惯，不至陷于昏惰狂肆之境，故于其发也，易于省察，庶可使吾人易于逼近如理合道之境。……此种涵养只是养成一种不自觉的从容庄敬的好习惯。"（牟宗三：《从陆象山到刘蕺山》，第89页）陈来先生亦指出朱子"未发涵养的意义并不是用以验夫未发时气象，而是为了认识义理而预先进行的一种主体修养"。（陈来：《中国近世思想史研究》，商务印书馆2003年版，第132页）笔者同意牟、陈两位先生的说法。

② 参见陈来《朱子哲学研究》，第二章第五节"涵养与穷理"，第72—78页。

③ 《朱子语类》有云：问："向见先生教童蜚卿于心上着工夫。数日来专一静坐，澄治此心。"曰："若如此块然都无所事，却如浮屠氏矣。所谓'存心'者或读书以求义理，或分别是非以求至当之归。只那所求之心，便是已存之心，何俟块然以处而后为存耶。"参见黎靖德编《朱子语类》《朱子全书》，第十八册，第3635页。

④ 朱熹：《答方子实》，《朱子全书》第二十三册，第2820页。

时的工夫只能是涵养，等已发之后，义理发动，此时知觉才开始认知到理，道德意识才开始发动，于是方有省察的工夫。可见在朱子看来，涵养与省察是两段工夫。

然而对于蕺山来说，因为在未发之时，意根的好善恶恶的道德机能就已经在朗照，由此作为意根功能的"知"或"思"亦时时表现为道德明觉或者道德思维能力。此时虽然外物未至，心体并未与外物发生感应而被当机激发出念头。但是此时心体之中仍旧有在过往的感应活动中所滞留、积存的妄念存在。此时心体本有的道德意识可以搜捕、照察、消融这些念头，这便是省察的工夫。此搜捕、照察、消融妄念的省察工夫本身便是对本体的涵养。在给门人的书信之中，蕺山有云：

> 知此，则动而省察之说可废矣。今非敢谓学问真可废省察，正为省察只是存养中最得力处，不省不察，安得所为常惺惺者？存又存个甚？养又养个甚？今专以存养属之静一边，安得不流而为禅？又以省察属之动一边，安得不流而为伪？不特此也，又于二者之间，方动未动之际，求其所为几者而谨之，安得不流而为杂？二之已不是，况又分为三乎？率天下之人而祸仁义者，必此其归也。①

在蕺山看来，省察的工夫本身便蕴藏在存养的工夫里面，是存养工夫的重要手段。通过省察的工夫，积存在心中的妄念得以消融，心体所受到的障蔽就会去除，而变得更加澄澈，恢复"常惺惺"的状

---

① 刘宗周：《答叶润山四》，《刘宗周全集》第三册，第 374—375 页。在《学言》之中，他还说："省察二字，正存养中吃紧工夫。如一念动于欲，便就欲处体，体得委是欲，欲不可纵，立与消融，犹觉消融不去，仍作如是观，终与消融而后已。一念动于忿，便就忿处体，体得委是忿，忿不可逞，立与消融，犹觉消融不去，仍作如是观，终与之消融而后已。是勿忘、勿助中最得力处。"参见刘宗周《学言》，《刘宗周全集》第二册，第 430 页。

态;可见省察同时即是对心体的涵养,省察与存养的工夫是合一的。① 在蕺山看来,朱子将存养、省察的工夫割裂为二,以所谓"不睹不闻"之时的工夫为涵养,这样就陷入到了禅门断绝思虑的工夫之中;而朱子以在念起念灭上的工夫上为省察,此时在缺失未发本体贞定的情况下,又极易流于"人伪"。

不同于朱子的未发工夫是一种没有道德内容的,仅仅是对知觉能力的涵养,蕺山的未发工夫是本具天理内容的。在未发工夫之外,并不额外再需要一个向外求理的已发工夫。在蕺山这里,以唤醒、涵养、护持心体为主要内容的未发工夫本身便是一个究竟的工夫,而已发工夫只是一种辅助性的工作,只是未发工夫的助缘。

基于与朱子对意识精神现象的不同设定和对未发含义的不同理解,蕺山在未发之时的工夫的具体操持上也跟朱子有很大的不同。在《人谱》的《讼过法》中,我们可以看出,蕺山的未发工夫也要求人们从外物纷纭中暂且抽身;但是却又不是屏却思虑,安养心神,在一种意识松弛的状态下获得身心的放松和愉悦;相反却是凝聚道德意识,充分唤起自己良知的照察功能,让心中一切的邪念都毫无遁形。这种工夫正如陈立胜先生所言,"颇有硝烟弥漫、毕其功于一役的决战意味,这是良知独体对潜藏在意识乃至无意识各个层面的虚妄、杂念、私欲之全面的征讨之战,而几个回合下来,良知独体以凯旋告终"②。其所带来的则是深刻的道德紧张——而这种紧张恰恰是蕺山之工夫所试图达致的效果。这与朱子"略省一省""略略收拾""大段着脚手不得""略略地约住在

---

① 对于蕺山"存养"与"省察"合一之说,劳思光先生亦谓:"盖'存养'即存此养此灵明定向之心意,而'省察'正是此灵明定向之主体之自觉所照,则时时'存养'即时时'省察',非有一不'省察'之'存养',亦非有一离所存所养而运行之'省察'也。"[劳思光:《新编中国哲学史》(三下),第457—458页]

② 陈立胜:《静坐在儒家修身学中的意义》,载王中江、李存山主编《中国儒学》第十辑,中国社会科学出版社2015年版,第22页。

这里"的工夫操存差别何其大也！①

三　蕺山对阳明工夫论的批判

对于未发、已发，朱子与蕺山均将其与"之时"联系在一起。在二人看来，未发之时与已发之时乃是人在经验生活之中所经历的两个不同的时段。未发之时与已发之时是以某项事物与心体发生感应为界的，当此项事物还未至，未与心体发生感应的时段为未发之时，当此项事物与心体发生感应之后的时段为已发之时。有了未发之时，才会有未发时候的工夫。可见，确认未发之时的存在是未发工夫得以可能的逻辑前提。然而对于阳明来说，他论未发已发有一个与朱子、蕺山都不一样的地方，即是他并未将"未发"与"之时"联系起来，他认为在人的生活之中，没有未发之时存在，所有的时段都是已发，于是相应的，在阳明这里，工夫便只有已发的层面。

在《传习录》之中，有如下一段对话：

> 正之问："'戒惧是己所不知时工夫，慎独是己所独知时工夫'，此说如何？"先生曰："只是一个工夫，无事时固是独知，有事时亦是独知。……今若又分戒惧为己所不知，即工夫便支离，亦有间断。既戒惧即是知，己若不知，是谁戒惧？如此见解，便要流入断灭禅定。"曰："不论善念恶念，更无虚假，则独知之地更无无念时邪？"曰："戒惧亦是念。戒惧之念，无时可息。若戒惧之心稍有不存，不是昏聩，便已流入恶念。自朝至暮，自少至老，若要无念，即是己不知。此除是昏睡，除是槁木死灰。"②

---

① 李振纲先生亦指出："蕺山为学谨严，处处归密，特意强调体验未发之中，不是要人在静坐中最大限度地平静思想和情绪，使个体之意识转而为一种心理的直觉状态，捕捉某种神秘的心理体验；而是要人在心灵的'极微密处'即在心理极为平静的直觉状态中省发自己的病痛，不使区区一念妄几潜伏胸中。"参见李振纲《证人之境：刘宗周哲学的宗旨》，第 75 页。

② 王守仁：《传习录》，《王阳明全集》，第 39—40 页。

门人向阳明所求教的,正是前文提到的朱子将《中庸》首章的工夫分为戒惧于"不睹不闻""思虑未起"之时的未发工夫与"慎独"或者"谨独"于"思虑萌起"的睹闻之时的观点,阳明对此则表示明确的反对。在阳明看来,《中庸》所云"戒慎乎其所不睹,恐惧乎其所不闻"的"戒慎""恐惧"二者本身便是人的有意识的行为,即本身便是一种念。所以,在阳明看来,人在做"戒惧"工夫的时候,已经是处于思虑萌起的状态之中了。"若要无念,即是己不知。此除是昏睡,除是槁木死灰",在阳明看来,除了极个别情况之下(这种情况对人做工夫而言,可以忽略不计),并未有"思虑未萌""己所不知"之时。所以阳明认为,"戒惧"与"慎独"的工夫是"一个工夫",都是人在思(念)虑萌起之时所做的工夫。在阳明看来,朱子将工夫分为"己所不知"即"思虑未起"之时和"己所独知"即"思虑萌起"之时这两段工夫,不惟陷入了一种支离的境地,而且对思虑上的工夫来说,也是一种间断,并且朱子试图在"思虑未起"之时做工夫,也有流入断灭禅定的危险。

我们发现,阳明对朱子的上述批评与后来蕺山对朱子的相关批评如出一辙,即都否认了人的工夫之中,有无思无虑的时刻的存在。但是由于蕺山区分了思与念,所以在一个思念并起的已发之时之外,还依然可以存在着一个有思无念的时刻,所以否定了人有思虑未起的时刻并不意味着一并否定未发之时的存在,蕺山便将有思无念的时候认定为未发之时。但是阳明并没有如后来蕺山一样,严分意(思)、念,在阳明那里,"思""意""念"三者的含义基本上是混同的,有思就是有念,有意,无思就是无念,无意。阳明在否定了人有思念未起之时之后,只承认有思念并起的已发之时。在阳明这里,并不存在着一个"有思无念"的时段的可能性。于是在思念并起的已发之时之外,阳明亦无从再设定一个未发之时,所以他径直就不承认人有未发之时的存在。

在取消了"未发之时"的设定之后,阳明将未发、已发完全转成了一种本体与发用的关系，在《传习录》中，阳明有云：

> 良知即是未发之中，即是廓然大公，寂然不动之本体，人人之所同具者也。但不能不昏蔽于物欲，故须学以去其昏蔽，然于良知之本体，初不能有加损于毫末也。知无不良，而中、寂、大公未能全者，是昏蔽之未尽去，而存之未纯耳。体即良知之体，用即良知之用，宁复有超然于体用之外者乎？①

对于阳明来说，良知总该体用。未发之中即是良知之本体，即是前文提到的"第一义的良知"，已发之和即是良知之发用，即是前文提到的"第三义的良知"。良知本体发用在人的思虑活动之中，人的思虑活动时时刻刻存在，从不间断，因而良知也时时在其中发用，无有间断。可见，阳明之论未发已发，正如陈畅先生所言，"并非就喜怒哀乐而言；而是收于良知本身上讲。将未发已发收于良知本身上讲，便把未发已发从时间的序列中解放出来，确保了已未体用的浑然一体性"。② 在《答汪石潭内翰》之中，阳明有谓：

> 夫体用一源也，知体之所以为用，则知用之所以为体者矣。虽然，体微而难知也，用显而易见也。执事之云不亦宜乎？夫谓"自朝至暮，未尝有寂然不动之时"者，是见其用而不得其所谓体也。君子之于学也，因用以求其体。凡程子所谓"既思既是已发，既有知觉，既是动"者，皆为求中于喜怒哀乐未发之时者言也，非谓其无未发者也。③

在阳明看来，人虽然无未发之时，但是并不意味着"无未发者"。

---

① 王守仁：《传习录》，《王阳明全集》，第71页。
② 陈畅：《自然与政教：刘宗周慎独哲学研究》，第91页。
③ 王守仁：《答汪石潭内翰》，《王阳明全集》，第165页。

"未发者"就是良知本体。由于作为"体"的良知本身是无声无臭的,此即"体微而难知",发用到具体事物之中才得以显见,此即"用显而易见",所以求良知当于其发用处,这便是"即用求体"。阳明又曰:"本体上如何用功?必就他发处,才着得力。致和便是致中。"① 对于阳明来说,中与和乃是本体和本体的发用的关系,二者并未有时间先后次序,而是同时同撰的。本体隐微难见,无可着力,人必须在发用处才能用工夫。

总之,对于阳明来说,由于没有未发之时的设定,所以所有的工夫都是已发工夫,反映在具体的工夫操作之中,便是阳明注重对上一章提到的良知之第三义层面,即"知善知恶"之知的推致:

> 善念发而知之,而充之;恶念发而知之,而遏之。②

> 凡意念之发,吾心之良知无有不自知者。其善欤,惟吾心之良知自知之;其不善欤,亦惟吾心之良知自知之;是皆无所与于他人者也。③

关于阳明"知善知恶"工夫的具体运作机制,上一章已有详论,此处不再赘述。这里要指出的是阳明"知善知恶"的工夫恰恰是对"即用求体"和"致和便是致中"思路的贯彻。对于阳明来说,人之念头发动之后,良知方能去照察,并且在对此念头的照察之中,才能从良知之发见之中来反显良知之本体,即从第三义良知中反显第一义之良知。此之谓"即用求体""致中便是致和"。

前文已经指出,在阳明之学中,知善知恶之良知无法阻断恶念的生发机制,而只能随念头之脚跟转,"致良知"工夫便时时处在

---

① 王守仁:《传习录拾遗》,陈荣捷《王阳明传习录详注集评》,华东师范大学出版社2009年版,第240—241页。
② 王守仁:《传习录》,《王阳明全集》,第25页。
③ 王守仁:《大学问》,《王阳明全集》,第1070页。

"落后一着"的境地,终非究竟之工夫。若从未发已发的视角而论,阳明"致良知"工夫之所以会陷入"落后一着"的境地,与阳明未有设置一个"未发之时"的时段有密切的关系。对具体的某一项与心体发生感应的事物来说,事物来临之时,良知方才发动,与事物发生感应;事物未至之时,此时良知并未发动。所以,对于某一项与心体发生感应的具体事物来说,良知会经历一个从未发动到开始发动的历程。从这个角度上讲,良知确实有未发之时和已发之时的区分。而阳明讲良知,完全忽略了这一现实情况,他只是根据人在现实生活之中,心体或者良知无时无刻不在与外物相感这一事实就认定人总是处在已发之时,而并无未发之时;这种对未发、已发的界定是从宽泛的就感应活动或者思虑活动之整体来说的,他忽视了就某一特定的感应活动而论的未发已发。这样在阳明的工夫体系之中,虽然良知在未与某件特定事物感应之前也是存在的,但是由于阳明缺失了对未发之时的认定,所以良知就缺失了在感物之前的时刻去用工夫的可能,而只能在心体感物,发出念头之后才能施以工夫,这样工夫就落入了后手。

对于阳明"即用求体""致和便是致中"的工夫进路,蕺山批评道:

> 但其解《大学》处,不但失之牵强,而于知止一关全未勘入,只教人在念起念灭时,用个"为善去恶"之力,终非究竟一着。与所谓"只于根本求生死,莫向支流辨浊清"之句,不免自相矛盾。故其答门人,有"即用求体"之说,又有"致和乃以致中"之说,又何其与龟山门下相传一派显相矛盾乎?[①]

蕺山认为,阳明"即用求体"与"致和乃以致中"的工夫进路必然会导致其只能在念起念灭的已发之时做工夫,这种工夫乃是支流上

---

① 刘宗周:《答韩参夫》,《刘宗周全集》第三册,第359页。

的工夫，距离本源之工夫尚隔一层；这与阳明自我标榜的"只于根本求生死，莫向支流辨浊清"的工夫目标有所矛盾。

具体到工夫实践的操持方法上来，我们更能看出蕺山与阳明的区别。由于设定了一个"有思无念"的未发之时，蕺山能够得以发展出一种对本体之知即第一义之知的涵养功夫。于是，便不必像阳明一样"即用以求体"，而可直接在未发之体上下工夫。在此未发之时，人通过做涵养本体的工夫，就可以照管到在心体感应事物之时念头生起的源头了。此时的工夫，其主要形式便是之前已经分析的《人谱》"讼过法"中提到的"内自讼"的工夫，即是提起心体，搜捕、照察存留在心中的过往的恶念，进而消融之。消融彻底之后，当声色货利之事再次到来之时，心体便会岿然不动，不会再被激发出声色货利之恶念，这时所激发的只有自觉拒斥声色货利之正念。可见，蕺山通过未发之时的涵养本体的"内自讼"工夫，可以阻断恶念的生发机制，彻底拔出恶念之所以生发的根株，这样的工夫才是一种占先手的究竟工夫，从而克服了阳明致良知工夫存在的"落后一着"的缺陷。

第三节　勘验：蕺山工夫论的重要方法

在蕺山的工夫论之中，与"立定未发做工夫"的主旨密切相关的，还涉及一个重要的工夫论方法，那就是"勘验"[1]。在蕺山的工夫论之中，对应于《人谱》"六事功课"中的各个层面，不管是作为未发工夫的"凛闲居以体独"还是作为已发工夫的从"卜动念以

---

[1] 必须说明，"勘验"这个词并不是蕺山著作之本有的，蕺山经常提及"勘"或者"验"，但并未将二字连用，作"勘验"。"勘验"一词最先出自廖俊裕先生对蕺山工夫论方法的总结（廖俊裕：《道德实践与历史性——关于蕺山学的讨论》，第44页），笔者认为用"勘验"这个词来讲蕺山的工夫论方法，非常精当，故本书亦引入这一词。

知几"到"备百行以考旋",皆有"勘验"的方法贯穿其中。与前儒相比,"勘验"是蕺山工夫理论中非常具有特色的地方,是其工夫论的重要方法。正是通过"勘验",蕺山"立定未发作工夫"的工夫论主旨才可以得到落实。

对于蕺山工夫论中的"勘验",目前学界的研究成果对之关注不多,只有台湾学者廖俊裕先生发现了"勘验"在蕺山道德实践中的重要地位,① 然而对于蕺山勘验活动的具体运作机制,廖先生则语焉未详,仍有可以进一步探究的空间。笔者在廖先生研究的基础上,试图对蕺山工夫论中的勘验方法做更进一步的分析。

对于蕺山来说,一个完整的勘验活动具备勘验情境、勘验指标、勘验准则等要素。一个勘验活动的具体运作机制是这样的:当人在面临具体的勘验情境之时,会表现出一系列的勘验指标,当这些勘验指标出现之后,人可以用勘验准则去对照、验证所出现的勘验指标,来判定勘验指标在多大程度上符合勘验准则,由此检验出人之道德活动的成色。另外,在勘验活动中,还有一个勘验效力的问题,蕺山认为在某些特定的勘验情境下,人们比较容易勘验出自己的过错;也就是这些勘验情境的勘验效力比较强。比如蕺山认为贫贱和生死便是两种勘验效力比较强的勘验情境。

在勘验活动之中,天理在不同的勘验情境之中外化出不同的表现形式,便形成了一系列与勘验情境相对应的种种勘验准则。在蕺山看来,人们可以通过读圣人之书、学礼、朋友讲论等方式去启发自己获取勘验准则。

一 蕺山工夫论中的勘验

"勘验"在蕺山思想的发展历程之中发端甚早,在蕺山早年所撰的《论语学案》之中,"勘验"思想便得到了明显的体现。在《论

---

① 廖俊裕先生说:"对于蕺山的道德实践学而言,他最重视'气'中的勘验。"(廖俊裕:《道德实践与历史性——关于蕺山学的讨论》,第89页)

语学案》中，蕺山有云：

> 学者之于道，不是悬空摸索，须实试之当境。只贫富两关，几人打过来？贫则谄，富则骄，鲜有不为境所迁者。①

> 学问居恒无所验，惟临是非、遇利害，平时疑惑者到此不疑惑，平时忧惧者到此不忧惧，然后于道有得。此非知、仁、勇之学不能。②

> 人心自有安处，是平日志向所决，积渐惯熟，安顿其中，而不自知者，须是昼观妻子，夜卜梦寐始得。然此不以造诣说，只论真伪之品。③

> 约、乐两关，固勘仁之真实际也。④

一个人在做修养工夫的时候，需要借助一些具体的情境来验证自己的工夫是否已经取得了效果或者取得了何等程度的效果。比如人如果要弄清楚自己此心能否已经不为富贵、贫贱所动，不是只凭主观

---

① 刘宗周：《论语学案》，《刘宗周全集》第一册，第276页。
② 刘宗周：《论语学案》，《刘宗周全集》第一册，第409页。
③ 刘宗周：《论语学案》，《刘宗周全集》第一册，第282页。
④ 刘宗周：《论语学案》，《刘宗周全集》第一册，第306页。《论语学案》中讲"勘验"的还有很多。比如蕺山有云："求仁之功，直从动念处勘理欲关头。其为理与欲，又只就世缘渐染处勘此关头清楚。"（刘宗周：《论语学案》，《刘宗周全集》第一册，第307页）又如："士居恒志道，不必说到富贵贫贱上，即一恶衣恶食稍稍动情，不免有耻心，则此心已为物溃久矣。脚跟一差，终身扰扰，更无进步可讨，故曰'未足与议也'。盖亦言志之不笃故也。"（刘宗周：《论语学案》，《刘宗周全集》第一册，第311页）"勘验"是蕺山哲学之中重要的工夫论主张，一直持续到其晚年。蕺山生命的最后时期（崇祯十五或十六年），他对弟子祝渊说："即如自今日始，此后毋论大事小事，一动一静，都要勘得名利心净，然后他日临事有济，一痕不尽，将来溃败，终无底止。"（刘宗周：《与门人祝开美问答》，《刘宗周全集》第二册，第350页）

臆想就可以确定的；需要在真正的涉及贫富的真实情景来临之后，通过检查自己能不能做到"贫不谄""富不骄"来验证。同样，一个人能不能对道深造自得，在平时无事之时亦很难看得出来，要到人面临是非、利害之当前去看看自己能不能做到不疑惑、不忧虑，这样才可以验证。另外，人做工夫的效果也可以通过其在约乐两关之中的现实表现，从妻子的反馈，甚至自己的梦境之中来验证。

在蕺山看来，吾人作道德践履的工夫得力不得力，有没有效果，或者效果是深是浅，不是"凭空摸索"，而是"试之当境"，即在具体的情境之中由人的当机表现是否符合天理，或者在多大程度上符合天理来判定，这样的一个过程便是勘验。勘验的最终结果是人在道德实践上的得力之深浅或是境界之高低。只有经受住"勘验"一关，学问才不是一种玩弄光景的口耳之学，而真正成为一种切于自己身心的真实所得。

纵观以上所引《论语学案》之中蕺山对"勘验"的论述，我们可以总结出，一个完整的勘验活动或勘验过程主要有三个要素构成，这三个要素可以称之为"勘验情境""勘验指标"和"勘验准则"。比如就拿以上所引《论语学案》的第二条语录为例来作一说明。"临是非、遇利害"是一个勘验情境，即人在生活之中，正好了遭遇了是非、利害之事。在遭遇到是非、利害之时，人所表现出的疑惑或者不疑惑，忧虑或者不忧虑的状态便是人在此勘验活动之中所出现的勘验指标。而勘验准则便是天理，更具体来说，是由天理根据不同情境所外化出来的各种现实准则，所谓"理一而分殊"。在"临是非、遇利害"这一勘验活动之中，勘验准则便是人要能够做到不疑惑，不忧虑；这样的表现才是符合天理的。

对于上引《论语学案》第二条语录所描述的勘验事件来说，一个完整的勘验过程是这样的：即当"勘验情境"出现，即人在当下面临是非、利害的时刻，会表现出与勘验情境有关的一系列的"勘验指标"，比如人之疑惑或不疑惑，忧虑或者不忧虑。当这种指标出现之后，人们再用"人不应该疑惑或者忧虑"这一条在如此情境下所应当表现出来的勘验准则去对照、验证，来判定"勘验指标"是否合乎"勘验准则"，或者在多大程度上合乎"勘验准则"，由此完成此次勘验。

上引《论语学案》之四条语录，第二条"居恒无所验"用"验"字，第五条"固勘人之真实际也"用"勘"字，可见，"勘"与"验"乃是同义字，含义相近。如果对二者再细作区分，则"勘"与"验"仍可以有分别的侧重点。"勘"侧重于"查简"的意思，今有所谓"地质勘查""应用地球物理勘探"，即是查找地下矿产的意思；而"验"则侧重于"验证""印证"的意思。

对于勘验，蕺山本人有过一次极为深刻的体验。这次体验在蕺山的为学历程之中是一次刻骨铭心的大事件，它对蕺山学术思想的发展也有十分重要的影响。这次体验被刘伯绳记录在《年谱》之中。

《年谱》"天启六年"下有条目云：

> 黄公至郡，先生饯之萧寺，促膝谈国是，唏嘘流涕而别。已而谓门人曰："吾平生自谓于生死关打得过，今利害当前，觉此中怦怦欲动，始知事心之功未可以依傍承当也。"遂携冯课读于韩山草堂，专用慎独之功。谓"独只在静存，静时不得力，动时如何用工夫？"因信濂溪主静立极之说。……由是限半日静坐，半日读书。久之勿忘勿助，渐见浩然天地气象，平生严毅之意一旦消融。①

天启六年，蕺山的好友黄尊素（白安，1584—1626）因得罪了魏忠贤集团而被逮捕，由缇骑押解往北京。当时，刘蕺山正罢官在家，在黄尊素路过绍兴之时，蕺山遂得以在绍兴一个寺庙中为他饯行。由于蕺山也知道黄尊素此行多半九死一生（黄尊素此行押解回北京之后，后来果然被魏忠贤集团迫害致死），所以这次会面就被一种面

---

① 刘汋：《蕺山刘子年谱》，《刘宗周全集》第六册，第82页。

对死亡的悲壮气氛所笼罩,蕺山受到了这种气氛的感染,在心中激发了对死亡的担忧和恐惧。

在这次事件之中,蕺山发现自己在利害当前,尤其是在生死当前,心还会是怦怦而动,即还是会有一种面对死亡时的紧张感和恐惧感,由此他便认为自己的"事心"工夫还没有做到家,即还是有缺陷的,并不是如之前自己所自信的"于生死关打得过",即已经打叠过生死关了。

我们发现,对于蕺山来说,与黄尊素会面这个事件是一次非常典型的勘验活动。通过"实试之当境",蕺山发现自己的"事心"工夫还是不能"依傍承当"。这次事件或者勘验活动给蕺山带来了很大的刺激,引发了蕺山追求更严密工夫的努力,导致了其工夫实践的升级,"遂携子汋课读于韩山草堂,专用慎独之功"。并且在此事件之后,蕺山开始相信周濂溪的主静立极之说,并将静存即未发之时的工夫视作究竟的工夫,开始正式确立了"立定未发作工夫"的工夫论的宗旨。

二 未发之时的勘验与已发之时的勘验

作为蕺山工夫论的重要方法,勘验贯穿于未发之时和已发之时这两个阶段。关于未发之时的勘验,蕺山主要提到了两种方式,第一种便是《人谱》"讼过法"中提到的用道德意识去查简恶念的方法,即所谓"学者姑于平日声色货利之念,逐一查简,直用纯灰三斗,荡涤肺肠,于此露出灵明"[1]。查简恶念的过程本身便是一个勘验的过程,即在未发之时,人通过用心中的道德准则(勘验准则)去查检自己心中存留的念头是善是恶。勘验出恶念之后,才能进一步做消融恶念的工夫,勘验本身便构成了未发工夫的一个重要环节。

在未发之时,除了"讼过法"中的勘验之外,蕺山还提到另外一种勘验形式,便是在梦中的勘验。

---

[1] 刘宗周:《纪过格》,《人谱》,《刘宗周全集》第二册,第20页。

蕺山对"昼观妻子，夜卜梦寐"一语十分推崇，在《论语学案》之中，除了上引"人心自有安处，是平日志向所决，积渐惯熟安顿其中而不自知者，须昼观妻子，夜卜梦寐始得，然此不以造诣说只论真伪之品"这一段话讲到之外，在诠释"子曰：'甚矣，吾衰也！久矣，吾不复梦见周公'"这段《论语》经文时蕺山还说："象山语门人曰：'昼观诸妻子，夜卜诸梦寐，两无所愧，然后可以言学。'愚谓：此两言，非孔子不足以尽之。"① 可见，在蕺山看来，"昼观妻子"和"夜卜梦寐"是勘验的两种重要途径。

除了上面所引的《论语学案》中出现的两处"夜卜梦寐"之外，蕺山在《人谱杂记》之中，还提到两位先儒对"夜卜梦寐"的论说：

沈端宪公曰："昼观诸妻子，夜卜诸梦寐，两无所愧，然后可以言学。"②

程子曰："人于梦寐之间，亦可以卜自己所学之浅深。如梦寐颠倒，便是心志不定，操存不固。"③

同样在《人谱杂记》之中，蕺山还举出了几位前辈大儒关于"夜卜梦寐"的工夫实例。④ 蕺山赞同程子的观点，认为人晚间所做之梦

---

① 刘宗周：《论语学案》，《刘宗周全集》第一册，第360页。
② 刘宗周撰，刘汋增补：《人谱杂记》，《刘宗周全集》第二册，第25页。
③ 刘宗周撰，刘汋增补：《人谱杂记》，《刘宗周全集》第二册，第53页。
④ 在《人谱杂记》的"考旋篇"之中，关于"夜卜梦寐"，蕺山举出了三位先儒勘验的实例。蕺山云："本朝杨公翥尝夜梦误入桃园，私食人二桃，既寤，深自咎。曰：'吾必旦昼义心不明，以至此也。'为之三日不餐。"又云："吴康斋先生尝夜梦孔子、文王来访，如是者数四，人以为此先生真积力久之验。"又云："薛文清公曰：'余往年在中州，尝梦一人儒衣冠，其色黯然，谓是朱文公，告余曰："少嗜欲，多明理。"明发，遂书其言于壁。一日，在湖南靖州读《论语》，坐久假寐，既觉，神气清甚，心体浩然，其妙难以语人。'"参见刘宗周撰，刘汋增补《人谱杂记》，《刘宗周全集》第二册，第53页。

可以验证自己工夫效果的好坏和学力的深浅。在《全集》之中，蕺山提及了几处自己通过梦寐来勘验学力深浅的经历。在 36 岁时写给友人的一封信中，蕺山提到了自己的一个梦。蕺山云："弟昨夜梦升卫经历，心甚不快。弟雅欲谢病去官，不知此梦何处来？看来终不忘荣进念头。在夜之所梦，未有不根于昼者。"①蕺山认为日先有所思，夜间方有所梦，自己做梦梦到升官，说明自己心中还存有"荣进"的念头，只是在白天的时候潜伏甚微，没有能够觉知，夜间之梦正好勘验出自己的工夫还没有做到家。又蕺山在 51 岁的时候，回答学生"先生近功何似？"的时候说："近来梦境颇清，无杂梦，亦有无梦时，若常惺惺者。"②蕺山用做梦的状态来回答学生问最近工夫如何的问题，表明他认为做梦的状态可以勘验工夫之深浅。"梦境颇清""无杂梦""亦有无梦时"反映出自己日间的工夫也是颇为得力的。蕺山在 68 岁临终的时候，对学生说"比夜梦朱文公来此"③，此梦可以勘验出蕺山一生所学，不愧于先儒。

综上所述，对于蕺山来说，未发之时的勘验主要有两种形式，即以照察念头为主要方式的"内自讼"的工夫和"夜卜梦寐"的梦中勘验的工夫。根据蕺山"立定未发作工夫"的工夫论主旨，如果人能通过"内自讼"的工夫，能够将心中所存留的所有恶念，都勘验出来，把声色货利这些根株都拔掉，"毋论大事小事，一动一静，都要勘得名利心净"④，这样就已经是究竟工夫了。但是在现实生活之中，人往往并不能只通过"内自讼"和"梦中勘验"的工夫就能将心中存留的所有恶念全都照察出来，实际上很多恶念隐伏于心中，在遇事之后才会被人觉知到。蕺山多次举程明道"见猎心喜"的公案来说明，即使贤如程子，心中所存留的有些不善之念也只有在具体情境发生之时，

---

① 刘宗周：《与以建五》，《刘宗周全集》第三册，第 302 页。
② 刘汋：《蕺山刘子年谱》，《刘宗周全集》第六册，第 182 页。又见刘宗周《会录》，《刘宗周全集》第二册，第 506 页。
③ 刘汋：《蕺山刘子年谱》，《刘宗周全集》第六册，第 192 页。
④ 刘宗周：《与门人祝开美问答》，《刘宗周全集》第二册，第 350 页。

才能觉知。① 对于蕺山自己，也是如此。比如前面讲到的对蕺山影响极深的那次勘验生死的事件，蕺山在未发生此事之时自信能打叠过生死关，可是在与黄尊素会面那种生离死别的情境之下，对死亡的恐惧和焦虑还是涌现了出来，由此才发现自己还是不能"依傍承当"，并没有打叠过生死关。

在未发之时，由于勘验工夫所指向的是微过，而微过是十分隐微的，所以勘验的难度极大。"内自讼"与"夜卜梦寐"这两项工夫往往不能将微过彻底勘验出来。这时对人的工夫来说，就需要人在已发之时做进一步的勘验。据《学言》记载，有人问蕺山："未发气象从何处看入？"蕺山回答曰："从发处看入。"② 从已发看未发气象，便是由已发勘验未发。当未发之微过进一步流荡、外化成已发之隐、显、大、丛四过之后，这时的过错就比较明显了，人们也便容易觉察。人们通过觉知到已发之时的过错，就可以确知自己在未感物之时，心体之中其实也还是有微过存在的。这样，人便可以通过隐、显、大、丛四过的出现来勘验出心体存在之隐过。蕺山又说："静中工夫，须在应事接物处不差，方是真得力。"③ 同样，人若在已发之时的应事接物之中做到没有舛误，亦能勘验出静存的工夫是得力的，即微过已经得到了克治。

从勘验的视角上来说，《人谱》便是一个极其精密、全面的勘验系统。在"六事功课"之中，无论是在作为未发工夫的"禀闲居以体独"阶段，还是作为已发工夫的"卜动念以知几""谨威仪以定命""敦大伦以凝道""备百行以考旋"这四个阶段，皆对应相应的

---

① 蕺山在《学言》中有云："伯淳少喜猎，既见周茂叔后，自谓已无此好矣。茂叔曰：'未也，但此心潜隐未发耳。一日萌动，复如初矣。'后十二年，复见猎者，不觉有喜心，乃知其果未也。但不知此后更当如何？"（刘宗周：《学言》，《刘宗周全集》第二册，第399页）《会录》中有云："或问势利关。曰：'昔谢上蔡曰："已打破十余年矣。"予谓尚说得容易在，当以程子喜猎心勘之。'"（刘宗周：《会录》，《刘宗周全集》第二册，第523页）

② 刘宗周：《学言》，《刘宗周全集》第二册，第374页。
③ 刘宗周：《学言》，《刘宗周全集》第二册，第518页。

勘验工夫。关于未发之时的勘验，《人谱》中提到了"讼过法"和"夜卜梦寐"这两种形式，上文已经论述。此处我们考察《人谱》"六事功课"中作为已发工夫四阶段的勘验。这四个阶段的工夫分别涉及人的动念（七情）、九容等举止仪态、五伦，以及五伦之外的其他社会交往关系以及人与自然界打交道的方式等方面，涵盖了人在应事接物之中所可能面临或经历的各种各样的生活情境。相应的，在《人谱》的《纪过格》之中，蕺山展示了一个由隐过、显过、大过、丛过等四种过错层级构成的立体的过错谱系。对于隐、显、大、丛四过的每一种过，根据发生情境的不同，每一过中又表现为各种各样的过错形态，比如隐过表现为"溢喜""迁怒""伤哀""多惧""溺爱""作恶""纵欲"等七情之过；显过表现为"箕踞""擎拳""偷视""貌言""高声""岸冠"等仪态上的过失；大过表现为五伦方面的百余种过错，丛过表现为五伦之外的涉及其他社会关系以及人与自然关系的百余种过错。可以说，《纪过格》之中所列举的数百种过错就构成了一个个的勘验指标。由于这些过错都是微过的逐层外化和流荡，因而人只要犯了《纪过格》中所列举的种种过错之一，就可以验证自己此时心体之中还有微过存在。相反，如果人没有犯这些过错的话，那么也可以勘验出自己的工夫是得力的，此时人心中的微过即使不能说已经完全被扫除，其势力也已经很弱小了。

在已发之时，人在勘验出过错之后，进而可以追溯已发之过错的来源，于是为进一步的做未发之时的勘验工夫提供了线索。蕺山在《人谱》的《改过说二》中有云："如一事有过，直勘到事前之心果是如何？一念有过，直勘到念后之事更当何如？如此反覆推勘，讨个分晓，当必有怡然以冰释者矣。"[①] "一事有过"和"一念有过"，是未发之微过在已发之时的进一步流荡，这种过表现为隐、显、大、丛四过。这种过错为未发之时内自讼的工夫提

---

① 刘宗周：《改过说二》，《人谱》，《刘宗周全集》第二册，第19页。

供了线索，人们可以在已发之过上反复推勘，从而进一步找到导致一念之过或者一事之过的根源，即心中存留的、在未发之时人们并未觉知的妄念。可见，已发之时的勘验最终仍旧要回到未发之时的勘验，即内自讼的工夫上面；在"已发勘验未发"之后，还需回归到"立定未发做工夫"的工夫论主旨，去做未发之时消除微过的工夫。

需要指出的是，在蕺山的工夫论之中，勘验并不是终极的目的，而只是一种重要的手段，勘验主要是一种知过的工夫。知过之后还需要改过，不然知过而不改过，便会陷入"自欺"和"文过"，而工夫亦流于半途而废，永无进益。

三　勘验活动的诸要素：勘验情境、勘验指标与勘验准则

本节上文已经指出，在蕺山这里，一个完整的勘验活动，包含"勘验情境""勘验指标"与"勘验准则"这三个要素。对于蕺山来说，人生活的每时每刻都可以进行勘验，无处不是勘验情境：即使是睡梦都是一种勘验情境，睡梦之中都会出现勘验指标。在《人谱》之中，蕺山描述了各种层次的勘验情境，和上百种作为勘验指标的过错。在《人谱杂记》之中，蕺山展示了历史上一些有德之人的各种具体、真实的勘验情境，并且在这种勘验情境之下所表现出的符合勘验准则的各种高尚行为，为人日用工夫的操持提供了榜样。

在《圣学吃紧三关》中，蕺山有云："为己为人，只闻达之辨说得大概已尽。后儒又就闻中指出许多病痛，往往不离功名富贵四字，而蔽之以义利两言。"[1] 人的各种过失，往往都与"功名富贵"相关，而功名富贵最终可归结到"义利"二字上，在蕺山看来，所有的勘验情境其实都可以归之义利上的勘验。

人在进行义利上的勘验时候，此时勘验活动还存在一个勘验

---

[1]　刘宗周：《圣学吃紧三关》，《刘宗周全集》第二册，第199页。

效力的问题。勘验效力与勘验情境直接关联，不同的勘验情境具有不同的勘验效力。相比于其他一些情境，在某些特定的勘验情境之下，平日潜伏于人心中的尚未被人所觉知的过错更容易显露或者外化出来，表现出明显的勘验指标，而被人所清楚觉知，即这些特定的勘验情境的勘验效力比较强。蕺山特意提到了两种勘验效力比较强的勘验情境，即在贫贱上的勘验和在生死上的勘验。

关于在贫贱上的勘验，蕺山在《论语学案》对"子曰：'贫而无怨难，富而无骄易'"一段经文诠释云："贫而无怨，非有真学术、大涵养不能，故曰'难'。富而无骄，则犹可矜持于意见之间者，故曰'易'。夫子盖就学问中勘难易，非就世情上较难易也。"① 在蕺山看来，人能做到"贫而无怨"要比能做到"富而无骄"更难，因为人即使做到了"富而无骄"，并不一定是其已经完全克治了利欲的念头，也有可能是在装点意见，借机博取名声；而如果人能够真正做到"贫而无怨"，则却可以说明这个人确实是有真学术，大涵养。贫贱的情境要比富贵的情境具有更高的勘验效力，可以使得人的私利之心"更无躲闪，更无方便"②，人处在贫贱之中，可以时时勘验自己的利欲之念，在此基础上做工夫，便会得力很多。所以蕺山又说："君子之于仁，惟有贫贱一途是终身得力地。"③

关于在生死上的勘验，蕺山有云："世人志货利声色，往往捐生以殉，更不见有志道者捐生以殉，如所谓死而后已者，故学问勘到生死关始真。"④ 对于一个人来说，生死是最大的利害之所在，生死关是义利关的极端表现。人在面对生死考验之时，如果平时心中有隐伏的各种利害念头，此时便一定会被逼显出来，而表现

---

① 刘宗周：《论语学案》，《刘宗周全集》第一册，第465页。
② 刘宗周：《论语学案》，《刘宗周全集》第一册，第308页。
③ 刘宗周：《论语学案》，《刘宗周全集》第一册，第308页。
④ 刘宗周：《立志说》，《刘宗周全集》第二册，第320页。

出贪生畏死的行为，此时再无可以装点、自欺的可能了。如果人于生死关头能够为了道义而"捐生以殉"，即为了遵循道义而宁愿舍弃生命，那么便表明人此时已经彻底勘破了义利关，人之工夫亦已经做到极致了。这种在生死上的勘验，其勘验效力最强，可以让所有的利欲之念都暴露出来，所以蕺山说"学问勘到生死关始真"①。上文中提到的天启六年蕺山与黄尊素在绍兴会面话别的情境便是一种在生死上勘验的情境。在此情境之下，蕺山平日自信业已克治干净的贪生畏死之念又萌发出来，由此勘验出自己的事心之功仍旧未能"依傍承当"。

一个勘验活动如能正常运作，除了必备勘验情境与勘验指标两个要素之外，还需有一个重要的要素，即勘验准则。勘验准则对勘验指标起到判准的功能，根据在勘验活动之中所出现的勘验指标是否符合与之对应的勘验准则，可以判定人之工夫是否得力。

勘验准则的最终来源是天理，前文已经讲到，作为气化之本然秩序的天理是形而上的，其自身是冲漠无朕的，但是它可以通过形下之事物表现出来。在勘验活动之中，天理在不同的勘验情境之中外化出不同的表现形式，便形成了一系列与勘验情境相对应的种种勘验准则。在勘验活动之中，人能够对勘验准则实现准确把握，是一件十分重要的事情，勘验准则就是衡量勘验指标的标尺，如果人对勘验准则把握不清，则勘验结果就会完全失真。蕺山在《会讲申言》之中有云：

> 然而习俗移人，往往而是也。乍处之秽如粪壤，而久习之，

---

① 王阳明"龙场悟道"的著名事件也与勘破生死关有关。阳明在37岁居龙场之时，最初"自计得失荣辱皆能超脱，惟生死一念尚觉未化"（钱德洪：《年谱》，王守仁《王阳明全集》，第1354页），后来在勘破了生死一念之后，才实现了"龙场悟道"。可见，对于理学家来说，利害之最大者为生死，勘破生死关最难，倘若人能真正勘透了生死关，则学问便是达到了真正得力的境界。阳明"龙场悟道"的事例可以与蕺山此处言生死上的勘验对勘。

安如茶饭矣；口言之碍若芒刺，而身出之，坦如康庄矣。所谓大惑不解也。所恃登斯堂者，口诵圣人之书，目睹礼义之秩，耳听歌咏之音，而且聚之以友朋之雅，渐以岁月之久，能不幡然今是而昨非乎？①

人们在日常生活之中，有时会将各种习俗、成见等等认作是符合天理的行为规则，自然在勘验活动之中也便将之认作成了勘验准则，出现了"认习为理"或者"认欲为理"的现象。所以，对于勘验准则，还有一个有待对之进行认识和把握的工夫去做。当然，由于勘验准则的最终来源是天理，而天理又内在于人心，所以，在蕺山这里，在本然状态下，勘验准则已经内蕴于心体之中而被人自我觉知，原则上并不需向外求取，所以认识和把握勘验准则的工夫最终只能归结为心体的自我觉知。但是，人们可以通过借助一些外缘性的工夫，去启发、唤醒自己的心体，使得心体能够自我去蔽和自我照明，能够自我觉知到勘验准则。在这段话之中，蕺山提到了可以启发人获得勘验准则的四种工夫，分别为读圣人之书、学礼、朋友讲论、"听歌咏之音"。关于"听歌咏之音"，在蕺山现存著述之中，没有对之展开详细论述，蕺山对前三种工夫则进行了颇多的论述。

关于读圣人之书，本章第一节在分析《人谱》的工夫系统时已经进行了分析，指出读书是蕺山在"禀闲居以体独"这一未发阶段的重要工夫。在蕺山看来，阅读"六经"，可以提点心体，唤醒自己心中本具之天理，"六经"等圣贤之书所讲的道理，本身便是人心之"阴阳""性情""政事""节文""名分"，可以直接作为人在进行勘验活动之时进行"反覆参求"和"反覆印证"的准则。②

---

① 刘宗周：《会录》，《刘宗周全集》第二册，第 499 页。
② 蕺山说："人须用功读书，将圣贤说话反覆参求，反覆印证。一番疑，一番得力。须是实实将身体验，才见圣人说话是真实不诳语。"见刘宗周《会录》，《刘宗周全集》第二册，第 525 页。

第四章　刘蕺山的工夫论：以《人谱》为中心的考察　253

　　启发人获得勘验准则的第二个方式，便是通过"学礼"。蕺山有云："若夫进学之要，古人言之颇详，而礼其大端云。"① 在蕺山看来，礼是人做工夫路上的重要凭借。② 关于"礼"，蕺山有云："礼之大者在纲常名教，其小者在制度文为。子曰：'三代之礼相因，而所损益可知也。'夫损益之礼，与时宜之。周衰，文胜而靡矣。救文之敝莫若忠，故俭可从也。纲常之礼，万古不易。"③ 蕺山将礼分为两类，一是"万古不易之礼"，二是"可以损益之礼"。在蕺山看来，纲常名教是人在处理君臣、父子、夫妻等基本人伦关系之时所遵循的根本大法，是亘古不变，万古不易的，所以纲常名教之礼径直便是人在做道德勘验工夫之时可供人依据的准则；至于一些具体的细微的制度之礼，则会随时变易。但是此时制度之礼虽然会变易，其背后的圣人之心却不会变化，而人通过揣摩制度之礼，亦可以逐渐了解圣人制礼之苦心，进而启发、唤醒自己的本心，能够在不同勘验情境之中确定出相应的勘验准则。

　　对于学礼，蕺山犹注重从小学入手。所谓小学，便是人在洒扫、应对、进退等日常的生活之中所应该习得的基本的礼仪规范。蕺山对于朱子所著之《小学》，并不满意，认为其"分门列类，引喻精微，有老师宿儒所不能究者，而云小艺小节乎？则亦朱子

---

①　刘宗周：《书张奠夫塾约》，《刘宗周全集》第四册，第120页。
②　蕺山对礼在人从事道德实践之中的作用十分看重，蕺山说："礼，本是先王教天下之善物。盖纲纪人道，一日而不可废者。"（刘宗周：《论语学案》，《刘宗周全集》第一册，第294页）又云："凡天下之祸，未有不生于情欲者也，而饮食为甚。饮食不已，继之以宴乐；宴乐不已，继之以骄奢；骄奢不已，继之以死亡。若是者，起于有争心，而或失则躁，是以圣人制为礼以品节之。"（刘宗周：《周易古文钞》，《刘宗周全集》第一册，第54页）又云："有家之始，身教尤亟，所以闲也。曷闲之？曰：礼而已矣。千尺之堤，以蝼蚁之穴溃。慎之哉！"（刘宗周：《周易古文钞》，《刘宗周全集》第一册，第139页）
③　刘宗周：《论语学案》，《刘宗周全集》第一册，第396—397页。

之小学而非古文之小学也"①。即蕺山认为"小学"本来乃是"小艺小节",是在普通的日常生活之中,在"洒扫应对""进退出入"②之中,人人可以习得和容易持循的一些基本的礼节,正是从这样人人都可以操练的礼节入手,就能够下学上达,"自下而上、由小而驯至于大"③,"小学大学通为一贯,而卒驯至于圣人之域"④。在蕺山看来,如果照朱子的讲法,《小学》涉及的内容极为烦琐,"引喻精微,有老师宿儒所不能究者"⑤,这样反而是让小学的工夫晦涩不明,丧失了日用之中作为工夫入门阶梯的功能。所以他另起炉灶,重新编订《小学》,"首《少仪》,参以《曲礼》,为《小学》下篇;次《文王世子》及《保傅》节要,为《小学》上篇"⑥。

启发人获得勘验准则,还有一个重要方式,是通过师友之间的讲论。蕺山有云:"大抵亲师取友是学问第一义,但须虚心善下方有益。"⑦蕺山得师友讲论之益甚多。蕺山在万历三十一年,即在26岁的时候,拜许敬庵为师。蕺山向许氏问学时间不长,在蕺山拜师大约一年半之后,许氏就溘然长逝,但是蕺山在学问上得到许氏颇多

---

① 刘宗周:《古学记序》,《刘宗周全集》第四册,第36页。
② 刘蕺山在《古小学集记序》中云:"当是时,将遂还其老师宿儒,退而修洒扫、进退之业,宁不倒行逆施?虽然,亡羊补牢,未为晚也。"(刘宗周:《古小学集记序》,《刘宗周全集》第四册,第39页)又在《书张奠夫塾约》中有云:"学者试一用之洒扫应对进退间,便有进步可窥。"(刘宗周:《书张奠夫塾约》,《刘宗周全集》第四册,第120页)
③ 刘宗周:《古学记序》,《刘宗周全集》第四册,第36—37页。
④ 刘宗周:《古小学集记序》,《刘宗周全集》第四册,第39页。蕺山又云:"古来圣贤事业,俱从少时立基,自小学工夫始。所谓小学,止此洒扫、应对、进退之学,推之以至于事亲从兄,此固人道之大经,不可一日忽,而要其所至,即以之收敛放心,为上达天德之本,此其所以进于大学之道也。"(刘宗周:《示陈甥》,《刘宗周全集》第四册,第437页)
⑤ 刘宗周:《古学记序》,《刘宗周全集》第四册,第36页。
⑥ 刘宗周:《古学记序》,《刘宗周全集》第四册,第36页。
⑦ 刘宗周:《论语学案》,《刘宗周全集》第一册,第320页。

教益。① 至于交友，刘伯绳在《年谱》"万历四十年"条目下有云："先生生平为道交者，惟周宁宇、高景逸、丁长孺、刘静之、魏廓园五人而已，而景逸洎静之，尤以德业资丽泽，最称挚云。"② 蕺山平生与周应中（宁宇，1545—1629）等五人为至交，其中在学术上共同砥砺，最为相契的是刘永澄（静之，1576—1612）和高景逸这两个人，尤其是刘永澄。

刘永澄是蕺山早年论学之诤友，蕺山说他"禀狷特之资，钟清明之气，苦心慕古，矢志匡时。其大节辨辞受出处之几，而躬行笃父子君臣之教"③。又说他"其于义、利关可谓勘到至处""永澄之于学，真欲无一处可指空缺而后已，而其心亦几无一处之空缺"④。这些评价非常之高，可见蕺山对他非常推重。自万历三十二年，蕺山与刘永澄定交，⑤ 一直到万历四十年刘永澄病死，此九年之中，蕺山与永澄在学问上相互切磋，获益良多。在"万历三十九年"条目之下，《年谱》有云：

> 静之访道至武林，贻书先生，邀会于西湖。先生即命棹西

---

① 刘伯绳《年谱》"万历三十一年"条目下有云："（许孚远）终以敬身之孝勖先生曰：'使念念不忘母氏艰苦，谨身节欲，一切世味不入于心，即胸次洒落光明，古人德业不难成。《传》所谓求忠臣于孝子之门，乃子所以报母氏于无穷也。'先生终身守之不敢失。自此励志圣贤之学，谓入道莫如敬，从整齐严肃入，自貌言之细，以至事为之著，念虑之微，随处谨凛，以致存理遏欲之教。"（刘汋：《蕺山刘子年谱》，《刘宗周全集》第六册，第61—62页。原标点有所改动）又"万历三十二年甲辰"条目下云："行过德清别许先生，许先生论为学不在虚知，要归实践，因追溯平生酒色财气分数消长，以自考功力之进退。先生得之猛省。"（刘汋：《蕺山刘子年谱》，《刘宗周全集》第六册，第62—63页）

② 刘汋：《蕺山刘子年谱》，《刘宗周全集》第六册，第67页。

③ 刘宗周：《淮南赋》，《刘宗周全集》第四册，第477页。

④ 刘宗周：《请兵部职方司主事刘永澄谥典揭》，《刘宗周全集》第三册，第289页。

⑤ 刘伯绳《年谱》"万历三十二年"条目下有云："同籍刘静之永澄官国学正，洁己好修。先生一见语合，遂定交。"参见刘汋《蕺山刘子年谱》，《刘宗周全集》第六册，第63页。

渡，慰劳甚欢。各出证数年学力浅深。时党论初起，静之语及当世之故，辄剌剌不休。先生曰："此进而有位之事也，吾辈身在山林，请退言其藏者。"因相与究求仁之旨，析主静之说，辨修悟之异同，洒洒三日不倦。静之爽然自失，曰："予学犹未乎！"已而曰："子所论说，第险耳。如蹑悬崖，几难试一武。"先生得之瞿然。时方习静，以存养之功与静之言也。①

关于蕺山与刘永澄在武林（杭州）会面的情况，还可见于蕺山在万历四十一年为永澄所作的《祭年兄刘静之文》之中。在刘伯绳关于二人会面情景的描述之中，值得注意的是二人"各出证数年学力浅深"。此处"证"便是勘验，即将自己作工夫的心得和体会讲给对方，让对方来评判、证实一下自己的工夫是否真得力。在蕺山将自己工夫操练的体验与心得讲出来之后，刘永澄进行了批评，他认为蕺山之工夫"第险耳，如蹑悬崖，几难试一武"。关于这个批评的具体来由，蕺山在《祭年兄刘静之文》之中有更为详细的说明，他说："予尝漫说'静'、漫说'生死'，兄辄自引以为他山之石，而还以攻予曰：'第险耳，如蹑悬崖，几难试一武。'予通身得汗，一字耳中膏肓，不觉其身之再造也。"②"漫说"，即是"大言"，只是一种"玩弄光景"的"虚说"，而并非自己工夫的实有所得。起初蕺山最初并未察觉自己是在"漫说"，是刘永澄的批评点醒了他。永澄的批评戳中了蕺山之要害，勘破了蕺山在意识之中所营造的一个虚幻的光景，将其径直打落到了当下的真实情景之中来。这次批评成为蕺山反思自己的工夫的一个重要契机。可见在蕺山这里，师友之间的讲论乃是获取勘验准则的一个重要来源，也是勘验自己学力深浅的一个重要方式。

---

① 刘汋：《蕺山刘子年谱》，《刘宗周全集》第六册，第65—66页。
② 刘宗周：《祭年兄刘静之文》，《刘宗周全集》第四册，第303—304页。

第 五 章

刘蕺山理学思想的衡定

前文分别对刘蕺山的性体论、心体论以及工夫论进行了论述，旨在揭示刘蕺山本体—工夫之学的理论结构和基本内容。本章则在前几章论述的基础上，试图对蕺山理学思想或蕺山本体—工夫之学进行一个总体的衡定。本章首先分析蕺山理学的问题意识与学术归旨，其次考察蕺山理学的思想史定位，最后检讨蕺山理学的理论困境和理论限度。

第一节 补阳明学以淑世：蕺山理学的归旨

蕺山认为，在他那个时代所出现的严重的政治、社会危机的根源在于学术之不正；因此"明学术以正人心"便成为蕺山为解决时代危机而开出的最终药方。

蕺山的"明学术"是通过对阳明学进行补救来实现的。在蕺山看来，阳明学虽然是圣学，但是却存在着两条"法病"，一是阻断不了恶念的生发机制，解决不了恶念生起的问题，于是工夫便落入后着；二是缺乏勘验的工夫，无法建立一个可以检验工夫效验的具体操作标准。对于这两条"法病"，蕺山进行了补救。对于前一"法病"，蕺山通过"知藏于意"的心体论设定，将已发层面上的良知收归到未发层面的意根之中，这样通过未发之时的"内自讼"工夫，便可以纯化良知的机能,彻底阻断恶念的生发机制,解决了阳明工夫论中存在的"落后一着"的弊病。对于后一"法病",蕺山建立了以《人谱》为中心的勘验系统,设立了各种层级的范例化的勘验准则,为改过迁善的日用工夫提供了可以持循的阶梯,补救了阳明工夫论缺少勘验标准、缺乏可操作性的弊端。

一 明学术以正人心:蕺山解决时代危机的最终归旨

刘蕺山的一生恰好经历了明代逐渐败亡的历程。孟森先生有言:"明之衰,衰于正、嘉以后,至万历朝则加甚焉。明亡之征兆,至万历而定。"① 明代进入万历末年之后,在政治上出现了极大的危机,已经呈现出亡国之征象。作为亲历者,蕺山对于时局看得十分清楚,他说:"嗟乎!时事日非,斯道阻丧。亟争之而败,缓调之而亦败,虽有子房,无从借今日之箸,直眼见铜驼荆棘而已。"② "然皇家事业已坏至八九,养成局面,维难下手。"③

另外,在社会生活层面,由于商品经济的发展和城镇规模的扩大,晚明社会出现了一些前所未有的新的社会现象,出现了严重的社会危机。具体表现为社会风气日趋奢靡,社会陋俗泛滥成灾等,④ 刘

---

① 孟森:《明清史讲义》,商务印书馆2011年版,第262页。
② 刘宗周:《与周生》,《刘宗周全集》第三册,第394页。
③ 刘宗周:《与某》,《刘宗周全集》第三册,第411页。
④ 大体说来,明末世风的状况可以归结为如下四点:第一,正德以前,世风俭朴淳厚,贵贱有等,安卑、守成、有序是社会生活的最大特质;正德之后,浑厚之风渐衰,奢靡之风渐起。具体来说,晚明之后,宴饮规模大增,人们对穿衣追求华丽时尚,对房屋追求其宽敞气派,对家具追求其细巧名贵,婚丧嫁娶回乡攀比,花费巨大,水乡出行必坐船。第二,商业活动增多,社会上从商人数大增。农村出现了弃农从商之倾向。农村自然经济结构受到了巨大的冲击,并且由于商业的繁兴和商人日益扮演重要的社会角色,商人在时人眼中的形象已经大为改观,其社会地位日趋上升,传统的伦理道德标准受到了猛烈的冲击,金钱在人们的社会生活中越来越有分量。第三,社会陋俗泛滥成灾。迷信、嫖娼、流氓、地棍、无赖、丐帮、盗窃、争讼、械斗等风气大盛,各种黑恶势力活动频繁。情色小说大量涌现,晚明士子大张旗鼓地与妓女交往,这是明代前期所没有的现象。第四,商品经济的发展,刺激了统治阶级的贪欲,加速了政治腐败,法制日弛,政以贿成。许多官吏慌怠政务,唯以享乐纵欲,沽名钓誉为荣,政风败坏,江河日下。参见张显清主编《明代后期社会转型研究》第五章"社会风俗的变化",中国社会科学出版社2008年版,第285—350页。

蕺山对此等现象十分不满,认为是世风败坏的体现。

对于晚明社会所出现的政治、社会危机的根源,蕺山有云:

> 世道之祸酿于人心,而人心之恶以不学而进。①

> 学术不明,人心不正,而世道随之,遂有今日丧乱之祸。②

> 嗟乎!以堂堂全盛之天下,至不能当一隅之众,一旦破坏至此,非其力不竞而势不敌也。数十年以来,世教不明,人心澌灭。人人知有身家,不知有君父;即知有君父,亦止知有成败利钝,不知有是非。驯至举族化为巾帼,率土尽成荆棘。揆厥所由,谁任其咎?③

> 盖三代而后,天下之乱未有不始于人心者也。④

蕺山认为世道之祸的根源乃是出于"人心不正",而"人心不正"根源又是"学术不明",所以在蕺山看来,欲疏解世道之祸,必先正人心,而欲正人心,又必先明学术。在《方正学先生逊志斋集序》中,蕺山有云:"盖学术之邪正,而人心之邪正即系之,世道之隆污恒必由之。"⑤ 可见,在蕺山看来,学术之正邪,直接关乎世道之隆污,一切政治、社会方面的危机最终都要归结于学术上的危机。⑥

---

① 刘汋:《蕺山刘子年谱》,《刘宗周全集》第六册,第80页。
② 刘宗周:《与黄石斋少詹》,《刘宗周全集》第三册,第449页。
③ 刘宗周:《与熊浙抚》,《刘宗周全集》第三册,第452页。
④ 刘宗周:《三申皇极之要以决万世治安疏》,《刘宗周全集》第三册,第123页。
⑤ 刘宗周:《方正学先生逊志斋集序》,《刘宗周全集》第四册,第64页。
⑥ 在上崇祯皇帝的《辟左道以正人心以扶治运疏》之中,蕺山亦云:"臣闻天下治乱之机,必有所自始,故孟子称'生于其心,害于其政;发于其政,害于其事',则人心之关于世运,尚矣。而人心之邪正,率本于道术之晦明,自古未有道不明,人异教、家殊俗,而天下几大顺之休者。今天下皆知有异端之祸,而不知异端之祸,异端之教为之也;又皆知有盗贼之祸,而不知盗贼之祸,盗贼之教为之也。"(刘宗周:《辟左道以正人心以扶治运疏》,《刘宗周全集》第三册,第204页)

"明学术以正心"便成了蕺山为解决时代危机而开出的最终药方。

所谓"明学术以正心",首先是儒者当先正自己的心。自己的心正了,再通过讲学活动,去正其他人的心。在《寿秦淡如先生七秩序》之中,蕺山有云:"古之君子,有得志而道行于上者,有不得志而道行于下者。道行于上,天下被其泽;道行于下,弟子从其教。虽隐显殊途,其为世重则一也。"① 儒者之担纲世教,② 大致可以有两种方式,第一种是在"得志"之时,即儒者能够在朝廷上担任官职,此时便有机会"以学术正君心"③,启沃君心以使君主能够做到心正意诚。在蕺山看来,"天下治乱之机,总系之人主之一心"④,"君正莫不正,用人行政各得其理"⑤,只要人君能够做到心正,自然可以使得朝廷、百官为正,进而治民得法,万民也各安其位,于是天下便可以大治。如果儒者不能"得志",即没有机会在朝为官,此时亦可以通过讲学活动,振拔流俗,影响世风。在天启五年,魏忠贤集团兴大狱,迫害士人的时候,蕺山此时正退居乡间,应诸生之请,在解吟轩讲学。蕺山对学生说:"天地晦冥,人心灭息,吾辈惟有讲学明伦,庶几留民彝于一线乎!"⑥ 又言:"世道之祸酿于人心,而人心之恶以不学而进。今日理会此事,正欲明人心本然之善,他日不至凶于尔国,害于尔家。"⑦ 前文已经指出,在蕺山那里,师友之间的讲学活动是人在进行道德勘验活动之时,启发人获得勘验准则的重要手段,是帮助人能够发明本心的重要助缘。通过师友之间的讲学,讲学活动的参与者可以明得本心之善,这样,他

---

① 刘宗周:《寿秦淡如先生七秩序》,《刘宗周全集》第四册,第92页。
② 蕺山有云:"学以持世教之谓儒。"(刘宗周:《论语学案》,《刘宗周全集》第一册,第347页)
③ 刘宗周:《论语学案》,《刘宗周全集》第一册,第427页。
④ 刘宗周:《圣明图治方殷莽忧时转切敢再披愚悃以资匡济疏》,《刘宗周全集》第三册,第163页。
⑤ 刘宗周:《复朱平涵相公》,《刘宗周全集》第三册,第415页。
⑥ 刘汋:《蕺山刘子年谱》,《刘宗周全集》第六册,第80页。
⑦ 刘汋:《蕺山刘子年谱》,《刘宗周全集》第六册,第80—81页。

或他们就不再会做"凶于尔国,害于尔家"的行为,这些人在与周遭的亲人朋友的交往中,又能够通过自己的正言正行作示范作用,从而影响到其他的社会成员,使得更多的人能够振拔于流俗,恢复自己被陷溺的本心。总之,在蕺山看来,通过讲明学术,在上可以启沃君心,在下可以教化大众,如是便能起到疏解世道之祸的重要效用。

在蕺山看来,无论是以学术正君心,使得道行于上,还是以学术振拔流俗,使道行于下,一个前提条件,是学者能明得真学术。只有明得真学术,才能发挥其正人心的功用。那么在蕺山心目之中,哪些学问才是正学呢?对此,蕺山有云:

> 夫宇宙之所以纲维而不毁者,恃有人心以为之本;而人心之淑慝,则学术之明晦为之也。三代以上,有尧、舜、禹、汤、文、武为之君,而天下无人而不学,无事而非学,学之名可以不立。及夫世衰道微,臣弑君、子弑父,仲尼始单提直指之为万世鹄。至子思、孟子而说愈详,凡以存几希之脉,为君父闲大伦也。自后推流扬波,则汉有贾、董,隋有王通,唐有韩愈,宋有周、程、张、朱。上下数千年,不过寥寥数子,递衍其脉,而终亦不得大行其道于天下,或遭谗被锢以死。然世道卒赖以不坠,乱臣贼子时或制其欲而不得肆,功亦伟焉。①

蕺山认为孔子继承三代圣王的精神,讲明学问,为后世立法。后来此学又传之子思、孟子、汉代之贾谊(前200—前168)、董仲舒、隋代之王通(仲淹,584—617)、唐代之韩愈,不绝如缕;到了宋代,周敦颐、二程、张横渠、朱子又传承了此学。蕺山的这种观点,尤其是认为周、程、张、朱(濂洛关闽)之学"递衍其脉"的观

---

① 刘宗周:《极陈救世第一要义以祈圣鉴疏》,《刘宗周全集》第三册,第68页。

点，是朱子之后，正统理学家所持有的共同看法。① 在蕺山看来，这些学问是对圣人精神的传承，所以又称之为"圣学"，具体内容便是

---

① 认为自孔子之后，儒学传承有一条清晰的学脉的观点，便涉及了儒家的道统论思想。在中国思想史上，韩愈比较早的提出了一个完整的儒家道统谱系，他认为圣人之道"尧以是传之舜，舜以是传之禹，禹以是传之汤，汤以是传之文武周公，文武周公传之孔子，孔子传之孟轲，轲之死，不得其传焉。荀与扬也，择焉而不精，语焉而不详"〔韩愈：《原道》，高步瀛选注：《唐宋文举要》（上），第 144 页〕。韩愈认为，圣人之道的传承谱系为尧、舜、汤、周文王、周武王，孔子、孟子，孟子之后，道统的传承发生了中辍，韩愈在《原道》之中，隐然有认为自己上接孟子，传承道统之意思。后来朱子在《中庸章句》"序"中有云："夫尧、舜、禹，天下之大圣也。以天下相传，天下之大事也。以天下之大圣，行天下之大事，而其授受之际，丁宁告戒，不过如此，则天下之理，岂有以加于此哉？自是以来，圣圣相承：若成汤、文、武之为君，皋陶、伊、傅、周、召之为臣，既皆以此而接夫道统之传，若吾夫子，则虽不得其位，而所以继往圣、开来学，其功反有贤于尧、舜者。然当是时，见而知之者，惟颜氏、曾氏之传得其宗。及曾氏之再传，而复得夫子之孙子思，则去圣远而异端起矣。子思惧夫愈久而愈失其真也，于是推本尧、舜以来相传之意，质以平日所闻父师之言，更互演绎，作为此书，以诏后之学者。……自是而又再传以得孟氏，为能推明是书，以承先圣之统，及其没而遂失其传焉。则吾道之所寄，不越乎言语文字之间，而异端之说日新月盛，以至于老、佛之徒出，则弥近理而大乱真矣。然而尚幸此书之不泯，故程夫子兄弟者出，得有所考，以续夫千载不传之绪；得有所据，以斥夫二家似是之非。盖子思之功于是为大，而微程夫子，则亦莫能因其语而得其心也。"（朱熹：《四书章句集注》，《朱子全书》第六册，第 29—30 页）朱子《大学章句》"序"亦云："天运循环，无往不复。宋德隆盛，治教休明。于是河南程氏两夫子出，而有以接乎孟氏之传。"（朱熹：《四书章句集注》，《朱子全书》第六册，第 14 页）朱子在韩愈所认定的道德谱系之基础上，进行了进一步增删；不过，在他认定的道统谱系之中，并无韩愈的位置，而认为两汉以来，只有二程兄弟接续了道统。朱子又编撰了《伊洛渊源录》，将二程、周濂溪、张横渠收录其中，认为周、程、张接续了道统。后来元儒欧阳玄在参与编撰《宋史·道学传》的时候，参考了朱子的《伊洛渊源录》的相关论述，又将儒家的道统谱系做了进一步的明确。《宋史·道学传》有云："文王、周公既没，孔子有德无位，既不能使是道之用渐被斯世，退而与其徒定礼乐，明宪章，删《诗》，修《春秋》，赞《易象》，讨论《坟》《典》，期使五三圣人之道昭明于无穷。故曰：'夫子贤于尧、舜远矣。'孔子没，曾子独得其传，传之子思，以及孟子，孟子没而无传。两汉而下，儒者之论大道，察焉而弗精，语焉而弗详，异端邪说起而乘之，几至大坏。千有余载，至宋中叶，周敦颐出于舂陵，乃得圣贤不传之学，作《太极图说》《通书》，推明阴阳五行之理，命于天而性于人者，了若指掌。张载作《西铭》，又极言理一分殊之旨，然后道之大原出于天者，灼然而无疑焉。仁宗明道初年，程颢及弟颐实生，及长，受业周氏，已乃扩大其所闻，表章《大学》《中庸》二篇，与《语》《孟》并行，于是上自帝王传心之奥，下至初学入德之门，融会贯通，无复余蕴。迄宋南渡，新安朱熹得程氏正传，其学加亲切焉。大抵以格物致知为先，明善诚身为要，凡《诗》、《书》、六艺之文，与夫孔、孟之遗言，颠错于秦火，支离于汉儒，幽沉于魏、晋、六朝者，至是皆焕然而大明，秩然而各得其所。此宋儒之学所以度越诸子，而上接孟氏者欤。其于世代之污隆，气化之荣悴，有所关系也甚大。道学盛于宋，宋弗究于用，甚至有厉禁焉。后之时君世主，欲复天德王道之治，必来此取法矣。"（脱脱等：《宋史》，卷四百二十七，《道学一》，第 12709—12710 页）可见，《道学传》所确定的北宋之前的道统谱系完全根据朱子《伊洛渊源录》而定，另外《道学传》又将朱子本人列入到了道统谱系之中，这样周、程、张、朱或濂洛关闽的理学道统谱系正式确立。周、程、张、朱这一理学的道统谱系基本上得到了明代理学家的普遍认可。蕺山关于明代之前道统传承的观点，除了也认可"周、程、张、朱"这一理学的道统谱系之外；与朱子或者《道学传》不同的是，他还认为在宋代之前，还有贾谊、董仲舒、隋代王通，唐代韩愈等人也得到了道统之传。

《大学》所谓的"正心诚意"之学。①

蕺山在 57 岁之时所作的《圣学宗要》一书是蕺山关于理学道统论的专门著述，在《圣学宗要》之中，蕺山将阳明置于周子、横渠、明道、朱子之后，无疑认定在自己生活的明代，王阳明接续了自周、张、程、朱之后的圣学的学脉。②

但是需要指出，虽然蕺山认为阳明承接了自宋以来的道统，阳明之学是圣学，但是他又认为阳明之学并不是完满无缺的，蕺山说："然则阳明之学，谓其失之粗且浅、不见道则有之，未可病其为禅也。"③ 在蕺山看来，阳明之学虽然总体上是圣学，但是还不是十分完善，仍有"粗且浅"的弊病，所以需要做进一步的补救和修正，这样才能更好地体现其"正学"品格。蕺山一生为学，尤其是中期以后为学，做的就是这样一个进一步补救和修正阳明之学的工作。

总之，蕺山为解决时代危机所开出的药方是寻求正学，他一生寻求正学的历程同时也是一个寻求对阳明之学进行补救，克服阳明之学弊病的历程。

---

① 蕺山认为"圣学"便是《大学》之"正心诚意"之学。蕺山在打算上给崇祯皇帝的《圣明图治方殷草莽忧时转切敢再披愚悃以资匡济疏》中有云："臣闻宋臣朱熹告其君，必以诚意正心之说，即上所厌闻而不顾。臣万非是人，特以熟念今日救世之权舆，端有必出于此者，故复本三札未尽之旨，而痛言之。若曰：'犹是剿说耳，不诚孰甚！'则臣亦何所逃罪？惟陛下俯垂察焉。"（刘宗周：《圣明图治方殷草莽忧时转切敢再披愚悃以资匡济疏》，《刘宗周全集》第三册，第 165 页）在《复朱平涵相公》中，又云："先正有言曰：'正心诚意，平生所学惟此四字。'此万世相天下之善物也。""夫正心诚意，大学也；伊、周，大业也；尧、舜其君，大任也。"（刘宗周：《复朱平涵相公》，《刘宗周全集》第三册，第 415—416 页）

② 参见刘宗周《圣学宗要》，《刘宗周全集》第二册，第 229—260 页。又《圣学宗要》"引"曰："孔孟既没千余年，有宋诸大儒起而承之，使孔、孟之道焕然复明于世，厥功伟焉。又三百余年而得阳明子，其杰然者也。夫周子，其再生之仲尼乎！明道不让颜子，横渠、紫阳亦曾、思之亚，而阳明见力直追孟子。自有天地以来，前有五子，后有五子，斯道可为不孤。"（刘宗周：《圣学宗要》，《刘宗周全集》第二册，第 228 页）此处，蕺山将阳明与周、程、张、朱并提，合称为"五子"，实际上是将阳明认定为是周、程、张、朱之后的道统传承者。

③ 刘宗周：《答韩参夫》，《刘宗周全集》第三册，第 359 页。

二 蕺山对阳明之学的补救

阳明开宗立派,发扬心学,立即在当时的思想界中掀起了很大的波澜。阳明去世之后,其弟子们通过讲学活动大力宣传,阳明学得到了急剧的扩散,在明中叶之后一直到明代灭亡这段时间,阳明学盛极一时。但是另外,阳明去世后不久,阳明学在流传过程之中很快便出现了一些严重的流弊。对此,阳明高足钱德洪说:"四方学者徒喜领悟之易,而未究其躬践之实,或有离伦彝日用、乐悬虚妙顿以为得者。"① 又云:"学者稍见本体,即好为径超顿悟之说,无复有省身克己之功。谓'一见本体,超圣可以跂足',视师门诚意格物、为善去恶之旨,皆相鄙以为第二义。简略事为,言行无顾,甚者荡灭礼教,犹自以为得圣门之最上乘。噫!亦已过矣。自便径约,而不知已沦入佛氏寂灭之教,莫之觉也。"② 钱德洪指出,四方学者往往以争相妙悟为高,而于省身克己的切实工夫则有所忽略,这种学问已经偏离了阳明的宗旨,而陷入了释氏的教法。

对于阳明学演化之中出现的流弊,蕺山有清晰的认识,在《证学杂解》中,蕺山有云:

> ……嗣后辨说日繁,支离转甚,浸流而为词章训诂,于是阳明子起而救之以"良知"。一时唤醒沉迷,如长夜之旦,则吾道之又一觉也。今天下争言良知矣,及其弊也,猖狂者参之以情识,而一是皆良;超洁者荡之以玄虚,而夷良于贼,亦用知者之过也。……又借以通佛氏之玄觉,使阳明之旨复晦,又何怪其说愈详而言愈厖,卒无以救词章训诂之锢习而反之正乎?③

---

① 见王阳明《大学问》钱德洪案语。王守仁:《王阳明全集》,第1065页。
② 见王阳明《大学问》文后钱德洪跋语。王守仁:《王阳明全集》,第1072页。
③ 刘宗周:《证学杂解》,《刘宗周全集》第二册,第278页。

在这段文字中，蕺山首先指出阳明的良知之学是"吾道一觉"，因此阳明之学无疑是圣学，但是阳明的后学在传衍阳明之学的过程之中，逐渐背离了阳明之宗旨，遂生出种种流弊，其核心表现便是"情识而肆""玄虚而荡"。与钱德洪一样，蕺山同样认为这些流弊有使学术陷入释氏之境地，令"阳明之旨复晦"。

关于这些流弊的产生的原因，牟宗三先生在《从陆象山到刘蕺山》一书之中进行了分析。在牟先生看来，阳明学的流弊是由于阳明之后的学者不善会阳明之学的宗旨所致，是在这个学问的落实上出了偏差，而阳明学自己的理论本身则是没有缺陷的。即阳明学只有"人病"，而没有"法病"。① 牟先生的这一观点对后来学界对阳明之学乃至阳明后学的研究影响很大。对于这个观点，笔者是不能够同意的。假设阳明之学没有法病，那就意味着这套学问已经尽美尽善了，任何人包括刘蕺山对阳明之学的批评都是错误的。而在笔者看来，除因阳明后学不善会阳明之学的宗旨而在理论和实践上发生对阳明之学的偏离所导致的"人病"之外，阳明之学的理论本身乃是有"法病"的。结合刘蕺山对于阳明之学的批判，我们可以看到，阳明之学的法病主要体现在两个方面：一是"致良知"工夫阻断不了恶念的生发机制，解决不了恶念生起的问题，于是工夫便落入后着；二是缺乏勘验的工夫，无法建立一个可以检验工夫效验的具体操作标准。这两个法病，尤其是第二个，对于后来在阳明后学那里出现的流弊要负有很大的责任，正如刘蕺山所说的，"新建之流弊，亦新建之择焉而不精，语焉而不详有以启之也"②。

对于阳明之学存在的第一个法病，即阳明之学阻断不了恶念的生发机制，解决不了恶念生起，而导致"落后一着"的问题，笔者在上一章中已经进行了详细讨论，这里仍需要进一步说明的是，此

---

① 牟宗三：《从陆象山到刘蕺山》，第 211 页。
② 黄宗羲：《子刘子行状》，《刘宗周全集》第六册，第 43 页。又见《黄宗羲全集》第一册，第 232 页。

法病的理论根源在于阳明对心体内容设定的粗疏。前文曾指出，蕺山对阳明之学的评价为"粗且浅"，这一评语用在评价阳明之学对心体内容的设定上，便十分合适。所谓粗处，乃是名相认识不精致，区分不细腻。对照蕺山自己对心体内容的建构，我们很容易可以看出阳明的三点粗处来：第一，与蕺山对知的论述相比，阳明对知的内在结构的划分不够精细，上一章笔者已经对这一问题进行了分析。蕺山将"良知"或"知"划分为三个层次，分别为第一义的"本体之知"，第二义的"知爱知敬"之"知"，第三义的"知善知恶"之"知"。而阳明之论知，则只有"本体之知"和"知善知恶"之"知"这两个维度，对于"知爱知敬"层面的"知"则有所忽视。第二，相比于蕺山，阳明对"意""念"的分析不够精细。在蕺山之学中，"意"属未发，"念"属已发，两者在意识结构之中分属不同的存在层次，故有明确的分别。而在阳明之学中，"意""念"基本上是同义词，阳明并未明确将二者作出区分。第三，蕺山论未发、已发，既有从体用层面，即未发为体，已发为用的层面来进行的论述，又有从时间先后层面，即未发之时和已发之时的层面来进行的论述。而阳明论未发、已发则完全从体用的层面上进行论述，在对心体的论述方面，并未设定一个未发之时。这样在阳明这里，所有的活动都属于已发的领域。笔者在前文中指出，对于某项特定的外物感应心体来说，人的心体确实是存在一个良知尚未发动的未发之时的，对此经验事实，阳明实有所忽略。在以上三点之中，第三点又与第二点密切相关，正因为阳明不区分未发之时与已发之时，所以意与念也没有办法在存在时段上进行区分，而都只能归于已发之时的意识现象，这样造成了意、念无法从意识结构的不同层次上进行区分，而致使二者漫混在一起。以上三点，便是阳明之学的"粗"处。由于阳明并未设定一个"未发之时"，所以导致其工夫全从已发处着力，于是良知只能在念头生起之时才能发挥照察作用，而不能从本源处阻断恶念的生发机制。可见，正是阳明对心体意识内容设定的"粗"，才导致其工夫操作上陷入了"浅"的地步。

前文已经论及，蕺山自己对阳明之学的这一法病给出的解决方案乃是"知藏于意"或者"收知归意"。从理论建构上，"知藏于意"的实现有两个步骤，首先，蕺山在对心体的意识内容的分析中，设定了未发之时与已发之时这两个阶段，并且将意与念分别归属于这两个阶段，实现了对意、念内涵的区分。其次，蕺山将已发层面的良知收归到未发之时的意根之中，这样通过未发之时的"内自讼"工夫能够纯化良知的机能，进而消除恶念萌发的根源。由此，蕺山得以建立起一种从本源上阻断恶念生发机制的工夫方法，从而克服了阳明之学"落后一着"的弊病。

另外，阳明之学还有一大法病，即其缺乏一个可以检验工夫效验的具体而有效的标准，这一法病亦与阳明学的流衍相始终。王龙溪是阳明之高足，一开始他对心学之信诸心，而无须倚靠于外物的气象很受鼓舞。他说：

> 圣贤之学，惟自信得及，是是非非不从外来。故自信而是，断然必行，虽遁世不见是而无闷。自信而非，断然必不行，虽行一不义，杀一不辜，而得天下不为。如此方是毋自欺，方谓之王道，何等易简直截！后世学者，不能自信，未免依靠于外。①

在王龙溪看来，圣贤之学，只是信诸自己的良知本心，然后依良知本心而发出行为即可，不需要顾忌外人的议论和评价；这种学问是何等的简易直截！其实这层意思王阳明便曾经表达过。《传习录》有条语录记载阳明的几个学生议论阳明为什么在平定宸濠之乱之后会遭到更多的谤议，阳明有谓："我在南都已前，尚有些子乡愿的意思在。我今信得这良知真是真非，信手行去，更不着些覆藏。我今才

---

① 黄宗羲：《明儒学案》，《黄宗羲全集》第十三册，第259页。又见王畿《王畿集》，吴震编校，凤凰出版社2007年版，第82页。

做得个狂者的胸次。使天下之人都说我行不掩言也罢。"① 即在阳明看来，良知本心乃是人之道德行为的唯一标准，人只管依着良知本心去行动就行了，不必顾及世人之是非、毁誉。龙溪的如上主张明显继承自阳明。

然而，王龙溪到了晚年，对信诸良知的工夫能否可以在经验生活之中得以真正落实，产生了怀疑。他说：

> 平生心热，牵于多情，少避形迹，致来多口之憎。自信以为天下非之而不顾，若无所动于中。自今思之，君子独立不惧与小人之无忌惮，所争只毫发间。察诸一念，其机甚微。凡横逆拂乱之来，莫非自反，以求增益之地，未可概以人言为尽非也。②

以上这段话是龙溪晚年在家中发生一次大火之后，对自己一生之所为做的一个反省。"君子独立不惧，与小人之无忌惮，所争只毫发间"，秉持良知，独立而行其实与小人无忌惮之肆情径行之间的差别只在毫发之间。对于这点毫发之间的分寸的掌握，龙溪自己也变得不怎么自信了。在他看来，人在做道德修养工夫的过程中还是不免需要一些"倚靠于外"的东西作为衡量自己道德修养功效的标准的。"王老师修行无力，被鬼神觑破，以致于此"③，他认为火灾或许是上天对他修己无力的一种警示。王龙溪乃是阳明之亲炙弟子，是阳明门人之翘楚，连他都不能有十足的把握去确定所信之心究竟是不是良知本心，认为道德工夫还需要良知之外的条件加以勘验，可见阳明之学其实并没有能够建立起一个可以验证"致良知"工夫成色的有效的客观标准。从教法上说，与朱子学相比，阳明之学颇为简易，便是"发明本心""致良知于事事物物"，一二语便可讲明，因此章炳麟（太炎，1869—

---

① 王守仁：《传习录》，《王阳明全集》，第 132 页。
② 王畿：《王畿集》，第 425 页。
③ 王畿：《王畿集》，第 425 页。

1936）即指出"王守仁之立义,至单也"①。心学的先驱象山之学也是这样,《象山语录》有云:"吾之学问与诸处异者,只是在我全无杜撰,虽千言万语,只是觉得他底在我不曾添一些。近有议吾者云:'除了"先立乎其大者"一句,全无伎俩。'吾闻之曰:'诚然。'"②时人便发现,象山之教法,只归结为"先立乎其大"一句,而象山本人亦不否认。除了"发明本心"的立言宗旨之外,象山、阳明并没有建立起一个验证工夫成色的有效的外在的、客观的标准和依照这个标准而方便持循的具体的工夫指南。

对于心学一派的儒者来说,如果缺失了一个可以验证工夫成色的有效的外在标准,那么如何确定所信之心是良知本心还是私欲习心,便确实成为一个困扰他们终生的难题。这一难题也是在阳明之后,阳明学发展演化之中始终要面对但是亦始终不能得到有效解决的症结性问题。

正因为没有一个验证工夫成色的有效的客观标准,心学工夫便缺少入手处,即在人之作工夫的具体情境之中,很难找到可以凭借的阶梯,令人容易生出茫然无措之感。有学者从象山问学,感慨"每闻先生之言,茫然不知所入"③,又言"无个下手处"④,罗洪先(念庵,1504—1564)讲述他学阳明学的经历云:"往年见谈学者,皆曰'知善知恶即是良知。依此行之,即是致知'。予尝从此用力,竟无所入,久而后悔之。"⑤ 不仅是古人,现代的理学研究者在讨论陆王心学时也认为"陆学门径往往有含混处,如究竟如何发明本心,学者常患没有下手处"⑥。我们发现,对于心学一系来说,往往存在这样一个情况,

---

① 章炳麟撰,徐复注:《訄书详注》,上海古籍出版社2000年版,第110页。
② 陆九渊:《语录》,《陆九渊集》,第400页。
③ 陆九渊:《语录》,《陆九渊集》,第439页。
④ 陆九渊:《语录》,《陆九渊集》,第440页。
⑤ 黄宗羲:《明儒学案》,《黄宗羲全集》第十四册,第447页。
⑥ 陈来:《有无之境:王阳明哲学的精神》,生活·读书·新知三联书店2009年版,第458页。牟宗三先生在《从陆象山到刘蕺山》一书之中也提道:"良知心体圆而神,譬如一露水珠,真难把握。"(牟宗三:《从陆象山到刘蕺山》,第207页)

即一方面义理很简单，但是另一方面工夫又很艰难；或者说正是因为义理太单薄，所以工夫才难做。心学的"发明本心"的主张只是给定了人在做工夫之时的一个大致的方向，并没有提供出具体的指南和步骤，即在人的工夫操练之中，并没有提供一个阶梯，可供人一步一步地持循，故心学之工夫不免令人有孤峭之感，如壁立千仞，无阶梯可登。阳明说："某于'良知'之说，从百死千难之中得来，非是容易见得到此。"① 阳明天挺人豪，对于良知之悟，都要经过百死千难，何况资质不及阳明者呢？可见，心学的工夫是很不容易做的。

从另一种角度来看，阳明"发明本心""致良知于事事物物"的工夫实际上是将人心之中所本具的形上之天理去落实、下贯、发用在人的应事接物，即人的形下之经验生活之中，是将形上与形下打合为一的过程。然而在经验生活之中，由于缺失有效的外在的标准，人们只靠自己对良知的体认其实并不容易判定当下的行为是否实现了形上与形下的打合。没有有效的客观化的标准去贞定良知，会导致良知太过活泛，就像罗汝芳（近溪，1515—1588）所讲的"解缆放船，顺风张棹"②，所谓运用之妙，在乎一心；运用得好，立登圣域，运用不好，则立入邪辟。亦正如王龙溪所言的"君子独立不惧，与小人之无忌惮，所争在毫发之间"。没有一定的轨辙去范导、贞定，人心便会很容易走作，并且在不自觉中便会走作，此时形上与形下便不能够打合在一起，极易出现形上与形下的分离，遂导致了蕺山所说的"玄虚而荡"和"情识而肆"这两种弊病。

现代学者比如牟宗三、唐君毅、黄敏浩、胡元玲等先生一般认为蕺山"玄虚而荡"的批评指向的是龙溪一系的学者，"情识而肆"的批评指向的是泰州一系的学者。③ 但笔者认为似乎没有必要做如此

---

① 钱德洪：《刻文录叙说》，王守仁：《王阳明全集》，第 1747 页。
② 黄宗羲：《明儒学案》，《黄宗羲全集》第十五册，第 837 页。
③ 参见牟宗三《从陆象山到刘蕺山》，第 211 页；唐君毅《中国哲学原论·原教篇》，第 306 页；黄敏浩《刘宗周及其慎独哲学》，第 102—103 页；胡元玲《刘宗周慎独之学阐微》，第 283、294 页。

之区分，其实"玄虚而荡"与"情识而肆"二者是密切关联的。这在蕺山对当时陶奭龄（石梁，1571—1640）一派的学者的批判之中可以明显地看出来。蕺山在评价陶奭龄一派之学时说：

> 平日所讲专要无善，至此又说为善，终落在功利一路。①

> 诸君子平日竖义，本是上上义，要识认求良知下落，绝不喜迁改边事。一旦下梢头，则取袁了凡之言以为津梁，浸入因果边去。一上一下之间，如以为打合得一，则是道差也，以为打合不得一，则是教差也。二者宜何居焉？②

> 学人居恒谈说理道，必竖第一义，至无善可为，才涉祸福因果，益指以为外道不足信，虽吉凶同患，语载《大易》，不信也。及徐考其生平，有愚夫愚妇所不为者矣。究其病，正坐举话太高，如以贫子说黄白，总无实际，徒滋邪妄。③

陶奭龄是泰州学派罗近溪传人陶望龄（石篑，1562—1609）的弟弟，学术宗旨上同于乃兄，是泰州学派的传人。除了受泰州影响之外，这一派的学者还受到了王龙溪之学的影响，他们继承了王龙溪"四无"④的说法，把本体讲得十分高妙，甚至认为"善恶"都不足以形容本体，而倡导"无善无恶"之论。蕺山认为，陶奭龄一派以"无善无恶"讲论本体，将本体说得高妙不可方物，是一种玄虚的表现。在蕺山看来，将本体说各越玄越虚，则本体就越难以落实到工

---

① 刘宗周：《与履思九》，《刘宗周全集》第三册，第319页。
② 刘宗周：《与履思十》，《刘宗周全集》第三册，第320页。
③ 刘宗周：《初本证人小谱序》，《刘宗周全集》第四册，第23页。
④ 王龙溪在《天泉证道纪》中云："若悟得心是无善无恶之心，意即是无善无恶之意，知即是无善无恶之知，物即是无善无恶之物。"（王畿：《天泉证道纪》，《王畿集》，第1页）此便是"四无"。

夫之中；形上之天理也就被播弄成了高耸云端的缥缈光景，而隔绝于具体的形下经验事物之中。这样在陶奭龄一派的学者这里，本体与工夫或者形上与形下并不能打合在一起，而断裂为两橛。在蕺山看来，陶奭龄一派对本体的言说，就像一个从没见过金银的人去描摹金银是什么样子的一样，"总无实际"，即只能沦为虚谈，此之谓"玄虚而荡"。同时，本体无法落实到工夫之中，形上天理与形下事物隔绝，也便意味人的工夫也缺乏了天理的范导和贞定，而亦必陷入"功利一路"中，从而导致"情识而肆"。可见，"玄虚而荡"最终必归于"情识而肆"。

"玄虚而荡""情识而肆"之流弊并不是阳明之本意，在阳明自己那里，并未出现如此之情况。但是这种流弊的发生与阳明之学本身确实有直接的关联，正是由于阳明之学本身缺乏一套检验工夫成色的有效的客观标准，使得工夫比较难以把捉，于是后来学者便无规矩可学，以至于摆去拘束，在本体上陷入玄谈，在工夫上陷入纵欲。[①] 于是蕺山便意识到，要阻断"玄虚而荡""情识而肆"这两种流弊的发生，需要回溯至克服阳明之学的第二个法病上面，蕺山对治阳明之学的这一法病的根本方法便是上一章笔者详细论说过的蕺山工夫论的重要方法——勘验。

笔者在上一章已经指出，勘验是蕺山工夫论的重要方法，一个完整的勘验活动，包含勘验情境、勘验指标和勘验准则等三个基本要素。勘验活动的运作机制是，当人在面临具体的勘验情境之时，会当机表现为一系列的行动，这便是勘验指标，然后人再用相应的勘验准则去对照，如果勘验准则与勘验指标一致，则表明人的工夫得力，如果不一致，则说明工夫还有欠缺，则需继续用工夫，直到勘验指标符合勘验准则为止。

[①] 何俊先生也说："王阳明思想重在良知本体的自觉，致良知工夫却显得疏略，使得后来学者无规矩可学，以至于摆去拘束，流于纵恣。"（何俊：《西学与晚明思想的裂变》，上海人民出版社 1998 年版，第 48 页）

需要注意，对于蕺山来说，勘验准则的来源虽然是形上天理，但是其并不径直便是天理，而是天理下落到纷繁复杂的经验活动中所表现出的种种情境化的具体规则。这些具体规则又以各种情境化的范例所构成的范例体系的形式得以体现。

我们其实亦可以将阳明的致良知工夫还原为一种勘验活动，阳明其实是将心体在应物之时所表现出的"自慊（谦）"这种心理或者情感感受当作勘验准则。对于阳明来说，当心体感应事物，发出行动之后，如果人内心觉得可以自慊，则表明所行乃是符合于天理良知的，相反如果人内心觉得并不能自慊而有愧怍之感，则表明所行是不符合天理良知的。除了自慊的心理感受之外，阳明并没有发展出一套外在的或者客观的有效的勘验准则。这样造成的结果是，一方面，"自慊"这样的心理感受非常隐微，它并不是一个比较明确的，可供操作的勘验准则。此外如果人的良知或者心体处于被蒙蔽的状态，心体的感受机能本身便会受损，乃至失灵，那么人有时候在做一些不合乎天理的事情之时，并不会有愧怍的心理感受，反而表现为自慊，这种情况下的勘验其实是缺乏效力的。另一方面，人们对日用常行是否符合天理而所做的判断都必须只能去诉诸心体自身的心理感受，每件事情都要须心体直接去照面，这样会耗费巨大的心理能量，如是则心体、良知何其劳累也！

蕺山当然也并不排斥可以将勘验的准则诉诸心体应物之时所表现出的诸如"自慊"一类的道德情感上面，但是他认为仅凭这个是不够的，他更是将无声无臭的天理在《人谱》中列出的从微过到显过的不同层次的数以百计的现实情境落实后形成的具体范例作为勘验的准则（《人谱》中所列的各种过错，大多是反面性的范例，正面的范例是不能做这些过错），这样活泛的良知和心体，就得到了这些具体范例的贞定，人们日用常行是不是符合良知，形上之天理是否与形下之事物打合在了一起，只要通过人将自己的行为与《人谱》中所列的这些范例对照一下，就可以轻易判断出来。这样对于蕺山来说，在人日用工夫的大多数情境之下，人们就并不需要直接诉诸心体的内在感受和道德直觉去判定所作所为是否符合天理。另外，正由于蕺山从七情、九容、五伦等人在世上生活的各种情景中，都设置了相应的种种范例化的勘验准则，工夫才具有了可以持循的一步步的阶梯，而不至于显得孤峭，于是工夫也就有了入手处和把捉处，人只要对照各种层级的范例化的勘验准则做改过的工夫就可以了。这样工夫反复进行，直至完全克治掉过错为止，渐渐便可以实现"下学上达"，优入圣域。

综上所述，蕺山对阳明学的补救体现在两个方面。第一，蕺山通过对意、念、思等心理现象和意识内容的含义的重新厘定和对未发已发这一基本的心性论架构内涵的重新设定，建构起一种比阳明更精密的本体论体系，在此基础上发展出一套严格的"内自讼"工夫，克服了阳明之学在对心体内容论述中出现的"粗且浅"的弊病，解决了阳明之学中存在的不能阻断恶念生发机制而导致"落后一着"的困境。第二，蕺山建立了以《人谱》为中心的勘验系统，设立了各种层级的范例化的明确的勘验准则，为改过迁善的日用工夫提供了可以持循的阶梯，补救了阳明工夫论粗疏、缺乏可操作性的弊端。

第二节　蕺山理学的思想史定位

关于蕺山理学的思想史定位，学者们有不同的看法。蕺山的两位门人张履祥、吴蕃昌认为其师之学属于朱子学一系。笔者不同意这种观点，笔者认为蕺山之学当属于阳明心学一系，这从蕺山对朱子、阳明的评价中即可以看出。蕺山一生之中，尤其是在其思想的中期阶段之后对朱子之学与阳明之学的评价，有两套标准。其一是以工夫是否能做到笃实和"下学而上达"为标准，其二是以是否坚持"心即理"的心性论设定为标准。在前一个标准下，蕺山称赞朱子学，批评阳明学；在后一个标准下，蕺山批评朱子学，肯定阳明学。由于第二个标准，即是否坚持"心即理"的心性论设定，与理学家之理论类型有本质相干，因此坚持"心即理"还是"心理为二"就直接决定了理学家的学术底色；而工夫之笃实与否并不与理学之学术类型有本质相干，心学家亦可以做到工夫笃实。由于蕺山认同"心即理"这一心学的基本心性论设定，所以蕺山之学属于心学一系。

笔者认同劳思光先生的观点，认为蕺山之学不仅属于心学一系，而且是心学一系发展的极致或者彻底形态。在笔者看来，在性体、心体、工夫这三个层面上，蕺山都将明代由阳明所正式开启的心学思潮推向极致。从明代理学的发展历程来看，刘蕺山对明代以来所兴起的气一元论思潮与心学思潮都有所继承，并且皆能推至其极。同时蕺山在推致这两个思潮的同时，亦真正实现了对这两个思潮的汇合，蕺山之学可谓是明代理学的集大成者。

一　从蕺山对朱子、阳明的评价看蕺山理学的心学底色

欲对蕺山理学思想进行思想史或者学术史的定位，绕不开这样一个问题：即蕺山之学与朱子之学、阳明之学这两大理学类型的关系是什么。这里先来看蕺山的两位弟子张履祥、吴蕃昌分别对蕺山之学所做的评价。张履祥说：

> 夫先生所示为学之方，居敬穷理之目也，所示用力之切，慎独之旨也。盖世之学者，务外好夸，腾口无实，袭"良知"之诡辨，以文其弃义嗜利之奸，其归至于决名教而鲜廉耻。先生病之，而以生于越乡，浸淫之敝已久，非可旦夕以口舌救，又不欲显为异同，启聚讼之端。故与学者语，但举程、朱之教，使之主敬以闲其邪，穷理以求其是。且谨凛于幽独，辨析于几微，严之义利之界，别之暗然、的然之趋。有志之士，苟能于此有得，自于彼有弃，而不蹈近代邪波之习，以贻天下来世之忧。此及门之友所共闻也。[①]

[①] 张履祥：《寄赠叶静远序》，《杨园先生全集》，第484页。

蕺山另外一个学生吴蕃昌评价乃师之学云：

> 先生默以识之，问学不倦，躬行心得者四十年。始有事于朱子之学，继有契乎阳明之学，既有疑乎阳明之学，终有合于朱子之学，而端慎独之旨以著其功，终归于诚而合体于天，而尧、舜、孔、孟之道复大著于天下矣。夫朱子亦尝诠独而不专言独者也，然其所谓居敬若以凛其独，穷理若以充其独，读书尚论处事者所以通其独，无往而不涵养省察者，无往而不慎其独也。先生专言独，而合主敬之功。若曰即慎以为功，合格致之事。若曰即慎以为事也。苟体吾独，而读书无往不洽；苟体吾独，而尚论处事无往不达；苟体吾独，而涵养省察无往不得其本而易为功。盖朱子分言之，而先生合言之。朱子博言之，而先生约言之，亦犹朱子之志也。至于先生恒德大业之奉朱子，典礼制度之遵朱子，临难梦寐之遇朱子，是亦朱子而已矣。①

张履祥认为蕺山之学，继承了程朱一系"居敬穷理"的为学路数，其为学之归旨是站在程朱之学的立场上对于阳明学的纠弊。吴蕃昌认为蕺山一生为学，经历了三个阶段，即蕺山早期是"有事于朱子之学"，中期开始转向了阳明学，但是晚年又对阳明学产生了怀疑，复又归本于朱子学。吴蕃昌认为，虽然蕺山之学与朱子之学在所使用的名相和学问的表述方式上并不尽相同，比如在名相上，蕺山对"独"的诠释不同于朱子，在学问的表达方式上，朱子"分言之"，而蕺山往往"合言之"，但是吴蕃昌又认为二人在学问宗旨上是同一的，他认为朱子的"居敬""穷理"都可以归并到蕺山的"慎独"之中。所以他说蕺山"是亦朱子而已"。我们看到，作为蕺山的弟子，张履祥与吴蕃昌认为蕺山之学属于朱子学一系。

---

① 吴蕃昌：《祇欠庵集》，第10—11页。

然而蕺山果真像他们两个人说的，是朱子学一系的学者吗？笔者认为并非如此。在前文中，笔者已经指出，朱子之后，以至明代，理学主要分为两种类型，一为朱子学，一为阳明学。二者之不同，反映在本体论上，便是"性即理"和"心即理"的不同。又由于本体论的类型决定了工夫论的类型，朱子学与阳明学在工夫论上也遂表现出不同的类型，照牟宗三先生的说法，相应则一为"顺取型"，一为"逆觉型"。① 万历四十二年，蕺山 37 岁之时，撰写《心论》，开始认为心乃是万化之源泉，即是阳明所说的"万化根源总在心""此是乾坤万有基"。② 并且在是年，蕺山"悟天下无心外之理，无心外之学"③。"心即理"或者"心外无理"乃是阳明学的核心命题，④ 蕺山能够认

---

① 关于牟宗三先生论理学工夫的"逆觉"形态与"顺取"形态，可参见牟宗三《心体与性体》（三），《牟宗三先生全集》第七册，第 214 页；亦可参见牟宗三《从陆象山到刘蕺山》，第 377 页。

② 语出王阳明《咏良知四首示诸生》之三与之四。《咏良知四首示诸生》之三云："人人自有定盘针，万化根源总在心。却笑从前颠倒见，枝枝叶叶外头寻。"《咏良知四首示诸生》之四云："无声无臭独知时，此是乾坤万有基。抛却自家无尽藏，沿门持钵效贫儿。"见王守仁《咏良知四首示诸生》，《王阳明全集》，第 870 页。

③ 刘汋：《蕺山刘子年谱》，《刘宗周全集》第六册，第 69 页。

④ 正德三年，阳明在龙场悟道，《年谱》正德三年条目下有云："因念：'圣人处此，更有何道？'忽中夜大悟格物致知之旨，寤寐中若有人语之者，不觉呼跃，从者皆惊。始知圣人之道，吾性自足，向之求理于事物者误也。"（钱德洪：《年谱》，《王阳明全集》，第 1354 页）可见，阳明这次悟道的一个重要的内容便是认识到"吾性自足"，不需要向外求理，也就是认识到"心即理""心外无理"。"心即理"是阳明之学本体（心体）论的最根本的规定，也是致良知工夫论的基础，同时也是同朱子学的本质差异之所在，决定了阳明学与朱子学的理论类型的不同。在《传习录》中，阳明对"心即理"这一理论创见反复陈说，比如阳明曰："心即理也。天下又有心外之事，心外之理乎？"（王守仁：《传习录》，《王阳明全集》，第 2 页）又云："心即理也。此心无私欲之蔽，即是天理，不须外面添一分。"（王守仁：《传习录》，《王阳明全集》，第 3 页）《答顾东桥书》云："夫物理不外于吾心，外吾心而求物理，无物理矣；遗物理而求吾心，吾心又何物邪？心之体，性也，性即理也。故有孝亲之心，即有孝之理，无孝亲之心，即无孝之理矣。有忠君之心，即有忠之理，无忠君之心，即无忠之理矣。理岂外于吾心邪？晦庵谓：'人之所以为学者，心与理而已。心虽主乎一身，而实管乎天下之理，理虽散在万事，而实不外乎一人之心。'是其一分一合之间，而未免已启学者心理为二之弊。此后世所以有'专求本心，遂遗物理'之患，正由不知心即理耳。"（王守仁：《答顾东桥书》，《传习录》，《王阳明全集》，第 48 页）又云："心即理也。学者，学此心也；求者，求此心也。"（王守仁：《传习录》，《王阳明全集》，第 58 页）

同，可见，蕺山在37岁之时，在学术思想上已经转向心学。

自37岁"甲寅悟心"，一直到68岁蕺山逝世，在此期间长达三十余年的时间中，蕺山之学问虽然经历了"三变"，但是蕺山对"心即理"这一心学根本原则的坚持终生未变。笔者在前文中已经提及，在蕺山思想的中期阶段之后，蕺山往往以"独体""意体"言"心体"，明确指出心体乃是形上即形下或者理气合一之物，这与朱子学将心与理二分，将心只看做是仅仅属于气，以及只是表现为一种气所本有的知觉能力的观点是迥然不同的。另外，从工夫论上说，在中年之后，刘蕺山以"慎独"或"诚意"为宗旨的工夫系统也是以"心即理"这一根本原则为基石的。丙子年之后，蕺山"慎独"所"慎"，"诚意"所"诚"的都是理气合一的人的内在的道德本体——心体；"慎独"之"慎"，"诚意"之"诚"，并不是人在心体之外去寻找一个把柄去"慎"，去"诚"心体，而是"独体"之"自慎"，"意体"之"自诚"，是清除心体在发用过程之中受到的障蔽，让心体之中所本具之天理自然流溢、朗现的过程。同阳明一样，蕺山之工夫也是"逆觉体证"类型的，与朱子学旨在通过心去执取外在天理的顺取类型的工夫并不属于同样的类型。可见，蕺山之学断然为心学无疑；并非像张履祥、吴蕃昌所说的蕺山之学属于朱子学一系。

我们发现，蕺山在其论著之中，对朱子之学多有赞扬，而对阳明之学的批评则比比皆是，这不能不让人有这样一种印象，即相比于阳明之学，蕺山之学更倾向于朱子学。确实，这一现象的存在模糊了人们对于蕺山之学的定位，但是我们若能做进一步的分析，还是不难发现蕺山之学的底色，仍是属于阳明学的。

实际上，蕺山在一生之中对阳明、朱子之学的种种评价其实有两条不同的线索，或者两套不同的标准。第一条线索或者评判标准是以工夫操作是否笃实，是否能做到"下学上达"而论，第二条线索或者评价标准便是涉及二人本体论的类型，即是否坚持"心即理"这一原则而论。按照前一条线索或标准，蕺山对朱子的工夫操作十分称赞，认为朱子工夫笃实，能够做到下学上达，而认为阳明之工夫在笃实方面不及朱子。在早年写给友人的信中，蕺山有言："然象山、阳明之学皆直信本心以证圣，不喜谈克己功夫，则更不用学、问、思、辨之事矣。其所言博学等语，乃为经传解释，非阳明本旨。要之，象山、阳明授受终是有上截无下截，其旨险痛绝人，与龙溪四无之说相似。"① 同样在早年所撰写的《论语学案》之中，他说："看来朱子较胜陆子。朱子学问笃实，晚年更彻，的是下学上达之矩，庶几中矣；陆子见地尽高，只无下稍，其言曰'予于践履未能纯一'，便是虚见，此其供状也。"② 此两处关于朱子、象山、阳明之学的评价之标准在于工夫是不是笃实的，是否能做到下学上达。蕺山认为朱子的工夫笃实，并且能够做到"下学上达"，而象山、阳明之学却"有上截无下截"，即工夫并不笃实，并不能做到"下学而上达"。同样，在中年之后，在认定工夫是否笃实上，蕺山对朱子、阳明之学的评价与前期并无不同，他在崇祯八年，即58岁之时所作的《五子连珠》有云："紫阳之学，切近精实，亦复展开充拓去。循累而进，居然孔子下学上达法门。"③ 此处仍称赞朱子之工夫笃实，能够做到"下学上达"。而在天启七年，即蕺山50岁之时，已经开始对阳明之学"信之不疑"，认为其"震霆启寐，烈耀破迷，自孔孟以来，未有若此之深切著明者也"的同时，仍然不忘指出阳明之学"特其急于明道，往往将向上一机轻于指点，启后学躐等之弊有之"④。蕺山所谓"向上一机轻于指点""躐等"，其实就是他在早年所指出的象山、阳明之有"有上截无下截"的毛病，即工夫践履不够笃实，不能做到"下学上达"。蕺山晚年对阳明学不遗余力的辨难，有多半也是指责阳明学的工夫失于粗疏而不够笃实。

然而从另外的一个线索或者标准，即从本体论上看，蕺山反而

---

① 刘宗周：《与陆以建二》，《刘宗周全集》第三册，第301页。
② 刘宗周：《论语学案》，《刘宗周全集》第一册，第423页。
③ 刘宗周：《五子连珠》，《刘宗周全集》第二册，第190页。
④ 刘汋：《蕺山刘子年谱》，《刘宗周全集》第六册，第85页。

是认同阳明学的"心即理"的立场的。并且在此立场上，他对朱子进行了毫不含糊的批判。在崇祯十年，蕺山有云：

> 宋儒自程门而后，杨、游之徒浸深禅趣，朱子岂能不惑其说？故其言曰："佛法煞有高妙处。"而第谓"可以治心不可以治天下国家"，遂辞而辟之。将吾道中静定虚无之说，一并归之禅门，惟恐一托足焉。因读《大学》而有得，谓："必于天下事物之理，件件格过，以几一旦豁然贯通之地，而后求之于诚正。"故一面有存心之说，一面有致知之说。又曰："非存心无以致知，而存心者又不可以不致知。"两事递相君臣，迄无一手握定把柄之势，既已失之支离矣。至于存心之中，又复分为两便，曰："静而存养，动而省察。"致知之中，又复岐为两途，曰："生而可知，义理耳。若夫礼乐名物，亦必待学而后有以验其是非之实。"安往而不支离？盖亦禅学有以误之也。①

批评朱子学支离是心学一系的理学家的共同观点，象山便讲"易简工夫终久大，支离事业竟浮沉"②，阳明、蕺山亦如此。"将吾道中静定虚无之说，一并归之禅门，惟恐一托足焉"，在蕺山看来，朱子为了避免使得自己的学问有陷入禅学的嫌疑，避讳谈本心，将本心所具备的静定虚无等特征都拱手让给了禅学，而倡言"心理为二"，主张向心外求理，这样导致在工夫中将存心与致知，涵养与省察歧分为二的状况。在《答王金如》之中，蕺山又批评朱子云："以故解经之际，或失之支离，举吾圣人之真者而归之禅，不敢一置喙；间有置喙者，即距之为禅，不复置辨。故虽以师友渊源，而罗、李不能骤得之晦翁；虽以一堂契晤，而鹅湖不能尽化其我见。"③ 蕺山感慨朱子虽然为

---

① 刘宗周：《与王右仲问答》，《刘宗周全集》第二册，第334页。
② 陆九渊：《鹅湖和教授兄韵》，《陆九渊集》，第301页。
③ 刘宗周：《答王金如》，《刘宗周全集》第三册，第345页。

罗从彦（豫章，1072—1135）、李侗（延平，1093—1163）道南一系的直系传人，但是终究没有领悟到道南一系"观喜怒哀乐未发气象"的精义，虽然陆象山在鹅湖与他反复辨难，但是朱子终未能改变他的观点。这里，蕺山完全是站在陆王一系的心学的立场上，对朱子"心理为二"的本体论述以及支离的工夫论进行批评。

在蕺山看来，朱子本想躲避禅学，"举吾圣人之真者而归之禅，不敢一置喙"，讳言人人本具的至善之本心，但是殊不知吊诡的是这样的做法恰恰反而使自己的学问陷入了禅学的窠臼。前文在讲蕺山对朱子未发已发论述批判的时候，笔者曾经指出，站在"心理为二"的立场上，朱子认为未发之时理尚未发动，此时人所涵养的只是作为知觉的心，此时人心中并无道德意识。在蕺山看来，由于朱子所认定的未发之时缺乏了道德思虑的照察和道德定向的贞定，这样朱子实际上便在日常的情境之中设定了一种无思无虑的不睹不闻的时刻，恰恰陷入朱子自己所反对的"言语道断、心行路绝"的禅学之窠臼。黄梨洲《明儒学案》"蕺山学案"案语云："后读先师《论学书》，有《答韩位》云：'古之有朱子，今之有忠宪先生，皆半杂禅门。'"[①] 这里，蕺山更是明确批评朱子陷入了禅学，说他是"半杂禅门"。

可见，从本体论层面评判朱子学，蕺山并不认可朱子"心理为二"的本体论设定，而指责朱子陷入了禅学。相反，他对阳明"心即理"的立论大为称赞。在崇祯十一年，写给王金如的信里面，蕺山有云：

> 又三百余年而阳明子出，始固尝求之二氏之说矣，久而无所得，始反而求之六经，特举前日所让弃于佛氏者而恢复之。

---

① 黄宗羲：《明儒学案》，《黄宗羲全集》第十七册，第1643页。这段话与《刘宗周全集》本文字有差异，《全集》本云："古之有慈湖，今之有忠宪先生，皆半杂禅门。"（刘宗周：《答韩参夫》，《刘宗周全集》第三册，第360页）笔者认为黄梨洲所引之语应该出自蕺山遗留文稿之底本，而刘伯绳等最初编辑蕺山文集的时候，对这段文字做了改动，易"朱子"为"慈湖"。

且周旋于宋儒之说，相与弥缝其隙，两收朱、陆，以求至是。良知之说，有功后学，斯文赖以一光。由今读其恢复之辞，如曰："佛氏本来面目，即吾圣人所谓良知。"又曰："工夫本体，大略相似，只佛氏有个自私自利之心，所以不同。"又曰："佛氏外人伦、遗物理，固不得谓之明心。"可谓良工苦心。吾意后之学圣人者，由阳明子而朱子，及于明道、濂溪，溯之孔、孟，如是而已矣。①

在崇祯十二年所作《重刻王阳明先生传习录序》中，蕺山又云：

良知之教，如日中天。昔人谓"天不生仲尼，万古如长夜"，然使三千年而后，不复生先生，又谁与取日虞渊、洗光咸池乎！盖人皆有是心也，天之所以与我者本如是。……孔、孟既殁，心学不传，浸淫而为佛、老、荀、杨之说，虽经程、朱诸大儒讲明救正，不遗余力，而其后复束于训诂，转入支离，往往析心与理而二之。求道愈难而去道愈远，圣学遂为绝德。于是先生特本程、朱之说而求之，以直接孔、孟之传，曰"致良知"，可谓良工苦心。自此人皆知吾之心即圣人之心、吾心之知即圣人之无不知，而作圣之功，初非有加于此心、此知之毫末也。则先生恢复本心之功，岂在孟子道性善后与？②

"特举前日所让弃于佛氏者而恢复之"，此语便是针对朱子，意为阳明又将朱子拱手让给禅学的本心又重新予以恢复，在蕺山看来，阳明发明本心，倡言"心即理"，直接接续了孔、孟之传；前文也曾提到，虽然蕺山认为阳明学可能会有粗且浅的毛病，但是却绝对不是禅学，而是圣学无疑。

---

① 刘宗周：《答王金如》，《刘宗周全集》第三册，第 345 页。
② 刘宗周：《重刻王阳明先生传习录序》，《刘宗周全集》第四册，第 29—30 页。

综上所述，我们发现，在蕺山一生的学思历程之中，尤其是在中年之后，他对朱子之学与阳明之学的评价始终存有两种标准，并且在各自的标准上对朱子之学、阳明之学的判断都是明确的、一贯的。在以工夫是否能做到笃实为标准，蕺山一直是称赞朱子，而批评阳明。但是以本体论类型是"心理为一"还是"心理为二"为标准，蕺山在"甲寅悟心"尤其是在50岁对阳明学"中信之"之后，就开始认同阳明学"心即理""心外无理"等对心体的根本规定，而与朱子学"心理为二"的心性论设定分道扬镳；而且，蕺山以是否坚持"心即理"这一规定为标准，赞扬阳明学为圣学，而批评朱子学沾染了禅学。可见，在前一个评价标准之下，蕺山"是朱非王"；而在后一个标准之下，蕺山"是王非朱"，那么蕺山到底是朱子学一系呢，还是阳明学一系呢，还是既不属于朱子学，也不属于阳明学，而自成一系呢？或者说，蕺山思想的底色究竟是什么呢？

实际上，对于第一个标准，即工夫操作上的笃实与否其实并不能判分理学家学问之类型，虽然如蕺山所言，象山、阳明等心学大师在工夫操作上有所欠缺，并不能做到笃实，但是并不意味着心学一派的理学家其工夫就一定不能做到笃实，"笃实"就一定是朱子学的专利。上一章所论蕺山自己所建立起来的以《人谱》为核心的工夫论体系，其细密程度并不亚于朱子，亦可以做到工夫上的笃实，实现"下学上达"，但是《人谱》的工夫论与朱子的工夫论在类型学上则具有本质的区别。笔者在上一章已经讲到，蕺山工夫论的宗旨是"立定未发做工夫"，未发工夫是根本工夫，对所有过错的克治最后一定归之于对微过的克治，其目的乃是去除心体的障蔽，让心体自然朗现、心中本具天理自然发用的过程，其本质仍是"逆觉型"的。而朱子的工夫则侧重于已发之时的穷理，主要是通过作为知觉能力的心去执取外在的义理的过程，是一种"顺取型"的工夫。

可见，判定理学家学问之底色的合适标准，还是应以本体论的类型与本体论所决定的工夫论的类型为标准。蕺山在判分阳明学与朱子学时，便是自觉的以此为标准。他虽然对阳明学种种不满，认为有种种的问题,并且对之"辨难不遗余力",但是在他看来,阳明学的这些问题只是枝节上的问题,并不是根本的问题。上一节所详论的蕺山对阳明学的两个方面的补救也是在枝节方面进行的,并没有改变"心即理"与"逆觉体证"这两大心学在本体论与工夫论的类型学上的本质规定。正是认同阳明"心即理"这一大的原则,所以蕺山尽管认为阳明学有各种"粗且浅"的弊病,但是却自始至终都不认为阳明是禅学;① 反而尽管蕺山多次称赞朱子工夫笃实,并不妨碍他批评朱子之学"半杂禅门"。这就表明了蕺山对朱子学与阳明学的真正的态度,那就是在本源方面是站在阳明这一边,在具体的枝节问题上,亦对朱子学有所肯定。于是,我们可以得出结论,即蕺山之学的底色是心学,其本体论的预设与阳明相同,都坚持"心即理"这一理学的基本设定,其工夫论的类型也与阳明相同,同为"逆觉体证"式的工夫,蕺山之学乃是属于心学一系。可见,我们不能以蕺山称颂朱子学工夫的笃实为据,就认为蕺山之学属于朱子学一脉。所以前面提到的张履祥与吴蕃昌对乃师之学的定位是值得商榷的。②

二 心学发展的极致形态:蕺山理学的思想史定位

上一节已经指出,蕺山之学的底色乃是心学,蕺山之学当属心学一系。那么,在心学内部,我们又该如何评价蕺山之学呢?劳思光先生说:"蕺山所立之系统,乃阳明一支思想中最后出亦最彻底之系统。"③ 又言:"从哲学史观点讲,阳明所代表之'心性论'模型

---

① 李振纲先生亦指出,蕺山"在晚年对阳明'辨难不遗余力',并不意味着价值背叛,而是出于捍卫阳明心学纯洁性的卫道责任感。"(李振纲:《证人之境:刘宗周哲学的宗旨》,第162页)

② 陈来先生亦认为虽然蕺山对朱子学多有肯定,但是"从理学史的意义来看仍属于心学系统"(陈来:《宋明理学》,第433页)。李振纲先生亦认为"蕺山虽力辟王学末流之失,但并未超出王学的总体精神,即以心性论为重心而挺立道德主体精神的运思方向"(李振纲:《证人之境:刘宗周哲学的宗旨》,第31页)。

③ 劳思光:《新编中国哲学史》(三下),第471页。

之哲学，至蕺山已发挥至极。"① 笔者认同劳思光先生对蕺山之学的这个评价，即蕺山理学是阳明心学一系思想发展的极致形态。②

作为明代心学的真正奠基者，王阳明并没有建立起一个义理细致、精微的心学体系。前文已经论及，一个完整的心学体系大体可以分为性体、心体、工夫这三个方面的论述。纵观阳明之学，我们发现阳明本人对这三个方面的讨论都比较粗疏：在《传习录》以及阳明其他著作之中，阳明对"理气"等涉及性体方面问题的探讨并不多；③ 阳明对心体以及与之相关的具体的工夫论问题的论述，亦显得比较粗糙，存在着后来蕺山所指出的"粗且浅"的问题。可以说，对于心学，阳明只是做了发其端绪的工作，阳明揭橥了"心即理""心外无物"等基本原则，只是为心学的发展奠定了基石和确定了基本的方向；在阳明那里，心学的义理架构并未完全铺展、推拓开来；还有待后学去进一步铺展、推拓的工作，即如黄梨洲所言的，还须做"推原阳明未尽之旨"④ 的工作。其实，整个阳明后学包括蕺山在内，都在做这一个"推原阳明未尽之旨"的工作。

相比于众多的阳明后学，蕺山差不多最为晚出，但是却最能将阳明心学的义理、工夫系统推拓到了彻底或者极致。此彻底或者极致仍旧可以从本体与工夫两个层面，或者性体、心体、工夫三个层面上来看出。

---

① 劳思光：《新编中国哲学史》（三下），第 470 页。
② 唐君毅先生有言："宋明儒之绾合工夫论，以言心性之义理之发展，乃整个表现一由外而内、由下而上，以言形而上之心体之趋向。而蕺山之言，则最能极其致。"（唐君毅：《中国哲学原论·原教篇》，第 328 页）这里，唐先生亦以"最能极其致"来言蕺山之学。只不过唐先生这里不仅认为蕺山之学是心学一系之极致，亦认为其是整个宋明理学之极致。笔者认为由于蕺山之学与朱子之学并不属于同一义理系统，难于比较，故难以说蕺山之学是整个宋明理学的极致，但可以说是心学一系的极致。
③ 虽然阳明对理气问题的讨论并不多，但是毕竟也有一些讨论，具体可参见［日］上田弘毅《明代哲学中的气—王守仁和左派王学》第一小节"王守仁的气"。收于［日］小野泽精一、福光永司、山井涌编《气的思想——中国自然观与人的观念的发展》，李庆译，第 420—433 页。
④ 黄宗羲：《明儒学案》，《黄宗羲全集》第十四册，第 353 页。

首先，让我们先看一下刘蕺山是如何从性体（包含道体）方面推拓心学的义理规模的。在第一章之中，我们已经提到，"心理为二"是朱子关于心性层面论述的一个基本预设，其背后的存在论根据乃是"理气二分"的设定。朱子将这一设定彻底贯彻在了其关于心性层面的各种论说之中。在朱子哲学中，性、心（情），义理、气质，天理、人欲等两相对待的概念皆与理、气有严格的对应关系：朱子既然认定理气截然为二，那么与之相应的性、心（情），义理、气质，天理、人欲等相对的概念则自然便截然为二了。

当阳明提出"心即理"即"心性合一"这一心学的基本设定之后，便与朱子心性（理）二分的心性论架构有了本质区别。当阳明改变了朱子学对心、性关系的设定之后，为保持理论体系的各要素之间相互协调、对应的关系，不使之发生理论内部的相互矛盾，在逻辑上必然要对朱子学中与心、性关系相对应的其他范畴之间的关系进行一个调整；其中首先便是心性关系背后的存在论设定。

在第二章讨论理气论的时候，笔者已经指出，在中国古典思想之中，气乃是表征物质、功能、信息这几种属性的统一体，这是中国古典思想论气的基本含义。对于理学家来讲，对气与理的关系可能有不同的看法，但是对气自身涵义的厘定，却从未超出这一基本的含义，朱子与阳明皆不例外。由于在阳明那里，心或者良知乃是一种"灵昭不昧者"[1]"自然灵昭明觉者"[2]"昭明灵觉处"[3]。所谓"灵昭不昧""灵昭明觉""昭明灵觉"其实是一个意思，乃是心体或良知本具的一种生命力或者感受力，这种生命力或感受力是一种

---

[1] 王阳明《大学问》云："天命之性，粹然至善，其灵昭不昧者，此其至善之发见，是乃明德之本体，而即所谓良知者。"见王守仁《大学问》，《王阳明全集》，第1067页。

[2] 王阳明《大学问》云："是非之心，不待虑而知，不待学而能，是故谓之良知。是乃天命之性，吾心之本体，自然灵昭明觉者也。"见王守仁《大学问》，《王阳明全集》，第1070页。

[3] 在《答欧阳崇一》中，阳明说："良知是天理之昭明灵觉处。"参见王守仁《答欧阳崇一》，《传习录》，《王阳明全集》，第81页。

功能，其存在论根源是气；因此，心或良知的存在论根源还要追溯到气。① 于是"心理合一"的心性论设定在逻辑上会势必推出"理气合一"的存在论设定；或者说只有坚持了"理气合一"的设定，才能为"心性合一"的心性论奠定一个稳固的存在论基础。

我们看到，在阳明自己的论述之中，已经有了"理气合一"之倾向，比如前引阳明《答欧阳崇一》云："良知是天理昭明灵觉处，故良知即是天理。"昭明灵觉是良知的功能，是属气的；同时此处阳明又说良知是天理，即可以推出良知是"理气合一"之物。在《答陆原静书》中，阳明云："夫良知，一也。以其妙用而言谓之神，以其流行而言谓之气。"② 这里的"妙用之神"似乎是言良知之运化乃是遵守天理的，而由于良知之流行便是气在流行，故亦可以推出良知是"理气合一"的。

然而正如日本学者上田弘毅先生所言，阳明往往"以良知、心这些为媒介来论述理和气的关系"③，而"几乎没有把理和气的关系直接地作为问题的文字"④，理气合一思想只能"从他整体的思想中间接地进行推论"⑤。可见，对于"理气合一"，虽然可以从阳明整体思想之中推出，但是毕竟阳明未曾有明确言说，"理气合一"在阳明这里，只是一种思想上的倾向，并没有被显豁地表达出来。

事实上，对于阳明之学来说，其言说重心主要集中在对朱子之

---

① 牟宗三先生有谓："良知本身是理亦是心，是心理为一者。它本身就有一种不容已地要涌现出来的力量。此只有心才可。若只是理，则无此力量。因为心有活动义故（此活动不是气之动）。"（牟宗三：《从陆象山到刘蕺山》，第 197 页）牟先生也发现良知具有一种活动性的力量，但是他将之归之于心而不是气。这种诠释并不符合宋明理学自身的义理脉络。其实，在宋明理学的背景之下，良知的活动性属于心，亦属于气。

② 王守仁：《答陆原静书》，《传习录》，《王阳明全集》第一册，第 70 页。

③ 上田弘毅：《明代哲学中的气——王守仁和左派王学》，[日] 小野泽精一、福永光司、山井涌编：《气的思想——中国自然观与人的观念的发展》，第 424 页。

④ 上田弘毅：《明代哲学中的气——王守仁和左派王学》，[日] 小野泽精一、福永光司、山井涌编：《气的思想——中国自然观与人的观念的发展》，第 424—425 页。

⑤ 上田弘毅：《明代哲学中的气——王守仁和左派王学》，[日] 小野泽精一、福永光司、山井涌编：《气的思想——中国自然观与人的观念的发展》，第 429 页。

学中的心性论层面的突破。心和理的关系是阳明反复讨论的核心问题，关于理与气的关系，阳明并没有花太大精力去讨论。在存在论方面，即关于道体、性体方面的理论建构，阳明之学还是十分虚欠的。总体来说，阳明并没有建立起与"心理为一"这一心性论设定相配套的存在论体系。①

与阳明相比，蕺山在坚持"心即理""心理合一"的心学基本心性论设定的同时，又将"心理合一"上溯至存在论层面，明确主张"理气合一"之论。另外，蕺山又将理气合一之论引入了对于心体的论说，用喜怒哀乐四气之流行来表征心体的运化，为心体的意识现象奠定了存在论的基础。这样在蕺山这里，心体与性体相贯通，性体成为客观含义上述说的心体；而心体亦可以成为从主观含义上述说的性体，此时心之主、客二义俱为饱满。通过增加对"性体"层面的论述，蕺山对阳明只是侧重于从主观层面对心的论述起到了重要的补足作用。

另外，蕺山在理气论中确立了"理气合一"这一基本设定之后，又将此设定贯彻到了其理学体系的其他层面，刘伯绳在《年谱》中概括蕺山之学说："先儒言道分析者，至先生悉统而一之。先儒心与性对，先生曰'性者心之性'；性与情对，先生曰'情者性之情'；心统性情，先生曰'心之性情'。分人欲为人心、天理为道心，先生曰'心只有人心，道心者人心之所以为心'。分性为气质、义理，先生曰'性只有气质，义理者气质之所以为性'。"②此处"先儒"指的是朱子。前文已经指出，在朱子之学中，性、心（情），义理、气质，天理、人欲等两相对待的概念皆与理、气有严格的对应关系；理气二分的存在论架构推拓到朱子学理论体系的其他层面，势必导致性、心（情）二分，人欲、天理二分，

---

① 张学智先生亦认为阳明的良知"似缺乏一个清楚的物质基础"。参见张学智《明代哲学史》，第453页。
② 刘汋：《蕺山刘子年谱》，《刘宗周全集》第六册，第148页。

人心、道心二分，义理、气质二分等结论。与朱子将其理气二分的设定推拓至极一样，蕺山亦将此理气合一的设定推拓到极致。在蕺山那里，由于理气一元，故与理、气相对应的性、心（情），义理、气质，天理、人欲等两相对待的概念则自然合一了。由此蕺山建立了与"心即理"这一心学的基本心性论设定相配套的存在论体系，填补了阳明那里对存在论论述的虚欠。

另外，从明代理学发展的角度，我们亦可以看到蕺山之学的彻底性和极致性。笔者在第一章中指出，明代理学的发展有两种趋向，一个趋向是心学的兴起，另一个趋向便是气一元论的流行。可以说，在明中叶之后，很大程度上，这两种趋向是齐头并进，相互之间是并无交涉的。比如以坚持气一元论的学者罗整庵为例，笔者第一章已经指出，罗整庵对朱子的理气二元论进行了批评，而主张理气一元论，但是其在心性论上仍旧主张朱子式的心性二分的观点，罗整庵并未实现理气论与心性论的贯通，这样在他的理论体系内部，理气论与心性论二者之间便发生了矛盾。[1]

---

[1] 刘蕺山批评罗整庵云："先生既不与宋儒天命、气质之说，而蔽以'理一分殊'之一言，谓理即是气之理，是矣。独不曰性即是心之性乎？心即气之聚于人者，而性即理之聚于人者，理气是一，则心性不得是二；心性是一，性情又不得是二。使三者于一分一合之间，终有二焉，则理气是何物？心与性情又是何物？天地间既有个合气之理，又有个离气之理；既有个离心之性，又有个离性之情，又乌在其为一本也乎？"（黄宗羲：《明儒学案·师说》，《黄宗羲全集》第十三册，第16页）蕺山认为，由于心是"气之聚于人者"，性是"理之聚于人者"，若理气为一，则心性不得为二，反之若心性为二，则理气亦不得为一；而罗整庵认为理气为一，却又分心性为二，显然是自相矛盾的，适足以导致理论上的混乱与矛盾。黄梨洲亦批评罗整庵云："第先生之论心性，颇与其论理气自相矛盾。夫在天为气者，在人为心，在天为理者，在人为性。理气如是，则心性亦如是，决无异也。"（黄宗羲：《明儒学案》，《黄宗羲全集》第十六册，第1204页）黄梨洲亦认为罗整庵之心性为二之论与其所坚持的理气合一之论是相互矛盾的，他也认为理气关系与心性关系是严格对应的，理气为一一定会推出心性为一。笔者认为，刘蕺山与黄梨洲师徒对于罗整庵的批评是有道理的。在中国传统思想的视域之中，"心"会携带有气的维度，所以"心理为一"会蕴含"理气为一"的倾向。按照牟宗三先生的阐释，理气和心性可以不是相互对应的，牟先生对心和气的理解其实已经逸出了包括宋明理学在内的中国传统思想的论述语境。关于牟宗三先生对心和气的诠释，可参见吕伟《浅谈牟宗三关于"气"的思想》，《东方论坛》2010年第2期。

而对于阳明一系的心学家来说，虽然"心即理"的心性论设定使得在其理论体系中出现了"理气为一"的倾向，但是阳明毕竟并未显豁表达出来。于是明代中后期理学的发展便出现了这样的状况：一方面，持"理气为一"论者仍旧持"心性为二"的观点；另一方面，持"心即理"，即"心性为一"的心学家却又未能显豁地揭示出"理气为一"。然而，只要将气一元论者所持的"理气为一"的设定在其理论体系之中推其极致，或者将心学家"心即理"的设定也在其理论体系之中推其极致，这两种学术倾向便会汇通为一，即持气一元论立场的理学家会发展出"心即理"的心性论设定，而坚持心即理的心学家亦会发展出"理气合一"的存在论设定。这种推致其极、汇通为一的工作是由刘蕺山最终所完成的。从理气一元论的思潮的发展来看，刘蕺山继承了自明初以来兴起的理气一元论思潮，并且又进一步将其推拓到心性论和工夫论之中，在理论上实现了彻底的一元论；从心学思潮发展的角度来看，蕺山在继承了阳明"心即理"的心性论设定的基础上，又将气一元论引入对心体的论说之中，从而建构了与心理合一的心性论设定相配套的存在论体系，实现了对心学义理规模的推拓。① 并且蕺山在推致这两个思潮的同时，亦真正实现了这两个思潮的汇通——明代兴起的这两个思潮最终在蕺山之处得到了汇合，蕺山之学可谓是明代理学的集大成者。

其次，从心体和工夫这两个层面上，蕺山亦将阳明所开创的心学体系推向了极致。笔者前文之中曾反复提及蕺山批评阳明之学"粗且浅"，相比之下，蕺山之学则呈现出"细且深"的面貌。

从心体即意识本体的构建方面来看，蕺山在阳明"心即理"基本设定的基础上，又通过严分意、念，区隔未发、已发之时、引入"知爱知敬"之"知"作为良知的新维度等等理论建构，在对意识

---

① 东方朔先生亦认为蕺山理气合一之论是"陆王心学路线的极度发展""心学心性论系统的客观化寻求"（东方朔：《刘蕺山哲学研究》，第115、116页）。

本体的建构上由阳明的"粗"转为"细"。并且正是由于蕺山对意识本体建构方面的"细",使他对意识现象分析的层次比阳明要"深"。

不仅是相对于阳明学,蕺山对意识现象的分析体现了"细且深"的特点,就是在整个宋明理学之中,蕺山对意识现象的分析也完全可以说的上"细且深"。我们知道,宋明理学号称为"心性之学",对心性意识内容的分析本来便是其专长。蕺山在前人基础上,对意识现象的分析又推致其极。蕺山通过设定"未发已发"这一基本的心性论架构,并将各种意识现象都纳入了这个架构之中,实现了对诸种意识现象的精确分层,知、思、意、念等心体内蕴的各种意识现象与意识功能的具体含义和所处的意识层级都得到了精确的厘定。蕺山最终构筑了一个细致的道德精神现象学系统,[①] 其复杂、精细程度可以说在宋明理学之中无出其右。

从工夫层面来讲,由于在理学体系之中,工夫的类型与实施方法与对心体意识内容的设定有直接的关联或者被其直接决定,所以当蕺山对意识现象的分析实现了"细且深"之后,在工夫的具体操作上也自然实现了"细且深"。蕺山工夫之"细"处体现在,根据意识现象存在以及外化的不同层次,蕺山发展出与之相对应的各种工夫方法,构成了一个完整严密的工夫操作体系,其集中表现便是《人谱》中所构建出的从"凛闲居以体独"到"备百行以考旋"涉及未发已发两个层次五个阶段的工夫体系。这种工夫体系所表现出来的工夫操作之完整、绵密,在整个宋明理学的发展史上都不多见。蕺山工夫之"深"处体现在,通过未发之时的"内自讼"的工夫,蕺山又将阳明在念起念灭上的工夫推拓至意识结构的更深层,即"独体"或"意体"之本源处。对于蕺山来说,"内自讼"的工夫是端本澄源的工夫,可以从根源上拔除恶念得以

---

① 参见 [美] 杜维明、东方朔《刘宗周〈人谱〉的道德精神世界——杜维明教授访谈》,《学术月刊》2001 年第 7 期。

生发的根芽，克服了阳明之良知不能阻断恶念生发机制而陷于"落后一着"的工夫缺陷。

综上所述，在性体、心体、工夫这三个层面上，蕺山都将明代由阳明所正式开启的心学思想推向极致。作为心学的彻底或者极致系统，蕺山将阳明心学的义理规模完全铺展开来，心学之义理发展，到蕺山处全幅展现，无复余蕴。作为明代心学之开山，阳明对心学义理的建设尚处在草创阶段，阳明之学的义理规模远逊于朱子；而蕺山踵武阳明，并进而调适上遂，将心学义理推拓开来而极其致，终开有明心学规模之大，盖可与朱子匹矣。

在整个宋明理学史上，朱子是本体论兴趣最为浓厚的理学家之一。在理气论上，他提出了"理气二分"这一基本构架，并将其推拓到心性论中，建构了一套庞大的本体论体系。蕺山则针锋相对，倡言"理气合一"，并亦将"理气合一"进一步推拓到心性论之中，对于朱子学讨论的"心性为二""道心人心为二""天理人欲为二""气质义理为二"等二分的命题皆"统而一之"。蕺山建立了一个与朱子规模不相上下而又能彻底翻转之的本体论体系。在关于对心体内蕴意识内容的分析方面，蕺山之学的细密程度比朱子还要过之。在工夫层面，蕺山建立的以《人谱》为中心的工夫系统，其细密程度亦并不亚于朱子，甚至亦犹有过之。可见，刘蕺山乃是心学家之中，存在论之严整，意识论之精细，工夫论之绵密，可与朱子并驾齐驱，甚至在某些方面犹有过之者。从理学的发展史上来看，真可谓前有朱子，后有蕺山，双峰并峙；后儒评价蕺山乃是"粹然集宋、明理学诸儒之成"[1]，"程、朱以来，体道之精，未有过焉者"[2]，并非虚语。黄梨洲称颂乃师"五星聚奎，濂洛关闽出焉；五星聚室，阳明子之说昌；五星聚张，子刘子之道通。岂非天哉！岂非天哉！"[3] 认为蕺山乃是阳明之后

---

[1] 邵廷采：《明儒刘子蕺山先生传》，《刘宗周全集》第六册，第539页。
[2] 汤斌：《刘念台先生遗照题辞》，《刘宗周全集》第六册，第616页。
[3] 黄宗羲：《明儒学案》，《黄宗羲全集》第十七册，第1649页。

的又一理学大师，又岂其虚说哉！

阳明心学在阳明处导其源，在阳明后学诸子处扬其波，最后在蕺山处极其深，极其密，亦极其大、极其成矣。盖蕺山之学，是心学一系发展的极致形态。刘蕺山是宋明理学发展之最后一座高峰，从此之后，心学甚至整个理学在义理发展上已经陷入停滞，并且开始走向它的反面。今人所谓蕺山乃宋明儒学之"殿军"[1]"宋明儒学之最后之大师"[2]，确得其实。

三 对关于蕺山思想史定位若干观点的检视

笔者已经指出，蕺山之学是心学一系的理学思想发展的极致，这便是蕺山之学的思想史定位。然而关于蕺山之学的思想史定位，学界还有其他不同的观点，这些观点有相当数量的学者所持有，笔者认为有必要做一辨析工作。这些观点大致归结起来有四类，下文逐次进行分析。

第一种观点认为蕺山之学有回返朱子学的倾向。比如钱穆先生便认为："蕺山实亦主由王返朱者"[3]"其论治论学之最大着眼处，而以学朱子讲紫阳为终极"[4]。

笔者认为这种观点并不确切。若论蕺山之学有回返朱子学的倾向，那么得首先明确界定何为朱子学。笔者在前文讨论蕺山对朱子、阳明评价问题时，指出蕺山对朱子之学和阳明之学的评价，有两种标准，一种是以工夫是否能做到细密、笃实为标准，另外一种是以各自为学的本体论类型以及由本体论类型决定的工夫论类型为标准；而真正决定一门学问的特质的乃是后者，即朱子学

---

[1] 牟宗三：《心体与性体》（一），第412、435页，又见牟宗三《从陆象山到刘蕺山·序》，第1页；劳思光《新编中国哲学史》（三下），第425页。

[2] 唐君毅：《中国哲学原论·原教篇》，第320页。

[3] 钱穆：《读刘蕺山集》，《中国学术思想史论丛》（七），生活·读书·新知三联书店2009年版，第295页。

[4] 钱穆：《读刘蕺山集》，《中国学术思想史论丛》（七），第296页。

之所以为朱子学根本特质，乃是朱子"理气二元""心性二元"的本体论预设以及由之决定的"格物穷理"的顺取型的工夫类型。这是朱子学区别于其他理学类型的根本特性之所在。在工夫的具体操练上，朱子确实要比阳明笃实；比如朱子对读书、学礼非常重视，而王阳明对这两个方面皆有忽略。但是我们并不能说对读书、学礼的重视是朱子工夫论乃至朱子之学的专利，这些具体的工夫内容乃是儒者所共同重视的法门，甚至理学系统之外的儒者，比如汉唐的儒者也重视读书、学礼，而我们当然不能说他们也在趋向朱子学；同样，即使我们承认蕺山工夫论上的若干内容，比如重视读书、学礼等等确实是受到了朱子的启发，我们也不能凭这一点而认定蕺山有回返朱子学的趋向。像前文曾指出的蕺山的弟子张履祥、吴蕃昌就是根据工夫之笃实为标准来认定蕺山是朱子学的观点是站不住脚的。

真正决定朱子学之特质者乃在于"理气二元"与"心性二元"的本体论建构以及由之决定的顺取型的工夫论类型，所以欲说明蕺山之学有回返朱子学的倾向，须要证明蕺山在关于理气和心性的设定方面已经出现了向朱子"理气二元论"或"心性二元论"靠近的迹象。实际上，蕺山之学，无论是在其思想的前期阶段，还是在其中期阶段，还是在其后期阶段，都没有出现这一迹象，所以蕺山之学发展的各个阶段，都不能算作出现了"由王返朱"的倾向。[①] 而钱穆先生在《读〈刘蕺山集〉》一文中也并未从本体论的维度去论证蕺山之学确实有向朱子"理气二元论"或者"心性二元论"的倾向，所以他认为蕺山有"由王返朱"的倾向的观点并未有充足的理

[①] 李振纲先生认为蕺山"早年更接近于朱子学"（李振纲：《证人之境：刘宗周哲学的宗旨》，第21页）。确实，在早年，即49岁慎独宗旨确立之前，蕺山对阳明学还处于未信的状态，对阳明则多有批评，对朱子则大加赞扬。但是同样，着力点仍旧是在工夫之笃实上说。因为蕺山此时虽然还尚未发展出独体等心体方面的论述，但是也没有倾向"理气为二""心性为二"的主张，所以这种"接近"只是反映在工夫笃实方面上，而非在本体理论上。

据来支撑。①

关于蕺山之学的思想史定位的第二种观点是认为蕺山之学是在阳明学"显教"的基础上通过"归显于密，以心著性"更端别起，重开一新学路者。② 牟宗三先生以"以心著性""归显于密"二语对蕺山思想的判准，其影响非常之大。牟先生之后的一些研究者，比如李振纲、东方朔、黄敏浩等先生对刘蕺山的思想定位和评价都受到了牟先生的影响。③

对于牟先生的如上说法，笔者认为还是有值得商榷的地方。首先，对于关于"归显于密，以心著性"的说法，有做一辨析的必要。先来看"归显于密"。对于阳明之学是"显教"之"显"，牟先生有谓："良知为一圆莹之纯动用，而无所谓隐曲者，此即所谓'显'。其随机流行，如珠走盘，而无方所，然而又能泛应曲当，而无滞碍，此即所谓圆而神，而亦是'显'义也。"④ 可见，牟先生所说的"显"主要是说，阳明在"致良知"工夫的过程之中，良知随时感物，泛应曲当，圆融无碍，无所容隐，此之谓"显"。关于蕺山之学是"密教"之"密"，牟先生有谓："此种工夫当然极其凝敛，极其宁静。故姚希

---

① 在《读〈刘蕺山集〉》中，钱穆先生之所以能够得出蕺山之学是"由王返朱"者这样结论，一个重要根据是他发现了在《刘蕺山集》中，蕺山有大量称赞朱子的文字，但是这一点本身并不足以证明蕺山就导向了朱子学。首先，在《刘蕺山集》中，蕺山也有大量批评朱子的文字，并且有些是非常尖锐，涉及学术根本性质的批评，比如前文中曾指出蕺山对朱子之学是"禅学"的批评，钱先生则对此有所忽视。其次，正如笔者已经指出的，蕺山大多数称赞朱子的话，都是针对朱子工夫践履之笃实方面而说的，并不涉及本体论的形态这一朱子学的核心问题。即使是从本体论上着眼，比如蕺山将朱子纳入了道统系谱之中，然而正如笔者在第一章中所分析的，蕺山所纳入道统论系统之中的朱子学，也是经过蕺山曲解后的，心学化的朱子学，并不是那个坚持"心理为二"的朱子学。可见，钱先生认为蕺山之学是"由王返朱"的观点是不充分的。

② 参见牟宗三《从陆象山到刘蕺山》，第315—316页。陈睿瑜先生亦认为蕺山之学独立于程朱、陆王两系而自成一系（见陈睿瑜《刘宗周慎独伦理思想研究》，湖南师范大学出版社2021年版，第44页）。

③ 参见李振纲《证人之境：刘宗周哲学的宗旨》，第99页；东方朔《刘蕺山哲学研究》，第106、113、119页；黄敏浩《刘宗周及其慎独哲学》，第232页。

④ 牟宗三：《从陆象山到刘蕺山》，第314页。

孟称其有'一种退藏微密之妙，从深根宁极中证入'。"① 牟先生所说的"极其凝敛，极其宁静"，便是说蕺山通过"知藏于意"，将良知收摄到心体最内在、最深密的独体、意根之中；将阳明向外推致良知的工夫转为向内涵养意根，浚其泉源的工夫，此之谓"归显于密"。

对于牟先生认为蕺山之学乃是"归显于密"的说法，笔者是认同的；但是笔者并不同意牟先生所说的"归显于密"就是对阳明之学"更端别起"者，是异于阳明之学的一种心学形态。反而在笔者看来，"归显于密"是顺着阳明之学的自身脉络推致其极的必然结果。

笔者在第三章讲到阳明的知论的时候，曾经指出，在阳明那里，良知实际上有两个维度，即从体的角度讲的良知和从用的角度讲的良知。当心体还没有与某项具体事物发生感应之时，此时良知处于隐的状态，此时良知之体还未发露。当心体与某件具体事物发生感应之时，此时良知由隐到显，即良知之体，发露为良知之用。阳明之致良知工夫侧重于良知之用的层面，所以他说："体微而难见，即用以求体。"良知之用，是由良知之体发用出来的，良知之体在不同的感应情境之下自然能够激发出各种当机的道德行为，即能够泛应曲当，如珠走盘，这便是牟先生所称的"显教"。

但是，既然良知有体、用两个维度，对于工夫来说，即存在一种可能，即直接从良知之体上做工夫。对于这一种可能，阳明是有所忽略的。前文已经多次指出，当某件具体的感应活动未起，此时良知处于未发动之时，这时良知之体尚未能发出良知之用，此时亦是有工夫可以做的，便是涵养第一义的良知，即良知本体的工夫。而由于蕺山"知藏于意"的心性设定，良知被收摄进意根、独体之中，蕺山在未发之时涵养意根独体的工夫便是涵养此良知本体的工夫。可见，蕺山之"归显于密"，只是补足了阳明之学所内蕴但是却忽略的直接在良知本体上的工夫，此种工作，只是顺着阳明之学的逻辑进一步向内推拓，并不是异于阳明学的形态而更端别起者。

---

① 牟宗三：《从陆象山到刘蕺山》，第334页。

下面，再来检视牟先生"以心著性"这一论断。在牟先生那里，"以心著性"又与"归显于密"密切相关，牟先生有谓：

> "心为之主"，此主即是心之自觉活动能彰显而形著之以成其为性。"成性"之成是形著之成，故其为性之主亦是形著之主。心性之别只是同一实体之主客地说之异。象山、阳明、五峰、蕺山皆如此理解也。唯阳明虽亦如此分说性与心两字眼，然彼与象山同，亦是特重心体、知体，且只就良知说，而且亦是一说便说到极，并不分别地特说性天之尊，性天只是捎带着说，终于良知即是性，心体即是天，此其所以为心学，亦为显教也。但蕺山归显于密，则必先特设性天之尊，分设心性，以言形著关系以及自觉与超自觉之关系，以"见此心之妙，而心之与性不可以分合言"，而总归是一也。及其总归是一，则与心学亦无以异矣。①

关于牟先生所谓"心性之别只是同一实体之主客地说之异"，笔者也同意，但是笔者认为，心与性并不是形著的关系，不是心去著性，而是心体就是性体。性体是从存在论方面讲的本体，心体是从意识功能方面讲的本体。并不需要先立一个性体，然后再用心体去外化，去形著它，因为本来心体、性体所指涉的是一个本体，都是即形上即形下的"理气合一"之"独体"，所以并不存在如牟先生所论的"以心著性"。② 另外，阳明之学只是在存在论上不是很圆满，只侧重于从意识功能上讲本体；笔者在前文中已经指出，理气合一之论，或者说从性体方面讲的本体乃是阳明之学所内在所蕴含着的，只不

---

① 牟宗三：《从陆象山到刘蕺山》，第318—319页。
② 杨泽波先生一文《牟宗三形著说质疑》对牟宗三先生的"形著说"进行了具有说服力的批评。参见杨泽波《牟宗三形著说质疑》，《孔子研究》2005年第1期。另外，高海波先生亦不同意牟宗三先生的"形著说"。参见高海波《慎独与诚意：刘蕺山哲学思想研究》，第206—207页。

过阳明并未系统、显豁地去讲，而蕺山的工作只是显豁地讲了出来，而补上了阳明这段虚欠而已，所以此更非"更端别起"者。

另外，牟先生还有一个重要观点，即认为蕺山通过"归显于密，以心著性"的理论建构"既可堵住其'情识而肆'，亦可堵住其'虚玄而荡'"。① 对于这个观点，笔者亦不能同意。对于牟先生"以心著性"的论断，笔者已经不能同意，所以笔者当然不能同意"以心著性"能堵住"情识而肆""虚玄而荡"这样的说法；或者退一步说，即使我们承认在蕺山那里，存在着"以心著性"的理论架构，亦不能克服"情识而肆""虚玄而荡"的弊病，对此杨泽波先生已经进行了具有说服力的反驳。② 至于"归显于密"，笔者虽然承认这是蕺山之学的特点，但是却也并不认为"归显于密"能堵住"情识而肆""虚玄而荡"的弊病。牟先生所说的"归显于密"也即是蕺山的"摄知归意"，是将在阳明处偏重于用的层面上的良知进一步推拓至未发之本体（心体、第一义的良知、意根）层面，从而在工夫论上为未发之时的"内自讼"的工夫奠定了一个本体论基础。但是通过心性论上的"归显于密"以及由之发展出的未发之时的"内自讼"的工夫，其实亦不能完全对治"虚玄而荡""情识而肆"的弊病。如果按照刘蕺山的术语来说，"虚玄而荡""情识而肆"是心体不能自作主宰，产生微过之后，然后微过进一步流荡、外化在经验生活之中所导致的结果。而笔者在上一章已经指出，单纯的未发的"内自讼"工夫其实并不能完全消除微过，所以并不能彻底对治"玄虚而荡""情识而肆"的流弊。对于蕺山来说，欲堵住"情识而肆""虚玄而荡"之流弊，除"归显于密"的"内自讼"工夫之外，还需要《人谱》所建立的针对已发层面的勘验体系和勘验工夫。

总之，笔者认为，蕺山之学乃是顺着阳明学的逻辑进一步发展者，是心学发展之极致，并非是像牟宗三先生所说的对阳明学更端

---

① 牟宗三：《从陆象山到刘蕺山》，第316页。
② 杨泽波：《牟宗三形著说质疑》，《孔子研究》2005年第1期。

别起、"开一新学路"者。①

另外,有学者认为蕺山之学属于湛若水一系。其理由大致有二,其一是认为因刘蕺山师从许孚远,而许孚远又是甘泉一传弟子唐枢的学生,故从"湛若水—唐枢—许孚远—刘宗周"这一脉师承关系上论,蕺山之学乃属于甘泉一脉。比如黄宣民先生有谓"就师承关系而言,蕺山属于与王学并行的陈、湛一派"②。其二是认为从理论体系来说,蕺山之学是对甘泉之学的继承和发挥,故蕺山是甘泉之学的传人。比如乔清举先生有谓:"甘泉的后学中,最值得重视而又没有得到重视的,便是唐枢—许孚远—刘宗周一系。宗周慎独诚意之学与甘泉体认天理之学实有渊源关系,二者在思维方式上完全相同,都是从天地间唯一气、一理到一心,从气本论到心本论的逻辑思维过程;其强调理气、心性、心理之不可分,气质之性与天地之性之不可分,道心人心之不可分,亦皆滥觞于甘泉之学;……学界研究宗周之哲学思想,一般也都于其与阳明哲学之关系上探讨,而对于阳明学本来没有的天道观理气论部分,则笼统地说是继承了张载,而不复探讨其与甘泉学的关系。"③另外张慕良先生认为不同于阳明心学所代表的是"一种本于'生命'真实存在境遇的'有我'哲学立场",刘蕺山乃同于湛甘泉,"其所认之'心'乃是一种外在知识性的'存在',所以在其学术构建上,亦须以一种知识性的外在方式来建构其思想体系,其背后所体现出的恰恰是以'理'之存在为前提根据的程朱理学模式";

---

① 东方朔先生亦并不认为相对于阳明学来说,蕺山之学是"开一新学路"者。他认为蕺山之学是"心学心性论之向前发展的内在要求,是理论本身所要求的内在显现",实为有见(见东方朔《刘蕺山哲学研究》,第160页)。

② 黄宣民:《蕺山心学与晚明思潮》,载钟彩钧主编《刘蕺山学术思想论集》,第215页。周仍乐、周炽成与张慕良、余群等先生亦认为,从师承上看,蕺山属于甘泉后学。见周仍乐、周炽成《甘泉后学对阳明学的批评与反批评——兼论刘宗周、黄宗羲是甘泉后学》,《现代哲学》2014年第6期;张慕良《"虚位"之体——刘宗周"慎独"哲学研究》,第18页;余群《刘宗周思想研究》,上海人民出版社2020年版,第17页。

③ 乔清举:《甘泉哲学体系及其后传研究》,《哲学研究》1994年第2期。

张先生不仅认为蕺山之学属于甘泉一脉，而且认为包括蕺山之学在内的甘泉学派属于"程朱理学"一系。①

笔者认为，对于以上两个理由，皆有可以进一步商榷的地方。第一，许孚远等甘泉一系学者对蕺山建构其理学体系的影响不可高估。通过《年谱》的记载，可以看出许孚远对蕺山的影响主要体现在为两点，其一，许孚远为刘蕺山一生为学做了方向上的引导，即引导他走上到了追求圣贤之学，即致力于理学的道路。蕺山拜师之时只有26岁，刚中进士不久，为学志向还未必确立。正是受到许孚远的教导，蕺山才开始专心致力于理学。其二，许孚远"论为学不在虚知，要归实践"的教诲蕺山终生守之不失，对蕺山注重工夫践履的笃实学风之形成产生了推动作用。对于第一点，许孚远对蕺山之影响是促成了蕺山致力于理学的人生方向，而无与于蕺山理学体系的具体建构。至于第二点，前文已经指出，工夫之笃实在不同学派的理学家那里都可以实现，其并不关涉一个理学家之理学体系的本质特征。故此两点对于蕺山理学体系的建构，皆非本质相干者。对刘蕺山之学的理论体系和工夫体系的建构和发展而言，影响最大的还是阳明学。② 许孚远之学或者甘泉学派对蕺山之学的影响，对之似乎不可做过高之估计。

第二，蕺山之学与甘泉之学确实有一些如乔清举先生所论的比如都主张理气合一、心性合一，理论体系建构上都是从气本论推到心本论等共同之点，但是这些并不足以证明蕺山之学乃是传承自甘泉之学。笔者在第一章中已经提到，明代理学发展的一个趋向便是气一元论思潮的流行，甘泉与蕺山都是受此思潮影响而秉持气一元论者，即使阳明亦不能外此潮流。对于秉持气一元论的理学家的理学体系来说，为保持理论之融贯，理气合一的主张从逻辑上必会引出诸如心、性，心、理，气质之性与义理之性，道心与人心等之合

---

① 张慕良：《"虚位"之体——刘宗周"慎独"哲学研究》，第213—214页。
② 正如有学者所指出的："阳明心学才是影响刘宗周学术思想的最为重要之思想渊源。"参见陈睿瑜《刘宗周慎独伦理思想研究》，第28页。

一；另外由于理、气与性、心的对应，气本论亦可逻辑地推出心本论来。故甘泉与蕺山皆有"合一"之论、皆有从气本论到心本论的思维过程乃是他们均受到了气一元论思潮这一明代理学家共享的学术风气影响之结果。二人理论上的相似并不能推出蕺山之学乃是专门继承自甘泉之学这样的论断。

另外，蕺山之心本论与甘泉之心本论实有所距离，蕺山论心乃更近于阳明。张先生所论蕺山论心同于甘泉之"外在知识性存在"，而异于阳明之"真实存在境遇"的说法，亦值得商榷。蕺山虽讲心体之根本在意根，而与阳明所论心体之根本在良知为不同，但此间差别不足以影响二人之心体论仍属于同一类型。同阳明一样，在本体论上，蕺山认同"心即理"的基本原则，赞成阳明"万化根源总在心""此是乾坤万有基"的说法。在工夫论上，蕺山同阳明一样，工夫进路乃为向内"逆觉"心体之路向，而非程、朱之向外认知之"顺取"路向。蕺山论心绝非"外在知识性存在"者。另外，蕺山之主张"吾心自足"的心体论与甘泉所论良知不足，还要凭借天理贞定之①的心体论在类型上才是有不同的。

综上，笔者认为以上两条支撑蕺山之学属于甘泉学派一脉的理由皆不能成立。

在对蕺山思想史定位的讨论中，还有一种观点，即认为蕺山之学已经逸出了理学，或者具有逸出理学的成分。比如张瑞涛先生在《心体与工夫：刘宗周〈人谱〉哲学思想研究》一文中便认为刘蕺山是"宋明理学演进史'晚霞'之后的'曙光'"，其理论体现了对

---

① "良知必用天理"及"良知不用天理则知为空知"是甘泉一贯的观点，也是据以批判阳明之良知说的核心论点。另外甘泉之"随处体认天理"有"事上说理"之面向，同程朱一系的"即物穷理"的知识论取向紧密关联，这一点是包括蕺山在内的阳明学者所不取的。就理学发展史上来看，甘泉之学可以看作处于程朱理学向阳明心学演变的一种过渡形态。可参见张立文《湛若水的随处体认天理》，《学术研究》2013年第9期。

宋明理学的部分突破。① 即张先生认为蕺山之学的若干理论已经逸出了宋明理学的范围。② 对此种观点，笔者不能同意。

在笔者看来，无论从本体论形态还是从工夫论形态来看，蕺山之学都是纯粹的理学，并不存在有部分逸出的情形。笔者在前文之中已经指出，体用论是理学的核心思考方式，理学的特点在于"体用二本"③。虽然蕺山有理气合一、心性合一之论，以及将性、情；人心、道心；气质、义理等皆"统而一之"，但是在蕺山的理论体系之中，仍有形上之体与形下之用的严格区分，"体""用"的二本结构在蕺山之学中仍然是一直在坚持而无有丝毫动摇的。刘蕺山对朱子、阳明之学的批判也完全是在理学体系内部的批判，是理学内部不同学派的争鸣，并未逸出理学的框架。总之，刘蕺山是一典型的理学家，是始终固守理学阵地者。

第三节　蕺山理学的成就、理论困境与理论限度

上一节笔者已经指出，作为阳明心学发展的极致形态，蕺山之学在理学的理论建构方面取得了极大成就。另外从道德实践上讲，这套学问也具有重要的实践意义。由于理学理论所最终指向的是道德实践，所以蕺山理学的成就亦包含蕺山本人在道德实践上的成就。蕺山在道德实践层面的成就有二，于己则体现为圣贤人格的养成；于人则体现为事功和讲学的卓著成果。

虽然蕺山之学在理论与实践方面，皆有重要成就，但是蕺山之学并不是完美无缺的。笔者认为，蕺山之学存在着三个理论困境：

---

① 张瑞涛：《心体与工夫：刘宗周〈人谱〉哲学思想研究》，第402页。
② 王凤贤先生亦认为蕺山之学有"反理学倾向"，可参见王凤贤《评刘宗周对理学传统观念的修正》，《孔子研究》1991年第2期。
③ 此处所说的"体用二本"的"体"指的是形上之理体，而不是形下之质体。

第一，蕺山之学存在着严重的道德紧张，这极大影响了这套学问在现实生活中的可操作性；第二，蕺山通过《人谱》所试图建立的各种事例化的勘验准则其实并不具备完全的客观性和普遍性，如果人在工夫操持之中，固执这些事例化的勘验准则，就有可能陷入一种新的习中，反而造成对心体的束缚；第三，蕺山的勘验工夫解决不了"文过""自欺"的问题。蕺山之学亦存在一个理论限度，即缺少对政治制度建构方面的关注。这些困境与限度是蕺山之学在明亡之后无法得以继续流传下去的重要原因。

一　蕺山理学的成就

关于蕺山之学的成就，可以从理论与实践这两个层面来说，对于理论层面，上一节已经指出，蕺山之学是阳明心学一系发展的极致形态，是宋明理学的"殿军"，他建构了系统、缜密的心学的本体论和工夫论系统；蕺山在理论建构上的成就，不亚于朱子。

另外，蕺山之学的成就，还可以表现为实践的方面。由于理学是生命实践之学，理学的成就也体现在将这套学问贯彻在人的生命之中的理学家在实践上的成就。蕺山在实践上的成就主要表现在道德践履方面，此道德践履于己则是圣贤人格的养成；于人则体现为两个方面，第一是事功方面，蕺山在为官、居乡之时，都曾作出了一些卓著的业绩，[1] 这些业绩也是其道德实践的一部分，但是更重要的成就，即第二个方面是蕺山做了立教的工作，通过讲学活动，言传身教，为后人立下了一个道德践履的标准和楷模，影响了学风和世风。

---

[1] 蕺山在事功方面颇有建树，王夫之（船山，1619—1692）即谓刘蕺山有"匡计之才"（王夫之：《搔首问》，《张子正蒙注·思问录·俟解·黄书·噩梦·识小录·搔首问·龙源夜话》，岳麓书社2011年版，第640页）。据刘伯绳《年谱》记载，蕺山在做顺天府尹之时正值后金兵围困京师，而他能够在危难之际从容应对，创行保甲法，抚绥流民，维持京城治安，表现了极大的政治才能，做出了显著的政绩，以至于京师百姓称他为"刘顺天"。蕺山后来辞官居家之时在灾荒之际又领导士绅周详布置，合理调度，赈济了数万灾民。见刘汋《蕺山刘子年谱》，《刘宗周全集》第六册，第88—92、130—131页。

蕺山致力于理学四十余年,通过艰苦的修习工夫,蕺山的学力在不断的精进,这在蕺山为人气象的变化上便有所体现。刘伯绳在《年谱》中有云:"先君子盛年用功过于严毅,平居斋庄端肃,见之者不寒而栗。及晚年造履益醇,涵养益粹,又如坐春风中,不觉浃于肌肤之深也。"① 理学的工夫是一个由困勉达致自然的过程;人在刚开始做工夫的时候,由于此时学力尚浅,所以要用猛药才能下沉疴,此时有一种困勉之象,然而等到工夫慢慢变得得力之时,则终会归于平常和自然,即达到类似于孔子晚年"从心所欲不逾矩"之地步。蕺山晚年之工夫造诣已达到如此之境地。

上一章已经讲到,在蕺山看来,对于人的勘验工夫来说,最具有勘验效力的勘验情境莫过于生死。在生死面前,人心中一切所隐匿的攀援、利害皆无处遁形,而不容人所自欺。人若能在生死关上打叠得过,则便勘验出工夫真正得力。天启六年,在与黄尊素会面的情境之中,蕺山发现自己并没有打叠过生死关,这促成了其更严格的工夫的实施。可以说,蕺山一生之工夫,一个重要目的便是要勘破生死关。天启六年之后,通过持续不断的严格工夫,蕺山学力逐渐加深,终能勘破生死。在朝堂之上,蕺山慷慨直言,不顾触怒皇帝、权相,于身家性命毫无顾虑,屡被削职,而能泰然处之。革鼎之际,知事不可为,最终首阳一饿,慷慨殉节,真正为终身从事的道德事业舍生取义,死而后已。

我们发现,明代的理学家喜言生死,时常有人生悲凉之感,这当然与明代险恶的政治环境有关。在明代暴虐的政治环境之下,在朝堂之上,士大夫有任何稍微不能顺从皇帝之行为,尤其在主动向皇帝进谏时,就有可能因触怒帝王,而面临杀身之祸。在此种处境之下,朝堂之上的理学家时常面临着生死的抉择。这种处境也往往成为理学家克励自己,增进学力的契机,对于刘蕺山来说便是如此。在天启、崇祯年间险恶的政治环境之中,波云诡谲,城头变幻,人事之纷纭,祸

---

① 刘汋:《蕺山刘子年谱》,《刘宗周全集》第六册,第 174 页。

福之变数，如过眼云烟，转瞬即逝。刘蕺山亲身看到一些志同道合的朋友比如东林诸贤被魏忠贤集团迫害致死，他虽"忍看朋辈成新鬼"，却不只是"怒向刀丛觅小诗"；① 反而是一往无前，赤体承当，知其不可为而为之。外在的风暴并没有让他颓唐，相反他通过求之于内的方式建立了自己的生命的意义——将自己的生命的意义和源泉建立在自我的心体和意根上面，在乾元性海之中找到了支撑其生命的巨大的能量，自己成为一个可以照耀世人的巨大的光源。他最终勘破了生死，生死面前而不变色，这是何等的光明俊伟，何等的坦荡从容！此真天下之大勇者。蕺山一生之行履，不愧于天地，他用一生的道德事业为自己凿了一块丰碑，蕺山之精神人格，虽与日月争光可也。

　　蕺山在乡间的讲学活动，其实就是一个立教的活动。通过讲学，蕺山以身作则，其光辉人格感染了学生、讲友，起到了鼓荡士气，影响世风、学风的作用。受到蕺山气节之感召，在清军进攻江南之时，有很多豪杰之士不甘亡国，而誓死抵抗。史载"宗周死，而浙东绅士孙家绩、熊汝霖、钱肃乐、郑遵谦等各起兵迎鲁王监国绍兴，与大兵相拒者一年。人以为由宗周所倡云"②。当清军入关，燕赵、齐鲁之地不旋踵而陷于清军之手之时，而浙东一隅，豪杰蜂起，屡仆屡起，历几十年而不绝。蕺山的很多讲友和学生也参与其中，他们抗势而行，知其不可为而为之的精神不能不说有受到蕺山讲学之影响，孰谓讲学无用哉！对此，赵轶峰先生说：

　　　　不过知识分子的道德沉沦感和他们的道德复古思潮虽然在明末显得迂执而无补于世事，但在明亡之后的几十年民族抗战中却焕发出夺目的光彩。从时局上看，明朝虽然绝少复兴的可能，但是大批知识分子却不甘作"识时务"的"俊杰"，而是

---

① 语出鲁迅《为了忘却的记念》，《鲁迅全集》第四卷，人民文学出版社 2005 年版，第 501 页。
② 温睿临：《南疆逸史》，中华书局 1959 年版，第 62—63 页。

舍身赴难，聚集在"复明"的旗帜中去做千秋雄鬼。……但一个悠久文明的民族之道德文化发生的内聚力却充分地显示了在历史上的重大作用。①

赵先生这里指的"知识分子的道德沉沦感和他们的道德复古思潮"便是晚明的"道德严格主义思潮"②，这个思潮的核心代表人物便是刘蕺山。③ 当然，赵先生说这种思潮"迂执而无补于世事"的观点，笔者并不同意。但是赵先生看出了这种思潮所发挥的长久的效力，在历史的行程之中所焕发的巨大的光芒。这种精神的力量已经超越于局限于某时某地的特定的事功，它可以在漫长的岁月之中外化出壮丽的事业，这种精神的力量亦是心学所固有的力量。心学并非像有些明清易代之时的学者比如张履祥、顾炎武（亭林，1613—1682）、王夫之等人所说的一无是处。④ 从后来的历史事实来看，心学虽然在清初之后的二百余年之中一度沉寂，但是在晚清、民国期

---

① 赵轶峰：《明代的变迁》，上海三联书店 2008 年版，第 100 页。

② 可参见王汎森《明末清初的一种道德严格主义》，收于王汎森《晚明清初思想十论》（增订版），北京师范大学出版社 2020 年版，第 83—99 页。

③ 黄敏浩先生亦认为刘蕺山乃是"一极端的道德完美主义者"（黄敏浩：《刘宗周及其慎独哲学》，第 208 页）。

④ 明亡不久，易代之际的思想家对阳明心学进行了激烈的批判，认为心学家在事功方面有很大的欠缺，只会空谈心性，终至误国殃民，这种观点乃是清初思想界的主流。比如后来转向朱子学的蕺山弟子张履祥便说："近世学者（笔者按：指阳明及其后学），祖尚其说（笔者按：指象山之学），以为捷径，稍及格物穷理，则谓之支离烦碎。夫恶支离则好直捷，厌烦碎则乐径省，是以礼教陵夷，邪淫日炽，而天下之祸不可胜言。"（张履祥：《与何商隐一》，《杨园先生全集》，第 111 页）顾炎武则批评心学一系的儒者"以明心见性之空言，代修己治人之实学。股肱惰而万事荒，爪牙亡而四国乱，神州荡覆，宗社丘墟"（黄汝成集释：《日知录集释》，岳麓书社 1994 年版，第 240 页）。王船山亦有云："王氏之学，一传而为王畿，再传而为李贽，无忌惮之教立，而廉耻丧，盗贼兴，中国沦没，皆惟息于明伦察物而求逸获，故君父可以不恤，肤发可以不顾。陆子静出而蒙古兴，其流祸一也。"（王夫之：《张子正蒙注》，《张子正蒙注·思问录·俟解·黄书·噩梦·识小录·搔首问·龙源夜话》，第 371 页）三位学者都认为阳明心学的流播导致了明代之衰亡，将阳明心学贬斥得一无是处。

间乃至 21 世纪的当下，却出现了极大的复兴。① 这一历史事实本身便说明了，心学自身仍然有其真实而光辉的价值，它依然可以为当下和未来的中国提供巨大的精神资源。

二 蕺山理学的理论困境和理论限度

虽然从学术理论上讲，蕺山之学是阳明心学发展的极致，是宋明理学理论发展的最后一座高峰，从道德实践上讲，这套学问也具有重要的实践意义。但是蕺山之学并不是完美无缺的，笔者认为，蕺山之学存在着三个理论困境和一个理论限度。这些困境与限度是蕺山之学在明亡之后无法得以继续流传下去的重要原因。

蕺山之学的三个理论困境为：第一是蕺山之学存在着严重的道德紧张，极大影响了这套学问的可操作性；第二是蕺山通过《人谱》所试图的建立的各种事例化的勘验准则其实并不有完全的客观性和普遍性，并不能够作为人在道德实践中的最终依据；第三是蕺山的勘验工夫解决不了"文过""自欺"的问题。

对于蕺山之学的第一个困境，即蕺山之学存在严重的道德紧张，这与蕺山对时代危机的应对方式有关。前文已经指出，晚明社会出现了一系列的社会现象，在蕺山看来，都是世风日下的体现。面对着晚明滔滔遍天下的流俗势力和暴虐的政治环境，蕺山的对策是通过强化人的道德意识和更为严格的道德实践来与之抗衡，由此发展出如王汎森先生所谓的"道德严格主义"②。这样，对于蕺山来说，人每时每刻的生活情境都是自己与外界恶劣的社会、政治环境激烈

---

① 关于阳明心学在明亡之后，以迄今日之遭遇，可参见陈立胜《阳明学登场的几个历史时刻——当"王阳明"遭遇"现代性"》，《社会科学战线》2018 年第 7 期。

② 可参见王汎森《明末清初的一种道德严格主义》，收于王汎森《晚明清初思想十论》（增订版），第 83—99 页。另外，赵园先生发现了明末恶劣的政治环境与"道德严格主义"的关联，赵先生说："不妨认为，明代的政治暴虐，非但培养了士人的坚忍，而且培养了他们对残酷的欣赏态度，助成了他们极端的道德主义，鼓励了他们以'酷'（自虐）为道德的自我完成——畸形政治下的病态激情。"参见赵园《明清之际士大夫研究》，北京大学出版社 1999 年版，第 10 页。

抗争的战场，在此持续不断的抗争中，人不免产生出严重的道德紧张，会觉得自己与时代格格不入，有一种举世皆芒的感觉；这样人的生命便很难得到外界环境的滋养而可能会日趋于干涸。

在《论语学案》之中，蕺山有云：

> 然人生得罪处，亦擢发难数。自一动一静以往，少违天则，便成罪案，便犯天诛。①

> 圣贤看得自己通身都是病，直是千疮百孔，须实实用功方得。我辈几时得到与天为一处？虽然，天地之大也，人犹有所憾。②

笔者前文在对《人谱》的分析之中，曾指出，人能够认识到自己"满身都是病痛"，这本身就是对人性至善的确证。但是从另一方面来说，认识到自己满身都是病痛，毕竟还是会带给人强烈的道德紧张，令人在生活之中有动辄得咎之感，给人以极大的心理压力。

蕺山之学之所以会有如此大的道德紧张，还有一个重要因素是与他对于人的"气质"的理解有关。蕺山对"气质"的理解不同于朱子。对于人的气质或气禀，朱子有云："盖人性虽无不善，而气禀有不同者，故闻道有蚤莫，行道有难易，然能自强不息，则其至一也。"③朱子认为人皆有纯善无恶的义理之性，但是每个人的气质或者气禀是不同的，有的人要清澈一些，有的人要浑浊一些。尽管这两种人都能够通过努力来变化自己的气质，克服掉气质之中的杂质，来使得纯善无恶的义理之性能够在气质之中完全实现，但是由于人之气禀毕竟有清浊之不同，那么相应的工夫便有难易之分。对于朱

---

① 刘宗周：《论语学案》，《刘宗周全集》第一册，第 296 页。
② 刘宗周：《论语学案》，《刘宗周全集》第一册，第 472 页。
③ 朱熹：《四书章句集注》，《朱子全书》第六册，第 46 页。

子来说，气禀清澈的人做工夫更容易一些，气禀浑浊的人要难一些。

对于蕺山来说，根据其理气合一论的设定，气质既可以成就德性，亦可以犯下罪恶，惟在于气质能不能被心体所主宰。前文已经指出，对于蕺山来说，"变化气质"主要并不是对现成的气质做纠偏的工夫；而是在气质之中确立心体主宰，用心体控御气质的工夫。与朱子不同，由于蕺山所关切的是在气质之中立定心体之主宰，因此他并不太强调不同人的气质有先天上的差别。这样的说法一方面可以避免有人会将工夫之不力归咎于自己先天气质之不良的可能性，从而杜绝了人的自暴自弃之路。但是另一方面，既然人之过错不能推诿于气质之不良，所有过错只能归结于吾心，都由自己的心来负责，"只是一心之病，更无气质之病"[1]，这样的说法无疑加剧了自身的道德紧张和道德焦虑，即在生活的每一瞬间，人都要如履薄冰地提醒主宰，不容许有丝毫之懈怠。正如王汎森先生所言，在蕺山这里，"道德修养工夫是矿中取金、米中挑盐的工作，必须非常戒慎小心才可能做好"[2]。于是人每天面对世界，便只能战战兢兢，任何工夫都变成了"壁立万仞，止争一线"[3]的地步，这样在工夫的操持上，导致了一种比朱子学更为严格的"道德严格主义"。

由于秉持"道德严格主义"，蕺山在具体的工夫操持上，便提倡"苦行"。这从蕺山对《周易》"节"卦的解读中便可见一斑。在诠释《周易》"节"卦时，刘蕺山说："节极则苦矣，虽贞亦凶，况不可贞乎！然而与其失之甘也，宁失之苦。甘易流，苦乃坚也。"[4] 虽然节制过分，会令人苦涩不堪，但是蕺山还是认为宁肯节制过分，也比节制不及，有所放纵要好。另外前文讲到，蕺山认为富贵的生

---

[1] 刘宗周：《学言》，《刘宗周全集》第二册，第361页。
[2] 王汎森：《明末清初的一种道德严格主义》，收于王汎森《明末清初思想十论》（增订版），第90页。
[3] 王夫之：《俟解》，《张子正蒙注·思问录·俟解·黄书·噩梦·识小录·搔首问·龙源夜话》，第478—479页。
[4] 刘宗周：《周易古文钞》，《刘宗周全集》第一册，第199页。

活差不多已经成为人在修道路上的障碍了，他刻意推崇一种贫寒的生活，认为人在贫贱中，才能容易勘验出自身为学之效果。这样，在蕺山这里，苦行成了人刻意为之的结果。

对于日用的工夫，蕺山有云：

> 欲凡重之为货利，轻之为衣食；浓之为声色，淡之为花草；俗之为田宅舆马，雅之为诗琴书画；大之为功名，小之为技艺。须一一对垒过，而朱子独约以财、色两关。①

在蕺山看来，诸如种花养草、创作书画、作诗、听流行音乐等艺术活动都是害道之事，② 人的生存维度几乎都被局限在了伦理的领域，而人的其他多方面的欲求和生活面向则受到了压抑。③ 如是，人的自然生命不能条茂畅达，而有干涩、偏枯之弊。

理学在发展初期，比如在二程那里，更多地表现为一种"活泼泼"的精神，一种"鸢飞戾天""鱼跃于渊"的洒脱气象。但是这种洒落的气象很难在蕺山之学中显现出来。在蕺山的工夫操持之中，

---

① 刘宗周：《学言》，《刘宗周全集》第二册，第400—401页。

② 对于音乐，蕺山其实并不一概排斥。据《年谱》记载，在早年的时候，蕺山还曾跟一个道士学琴（刘汋：《蕺山刘子年谱》，《刘宗周全集》第六册，第63页）。在《会录》中，蕺山有云："古之人有《诗》、《书》、理义以养其内，有揖让、进退、琴瑟、钟鼓以养其外，故成材也易。今之人既视揖让、进退、琴瑟、钟鼓为末务而弃之，而《诗》、《书》、理义又不明于天下，安得不日趋于禽兽乎？"（刘宗周：《会录》，《刘宗周全集》第二册，第519页）他认为古乐如琴瑟、钟鼓等为人人德之重要资具，他向道士所学，便是"古乐"，但是古乐在后代渐渐不传。这里蕺山反对的"诗琴书画"之"琴"指的是当时的流行音乐。

③ 李振纲先生指出："儒家用以塑造理想人格和理想社会的理论基础，即道德人本主义对人性及人道的理解是不全面的。"（刘宗周：《证人之境：刘宗周哲学的宗旨》，第164页）杨国荣先生认为，在理学之中，"人格的开放性、多样性再一次被忽视，而理想人格的凝固性、划一性，则由此得到了进一步的强化"（杨国荣：《善的历程》，华东师范大学出版社2009年版，第326页）。李振纲、杨国荣两位先生指出，宋明理学过分强调人格的伦理品性，而忽视了人格发展的其他丰富面向。两位先生针对的虽然是整个理学，但是这一特点在蕺山这里表现得极为突出。

更多所体现的是一种严酷的内心忏悔和道德焦虑。虽然蕺山自己晚年已经达到了"造履益纯,涵养益粹"的地步,但是毕竟太清苦,不容易为常人所接受。牟宗三先生便认为蕺山之工夫"太清苦,未至化境"①。这样的清苦的工夫当然有一种特殊的悲壮和光彩,但是对于人的生活来说,苦毕竟是不可长久的,《论语》开篇便言:"学而时习之,不亦乐乎?"因为学习本来是悦乐了,唯有悦乐才能够长久,节制过苦,人必有所不堪,学问便很难传之久远。② 蕺山之学在明亡之后的逐渐沉寂与他秉持过分紧张的"道德严格主义"有很大的关联。

蕺山之学的第二个理论困境是蕺山通过《人谱》所试图建立的各种事例化的勘验准则其实并不具备完全的客观性和普遍性,如果人在工夫操持之中,固执这些事例化的勘验准则,就有可能陷入一种新的习中,反而造成对心体的束缚。

在理学体用论的思维模式之中,体一定是超越的;性体或者心体一定是超越于具体的经验现实的。前文已经指出,所谓超越是说,在本然状态下,人的心体虽然时时感应外物,但是不受具体的经验事物所束缚,如二程所说,是"廓然而大公,物来而顺应"的,是"物物而不物于物"的。由于时间在流逝,与心体发生感应的外在情境每时每刻都在变化,心体会泛应曲当,随外在情境的变化而当机激发出相对应的道德行为,此时心体所本具之天理便在不同的感应情境之中落实为相应的不同的表现形式。从心体之本体层面讲,心体包涵一个浑全的天理,是一;从心体之发用来说,此一浑全的天理在不同情境之中外化、落实为不同的实现形式,是多。从心体承体发用的过程来看,表现为从理一到理一

---

① 牟宗三:《从陆象山到刘蕺山》,第340页。
② 东方朔先生亦谓:"蕺山之《人谱》一方面将儒家之成圣工夫于微密处彰显无遗,远度前儒,而显其紧密相,另一方面却又使道德修养失去吸引力、亲切感,使行仁践德转成一味自克,甚至流于自惩,如此则道德之于人,不是借其清辉亮丽而趋人,而变成严乎其严,令人有望而生畏之感。"(东方朔:《刘蕺山哲学研究》,第32页)

之分殊的过程。

在人的经验生活之中，每个人在某一特定时刻所面对的生活情境都是独一无二的，既不完全同于此人在过往或者将来的其他时刻所遭遇的情境，亦不完全同于别人在此刻、过去，乃至未来所遭遇的情境。在理学体用论的视域之下，虽然人人皆具相同的本心，所谓"心只是一个心，某之心，吾友之心，上而千百载圣贤之心，下而千百载复有一圣贤，其心亦只如此"①，但是由于人在每时每刻所面对的生活情境都是独一无二的，故每个人的心体的发用情况亦是各不相同的。所以，对于古人总结的一些道德准则，以及一些典范性的事例，即使我们认定是古人本心之发用，但是由于古人本心发用的情境与我们并不相同，所以古人在他们的生活情境之中所总结的一些道德准则，未必完全适用于当下的人们在已经变化了情境下的道德实践活动；对于当下的人们进行道德实践来说，古人的一系列道德准则或者道德行为并不具备完全的客观性和普遍性。

虽然蕺山在《人谱》之中建立了一系列的事例化的勘验准则，但是这些准则都是从过往的经验之中提炼出来的。《人谱杂记》所记载的都是一些古人的道德行为，这些道德行为的发生情境也已经与当下人的生活情境有所差别。这些勘验准则与道德行为，对于当下人的作工夫而言，确实具有重要的参考价值，但是如果人们径直执取这些条目作为当下道德实践的准则而不加变通，反而有可能戕害自己的心体对当下所遭遇的情境的感受能力和反应能力，会造成对心体生生机能的束缚，心体便有可能变得僵化，执着而无创造力。此时人对这些准则或者道德行为的执取有可能反而成为一种新的积习。正如何俊、尹晓宁二位先生所说的："如果刘宗周所说的自性并不真正完全是他的自性，那么在他理论中表现出的尊性抑习就不一定会是真实的；他的'慎独'就有可能是

---

① 陆九渊：《语录下》，《陆九渊集》，第444页。

另一种'慎习',是以一种习控制另一种习。"① 这一批评很是尖锐和深刻。如果执定《人谱》中的某些具体的事例或者条目做正面或反面的榜样去应用在新的经验生活之中,未必能适用于变化了的时代,反而可能会陷入戴东原所谓的"以理杀人"②的状态而不自知。蕺山《人谱》中的工夫操作确实有导致这样的流弊产生的可能性。

另外,蕺山的勘验工夫亦解决不了"文过"或者"自欺"的问题,笔者认为这是蕺山之学的第三个理论困境。即使我们不考虑因勘验情境变迁所导致的勘验准则是否仍然有效这个问题,我们假设勘验准则在新的情境下仍然有效,我们发现在这种情况之下,人之勘验活动固然可以使人们得以查验出人在行动之中的过错,即能够让人们"知过",但是这与人能立刻"改过"尚隔一尘。人在"知过"之后,还是得需要心体自身的力量,去涌现出来做改过的工夫,勘验并不能自动消除过错。其实人在道德实践之中,真正困难的往往不是知过,而是改过。很多人知道了过错,并不去改,反而去"文过"和"自欺";在晚明,这种"文过"和"自欺"的进一步发展,便是"假道学"。"假道学"所作所为皆求名射利之事,但是却会自欺欺人宣布自己是圣人之徒,高谈礼义道德。以致李贽(卓吾,1527—1602)怒斥他们"阳为道学,阴为富贵,被服儒雅,行若狗彘"③。"假道学"的泛滥是晚明时代一个普遍的社会现象,以至于当时社会上有很多人编出很多笑话来嘲笑"假道学"。④ 蕺山对

---

① 何俊、尹晓宁:《刘宗周与蕺山学派》,第109页。
② 戴东原有谓:"故今之治人者,视古贤圣体民之情,遂民之欲,多出于鄙细隐曲,不措诸意,不足为怪;而及其责以理也,不难举旷世之高节,著于义而罪之。尊者以理责卑,长者以理责幼,贵者以理责贱,虽失,谓之顺;卑者、幼者、贱者以理争之,虽得,谓之逆。于是下之人不能以天下之同情、天下所同欲达之于上;上以理责其下,而在下之罪,人人不胜指数。人死于法,犹有怜之者;死于理,其谁怜之!"(戴震:《孟子字义疏证》,第10页)
③ 李贽:《三教归儒说》,《续焚书》,《焚书 续焚书》,中华书局2009年版,第76页。
④ 可参见姜广辉《走出理学》,辽宁教育出版社1997年版,第4—8页。

"假道学"的"文过"现象非常痛恨，前文已经指出，他批评有些人不以克治微过为目的，而只从九容上模仿圣人，"若于此更加装点意思，一似引贼入室，永难破除，厥害匪轻"①。如果人已经知道过错，不仅不加改正，反而再去文饰、装点，这种自欺行径是道德实践上的极大的禁忌，一旦染上这种毛病，则人将永无成德之可能。对于"文过""自欺"的人，"勘验"亦无能为力，最终的克治只能靠这些人自己心体的觉醒，他人根本无从干预。正如我们说不能指望能叫醒一个装睡的人，解决文过、自欺没有绕出去的办法，还是要靠良知的自我决断和自我照明。

劳思光先生在论及儒学的流弊时说：

现在我们看另一面以实现理想人格为学的儒学精神，却发现另一种流弊——客观轨道之缺乏。和西方对照着看，这就很容易明白。知识能确定传达，因之可形成一客观轨道，有阶梯可循；讲德性则因德本不是外在关系中的内容，因之每每不能有确定的传达轨道。儒学重德，为学者志在实现一理想人格。但此种实现过程，常常是无定轨的。圣贤之境本难描绘，但更难的是如何从常人走向圣贤。换言之，关于如何去为学，儒家的说法始终不能提供一确定轨道。这一个毛病粗看似乎不很严重，但其实是大问题。我们可以指出两点。第一是伪善问题；第二是权威感的束缚。②

在这段话中，劳先生指出了儒学发展的两大流弊，恰好便对应笔者上文所分析的蕺山之学的如上两个困境。因为对于蕺山来说，道德行为的最终源泉是心体本身，《人谱》中提供的各种勘验准则虽然也

---

① 刘宗周：《学言》，《刘宗周全集》第二册，第402页。
② 劳思光：《文化问题论集新编》，郑宗义编，香港中文大学出版社2000年版，第107页。

是由古圣先贤本心所外化而出，但是由于道德实践情境的变迁，这些准则只具有部分的客观性和普遍性，与至善之心体本身毕竟尚隔一尘，如果执定它们，会造成对心体生生机能的束缚，这便是劳先生指出的"权威感的束缚"的问题；另外，蕺山的勘验工夫也解决不了"文过""自欺"的问题，即解决不了劳先生所指出的"伪善问题"。

我们看到，尽管蕺山在《人谱》之中提供了如此多的阶梯，设置了如此多的事例化的勘验准则，但是在蕺山之学中，这些都只是工夫之助缘，而最根本的工夫还是在于发明本心、提醒心体的工夫。蕺山既然预设了超越本体的存在，就一定会存在这样一个问题，超越的本体之所以超越，就是因为它永远不能系固在经验之中；这样任何经验性的凭依都只能是发明本心的助缘，而不能取代发明本心这一工夫本身。在体用论的视域之下，道德行为的终极根源在心体上，所以终极的工夫亦只能是心体之自我朗现。如何发明本心，提醒本心，使心体自发朗现，最终只能归结为本心之自我震动、自我照明，这才是本质的工夫，一切助缘皆非本质相干者，皆不能取代此本质工夫。[①] 然而对于一个人来说，本心发动、天理朗现的工夫只能是"如人饮水，冷暖自知"，这种工夫存在着如劳思光先生所指出的"客观轨道之缺乏"的问题，最终还是不能为人的道德行为提供"一确定轨道"。我们发现，正是心体的超越性设定本身，决定了人们无法通过彻底客观化的经验性的轨辙去贞定之。在预设超越心体存在的情况之下，"客观轨道之缺乏"这个问题就一定存在，而且根本是无从解决的，就像在地球上，一个人不能把自己举起来一样。

[①] 牟宗三先生指出："普通所谓教育、陶养、熏习、磨练，总之所谓后天积习，皆并非本质的相干者。但唯在积习原则下，始可说办法，甚至可有种种较巧妙之办法。但这一切办法，甚至一切较巧妙之办法，到紧要关头，仍可全无用。此即示这一切办法皆非本质的相干者。说到本质的相干者乃根本不是属于办法者，此即示：说到复其本心之本质的关键并无巧妙之办法。"（牟宗三：《从陆象山到刘蕺山》，第115页）

"客观轨道之缺乏"是包括蕺山之学在内的整个心学一系理论发展中不可解决的理论困境，这一理论困境最终导致了心学在清初的没落。所以我们发现，明亡之后学术发展的一个趋向便是"客观领域的寻求"①。既然超越性本体或心体的设定本身就是寻求"客观领域"途程中的一个障碍，那么在寻求"客观领域"的同时便必然要求对本体的"去形上化"。王汎森先生发现，虽然清初思想界出现了各种旨趣相异的思潮，但是这些思潮都普遍具有一种"去形上化"的倾向。② 当然清代学者对"客观领域的寻求"和本体的"去形上化"的理论实施呈现为多重的面向，单就人的道德实践这一面向来说，有一派学者开始淡化本心的形上属性，将工夫的重心从涵养内在的本心，转移到学习、遵守外在的礼仪节文上来。"去形上化"的思潮在以凌廷堪（次仲，1755—1809）、程瑶田（易田，1725—1814）等为代表的清朝中叶的新义理学那里，得到了非常典型的体现。他们同戴东原一样，彻底拆散了理学的体用二元结构，放弃了对心体的超越性预设。凌廷堪、程瑶田等人通过"以礼代理"的方式径直将外在之礼，取代了内在超越之本心，来当作道德行为的终极标准，进而走出了理学。③

　　蕺山之学除了具有以上的三个理论困境，还有一个重要的理论局限，即缺乏对政治制度建构的关注，这也是"客观轨道缺乏"的

---

① 劳思光先生认为蕺山之学完全排除"客观领域"，又说："蕺山之后，王夫之、颜元及更后之戴震等，虽立说层次迥殊，而皆有强调'客观领域'之倾向，正与蕺山之学相映成趣。"［劳思光：《新编中国哲学史》（三下），第470页］东方朔先生亦认为明清之际，学术发展表现为一种反省，表现为"对客观化之寻求"。见东方朔《刘蕺山哲学研究》，第370页。

② 见王汎森《清初思想中形上玄远之学的没落》，收于王汎森《权力的毛细管作用：清代的思想、学术与心态》，台北：联经出版事业股份有限公司2013年版，第1—40页。

③ 张寿安：《以礼代理——凌廷堪与清中叶儒学思想之转变》，河北教育出版社2001年版，第6页。

一个体现。① 需要指出，此处说"理论局限"与上面所说的两条"理论困境"的性质并不相同。上面所说的两条"理论困境"是蕺山之学中内容上的不恰当、不圆融之处；而此处说"理论局限"，是蕺山之学中内容上的缺失处。蕺山之学缺少对政治制度建构的关注，这构成了蕺山之学的一个理论局限。

明亡之后，在经过天崩地解的剧变和国破家亡的悲痛之后，蕺山弟子黄梨洲对有明覆亡之缘由进行了沉痛的反思。梨洲发现，受困于明代政治制度的畸形和政治环境的险恶，心性之学更多地被钳束在个人的修养领域与社会教化领域，在政治事功方面缺乏足够的运作空间。在黄梨洲看来，心性之学固然重要，但是毕竟取代不了对制度的批判和建构，② 于是黄梨洲在继续坚持蕺山心性之学的立场的基础上，开始转向经史之学，通过对历代制度的考察，来探求一种政治层面上的长治久安之道，开启了清代浙东之学"言性命者必究于史"③ 的为学路向。

---

① 劳思光：《新编中国哲学史》（三下），第470页。李振纲先生亦指出："在蕺山思想中，关于如何改进社会政治结构和组织结构的制度建设（外王）根本就没有独立存在的地位。……外王事业终成心体之虚影。这又是畸形发达的内圣之学限隔了他的视野。"（李振纲：《证人之境：刘宗周哲学的宗旨》，第167页）

② 赵园先生指出，制度重建是明清之际士人所开出的挽救世运之药方。见赵园《明清之际士大夫研究》，第122—123页。陆宝千先生指出，明清易代之际思想界涌现了一股经世思潮，其核心内容便是"理想政府之设计"。参见陆宝千《清代思想史》，华东师范大学出版社2009年版，第1—87页。

③ 章学诚：《浙东学术》，章学诚著，叶瑛校注《文史通义校注》，中华书局1985年版，第523页。

参考文献

一 古籍（按著者时代先后次序排名）

王弼注，孔颖达疏：《周易正义》，卢光明、李申整理，吕绍纲审定，北京大学出版社2000年版。

姚思廉：《梁书》，中华书局1973年点校版。

周敦颐：《周敦颐集》，陈克明点校，中华书局2009年版。

张载：《张子全书》，林乐昌编校，西北大学出版社2015年版。

程颢、程颐：《二程集》，王孝鱼点校，中华书局2004年版。

谢良佐撰，曾恬、胡安国辑录，朱熹删定：《上蔡语录》，朱杰人、严佐之、刘永翔主编《朱子全书外编》，华东师范大学出版社2010年版。

朱熹：《朱子全书》，朱杰人、严佐之、刘永翔主编，上海古籍出版社、安徽教育出版社2002年版。

陆九渊：《陆九渊集》，钟哲点校，中华书局1980年版。

蔡沈：《皇极内外篇》，文渊阁四库全书，第805册，上海古籍出版社1987年影印本。

许谦：《说四书丛说》，文渊阁四库全书，第202册，上海古籍出版社1987年影印本。

脱脱等：《宋史》，中华书局1977年点校版。

罗钦顺：《困知记》，阎韬点校，中华书局2013年版。

王守仁：《王阳明全集》，吴光、钱明、董平、姚延福编校，上海古籍出版社2011年版。

侯一元：《侯一元集》，陈瑞赞编校，黄山书社2011年版。
李贽：《焚书 续焚书》，中华书局2009年版。
高攀龙：《高攀龙全集》，尹楚兵辑校，凤凰出版社2020年版。
刘宗周：《刘宗周全集》，吴光主编，浙江古籍出版社2007年版。
刘汋：《先君子蕺山先生年谱》，清乾隆四十二年山阴刘毓德刻本。
黄宗羲：《明儒学案》，沈芝盈点校，中华书局2008年版。
黄宗羲：《黄宗羲全集》，吴光主编，浙江古籍出版社2012年版。
张履祥：《杨园先生全集》，陈祖武点校，中华书局2002年版。
吴蕃昌：《祗欠庵集》，华东师范大学图书馆藏清刻本。
黄汝成：《日知录集释》，岳麓书社1994年版。
王夫之：《张子正蒙注·思问录·俟解·黄书·噩梦·识小录·搔首录·龙源夜话》（《船山全书》单行本之十一），岳麓书社2011年版。
温睿临：《南疆逸史》，中华书局1959年版。
戴震：《孟子字义疏证》，何文光整理，中华书局1982年版。
章学诚著，叶瑛校注：《文史通义校注》，中华书局1985年版。
李道平：《周易集解纂疏》，潘雨廷点校，中华书局1994年版。
苏舆：《春秋繁露义证》，中华书局1992年版。

二 今人著作（按作者姓氏汉语拼音的首字母顺序排名）

陈畅：《理学道统的思想世界》，上海书店出版社2017年版。
陈畅：《自然与政教：刘宗周慎独哲学研究》，上海人民出版社2016年版。
陈来：《宋明理学》，生活·读书·新知三联书店2011年版。
陈来：《有无之境：王阳明的哲学精神》，生活·读书·新知三联书店2009年版。
陈来：《中国近世思想史研究》，商务印书馆2003年版。
陈来：《朱子哲学研究》，生活·读书·新知三联书店2010年版。
陈立胜：《王阳明"万物一体"论——从"身—体"的立场看》，华东师范大学出版社 2008 年版。

陈荣捷：《王阳明传习录详注集评》，华东师范大学出版社 2009 年版。

陈睿瑜：《刘宗周慎独伦理思想研究》，湖南师范大学出版社 2021 年版。

陈赟：《回归真实的存在——王船山哲学的阐释》，广西师范大学出版社 2015 年版。

陈赟：《儒家思想与中国之道》，浙江大学出版社 2016 年版。

陈振崑：《朱子成德之学的理论与实践》，台北：文津出版社 2018 年版。

东方朔：《刘蕺山哲学研究》，上海人民出版社 1997 年版。

冯友兰：《中国哲学史》，商务印书馆 2011 年版。

高步瀛选注：《唐宋文举要》，上海古籍出版社 1983 年版。

高海波：《慎独与诚意：刘蕺山哲学思想研究》，生活·读书·新知三联书店 2016 年版。

顾颉刚、刘起釪：《尚书校释译论》，中华书局 2005 年版。

何俊：《西学与晚明思想的裂变》，上海人民出版社 1998 年版。

何俊、尹晓宁：《刘宗周与蕺山学派》，中国人民大学出版社 2009 年版。

胡元玲：《刘宗周慎独之学阐微》，台北：学生书局 2009 年版。

黄敏浩：《刘宗周及其慎独哲学》，台北：学生书局 2001 年版。

黄寿祺、张善文：《周易译注》，上海古籍出版社 2007 年版。

姜广辉：《走出理学》，辽宁教育出版社 1997 年版。

金春峰：《朱熹哲学思想》，台北：东大图书公司 1998 年版。

劳思光：《文化问题论集新编》，郑宗义编，香港中文大学出版社 2000 年版。

劳思光：《新编中国哲学史》，生活·读书·新知三联书店 2015 年版。

李纪祥：《两宋以来大学改本之研究》，台北：学生书局 1988 年版。

李明辉：《四端与七情：关于道德情感的比较哲学探讨》，华东师范大学出版社 2008 年版。

李晓春：《张载哲学与中国古代思维方式研究》，中华书局 2012 年版。

李振纲：《证人之境：刘宗周哲学的宗旨》，人民出版社 2000 年版。

廖俊裕：《道德实践与历史性——关于蕺山学的讨论》，台北：花木兰文化出版社 2008 年版。

刘述先：《黄宗羲心学的定位》，浙江古籍出版社 2006 年版。

鲁迅：《鲁迅全集》，人民文学出版社 2005 年版。

陆宝千：《清代思想史》，华东师范大学出版社 2009 年版。

吕思勉：《理学纲要》，江苏文艺出版社 2008 年版。

蒙培元：《理学范畴系统》，人民出版社 1989 年版。

蒙培元：《朱熹哲学十论》，中国人民大学出版社 2010 年版。

孟森：《明清史讲义》，商务印书馆 2011 年版。

牟宗三：《从陆象山到刘蕺山》，上海古籍出版社 2001 年版。

牟宗三：《牟宗三先生全集》，台北：联经出版事业股份有限公司 2003 年版。

庞万里：《二程哲学体系》，北京航空航天大学出版社 1992 年版。

彭国翔：《良知学的展开：王龙溪与中晚明的阳明学》（增订版），生活·读书·新知三联书店 2015 年版。

钱穆：《中国学术思想史论丛》，生活·读书·新知三联书店 2009 年版。

钱穆：《朱子学提纲》，生活·读书·新知三联书店 2002 年版。

任文利：《心学的形上学问题探本》，中州古籍出版社 2005 年版。

唐君毅：《唐君毅全集》，台北：学生书局 1988 年版。

唐君毅：《中国哲学原论·导论篇》，中国社会科学出版社 2005 年版。

唐君毅：《中国哲学原论·原教篇》，中国社会科学出版社 2006 年版。

唐君毅：《中国哲学原论·原性篇》，中国社会科学出版社 2005 年版。

王汎森：《权力的毛细管作用：清代的思想、学术与心态》，台北：联经出版事业股份有限公司 2013 年版。

王汎森：《晚明清初思想十论》（增订版），北京师范大学出版社 2020 年版。

王维和、张宏敏编校：《〈明儒学案〉与〈宋元学案〉之黄宗羲案语汇辑》，杭州出版社 2012 年版。

吴根友主编：《多元范式下的明清思想研究》，生活·读书·新知三联书店 2011 年版。

熊十力：《十力语要初续》，上海书店出版社 2007 年版。

徐梵澄：《陆王学述》，崇文书局 2017 年版。

徐复：《訄书详注》，上海古籍出版社 2000 年版。

杨国荣：《认识与价值》，华东师范大学出版社 2009 年版。

杨国荣：《善的历程》，华东师范大学出版社 2009 年版。

杨儒宾：《儒家身体观》，上海古籍出版社 2019 年版。

杨儒宾：《异议的意义：近世东亚的反理学思潮》，上海古籍出版社 2019 年版。

杨儒宾主编：《中国古代思想中的气论及身体观》，台北：巨流图书公司 1993 年版。

余群：《刘宗周思想研究》，上海人民出版社 2020 年版。

俞宣孟：《本体论研究》，上海人民出版社 2012 年版。

张立文：《宋明理学研究》，中国人民大学出版社 2016 年版。

张立文：《中国哲学史新编》，中国人民大学出版社 2007 年版。

张慕良：《"虚位"之体——刘宗周"慎独"哲学研究》，中国社会科学出版社 2019 年版。

张钦：《休谟伦理思想研究》，中国社会科学出版社 2008 年版。

张瑞涛：《心体与工夫——刘宗周〈人谱〉哲学思想研究》，人民出版社 2014 年版。

张寿安：《以礼代理——凌廷堪与清中叶儒学思想之转变》，河北教育出版社2001年版。

张显清主编：《明代后期社会转型研究》，中国社会科学出版社2008年版。

张学智：《明代哲学史》，北京大学出版社2000年版。

赵轶峰：《明代的变迁》，上海三联书店2008年版。

赵园：《明清之际士大夫研究》，北京大学出版社1999年版。

钟彩钧：《刘蕺山学术思想论集》，台北："中研院"文哲所筹备处1998年版。

衷尔钜：《蕺山学派哲学思想》，山东教育出版社1993年版。

［日］荒木见悟：《明末清初的思想与佛教》，廖兆亨译，上海古籍出版社2010年版。

［日］小野泽精一、福光永司、山井涌：《气的思想——中国自然观与人的观念的发展》，李庆译，上海人民出版社2014年版。

［瑞士］耿宁：《人生第一等事——王阳明及其后学论"致良知"》，倪梁康译，商务印书馆2014年版。

三 期刊论文（按作者姓氏汉语拼音首字母顺序排名）

陈来：《元明理学的"去实体化"转向及其理论后果——重回"哲学史"诠释的一个例子》，《中国文化研究》2003年夏之卷。

陈立胜：《静坐在儒家修身学中的意义》，王中江、李存山主编《中国儒学》第10辑，中国社会科学出版社2015年版。

陈立胜：《阳明学登场的几个历史时刻——当"王阳明"遭遇"现代性"》，《社会科学战线》2018年第7期。

高海波：《试论刘宗周的"格物"思想》，《中国哲学史》2009年第3期。

乐爱国：《民国时期对朱熹理气论的不同解读》，《人文杂志》2013年第3期。

刘龙：《理学体用论视域下天的重新发现：基于二程的考察》，武汉大学哲学学院编《哲学评论》第 21 辑，中国社会科学出版社 2018 年版。

吕伟：《浅谈牟宗三关于"气"的思想》，《东方论坛》2010 年第 2 期。

乔清举：《甘泉哲学体系及其后传研究》，《哲学研究》1994 年第 2 期。

王凤贤：《评刘宗周对理学传统观念的修正》，《孔子研究》1991 年第 2 期。

杨泽波：《牟宗三形著说质疑》，《孔子研究》2005 年第 1 期。

张立文：《湛若水的随处体认天理》，《学术研究》2013 年第 9 期。

周仍乐、周炽成：《甘泉后学对阳明学的批评与反批评——兼论刘宗周、黄宗羲是甘泉后学》，《现代哲学》2014 年第 6 期。

朱汉民、汪俐：《从工夫到工夫论》，《湖南大学学报》（社会科学版）2019 年第 4 期。

［韩］林采佑：《略谈王弼体用范畴之原义——"有体无用"之"用体论"》，《哲学研究》1996 年第 11 期。

［美］杜维明、东方朔：《刘宗周〈人谱〉的道德精神世界——杜维明教授访谈》，《学术月刊》2001 年第 7 期。

四 学位论文

王瑞昌：《刘蕺山理学思想研究》，博士学位论文，北京大学，1997 年。

索　引

B

保任　115,155,197,206,229
暴气　65,115,116,163,195,198,207
北宋五子　5,7
本然之性　79—82,84,86,88,90
本体　1—3,10,17,19,20,23—25,28—35,37—39,52,53,58,59,64,104,105,108,111,117,120,121,127,128,130—133,137,138,141,143,146,152,153,155,167—169,172—175,177,181—183,187,189,192,193,197—199,204—206,216,217,219,226,228,229,232,233,236,237,239,257,264,271,272,277,282,285,286,294,296—298,311,315,316
本体论　2,3,5,8,19,23—25,27—29,31—35,37—39,44,51,58,69,72,74,76,77,88,131,132,135,165,192,274,277—279,281,283,284,292—295,298,301—303

本体之善　217
本体之知　136,171,172,174,182,239,266
本心　18,28,57,64,65,74,140,148,164,200—202,208,212,215,216,219,253,260,261,267—269,275,277,279—282,288,289,312,315,316
本源　24,166,175,210,211,228,239,266,267,284,291
本原　9,14,37,41,46,82,84,107,167,278,285,301
补救　166,257,258,263,274,284
不睹不闻　30,130,168,185,194,222—229,233,235,281

C

蔡沈　98
曹端　8
禅学　200,227,280—284,295
程颢　6,40,56,73,79,122,123,162,163,224,262

程明道　69,122,162,246

程瑶田　316

程颐　6,40,56,73,79,122,123,162,
　　163,224

程伊川　15,123,224

诚意　33,34,38,44,57,102,116,
　　118,130,133,134,137—144,148,
　　149,165,177—185,187,188,192,
　　194,205,263,264,278,297,299

诚意新论　19,25,31,33,34,38,
　　116—119,130,132,135,137,138,
　　144,165—167,185,186

冲漠无朕　113,167,193,194,204,
　　208,226,251

丛过　214,218,219,248

崔憬　122

崔铣　15,16

存养　224,232,233,256,280

存在本体　3,37,117,131,132,137

存在论　33,39,41,53,76,94,107,
　　112,118,129,130,152,160,163,
　　168,193,198,205,286—290,292,
　　297

D

大过　63,64,213,214,218,219,248

戴震　68,69,313,316

戴东原　68,69,313,316

当机　160,162,164,169—171,173,
　　174,198,227,232,242,272,296,
　　311

道德本体　183,193

道德定向　139,146,148,151—154,
　　162,167,168,194,195,205,207,
　　281

道德机能　130,146—149,153—155,
　　163,169,173,174,194,225,232

道德紧张　233,303,307—309

道德明觉　155—158,161,165,168—
　　172,232

道德情感　46,54,92,94,106,110,
　　145,147,148,169,273

道德实践　74,101,135,144,163,
　　176,213,219,239,240,242,253,
　　302,303,307,312—316

道德属性　83,142,156,171,178,183

道德思维　160,168,225,227,232

道德意识　4,190,197,200,202,222,
　　224,225,228,229,231—233,244,
　　281,307

道德准则　244,312

道体　2,3,23,35—37,47,58,59,
　　100,121,122,189,286,288

道统论　7,262,263,295

第一义的好恶　138,139,147—149,
　　151—153,168

第二义的好恶　139,148,169

第三义的好恶　169

第一义的知　165,169—171,174,175

第二义的知　165,169,171,174,182

第三义的知　165,169,171,183,187

董玚　190

董仲舒 99—101,261,262

动念 193,203—208,213,218,228,239,241,247,248

动气 115,159,160,163,195,198,207

独体 19,22,25,29—33,37,38,61,93—95,110—116,118,119,124,128—130,133,135—138,149—152,167,168,173,181,182,187,193,194,203,204,206—209,217,226,228,233,278,291,294,296,297

读书 1,2,7,11,44,46,83,120,201—203,231,243,252,269,276,293,294

睹闻 193,222—224,226,227,235

笃实 118,189,274,275,278,279,283,284,293—295,300

端本澄源 173,175,186,207,291

对境感物 88,102,104,105,107,110,161,169,198

对象之知 170—172

对治 137,164,186,190,192,195,205,207,212,272,298

E

恶念 141,142,165,171,173—176,178,186,200,205,234,237,239,244,246,257,258,265—267,274,292

二程 6,7,26,29,40,53,56,59,72,73,77,79,101,113,122,123,162,163,180,224,261,262,310,311

F

发明本心 260,268—270,282,315

发用 15,55,67,86,88,90,92,97,104,108,109,133,141,146—148,152,153,161—165,167,170—172,174,176,183,208,217,218,226,236,237,270,278,283,296,311,312

法病 257,258,265—267,272

法象思维 94,99,101

反身之知 165,170—174

范缜 122

浮气 114—116,161,163,195,198,207

G

改过 63,64,176,190,192,193,197,199,210,212,214—217,219,248,249,274,313

改过迁善 176,198,202,215,217,258,274

感受 53,75,76,129,145,221,273,274,286,312

感通 76,162,220

感应 51,67,73,94,103—105,141,146,147,155—157,160—163,168,169,194,195,198,199,204,205,207,227,232,234,238,239,266,

273,296,311

高拱 16

高攀龙 73,199,200

高景逸 199,200,255

格物 6,11,12,16,133,134,139,179—182,184,262,264,277,294,306

工夫 1—4,18—39,49,58,66,69—71,101,111,113,116—118,120,131—138,154,155,162,164—166,172—180,182,183,186—190,192—194,196—202,205—220,222—235,237—254,256—258,264—270,272—275,277—280,282—285,290—296,298,300—304,307—313,315,316

工夫论 2—5,18—20,22—29,31—35,37,38,58,69—71,83,88,117,118,131,132,135,165,176,181,189,190,192,193,217—220,234,239—241,244,246,249,257,258,272,274,277,278,281,283—285,290,292—294,298,301—303

功用 121—123,152,167,186,261

顾炎武 306

H

韩邦奇 16

韩愈 51,261,262

涵养 7,18,36,165,166,173,174,181,182,187,221,224,228,230—233,239,250,276,280,281,296,304,311,316

好善恶恶 140,141,149,153,178,179,181,194,195,217,225,232

好恶 106,134,138—140,143—149,151—153,161,162,167—169,178,197

侯一元 15,16

后手 238

胡居仁 13

皇侃 180

黄宗羲 12,13,15,16,19,21,24,73,74,93,97,103,136,166,174,189,200,265,267,269,270,281,285,289,292,299

黄梨洲 16,19—22,24,28,92,103,136,166,189,200,281,285,289,292,317

黄尊素 243,244,247,251,304

汇通 7,18,290

J

极致 2,164,209,251,275,284,285,289,290,292,293,298,302,303,307

贾谊 261,262

架构 1,3—5,18,20,35,37—39,68,69,87,117,131,189,193,220,221,274,285,286,288,291,298

戒惧 30,222—224,226,229,234,235

谨独　214,222—225,235

尽人而天　58,69,71

精神活动　193

精神现象　118,167,190,227,229,233,291

精神心理结构　220,229

精神转化　131

静坐　196,199—202,231,233,234,243

究竟　9,36,131,164,169,172,174,175,186,187,206,212,214,218,219,231,233,238,239,244,246,268,269,283

九容　208—210,213,219,248,274,314

觉知　11,63,129,176,195,205,216,217,219,224,226,246,247,249,250,252

K

勘验　4,190,218,239—251,253,256—258,265,268,272—274,298,303,304,307,310,313—315

勘验活动　240,242,244,249,251,252,260,272,273,313

勘验情境　240,242,249—251,253,272,304,313

勘验效力　240,250,251,304

勘验指标　240,242,243,248—251,272

勘验准则　240,242—244,249,251—254,256,258,260,272—274,303,307,311—315

克治　64,164,207,209,211—214,218,219,247,250,251,274,283,314

孔颖达　122,146,151,180

孔子　47,48,149,202,215,245,261,262,279,297,298,302,304

L

朗现　18,58,60,65,67,70,74—76,112,114,115,131,145,164,174,197,209,226,278,283,315

李材　136

李见罗　136

李鼎祚　61,122

李珥　110

李侗　281

李贽　306,313

理论困境　257,302,307,311,313,316,317

理论限度　257,302,303,307

理气二元　6,8—10,12,13,15,40,44,77,87,289,294

理气合一　44,52,68,83,90,93,94,112—114,118,121,124,127,128,152,278,287—290,292,297,300,302,309

理气论　6,8,9,15,37—39,87,93,111,122,286,288,289,292,299

理气为二　10,68,112,294

理体　23,122—125,127,142,152,234,302

理学　1—9,12,13,15,16,18—20,22—24,27,35—39,41,42,44,46,49,53,54,56—59,66—73,75,77,87,88,94,97—99,101,118,122,123,125—127,129,131,132,135—137,141,184—186,189,192—195,219,224,251,257,262,263,269,274,275,277,280,283—286,289,290,292—294,299—304,307,310—313,316

理学体系　1,6,7,10,18,20,22—24,37,78,118,288,291,300,302

立定未发做工夫　190,219,239,249,283

立教　36,217,303,305

良知　2,29,57,75,115,136,141—143,157,165—167,169—172,174—179,182—188,197,233,236—238,257,258,264—273,275,277,282,286—288,290,292,295—298,301,314

良知说　157,164—167,169,171,172,175,182,185—188,297,301

林之奇　180

凌廷堪　316

刘永澄　255,256

刘汋　19—22,25—28,54,102,130,133,166,190,191,194,243,245,246,255,256,259,260,277,279,288,303,304,310

刘伯绳　20—22,24,25,28,34,54,102,116,130,133,137,166,190,191,243,255,256,281,288,303,304

刘宗周　5,19—22,24—36,38,41—45,47,48,50—55,59—65,70—78,80—83,85,86,89—91,93,96—98,101—103,105—109,111—116,118—121,127—131,133—138,142—145,147—164,166—169,173—175,181—188,190—196,199,201—218,225—229,232,234,236,238,241,243—250,252—256,258—261,263—265,270,271,277,279—282,284,288,291,292,294,295,299—304,306,308—310,312—314,317

刘蕺山　1—3,5,6,18,24,31,37—39,41,42,44—46,49,52,54,57—59,62—64,66,68,72,76,83,84,97,98,101,103,105,110,111,117,118,123,125,127,129,133,135,138,142—144,151,154,160,164,166,170,173,176—178,180,183—186,189—193,197,200,205,231,243,254,257—259,265,269,270,275,277,278,286,287,289,290,292—306,309,311,315,316

流弊　78,226,227,264,265,272,298,313,314

六事功课 4,192,193,218,239,247,248
陆九渊 55,56,75,269,280,312
陆象山 75,127,142,164,170,176,178,183,185,197,231,265,269,270,277,281,287,293,295—298,311,315
罗从彦 281
罗洪先 269
罗钦顺 6,8,14,15,67
罗整庵 13—15,67,68,142,289
罗汝芳 270
罗近溪 271
落后一着 165,166,176,186,238,239,258,265,267,274,292
吕大临 224
吕坤 16
吕祖谦 87

M

梦中勘验 246
孟子 2,7,12,16,42,57,68,69,71,78,79,81—83,85,89,91—93,124,156,170,182,197,209,230,259,261—263,282,313
牟宗三 9,11,40,51,57,74,118,125—127,142,164,170,176,178,183,185,186,197,231,265,269,270,277,287,289,293,295—298,311,315

N

内自讼 196,198,202,239,246—249,257,267,274,291,298
能知 140,170,171,178,221,222
逆觉 277,283,301
逆觉体证 178,278,284
聂双江 186

O

欧阳玄 7,262

P

批判 8,13,40,44,76,77,85,87,92,164—167,177,185,218—220,225,229,234,265,271,280,281,301,302,306,317
贫贱 240,241,250,310

Q

七情 22,46,54,57,89,91,92,94—96,105—110,152,203—209,219,220,248,274
气禀 140,212,221,308,309
气化 14,42,45,49,51,53,58,62,68,77,78,82,86,114,129,131,205,251,262
气一元论 5,6,8,9,12,13,15,16,18,40,44,45,67,68,78,85,87,101,275,289,290,300,301
气质 44,68,74,78—85,88,119,

120,197,208,210—212,286,288,289,292,302,308,309

气质之性　7,78—83,86,212,299,300

钱德洪　179,251,264,265,270,277

穷理　11,12,16,24,36,133,215,231,275,276,283,294,301,306

去形上化　316

R

人病　265

人的机制　70,71,108,115

《人谱》　3,4,22,63,64,189—196,199,204—210,212—218,227,233,239,244,247—249,252,258,273,274,283,291,292,298,303,307,308,311—315

人欲　7,17,27,67,69,79,94,107,150,286,288,289,292

仁义礼智　32,48,49,57,58,60,65,66,84—91,93,94,96—98,108,110—112,114,124,209

融摄　3,5,7,29,166,186,188

S

善念　141,142,171,173—176,178,186,234,237

邵廷采　24,292

邵雍（康节）　6,123

慎独　19—22,24—35,38,44,54,57,95,101,103,108,110,113—115,118,128,130—138,144,148,173,181,186,192—194,205—207,210,212,225,227,228,234—236,243,244,270,275,276,278,294,295,297,299,300,306,312

生发机制　165,175,237,239,257,258,265—267,274,292

生死　69,238—240,243,244,247,250,251,256,304,305

圣学　22,27,29,31,32,35,36,95,102,111,135,226—228,249,257,262,263,265,282,283

释氏　52,68,200,264,265

事物之理　40,50,51,61,77,231,280

顺取　277,278,283,294,301

思虑　124,129,130,157,158,200,220—222,224—231,233,235,236,238,281

思念之辨　155,157,158

四德　22,44,67,95,96,105,108,124

四情　44,89—91,93,94,96,105—110,205

宋明理学　1,3,4,7,13,20,23,39,49,58,59,67—69,94,99,121,125,130,139,186,284,285,287,289,291—293,301—303,307,310

苏昞　224

苏季明　224

随附　41,145,168—170

所知　120,177,221

索 引

T

汤斌 24,292

唐鹤征 16

唐枢 19,299

陶奭龄 271,272

陶望龄 271

体用 52,57,67—69,88,96,103,104,120—123,125,128,152,174,220,226,236,266,316

体用二本 68,302

体用论 1,23,53,59,69,74,121—125,127,142,302,311,312,315

天的机制 58,60,61,64,65,70,71,101,107,108,110,194

天理 7,17,18,24,27,40,50—52,58—60,62—64,67—70,74,75,77,82,94,101,107,112—115,118—123,131,150,152,155,156,172,176,221,225,231,233,240,242,251,252,270,272—274,277,278,283,286—289,292,299,301,311,315

天命之性 32,81,83,106,193,208,226,286

W

万物一体 58,71,72,74,76,214

汪俊 15

王弼 122,146,151

王道 15,262,267

王栋 144

王夫之 303,306,309,316

王船山 47,306

王畿 267,268,271,306

王龙溪 2,186,267,268,270,271

王时槐 144

王守仁 8,16,17,36,70,75,141,142,170—172,175,176,178—180,219,234,236,237,251,264,268—270,277,285—287

王阳明 6,16,17,24,36,65,69,70,72,73,75,76,141,142,170—172,175,176,178—180,186,219,234,236,237,251,263,264,267—270,272,277,282,285—287,294,307

王廷相 6,8,13,15

王通 261,262

妄念 4,65,115,155,158—161,163,164,173,175,198,199,204—206,227,232,249

微过 64,192,195,206,207,209—214,218,219,247—249,273,283,298,314

未发 4,7,22,29,30,32,33,35,36,41,48,81,87—90,92—96,102—110,113,116,120,124,146—150,152,154—156,160,161,168,170,174,186,187,193,201,204,205,207,211,218—222,224,225,227—229,231,233—238,240,244,246—249,252,257,266,274,281,290,

291,294,296,298

未发工夫　193,219,224,228,229,231,233—235,239,244,247,283

未发之时　88,90,91,93,104,109,138,146,147,153,156,160,165,168,169,186,194,195,198,201,207,218,220—222,224,225,227—229,231—239,244,246—249,257,266,267,281,291,296,298

未发之体　30,104,105,130,239

未发之中　132,134,179,199,200,227,233,235,272

文过　210,249,303,307,313—315

无念　155,160,161,164,173,199,205,227,228,234,235,239

吴澄　13

吴蕃昌　24,274—276,278,284,294

五伦　212—214,219,248,274

X

习心　18,57,64,65,208,209,269

喜怒哀乐　19,22,25,30—34,37,39,44,57,58,60,63,81,89—91,93—99,101—116,118—121,124,128,129,131,152,160,168,193—195,198,205,207,211,222,224,236,281,288

显过　64,209,212,213,218,219,248,273

消融　164,173,175,198,205,206,211,227,232,239,243,244

小学　253,254

效验　132,134,179,182,196,209,257,265,267

心即理　8,15—18,28,101,120,274,275,277,278,280—286,288—290,301

心理合一　6,231,287,288,290

心理为二　8,11,12,16,18,275,277,280,281,283,286,295

心体　2,3,9,11,17,18,20,23,28,33—39,44,51,57,59,63,64,69,70,74,94,102—105,108—111,114,116—121,123—132,135,137—139,141,142,145—148,153—158,160—165,167—169,171—174,178,189,190,194,195,197—202,205—210,212,215—219,221,222,225,227,229,232—234,238,239,245,247,248,252,257,266,267,269,273—275,277,278,283,285,286,288,290—294,296—298,301—303,305,309,311—317

心外无理　8,17,28,120,277,283

心性　9,11,23,30,48,127,228,285,286,289—291,294,296,297,299,306,317

心性本体　4,23,131,192,220

心性二分　289

心性合一　127,286,287,300,302

心性论　6,9,10,12,16,18,38,87,

93,117,274,283,284,286—292, 298,299

心性为二 6,10,11,289,290,292,294

心学 1,2,4—6,8,15,16,18,20,23,28,35,44,69,97,120,131,132,141,166,263,267,269,270,274,275,278,280—286,288—290,292,293,295—303,306,307,316

心宗 38,111,117,119,129

形上 1,12,23,39,40,44,47,49—60,62,64—67,69,77,78,83—86,90,93,94,108,109,112—114,118—120,122—125,127,130,131,142,152,189,270,272,273,278,297,302,316

形下 12,23,40,47,49—57,62,66—69,77,78,83,86,88,108,109,112—114,118,122—127,131,142,152,251,270,272,273,278,297,302

性情二元 90

性情二分 77,87,88

性情合一 77,87—90,93

性情论 39,76,87,88,92,94,123

性善 78,79,81—83,90—92,151,282

性体 2,3,9,11,20,23,28,30—39,47,51,53,57—59,74,111—113,115—133,138,183,189,211,229,257,275,277,285,286,288,292,293,297,311

性宗 38,59,94,111,116,117,119,128,129

省察 7,20,28,231—233,276,280

许孚远 19,25,255,299,300

许谦 98

许鲁斋 98,99

薛瑄 8

学礼 240,252,253,294

Y

阳明学 2,3,17,34,166,186,257,264,265,267,269,274,276—280,282—284,291,294—296,298—301,307

阳明之学 166,179,186,237,263,265—268,272,274—279,283,285,287,288,290,292,293,295—297,302

杨东明 16

杨慎 16

扬雄 99

已发 4,7,22,32,33,35,36,41,48,87—90,92—94,96,102—110,124,136,139,146—148,150,154—156,158,160,161,168,169,185,187,193,195,204,207,218,220—222,224,225,227—232,234—236,238,247—249,257,266,267,274,281,285,291,298

已发工夫 193,203,219,229,233,

237,239,247,248

已发之和　30,89,228,236

已发之时　88—91,95,102,104,146,147,150,168,201,207,220,221,224,225,227,228,231,234,235,238,244,247—249,266,267,283,290

义理　3,7,8,12,24,45,58,69,80—82,85,98,103,177,221,226,231,232,270,280,283,285—290,292,293,302,316

义理之性　80—83,86,300,308

意根　33,53,119,130,150,160,161,164,165,170,171,181,187,193—195,205,207,225,226,228,232,257,267,296,298,301,305

意念之辨　154,155,158

意识本体　37,118,130—132,137,220,290,291

意识操练　131

意识活动　109,118,137,163,167,168,213,219

意识结构　4,117,148,167,192,266,291

意识论　33,118,129,160,292

意识内容　137,266,267,274,291,292

意识现象　4,155,220,221,266,288,291

意识运作　118,129,131,193

意识状态　200,207

意体　19,25,33,38,111,119,136—138,151—154,167,168,182,187,193,278,291

隐过　64,206,207,209,210,212,213,218,219,247,248

余气　159,160,163,195,198,199,207

Z

湛若水　15,299,301

湛甘泉　15,24

张履祥　24,274—276,278,284,294,306

张载　6,87,99,100,121,262,299

张横渠　40,87,210,261,262

章炳麟　268,269

照察　165,171,175,176,179,184,199,200,205,216,217,225,227—229,232,233,237,239,246,266,281

照管　34,76,175,176,186,200,208,239

照心　128,174,175

贞定　4,51,52,59,64,68,115,126,130,131,136,137,154,187,233,270,272,273,281,301,315

正念　4,142,155,158—164,169,171,173,184,199,204,205,239

郑玄　180

知爱知敬　165,169—174,182,266,290

知藏于意　166,167,177,187,188,257,267,296

知好知恶　165,167—172,174

知觉　12,39,44,85,123,220—222,228,229,231—233,236,278,281,283

知论　4,117,164,165,172,177,185,186,296

知善知恶　165,169—176,178,179,183,187,237,266,269

知是知非　170,174—176

直觉　170,171,234,274

至善　30,31,82,84,121,133,136,137,139,145,146,150—152,156,157,170,174,180,181,183,193,216,217,281,286,308,315

治念　161,162,164,205,206

质体　121,122,124,125,127,142,152,302

致良知　24,65,133,136,165,166,172,173,175—179,184—188,237—239,265,268,270,272,273,277,282,295,296

致知　6,12,133,134,136,139,165,174,176—185,187,188,228,262,269,277,280

中气　44,95—97,113,115,116,163

周敦颐　6,150,212,261,262

周濂溪　26,150,192,244,262

周应中　255

朱子　1,3,5—18,30,33,35,36,40,42,44—46,49,50,53,55—57,61,68,72,76—88,90—93,97—99,110—112,118,123—127,130,131,133,136,139—145,150,151,180,197,200—202,207,210,212,218—235,253,254,261—263,274—284,286,288,289,292—295,302,303,308—310

朱熹　6,7,9—12,15,42,43,46,56,84,86—88,98,124,139,140,144,150,151,197,207,210,212,220—223,231,262,263,308

朱子学　3,5—8,12,13,15,16,18,23,34,39,46,68,112,142,268,274,276—281,283,284,286,288,292—295,306,309

朱子之学　5,8,11,36,46,82,87,125,221,231,274—276,278,283—285,287,288,293—295

主敬　20,21,25—29,34,36,132,136,137,231,275,276

主宰　13,14,20,28,45—47,50,53,58,62—65,68,75,108,113—116,126,137,141,142,154,155,157,158,160,162—164,173,176,195,198,199,205—208,212,214—216,218,219,298,309

主旨　19,25,29,33,182,188,218,219,239,240,246,249

转念　155,163,173,198

自欺　139—141,144,148,180,181,

194,210,249,251,267,303,304,307,313—315

宗旨 19,20,24—29,31—35,38,54,65,97,110,111,118,127,132,133,136—138,166,177,193,210,234,244,264,265,269,271,276,278,283,284,294,295,310,317

后　　记

　　这本书是在我自己博士学位论文的基础上进行删改、修订而成的，其出版也算是对自己这十多年来学习中国哲学的一个小结。这本书的诞生与我在华东师范大学哲学系七年的求学经历紧密关联。如今回想起那段难忘的时光，非常感慨，也十分感激。

　　我本科读的是地质找矿类专业，在本科期间，我读了一些关于中国传统文化方面的书，对中国古代的历史和思想发生了兴趣。本科毕业之后，我进入江西省的一家地质单位从事野外地质工作。那时候在野外工作之余，又进一步阅读了一些中国古代文化典籍，遂萌生了回到校园继续读书的想法。后来我如愿于2012年9月考入华东师范大学哲学系中国哲学专业。在沪上的七年，一直跟着我的导师陈赟教授读书。我有时候常想，能做陈老师的学生是我人生之中遇到的幸事之一。老师是一个有光的人，不管是上老师的课，参加老师组织的读书会，还是平日听老师的谈话，我都能感受到这束光，也时常被温暖和照亮。通过老师的言传身教，我渐渐知道了好的教师是什么样子，好的学术又是什么样子。现在我自己也做了教师，也在做着一点学术研究，老师的榜样是我自己做教师和做学术的标尺。我虽不能至，但是决心勉励行之。

　　老师平常教导我们，读书要读经典，研究人物要选大家。在老师的建议下，我的博士学位论文的选题方向定在了刘蕺山的理学思想。从论文的开题到定稿，老师都一直不断给予我耐心的指导。记得我写出博士学位论文初稿呈给老师过目，老师看得很仔细，一页一页地用红笔改，连细小的标点符号错误都不放过。后来我的博士学位论文被评为"优秀论文"，我深知这其中渗透着老师的心血。十年以来，除了学业之外，在生活、职业诸方面，我也都一直在得到老师的指导、鼓励和帮助。在本书即将付梓之际，老师又在百忙之中为之作序，令本书大为增色。所有这些，我都无以为报。我不敢说要将这本书献给老师，因为我深知自己还没有达到老师对我的要求和期望。但是借这本书的出版，我还是想表达对老师的谢意。老师教诲，我不能忘，更不敢忘。

在读博期间，我与程华清、姚鹏、李晓哲、代天才等诸兄时常往来，一起在寝室喝茶，聊天，那是一段难忘和愉悦的经历。毕业之后，天各一方，唯愿诸君安好。同济大学的叶隽教授一直以来关心我的成长，在学术上给了我很多帮助和鼓励，向他表示感谢！

在博士学位论文的开题阶段，苟东锋老师对我进行了指点。在博士学位论文的评阅、盲审与答辩阶段，郭晓东教授、郭美华教授、曾亦教授、余治平教授以及三位匿名盲审专家对论文提出了宝贵的意见。在"优秀博士论文出版项目"的评审阶段，五位匿名评审专家也给出了非常细致、中肯的意见。在此向以上诸位老师表达感谢，论文的修改也尽可能地吸收了这些意见。另外，在"优秀博士论文项目"的申报阶段，我得到了同学耿芳朝和徐昇的督促和帮助；哲学系刘梁剑主任和李鑫老师也提供了大量帮助。向他们表示感谢！

2019年6月，我入职重庆师范大学马克思主义学院。入职以来，先后得到了陈洪、刘军、姜土生、李长泰、魏冰娥等老师对我在生活、教学、科研上的关心、指导和帮助。在此我要向他们说声"谢谢"！感谢中国社会科学出版社的孙萍、单钊两位老师，他们为本书的编校付出了大量的辛劳。本书的出版得到了"2021年国家社会科学基金后期资助暨优秀博士论文出版项目"（批准号：21FYB008）的支持，在此一并致谢。

最后，感谢小儿明晋，小女明瑜，他们的出生让我的生命有了新的意义；感谢我的妻子胡灿女士以及我的父母和岳父母，他们在家务上的辛劳付出，使我得以有时间和精力来完成本书的定稿。

刘　龙
2023 年 2 月于渝州缙云山下虎溪河畔